Innovationsprozesse und Potentiale der Lernraumgestaltung an Hochschulen

Waxmann Verlag GmbH
Steinfurter Straße 555, 48159 Münster
info@waxmann.com

Katja Ninnemann

Innovationsprozesse und Potentiale der Lernraumgestaltung an Hochschulen

Die Bedeutung des dritten Pädagogen bei der
Umsetzung des „Shift from Teaching to Learning"

Waxmann 2018
Münster • New York

Diese Forschungsarbeit wurde von der Fakultät für Architektur und Raumplanung der Technischen Universität Wien in 2017 mit dem Titel „Das Hochschulmanagement als dritter Pädagoge und Innovationstreiber von Lernraumgestaltungsmaßnahmen. Perspektiven zur räumlichen Übersetzung des ‚Shift from Teaching to Learning'" als Dissertation angenommen und mit der Gesamtnote „Mit Auszeichnung" bewertet. Die Veröffentlichung baut auf die Dissertationsschrift auf und wurde um inhaltliche Ergänzungen erweitert.

Erstgutachter: Univ. Prof. Prof. h. c. Dipl.-Ing. Arch. Dietmar Wiegand, Technische Universität Wien, Institut für Projektentwicklung und Projektmanagement

Zweitgutachterin: Univ. Prof. Dr. Isa Jahnke, University of Missouri, USA School of Information Science & Learning Technologies

Bibliografische Informationen der Deutschen Nationalbibliothek

Die Deutsche Nationalbibliothek verzeichnet diese Publikation in der Deutschen Nationalbibliografie; detaillierte bibliografische Daten sind im Internet über http://dnb.dnb.de abrufbar.

Internationale Hochschulschriften, Bd. 640

Die Reihe für Habilitationen und sehr gute und ausgezeichnete Dissertationen

ISSN 0932-4763
Print-ISBN 978-3-8309-3698-5
E-Book-ISBN 978-3-8309-8698-0

© Waxmann Verlag GmbH, 2018
Postfach 8603, 48046 Münster

www.waxmann.com
info@waxmann.com

Grafische Bearbeitung der Abbildungen: Anke Thomas, Berlin
Lektorat: Thomas Pflug, Berlin
Umschlagbild: Umeå University, School of Architecture, Foto: Katja Ninnemann
Umschlaggestaltung: Pleßmann Design, Ascheberg
Gedruckt auf alterungsbeständigem Papier, säurefrei gemäß ISO 9706

„Ancora imparo.“

Ich lerne immer noch.
Michelangelo Buonarroti (1475–1564)

Danksagung

Mein Dank geht an Prof. Prof. h. c. Dietmar Wiegand und Prof. Dr. Isa Jahnke, die mich mit ihrem Vertrauen, ihrer Expertise und ihren Erfahrungen auf meinem Weg begleitet und unterstützt haben. Ich würde mich sehr freuen, wenn es noch weitere Gelegenheiten geben wird, die spannenden Diskussionsrunden fortzuführen.

Des Weiteren bedanke ich mich bei allen Gesprächspartnern der Fallstudien, insbesondere beim Team der Akademie für Hochschullehre der SRH Hochschule Heidelberg sowie bei der Forschungsgruppe „ICTML:Digital Didatics" und dem Projektteam „Rum för lärande" der Umeå University, den Referentinnen und Doktorandinnen beim Promotionszirkel des Mathilde-Planck-Programms der Landeskonferenz Baden-Württemberg sowie den vielen Gesprächspartnern bei Projekten und Kongressen für den offenen und interessierten Austausch sowie die persönlichen und motivierenden Worte während der Bearbeitung meiner Promotionsarbeit.

Und nicht zuletzt danke ich ganz besonders meiner Familie, die mir in den letzten drei Jahren den Rücken freigehalten und mir immer wieder den Blick nach vorne ermöglicht hat.

Inhalt

Prolog

1 Lernraumgestaltung Hochschule

„Wie sehen Lernräume und Universitäten der Zukunft genau aus? Welche Rolle soll der Campus als Ort noch haben?" (Weingartner 2015)

In einem Artikel der Frankfurter Allgemeinen Zeitung mit dem Titel „Uni der Zukunft" wurden diese Fragen zur Perspektive der Lernraumgestaltung an Hochschulen gestellt. Selbige stehen exemplarisch für die aktuellen Herausforderungen bei der Entwicklung von Lernraumkonzepten an Hochschulen, da Lernen durch die Verfügbarkeit von Informationen im Internet an jedem Ort und zu jeder Zeit möglich ist. Umso mehr überrascht der visuelle Anker des Artikels, der die beeindruckende Innenraumperspektive des Library & Learning Centers der Wirtschaftsuniversität Wien zeigt. Das Gebäude wurde von der Architektin Zaha Hadid, die für ihre spannungsgeladene Gestaltungssprache bekannt ist, auf dem Universitätscampus der Wirtschaftsuniversität Wien gebaut. Der WU Campus wurde 2013 als ein Gebäudeensemble von Stararchitekten[1] (vgl. Kühn 2013) neben dem Prater und der Messe Wien im zweiten Wiener Gemeindebezirk fertiggestellt und in Betrieb genommen. Während andere Hochschulen nicht mehr in Gebäude, sondern in Technik und Computer investieren (vgl. Schultz 2015), wird in Wien, mitten in der Stadt, der Lernraum Hochschule als architektonisches Manifest gefeiert: „Die Rezensionen sind hymnisch, die professionellen Stichwortgeber sind euphorisch – in der Fachwelt, vor allem aber in der architekturinteressierten Öffentlichkeit kommt der neue Campus der Wiener Wirtschaftsuniversität gut an" (Temel 2014: 92). Schaut man sich die hochschulinternen Studierendenbefragungen der Wirtschaftsuniversität Wien an, so sprechen die Investitionen in den Neubau des Campus für sich. Hatte der Campus in 2013 lediglich einen randständigen Einfluss auf die Entscheidung zur Wahl der Wirtschaftsuniversität Wien für Studienanfänger (vgl. Zeeh/Ledermüller 2013a: 15 ff.), so steht der neue Campus heute auf Platz drei der Entscheidungskriterien (vgl. Zeeh/Ledermüller 2015a: 18). In Zeiten des steigenden Wettbewerbs um Studierende eine gute Ausgangsposition.

---

[1] In der Arbeit werden, soweit möglich, geschlechtsneutrale Begriffe verwendet. Aus Gründen der besseren Lesbarkeit wird auf die gleichzeitige Verwendung männlicher und weiblicher Sprachformen verzichtet. Bei Textstellen, die in Bezug zu der Verfasserin stehen, wird die weibliche Form genutzt. Kann weder die erste noch die zweite Form angewendet werden, wird die männliche Form benutzt, welche gleichermaßen für alle Geschlechter gilt.

1.1   Thematische Einführung Lernraumgestaltung Hochschule

Am Beispiel der Wirtschaftsuniversität Wien zeigen sich aber auch deutlich Entwicklungen, die das Selbstverständnis der Hochschule und damit die Anforderungen an
Lernräume und Campusanlagen verändern werden. So wurde 2014 das Online-Startup
Studify gegründet, welches durch einen Rechtsstreit mit der Wirtschaftsuniversität Wien
nicht nur Aufmerksamkeit, sondern auch neue Geldgeber gewinnen konnte (vgl. Gruber
2016). Mit der Lernplattform Lecturize bietet das Unternehmen, welches bereits 15.000
Nutzer zählt (vgl. Leitner 2016), kostenpflichtige Onlinekurse an. Diese bereiten Studierende der Wirtschaftsuniversität Wien und der Technischen Universität Wien auf Prüfungen vor. Dem Startup wird von der Wirtschaftsuniversität Wien vorgeworfen, Lern-
unterlagen genutzt und damit die Urheberrechte der Universität verletzt zu haben (vgl.
ebd.). Betrachtet man diese Entwicklung, stellt sich hier zunächst die Frage, warum
Studierende ein außeruniversitäres, kostenpflichtiges Bildungsangebot wahrnehmen, um
ihr Studium zu absolvieren. Des Weiteren zeigt sich, dass Bildungsformate, die auf
Wissensvermittlung basieren, durch die Entwicklung neuer Informations- und Kommunikationstechnologien (IKT) kopiert werden können. Internationale Anbieter, wie z. B.
die Khan Academy oder zahlreiche Massive Open Online Courses (MOOC) mit mehreren Millionen Nutzern, bieten zu jeder Zeit an jedem Ort auf der Welt Informationen zur
Wissensaneignung an. Damit wird das Modell der orts-, zeit- und personengebundenen
Wissensvermittlung der traditionellen Hochschullehre in Frage gestellt: „Die [Hoch-
schulen – Anm. KN] werden sich von ihren Studenten fragen lassen müssen, was sie
denn noch bieten. Insbesondere, wenn sie auf die Onlinekurse namhafter Unis als mul-
timediale Lernvorlagen zurückgreifen" (Drösser/Heuser 2013). Es wird deutlich, dass
die kürzer werdenden Innovationszyklen der Wissensgesellschaft sowie die technologischen Entwicklungen die Anforderungen an Lehren und Lernen und damit auch die
Haltung der Hochschulen nachhaltig verändern werden: „The university is no longer the
gatekeeper of information, as it has been since the Renaissance" (Eric Mazur, zitiert
nach Lambert 2012: 27).

Mit der gesellschaftlichen Forderung nach lebenslangem Lernen steht die Ausbildung
persönlicher Fähigkeiten und die Eigenverantwortlichkeit der Studierenden im Fokus,
um Wissen eigenständig zu erarbeiten, anzuwenden und immer wieder neuen Erkenntnissen anpassen zu können (vgl. OECD 1973, 2012). Lehrveranstaltungen, in denen die
Lernenden eine überwiegend passive Rolle als Rezipienten der Wissensvermittlung
durch Lehrende einnehmen, stehen dabei in der Kritik. Kreatives und kritisches Denken
sowie Fähigkeiten zur Kommunikation und Kollaboration, die von den nächsten Gene-
rationen zur Lösung der immer komplexer werdenden ökonomischen, ökologischen,
sozialen, kulturellen und gesellschaftlichen Herausforderungen benötigt werden (vgl.
Stifterverband für die Deutsche Wissenschaft 2016: 26 ff.), können weder in realen
noch in virtuellen Lernräumen einfach vermittelt werden. Vor diesem Hintergrund wird
seit mehr als 20 Jahren der Paradigmenwechsel „Shift from Teaching to Learning"
thematisiert (vgl. Barr/Tagg 1995). Mit dem Konzept der Studierendenzentrierung, bei

welcher die Studierenden und deren Lernprozesse im Mittelpunkt stehen, wird das Lehren vom Lernen her gedacht: „Politik, Verwaltung und Management scheinen endlich erkannt zu haben, dass sie zwar Geld für das Lehren ausgeben, dass das Produkt, das sie kaufen wollen, im Grunde genommen aber das Lernen ist, und, schließlich, dass kein einfacher und automatischer Zusammenhang zwischen diesen beiden Dingen besteht" (Illeris 2006: 29). Neben einem Umdenken innerhalb der Hochschulen gibt es zunehmend auch externe Impulse, da Technologiefirmen den Bildungsbereich als attraktiven Wachstumsmarkt für sich erschließen: „Bill Gates recently hailed teaching as the next big thing in education technology" (Grossinger 2016). Marc Zuckerberg hat 2015 in einem offenen Brief an seine neugeborene Tochter versprochen, u. a. die Entwicklung personalisierten Lernens voranzutreiben: „We're starting to build this technology now, and the results are already promising. Not only do students perform better on tests, but they gain the skills and confidence to learn anything they want" (Zuckerberg 2015). Da Lernen aber nicht nur durch Technologien, sondern auch durch soziale Prozesse unterstützt wird, zeigt den Einfluss des Facebook-Gründers mit seiner milliardenschweren Stiftung: „Facebook hat heute mehr gesellschaftliche und soziale Macht als irgendein anderes Unternehmen der Welt. Es hat die allgemeingültige soziale Infrastruktur des Internet aufgebaut" (Lobo 2015).

Als Folge dieser Entwicklungen verschränken sich die physisch-materiellen, technisch-virtuellen und sozial-interaktiven Lernraumebenen zu „CrossActionSpaces" (Jahnke 2016) und verändern dabei gewohnte Lernumgebungen und Kommunikationsprozesse. So erinnert die jährliche Veröffentlichung des „Horizon Reports" (Adams Becker et al. 2017; Johnson et al. 2016; Johnson et al. 2015, 2014) daran, dass neue Technologien kurz-, mittel- und langfristig Einfluss auf die Gestaltung des Lernraums an Hochschulen nehmen. Seit mehr als zehn Jahren wird von nationalen und international tätigen Organisationen zur Förderung digitaler Technologie in der Lehre die Notwendigkeit zu Veränderungen bei der Gestaltung physischer Lernräume gefordert. In Veröffentlichungen der Deutschen Initiative für Netzwerkinformationen (DINI), dem britischen Joint Information Systems Committee (JISC) und der amerikanischen Organisation EDUCAUSE werden Erfahrungen, Projekte und Best-Practice-Beispiele innovativer Lernraumkonzepte an Hochschulen, die die physisch-materielle mit der technisch-virtuellen Raumebene verknüpfen, kommuniziert (vgl. DINI 2013; JISC 2006; Oblinger 2005). Denn auch die Generation der „Digital Natives" (Prensky 2001), so die Erfahrungen, benötigt staubige Bücher und reale Lernumgebungen „als Element einer inspirierenden Umgebung wie zur Erzeugung einer Aura wissenschaftlicher Produktivität" (DINI 2013: 42). Die vielfältigen Möglichkeiten, Lernprozesse durch die Entwicklung der IKT unterstützen zu können, führten Anfang des 21. Jahrhunderts zu einer euphorischen Erwartungshaltung an die Neu- und Umgestaltung des Lernraums Hochschule: „Students are changing, technologies are changing, and learning spaces are changing" (Lomas/Oblinger 2006: 5.11).

Heute muss man nüchtern feststellen, dass sich Maßnahmen zur Nutzung neuer Kommunikationstechnologien auf die Ausstattung von Vorlesungs- und Seminarräumen mit Smart-Boards, Computern und WLAN beschränken. Innovative Lernraumkonzepte, die aktives Lehren und Lernen mit dem Einsatz moderner Technologien unterstützen, haben den Status von Pilotstudien bisher nicht überschreiten können (vgl. Jenert 2014: 165). Und als Katalysator für eine grundlegende, strukturelle Veränderung der baulichen Lernumgebung an Hochschulen haben sich die innovativen Konzepte formeller Lernräume nicht durchsetzen können: „There is architectural resistance. Most classrooms – more like 99.9 percent – on campus are auditoriums" (Eric Mazur, zitiert nach Lambert 2012: 27). Getrieben durch die stetig steigenden Studierendenzahlen (vgl. Bundeszentrale für politische Bildung 2014) kommen weiterhin die in der Vergangenheit bewährten und skalierbaren Lehrraumkonzepte zum Einsatz. So ist der Vorlesungsraum immer noch das symbolische Aushängeschild des tertiären Bildungsbereiches (vgl. Krüger/Ninnemann/Häcker 2016: 132; Long/Ehrmann 2005: 42). Und das, obwohl die Vorlesung nicht erst durch das Medium Internet für überflüssig erklärt wird (vgl. Westervelt 2016; Khan 2011), sondern bereits vor mehr als 200 Jahren von Johann Gottlieb Fichte, dem ersten Rektor der durch Wilhelm von Humboldt neugegründeten Universität zu Berlin: „Nachdem es keinen Zweig der Wissenschaft mehr gibt, über welchen nicht sogar ein Überfluss von Büchern vorhanden sei, hält man dennoch noch immer sich für verbunden, durch Universitäten dieses gesamte Buchwesen der Welt noch einmal zu setzen, und eben dasselbe, was schon gedruckt vor jedermanns Augen liegt, auch noch durch Professoren rezitieren zu lassen" (Fichte 2010[1807]: 9 f.).

Die aktuellen Herausforderungen an Hochschulen, wie die Bewältigung der Studierendenmassen, der Rückgang staatlicher Finanzierung, die Notwendigkeit der Profilbildung im Wettbewerb mit anderen Hochschulen, die Einflüsse internationaler Entwicklungen sowie die Erwartungshaltung an Hochschulen in der Wissensgesellschaft (vgl. Kehm 2012: 18), fordern eine Positionierung jeder einzelnen Hochschule zur Bedeutung, Konzeption und Qualität der Lehre und der damit verbundenen Verortung der Lehr- und Lernprozesse. Investitionen in die gebaute Umwelt bedürfen aufgrund der Dauerhaftigkeit ihrer Artefakte eine auf Erfahrungen wie auch durch Forschungsergebnisse fundierte Grundlage, um die Nachhaltigkeit der Entscheidungen bei der Planung und Realisierung von kostenintensiven Baumaßnahmen zu gewährleisten. In Anbetracht des immensen Sanierungsstaus an Hochschulen, in Deutschland z. B. in Höhe von ca. 35 Milliarden Euro bis zum Jahr 2025 (vgl. Kultusministerkonferenz 2016: 4), zeigt sich die Relevanz und Aktualität des Forschungsinteresses zur Entwicklung zukunftsfähiger Perspektiven der Lernraumgestaltung im tertiären Bildungsbereich. So werden z. B. aktuell beim Berliner „Investitionspakt Hochschulbau" mit einem Investitionsvolumen von 1,9 Milliarden Euro für die nächsten zehn Jahre bereits strategische Fehlentscheidungen moniert: „Doch nun melden sich immer mehr Kritiker zu Wort. Sie warnen davor, dass Berlin viel Geld in nicht zukunftsfähige Universitätsbauten investiert. Größere Hörsäle zum Beispiel würden gar nicht mehr benötigt" (Klesmann 2017). Dabei besteht Konsens darüber, dass Entscheidungen und Maßnahmen zur Innovationsentwicklung und -implementierung bei der Lernraumgestaltung an Hochschulen gefordert und diese auch realisiert werden müssen: „Across this literature there is a consistent view that universities should be more innovative and creative in the ways that they use, reconfigure and/or build new learning spaces to meet the expectations of tomorrow's students" (Wilson/Randall 2012: 2).

Im Hinblick auf den derzeit rückständigen Umsetzungsstand innovativer Lernraumkonzepte an Hochschulen besteht ein Forschungsdesiderat darüber, welche Aspekte die großmaßstäbliche Integration von Innovationen bei Maßnahmen der Lernraumgestaltung an Hochschulen unterstützen bzw. behindern. Die Relevanz dieser Forschungsausrichtung im Themengebiet der Lernraumgestaltung hat sich für die Verfasserin auf dem Kongress „Wandelbarer Campus der Zukunft" an der School of Design Thinking des Hasso-Plattner-Instituts in Potsdam im September 2016 bestätigt. Nach zwei Tagen intensiven Austauschs über innovative Lernraumprojekte an Hochschulen wurde, wie auch bei anderen derartigen Veranstaltungen, in der Abschlussrunde einvernehmlich die Notwendigkeit zu Veränderungen konstatiert; Ratlosigkeit bestand jedoch bei den Teilnehmern darüber, wie diese Konzepte nicht mehr modellhaft, sondern im größeren Maßstab an den Hochschulen umgesetzt werden können. Hier wird eine neue Qualität des Lernraumdiskurses an Hochschulen deutlich. So ist nicht mehr über Möglichkeiten, Trends und Herausforderungen zur Gestaltung von Lernräumen, die aktives Lehren und Lernen unterstützen, zu diskutieren. Dazu liegen bereits empirische Daten und Forschungserkenntnisse durch zahlreiche Projekte, Initiativen und Modelle an Hochschulen im internationalen Kontext vor (siehe Kapitel 2 Stand der Forschung). Vielmehr stellt sich die Frage, wie Innovationen bei der Lernraumgestaltung hochschulweit implementiert werden können.

1.2   Zielstellung der Forschungsarbeit

Vor dem Hintergrund der in der thematischen Einführung angesprochenen Herausforderungen steht im Mittelpunkt dieser Forschungsarbeit die erkenntnisleitende Fragestellung: Welche Faktoren beeinflussen die Integration von Innovationen bei Lernraumgestaltungsmaßnahmen an Hochschulen?

In der Arbeit wird, theoretisch gestützt und empirisch evaluiert, das Modell der LernRaumOrganisation entwickelt. Anhand des Modells können die komplexen Zusammenhänge von Lernen und Raum sowie die Mechanismen organisationaler Entscheidungen und Prozesse aufgezeigt und untersucht werden. Dabei werden klassische Analyseebenen der Lernraumgestaltung aufgelöst und in einen neuen Zusammenhang gestellt, um bestehende Erklärungs- und Denkmuster aufzubrechen. Bei der Entwicklung des Modells der LernRaumOrganisation sind mit dem theoretischen Teil der Arbeit vertiefende Fragestellungen verbunden, die für die Transparenz des Forschungsprozesses wie auch zur Beurteilung der Forschungsergebnisse relevant sind. Die eingeführte Schreibweise ‚LernRaumOrganisation' soll dabei die Notwendigkeit zur Berücksichtigung und Untersuchung der in den folgenden Fragen thematisierten Aspekte zeigen sowie die Zusammenführung dieser im Kontext der Forschungsarbeit verdeutlichen:

a) Wie wird Lernen definiert und welche Aspekte sind bei der Unterstützung von Lernprozessen zu berücksichtigen?

b) Wie wird Raum definiert und welche Bedeutung hat die Verortung von Lernprozessen?

c) Welche Bedeutung hat die Hochschulorganisation bei der Konzeption und Umsetzung von Maßnahmen der Lernraumgestaltung?

Auf Basis des Modells der LernRaumOrganisation werden mit der Untersuchung von fünf ausgewählten Hochschulen im internationalen Kontext Zusammenhänge, Merkmale und Einflussgrößen der Lernraumgestaltung identifiziert. Dabei werden Prozess- und Entscheidungstypologien an Hochschulen und die damit einhergehenden Innovationspotentiale zur Gestaltung des Lernraums Hochschule abgeleitet sowie die Anwendung des theoretischen Modells als Untersuchungswerkzeug evaluiert. Im empirischen Teil der Arbeit stehen dabei die folgenden, vertiefenden Fragestellungen im Fokus:

d) Welche Entscheidungsstrategien der Lernraumgestaltung können bei der Fallstudienanalyse identifiziert werden?

e) Welche Lernraumgestaltungsstrategien und Prozesstypologien können mit der Synopsis der Fallstudien abgeleitet werden?

f) Welche Performance-Kriterien stehen in einem Zusammenhang zur Innovationskraft von Lernraumgestaltungsmaßnahmen an Hochschulen?

Mit der Zusammenführung der theoretischen und empirischen Erkenntnisse wird eine formale Theorie der LernRaumOrganisation formuliert. Darauf aufbauend werden abschließend Handlungsempfehlungen und Forschungsperspektiven zusammengefasst.

1.3   Forschungsansatz

Die Forschungsarbeit basiert auf der fachlichen Expertise der Verfasserin als Architektin im Themenbereich Corporate Learning Architecture zur Gestaltung von Lern- und Arbeitswelten. Das impliziert, dass sich die Ausführungen zum Stand der Forschung sowie die empirischen Untersuchungen auf Innovationen von physischen Lernraumgestaltungsmaßnahmen beziehen. Mit der Positionierung der Verfasserin zum theoretischen Raumverständnis sowie der Entwicklung des Modells der LernRaumOrganisation wird das fachliche Selbstverständnis sukzessive geöffnet, um Anknüpfungspunkte an Theorien, Modelle und Erkenntnisse anderer Disziplinen aufzuzeigen und differenzierte Raumebenen in den Forschungsprozess zu integrieren. Diese Vorgehensweise schafft die Grundvoraussetzung für die vergleichenden Fallstudienanalysen und die Ableitung von Thesen mit einem transdisziplinären Fokus sowie für eine Perspektive der Lernraumgestaltung als integrativen Prozess.

Durch die Entwicklung des Modells der LernRaumOrganisation als Analysewerkzeug zur Untersuchung von Lernraumgestaltungsmaßnahmen werden Zusammenhänge zwischen der physisch-materiellen, technisch-virtuellen, sozial-interaktiven und organisational-strukturellen Raumebene theoretisch und empirisch dargelegt. In diesem Zusammenhang zeigt sich die Relevanz zum inhaltlichen Anschluss dieser Arbeit an die Studie „IT-Service Integration in Studium und Lehre" (ITSI) der Universität Basel, die bei den Ausführungen zum Stand der Forschung aus transdisziplinärer Handlungsperspektive vorgestellt wird. Mit der Verortung der Basler Studie im Diskurs über Medien an der Hochschule wird als eine zentrale Erkenntnis die Bedeutung physischer Lernumgebungen identifiziert und erörtert. Mit dieser Forschungsarbeit kann über die Untersuchung von Innovationsprozessen bei Lernraumgestaltungsmaßnahmen an fünf Hochschulen im internationalen Kontext dieser Erkenntnisstand erweitert werden. Damit werden neue Erkenntnisse zu organisationalen Handlungsstrategien an Hochschulen bei der Gestaltung von Lernumgebungen gewonnen, um notwendigen Veränderungen durch gesellschaftliche und technologische Transformationsprozesse entsprechen zu können.

Die Bedeutung, die dem Paradigmenwechsel vom Lehren zum Lernen in der Arbeit gegeben wird, steht im direkten Zusammenhang mit dem Forschungsinteresse und der damit einhergehenden Auswahl zu untersuchender Hochschulen. Beim Sampling potentieller Fallstudien hat sich gezeigt, dass Innovationen bei hochschulweiten Lernraumgestaltungsmaßnahmen auf der physisch-materiellen Raumebene mit Veränderungen der Lehr- und Lernkultur einhergehen. Der Fokus auf kollaborative Lernprozesse sowie selbstgesteuertes und eigenverantwortliches Lernen ist dabei eine entscheidende Grundlage für Innovationen bei der Neugestaltung bzw. Weiterentwicklung von Lernraumkonzepten. Vor dem Hintergrund der erkenntnisleitenden Fragestellung ist der Paradigmenwechsel somit ein relevantes Kriterium bei der Untersuchung von Innovationsprozessen der Lernraumgestaltung an den ausgewählten Hochschulen. In diesem Zusammenhang ist darauf hinzuweisen, dass mit der Arbeit nicht die Wirksamkeit räumlicher Maßnahmen in Bezug auf den Aktivitätsgrad oder den Lernerfolg von Studierenden untersucht wird.

Mit der Unterscheidung von informellen und formellen Lernräumen wird in der Arbeit auf ein gängiges Differenzierungskriterium der Lernraumgestaltung auf physisch-materieller Raumebene referenziert, wie im Stand der Forschung aus verschiedenen Perspektiven dargelegt. Über die Entwicklung des Modells der LernRaumOrganisation sowie die Innovationspyramide der Lernraumgestaltung wird im theoretischen Teil der Arbeit dargelegt, dass formelle bzw. angeleitete sowie informelle bzw. selbstgesteuerte Lernprozesse in den verschiedensten räumlichen Kontexten verortet sein können. Darüber hinaus stellen die Ergebnisse der vergleichenden Fallstudienanalysen mit der Weiterentwicklung der Innovationspyramide sowie der Ableitung von Thesen zu Innovationsprozessen dar, wie formelle und informelle Lernräume in der aktuellen Hochschulpraxis auf verschiedenen Innovationsniveaus verknüpft werden und dass durch

diese Entwicklungen u. a. auch die Zusammenführung physischer und virtueller Lernumgebungen katalysiert wird.

1.4   Aufbau der Arbeit

Die Arbeit gliedert sich in vier Teile: Prolog, Theorie, Empirie und Epilog, welche zur
grundlegenden Orientierung in der Forschungsarbeit dienen. In den darin befindlichen
Kapiteln und Abschnitten werden durch einen schrittweise aufbauenden Erkenntnisstand die Forschungsergebnisse nachvollziehbar dargestellt.

Im Kapitel 1 wird ein Überblick über die Themen- und Zielstellung der Forschungsarbeit gegeben. Daran schließen die Ausführungen zum Stand der Forschung in Kapitel 2
an. Aufgrund der Interdisziplinarität des Forschungsthemas wird der Stand der Forschung in vier Abschnitte mit unterschiedlicher thematischer Ausrichtung gegliedert.
Dieser ausführliche Überblick ist notwendig, um die Forschungsstrategie ableiten zu
können.

Im theoretischen Teil der Forschungsarbeit wird das Modell der LernRaumOrganisation
entwickelt. Grundlage für die Modellkonzeption sind bestehende Theorien und Konzepte aus dem wissenschaftlichen Kontext. Diese werden zum Aspekt Lernen in Kapitel 3,
zu Raum in Kapitel 4 sowie zu Organisation in Kapitel 5 beschrieben und in den Zusammenhang mit der erkenntnisleitenden Fragestellung der Forschungsarbeit gestellt.
Abschließend werden im Kapitel 6 die theoretischen Erkenntnisse zusammengeführt
und dabei die Zusammenhänge von Lernen, Raum und Organisation am Modell dargestellt.

Im empirischen Teil der Arbeit wird in Kapitel 7 zunächst die methodische Vorgehensweise mit Erläuterungen zum Forschungsstil und den Verfahren zur Datenerhebung
dargelegt. Aufbauend auf den Erkenntnissen zum Stand der Forschung sowie der Entwicklung des Modells der LernRaumOrganisation werden fünf Hochschulen aus
Deutschland, Schweden, Österreich, Großbritannien und den USA untersucht. Dabei
werden im Kapitel 8 die Lernraumgestaltungsmaßnahmen der Fallstudien anhand der im
Modell der LernRaumOrganisation identifizierten Aktionsfelder analysiert. In diesem
Kapitel können auf der Erkenntnisebene I Innovationsstufen bei der Lernraumgestaltung
kategorisiert und damit eine Grundlage zur vergleichenden Fallstudienanalyse erarbeitet
werden.

Im Kapitel 9 werden bei der vergleichenden Analyse der fünf Fallstudien unterschiedliche Lernraumgestaltungsstrategien untersucht. Mit der Entwicklung einer Matrix zur
Synopsis der Fallstudien können Phänomene, Handlungsstrategien und Konzepte bei
Lernraumgestaltungsmaßnahmen identifiziert werden. Auf dieser Basis werden auf der
Erkenntnisstufe II Thesen innovativer Lernraumgestaltungsstrategien abgeleitet. Anhand der entwickelten Matrix zur vergleichenden Fallstudienanalyse werden im Kapitel 10 die Aktionsfelder des Modells der LernRaumOrganisation untersucht. Auf der

Erkenntnisebene III können dabei Thesen zu Entscheidungsstrategien bei Lernraumgestaltungsmaßnahmen zusammengefasst werden. Auf der nächsten Erkenntnisstufe werden im Kapitel 11 die Aushandlungsprozesse bei Maßnahmen der Lernraumgestaltung
anhand der Matrix zur vergleichenden Fallstudienanalyse untersucht. Auf der Erkenntnisebene IV werden in diesem Kapitel Prozesstypologien bei Lernraumgestaltungsmaßnahmen identifiziert und Thesen dazu abgeleitet.

Im Epilog der Forschungsarbeit werden die Ergebnisse der Forschungsarbeit zusammengefasst und in die Praxis überführt. Mit der Synthese der theoretischen und empirischen Forschungserkenntnisse wird im Kapitel 12 die formale Theorie der LernRaum-
Organisation abgeleitet und begründet. In Kapitel 13 werden als zusammenfassendes
Ergebnis dieser Forschungsarbeit Handlungsempfehlungen ausgesprochen. Diese geben
eine Übersicht zu Aspekten, die die Integration von Innovationen bei Lernraumgestaltungsmaßnahmen an Hochschulen unterstützen können. Die Forschungsarbeit abschließend werden Forschungsperspektiven aufgezeigt, die auf Basis einer Reflexion des
Forschungsprozesses dieser Arbeit resultieren.

Im Appendix befinden sich die Verzeichnisse der in dieser Forschungsarbeit verwendeten Quellen und Literatur. Zur Verdeutlichung der Bedeutung informeller Erkenntnis-
prozesse werden in einem Reflexionsverzeichnis die den Forschungsprozess begleitenden Fragestellungen bei der Untersuchung der Fallstudien, den Aktivitäten auf Kongressen, Workshops und Fachtagungen sowie bei Veröffentlichungen und Posterpräsenta-
tionen zusammengefasst.

2 Stand der Forschung

„Nur wer die Vergangenheit kennt, hat eine Zukunft"
Wilhelm von Humboldt, 1767–1835

In diesem Kapitel wird mit der Zusammenführung der bisher bestehenden Erkenntnisse zum Stand der Forschung die Forschungsstrategie dieser Arbeit entwickelt und damit die erkenntnisleitende Fragestellung begründet.

Die Recherchen zeigen anhand der Anzahl der Veröffentlichungen, dass das Thema Lernraumgestaltung in den letzten 10–15 Jahren enorm populär geworden ist. Dies spiegelt sich auch an den zahlreichen Kongressen und Fachtagungen zum Themengebiet wider. Die Publikationen und wissenschaftlichen Veranstaltungen offenbaren aber auch, dass die Aufmerksamkeit überwiegend der schulischen Lernraumgestaltung gilt. Vor dem Hintergrund der Ausrichtung dieser Forschungsarbeit auf die Gestaltung des Lernraums Hochschule wurden Publikationen prioritär aus dem hochschulischen Kontext analysiert und klassifiziert. Dabei finden aber auch, soweit dies möglich ist (siehe 2.2 Lernraumgestaltung aus disziplinärer Umweltperspektive), Forschungserkenntnisse aus dem Schulbereich ihre Berücksichtigung.

In diesem Kapitel wird im Ergebnis davon aus einer disziplinären und einer transdisziplinären Perspektive der aktuelle Stand der Forschung zusammenfassend dargestellt. Eingeleitet wird die Übersicht empirischer Forschungsergebnisse durch die Darstellung historischer Forschungserkenntnisse zur Lernraumgestaltung an Hochschulen. Mit der Untersuchung der Entstehung des universitären Lernraums konnten Sachverhalte ermittelt werden, die im engen Zusammenhang mit den aktuellen Herausforderungen der Hochschulen stehen. So wurden bei der Fallstudienanalyse im empirischen Teil dieser Forschungsarbeit Parallelen zu Entwicklungsprozessen vor mehr als 800 Jahren festgestellt. Den Stand der Forschung abschließend wird das theoretische Raumverständnis thematisiert. Als Ergebnis der historischen und empirischen Forschungserkenntnisse zu hochschulischen Lernräumen wird deutlich, dass der Raumbegriff erweitert werden muss, um die Komplexität des Forschungsgebietes und damit die erkenntnisleitende Fragestellung fassen zu können.

Mit dem Stand der Forschung kann ein Bogen von Gestern, mit der historischen Entwicklung universitärer Lernräume, über Heute, mit der Darstellung empirischer Forschungsergebnisse, zum Morgen, mit der Öffnung von Perspektiven auf den Raum, geschlagen werden. Dieser ausführliche, multiperspektivische Überblick zum Stand der Forschung über den Lernraum Hochschule sichert durch die verschiedenen Blickwinkel eine fundierte Grundlage für die Entwicklung der Forschungsstrategie dieser Arbeit.

2.1   Lernraumgestaltung aus historischer Perspektive

In den nächsten Abschnitten werden Aspekte herausgearbeitet, die den Beginn des universitären Lernraums charakterisieren. Die Überschriften der Abschnitte stehen dabei zusammenfassend für die drei wesentlichen Erkenntnisse. Diese zeigen die Parallelen der heutigen Forderungen an die Hochschulen der Wissensgesellschaft mit der Entstehungszeit der Universitäten des Mittelalters vor mehr als 800 Jahren an.

2.1.1   Über die Bedeutung der Lerngemeinschaft

Die gemeinsame Begeisterung und das Streben nach neuen Erkenntnissen und Wissenshorizonten und damit der korporative Gedanke einer gleichberechtigten Lerngemeinschaft standen in engem Zusammenhang mit den gesellschaftlichen, sozioökonomischen und kulturellen Entwicklungen im Europa des 12. Jahrhunderts. Der wirtschaftliche Aufschwung in dieser Zeit, u. a. durch die Ausweitung des Handels, begünstigt durch das Aufkommen der Geldwirtschaft und der Entwicklung des Straßenbaus sowie das rasante Wachstum der Bevölkerung, förderten die Entstehung von zahlreichen Städten sowie die Bildung und Erstarkung des Bürgertums. Um 1200 schlossen sich Scholaren und Magister zu einer Gemeinschaft von Lernenden und Lehrenden zusammen. Dabei organisierten sie sich in der im Mittelalter gebräuchlichen Form der sich selbst verwaltenden, autonomen Korporation der universitas magistrorum et scholarium (vgl. Linde 1969: 25; Rückbrod 1977: 9 f.; Rüegg 1993: 51). Universitas ist die Bezeichnung für eine mittelalterliche Schutzgemeinschaft, ganz wie die Genossenschaften der Handwerker und Kaufleute.

> „Insofern sind die Universitates der Scholaren und Magister vergleichbar mit den Zünften der Handwerker und Kaufleute, die sich zur Behauptung gemeinsamer Interessen in dieser Zeit in den Bürgerstädten wieder neu zusammenfanden" (Rückbrod 1977: 10).

Die Universitäten hatten zunächst keine eigenen Gebäude, da die Gemeinschaft streng darauf achtete, ihre Unabhängigkeit gegen weltliche und kirchliche Machteinflüsse nicht durch eine Bindung an baulichen Besitz zu gefährden (vgl. Linde 1969: 25; Rückbrod 1977: 4, 33; Rüegg 1993: 51). Scholaren und Magister trafen sich anfangs teilweise unter freiem Himmel auf Straßen und Plätzen. Überwiegend nutzte man aber Räumlichkeiten in Bürgerhäusern, u. a. auch in den Privatwohnungen der Lehrenden sowie Kirchenräume für größere Veranstaltungen und offizielle Feierlichkeiten (vgl. Linde 1969: 25; Rückbrod 1977: 34 f.). Durch den fehlenden baulichen Besitz standen die Universitäten im ständigen Austausch mit öffentlichen Einrichtungen und privaten Stadtbürgern und waren damit „in den Stadtorganismus integriert" (Rückbrod 1977: 81). Durch die zunehmende gesellschaftliche Bedeutung der Universitäten wurde der Charakter der kooperativen Gemeinschaft im Laufe der Zeit aufgegeben (vgl. ebd.: 10) und die bauliche Repräsentation von Macht und Wissenschaft fokussiert. Bereits um 1500 verfügten alle Universitäten über eigene Gebäude, die durch ihre monumentale

Ausbildung die Stellung der Universitäten widerspiegelte (vgl. Rüegg 1993: 135). „Die Universitätsgebäude des 18. Jahrhunderts waren nicht mehr getragen vom genossenschaftlichen Leben der Studenten und Lehrer. Als Tempel oder Paläste der Forschung und Lehre verkörperten sie ebenso die Macht von Staat und Kirche wie die praktische, auf allgemeinen Nutzen zielende Anwendung von Wissenschaft und akademischer Bildung" (Rüegg 1996: 168). Mit der Verortung verringerten die Universitäten zunehmend ihre Unabhängigkeit und Freiheit hinsichtlich Flexibilität und Anpassungsfähigkeit, was bis heute jedoch ein wichtiges Charakteristikum der Universitäten geblieben ist (vgl. Rückbrod 1977: 37).

2.1.2   Lebensraum als Lernraum

Die Verbindung von Leben und Lernen war ein prägendes und durch die Entstehung der Kollegien auch ein baulich bestimmendes Merkmal der europäischen Lernkultur im Mittelalter und der Neuzeit. In den mittelalterlichen Universitätsstädten wurden Kollegien aus sozialer Fürsorge von reichen Bürgern zur Unterkunft von mittellosen Studenten eingerichtet. Anfangs wurden einzelne oder mehrere zusammenhängende Bürgerhäuser erworben und eingerichtet, welche die Stifter den neu gegründeten Universitäten übereigneten, die dadurch ab 1250 zu reichem baulichem Besitz kamen (vgl. Linde 1969: 27). Durch die wachsende Anzahl an Studenten und dem damit einhergehenden Mehrbedarf an Raum versuchte man, benachbarte Gebäude zu erwerben, um möglichst zusammenhängende Häusergruppen zu haben. „Mit dem fortschreitenden Prozess allmählicher Etablierung und Fixierung der Universitates entstand gegen Ende des 13. Jahrhunderts die Tendenz, auch die planlose Streulage aufzugeben und eine überschaubare Ordnung anzustreben" (Rückbrod 1977: 37). Ab der zweiten Hälfte des 14. Jahrhunderts wurden eigens konzipierte Neubauten errichtet. Bei der Realisierung des weltbekannten Collegio di Spagna in Bologna konnte, basierend auf über 150 Jahren Erfahrungen, ganz auf die Bedürfnisse mit einem eigenen, funktionalen Raumprogramm eingegangen werden (vgl. ebd.: 61, 133). In den Studentenunterkünften wurden zu dieser Zeit zunehmend eigene Lehrveranstaltungen durchgeführt, sodass bald keine Lehre mehr außerhalb der Kollegien stattfand und die Fakultäten „praktisch nur noch die Examina und die Verleihung der akademischen Grade [organisierten]" (Rüegg 1993: 199). So finden sich in den Neubauten der Kollegien dieser Zeit den Anforderungen entsprechend differenzierte Raumangebote mit „Kapelle, Versammlungs- und Lehrsälen, Refektorium, Bibliothek mit Archiv, Verwaltung, Studentenzimmer, Wohnung des Rektors und Wirtschaftsräume, wie Küche, Kornspeicher und Magazin" (Linde 1969: 28). Die zunehmende Bedeutung der Kollegien, durch die Verknüpfung von Lernen und Leben, zeigt in der Folge Auswirkungen auf die Universitäten.

> „Die Kollegien entwickelten sich von universitätsfremden Einrichtungen zu Einrichtungen
> für Unterkunft, Unterstützung und L e h r e, wodurch sie in die direkte Beziehung zur Universität traten" (Rückbrod 1977: 39, Hervorh. im Original).

Der entwickelte Bautypus des Kollegiums entspricht dabei dem Schema einer nach außen abgeschlossenen, klosterähnlichen Innenhofanlage und trug damit auch räumlich zur Formierung und Außenwirkung einer „introvertierten Exklusivgemeinschaft" bei (ebd.: 115). Bei Universitäten entstanden zu dieser Zeit hin und wieder Neubauten, meist Lehrsaal- und Aulagebäude, wie z. B. das Archiginnasio in Bologna 1562–1563 (vgl. Rückbrod 1977: 133; Linde 1969: 30). Diese waren aber nur ergänzende Bauten, die keinem eigenen universitären Bautypus entsprachen. Erst Ende des 16. Jahrhunderts sind Gesamtbauwerke wie bei Kollegien für Universitäten entstanden, wobei „konsequenterweise der Integration der Institution Kollegium in die Universität die Adaption des Bautyps durch die Universität gefolgt ist" (Rückbrod 1977: 133). Die für Kollegien typische Verknüpfung von Leben und Lernen wurden von den Universitäten übernommen. „Kollegium und Universität waren nun Synonyme, auswechselbare Begriffe, die beide dasselbe bedeuteten. Eine Differenzierung setzte sich dahingehend durch, daß mit Universitäten die Einrichtung, die Lehranstalt, und mit Kollegium das Bauwerk bezeichnet wurde" (ebd.: 136).

2.1.3 Zur Bedeutung kollaborativer Lernprozesse

Vor der Erfindung des Buchdruckes im Jahre 1450 durch Johannes Gutenberg konnte das gesammelte Wissen nur durch Vorlesen und Zuhören verbreitet werden, da das Anfertigen bzw. Kopieren von Büchern ein kostspieliges und zeitintensives Vorhaben war. So waren die Vorlesung und damit der Vorlesungsraum mit dem Artefakt des Katheders bereits in den Kollegien des 14. Jahrhundert in den Lehrbetrieb integriert. Während die Vorlesung heute immer noch ein bestimmendes Element in der Lehre und der Vorlesungsraum ein Markenzeichen der tertiären Bildungsinstitution geblieben ist, war die Vorlesung damals ein Puzzleteil eines gesamthaft funktionalen Methodenprogramms. Der Unterrichtsstoff wurde den Studenten in der scholastischen Trias von Vorlesung, Disputation und Repetition vermittelt, die eng aufeinander aufbauten (vgl. Linde 1969: 16; Rüegg 1993: 214). In den Vorlesungen wurden Texte vorgelesen und erläutert, um Wissen zu vermitteln. In Seminaren wurde das Wissen der Vorlesungen durch Übungen vertieft, wobei die nach scholastischer Methode durchgeführte Disputation, als Diskussion gegensätzlicher Thesen, einen großen Raum einnahm. In Repetitorien wurde der Vorlesungsstoff, meistens in den Kollegien unter Leitung eines Magisters oder älterer Studenten, wiederholt und das Argumentieren geübt (vgl. Linde 1969: 27; Rückbrod 1977: 18 f.; Rüegg 1993: 214):

> „Diese Form des kollektiven intellektuellen Trainings war wohl der originellste Beitrag der mittelalterlichen Universität zum europäischen Bildungswesen" (Rüegg 1993: 214).

Mit der Ausbildung einer starken Gemeinschaft sowie der Vernetzung mit der städtischen Gesellschaft war der Lernraum Universität nach innen und nach außen als Kollaborationsraum ausgebildet. Nach innen bot er eine Art Schutzraum der Wissensgemeinschaft, welcher sich mit der steigenden Bedeutung der Universitäten in der Gesellschaft im 19. Jahrhundert das Symbol des Elfenbeinturms als Arroganz und Absonderung von und in der Welt bot. „Doch gehörte die arrogante Weltfremdheit ursprünglich nicht zum Symbol des Elfenbeinturms: Im 12. Jahrhundert verkörperte dieser das Gehäuse, welches das Heil der Welt barg, nicht um es der Welt zu entziehen, sondern um es für das Wirken in der Welt reifen zu lassen" (Rüegg 2010: 33). Nach außen schufen die abendländischen Universitäten einen Freiraum für Wissen und Wissenschaft und „profitierten von den Formen der städtischen Autonomie und Freiheit" (Schäfers 2010: 44). Nicht ohne Grund teilten die Universitäten ihren Namen mit der Stadt, gleichwohl der Wohlstand und die wirtschaftliche Prosperität einer Stadt mit der Entstehung von Universitäten maßgeblich geprägt wurden (vgl. Linde 1969: 25; Rückbrod 1977: 37). Durch die Aneignung privater und öffentlicher Räume bestand eine enge Verbundenheit seitens der Stadt und ihrer Bürger mit den Lehrenden und Lernenden, was den Zusammenhalt und die wachsende Bedeutung der Universitates stützte.

2.2   Lernraumgestaltung aus disziplinärer Umweltperspektive

Die Ausführungen zur Entstehung der Universitäten lassen deutlich werden, dass der universitäre Lernraum durch die Handlungen von Lehrenden und Lernenden als Lerngemeinschaft wie auch durch die Interaktionen im städtischen Kontext getragen wurde. Mit der Relevanz des Handlungsraums auf der sozial-interaktiven Raumebene kommt der baulichen Umgebung dabei eine ganz andere Bedeutung als heute zu. Die Nutzung spezifischer Orte des physisch-materiellen Raums wurde über die symbolische Bedeutung dieser Orte entschieden. Der aktuelle Stand der Forschung zu hochschulischen, gleichlautend wie bei schulischen, Lernräumen zeigt, dass die Forschungsperspektive auf den Lernraum heute überwiegend auf Aspekte des physisch-materiellen Raums und weniger die Symbolik der Verortung fokussiert wird (vgl. Higgins et al. 2005: 10). Mit zahlreichen Untersuchungen zu Licht, Luft, Temperatur oder Akustik wird dabei versucht, den Einfluss der baulichen Umwelt auf Lernverhalten zu messen.

In den folgenden Abschnitten wird zusammengefasst, welche Forschungserkenntnisse eine disziplinäre Umweltperspektive generiert, um Hinweise zur Unterstützung von Lernprozessen durch die bauliche Lernumgebung geben zu können. Da bei diesem Fokus der Handlungsraum auf der sozial-interaktiven Raumebene in den Hintergrund rückt, werden bei den folgenden Erkenntnissen auch Studien zu Schulen berücksichtigt. Wie eingangs erwähnt, gibt es im Bildungsbereich mehr empirische Belege im Schulbau als im Hochschulbau (vgl. Linneweber 1996: 386; Dippelhofer-Stiem 1996: 390; Temple 2007: 20; Walden 2008: 118). Eine Zusammenführung von Forschungsergebnissen aus dem schulischen und hochschulischen Kontext bei einer disziplinären Umweltperspektive ist nach den Erkenntnissen von Temple (2007) legitim: „The differences between schools and higher education in these respects [noise, lighting, temperature and humidity control – Anm. KN] are probably in any case small" (ebd.: 20).

2.2.1   Lernraum der physisch-materiellen Welt

Im aktuellen Lernraumdiskurs und dem damit einhergehenden Erkenntnisinteresse zur optimalen Gestaltung von Lernräumen ist zunächst grundlegend ein Überblick notwendig, ob die gebaute Umgebung Einfluss auf Lernprozesse nehmen kann. Der Kreis der Architektur-Deterministen (vgl. Flade 2008: 58; Walden 2008: 75; Woolner et al. 2005: 5) ist dabei der Überzeugung, dass „die physische Umwelt das Erleben und Verhalten weitestgehend beeinflusst" (Flade 2008: 60). Beispielhaft kann dabei Les Watson, als Vordenker des Saltire Centres der Glasgow Caledonian University, die in dieser Forschungsarbeit als eine Fallstudie untersucht wird, zitiert werden: „We spend a lot of time trying to change people. The thing to do is to change the environment and people will change themselves" (Les Watson, zitiert nach JISC 2006: 24). Die Umweltpsychologinnen Flade und Walden, die sich u. a. mit der Lernraumgestaltung an Schulen und Hochschulen beschäftigen, widersprechen dieser Darstellung. Zum einen können bei diesem Zugang andere, indirekte Einflüsse sowie auch die Zusammenhänge zwischen den verschiedenen Einflussfaktoren nicht mehr berücksichtigt werden (vgl. Flade 2008: 60). Zum anderen wird der Mensch immer auch als aktiver Gestalter seiner Umwelt gesehen und kann nicht auf die Rolle eines passiven Rezipienten reduziert werden (vgl. Walden 2008: 75; Flade 2008: 60). Die britische Wissenschaftlerin Woolner, die wie Walden und Flade zur Lernraumgestaltung forscht, fasst treffend zusammen: „However, the conclusions of our review are not that investing in environments is pointless but that if investment is to be most fruitful we must examine critically the question of just how the environment is supposed to produce effects on its users. Clearly this is not a simple matter of architectural determinism" (Woolner et al. 2007: 61).

Mit den vorliegenden Forschungsergebnissen von empirischen Studien zur Lernraumgestaltung sollen diese grundlegenden Aussagen zur Wirkung von gebauter Umwelt auf Verhaltensprozesse differenzierter erklärt werden. Bei verschiedenen Studien im internationalen Kontext wurden physische Aspekte der gebauten Umwelt, wie z. B. Licht, Luft, Temperatur oder Akustik, im Zusammenhang mit der Optimierung von Lernprozessen untersucht. Diese Studien bestätigen, dass physische Raumaspekte Einfluss auf Lernverhalten und Lernerfolg, wie z. B. Konzentrationsfähigkeit, Wohlbefinden oder Aufnahmefähigkeit haben, jedoch im Ergebnis bisher keine eindeutigen Kennzahlen zur Wirkung der untersuchten physischen Aspekte auf Lernprozesse benennen können (vgl. Blackmore et al. 2011; Choi et al. 2013; Kumar/O'Malley/Johnston 2008; Woolner et al. 2007; Higgins et al. 2005; Schneider 2002). So wird z. B. bei einer Studie des Fraunhofer Instituts für Bauphysik zur optimalen Belüftung von Klassenräumen zusammengefasst: „There seems to be an influence of CO_2-concentration on attendance, however the dimension is unclear yet" (Grün/Urlaub 2015: 6). Eine zentrale Herausforderung der Forschungsstudien zeigt sich bei der Vielzahl der zu berücksichtigenden Variablen und der damit einhergehenden Aussagekraft ihrer Ergebnisse zur Wirkung von Umweltfaktoren auf Lernprozesse (vgl. Sawers et al. 2016: 26; Granito/Santana 2016: 1; Woolner et al. 2007: 61; Higgins et al. 2005: 6; Dippelhofer-Stiem 1996: 390): „However, the results are so far of limited rigour, with a focus on environmental/technical issues such as lighting levels, acoustics and air quality. One of the dilemmas of quantitative research is the challenge of the reduction of complexity to a focus on that which is measurable. Fixing variables is difficult" (Fisher/Newton 2014: 906). Des Weiteren sind bei einem quantitativen Forschungsansatz zur Untersuchung von physischen Raumaspekten auf Lernverhalten nicht zuletzt auch die Aussagekraft und Bewertungsmöglichkeiten zu hinterfragen. Vor mehr als 20 Jahren hat Dippelhofer-Stiem mit ihrem Beitrag „Lernumwelt: Universität" (1996) im Sammelwerk „Ökologische Psychologie" zusammengefasst, dass die Kongruenz von Mensch und Umwelt „immer auch ein individuelles Maß und nicht allein in Durchschnittswerten erkennbar [ist]" (ebd.: 392).

Hier bestätigt sich im Kontext einer disziplinären Umweltperspektive bereits die Erkenntnis, dass die physische Lernumgebung nicht in ihren einzelnen, messbaren Aspekten isoliert zu untersuchen ist, sondern dass Lernraumgestaltung ein komplexes System mit differenzierten Einflussfaktoren ist. Vor diesem Hintergrund wurden in der Veröffentlichung „The Impact of School Environments" (Higgins et al. 2005) systematisch Studien und Untersuchungsergebnisse zusammengefasst, welche nicht nur Aspekte der physischen Lernumgebung sondern auch des System Schule im Allgemeinen berücksichtigen, wie z.B. das Rollenverständnis von Lehrenden, das Angebot von Produkten und Services sowie Kommunikations- und Beteiligungsprozesse. Interessant in diesem Zusammenhang ist die zusammenfassende Erkenntnis dieses Literature Reviews:

> „There is clear evidence that extremes of environmental elements (for example, poor ventilation or excessive noise) have negative effects on students and teachers and that improving these elements has significant benefits. However, once school environments come up to minimum standards, the evidence of effect is less clear-cut. Our evaluation suggests that the nature of the improvements made in schools may have less to do with the specific element chosen for change than with how the process of change is managed" (Higgins et al. 2005: 6).

Hier bestätigt sich im Umfeld der disziplinären Umweltperspektive die Notwendigkeit zur Betrachtung von Prozessen zur Lernraumgestaltung an Hochschulen, wie sie mit der erkenntnisleitenden Fragestellung dieser Forschungsarbeit formuliert worden ist (vgl. 1.2 Zielstellung der Forschungsarbeit). Es gilt aber, zur Entwicklung der Forschungsstrategie, den Forschungsstand noch aus anderen Perspektiven heraus zu untersuchen. Dabei ist zu hinterfragen, welche Aspekte bei einer ganzheitlichen Perspektive auf den Lernraum zu berücksichtigen sind.

2.2.2   Zur Bedeutung von Umweltkontrolle

Einen anderen Zugang zur Evaluierung von Zusammenhängen von gebauter Umgebung und Lernprozessen wählt Walden (2008), indem sie sich vom Erkenntnisinteresse zur Untersuchung von Einflüssen seitens der Umweltfaktoren löst. Im Fokus steht der Zusammenhang von Umwelt und Verhaltensaspekten im Hinblick auf die Relevanz zur *Regulierung* von Umweltfaktoren.

In der architekturpsychologischen Forschungsarbeit über die Zukunft von Schulen, Hochschulen und Büros wurden die „Koblenzer Fragebögen" (ebd.: 370) entwickelt, mit welchen eine Gebäudeperformance hinsichtlich der Kriterien Lern- und Arbeitsleistung, Wohlbefinden und Umweltkontrolle ermittelt werden kann. In den Fragebögen werden Aspekte von Post Occupancy Evaluation (POE) wie auch von User Needs Analysis (UNA) miteinander kombiniert. Durch diese Verknüpfung können zum einen Bewertungen zu Umweltaspekten der bestehenden baulichen Umgebung, aber auch eine Gewichtung hinsichtlich ihrer Relevanz für die Zukunft gewonnen werden.

Für den Befragungsbereich zu den Aspekten Lüftung, Heizung, Kühlung, Lärm und Sanitär hat sich dabei „ein Zusammenhang zwischen der Möglichkeit der Regulierung von Umweltstressoren (Raumklima) sowie den drei zusammenfassenden Untersuchungskriterien [der Gebäudeperformance – Anm. KN]" (ebd.: 303) gezeigt. Die Bedeutung zur Kontrolle über Umweltaspekte des physischen Raums werden auch durch Studien bestätigt, die sich mit der Lernraumgestaltung Campus beschäftigt haben (vgl. Kirschbaum/Ninnemann 2016: 201; Gothe/Pfadenhauer 2010: 97) bzw. allgemein aus architekturpsychologischer Perspektive betrachtet werden:

> „Wichtig ist, dass das Individuum weitgehend selbstbestimmt handeln kann und ihm durch die Umwelt möglichst viel Autonomie und Individualität gewährt wird. Damit hat die Regulation der Privatheit eine nicht zu unterschätzende psychohygienische Funktion" (Richter 2009: 249).

Neben der Bedeutung zur Kontrollierbarkeit der physischen Umweltfaktoren bildet die Studie auch ab, dass Steuerungsmöglichkeiten *sozialer* Umweltfaktoren Einfluss auf Lern- und Arbeitsleistung sowie Wohlbefinden nehmen. So sind für Studierende die IKT nicht nur für das Bild einer modernen Universität wichtig, sondern darüber hinaus auch ein Medium sozialer Kontrolle (Walden 2008: 402). Für die Lehrenden steht die Leichtigkeit zur persönlichen Kommunikation an erster Stelle, wenn es um die Gestaltung einer Hochschule für die Zukunft geht. Die damit einhergehende Kontrolle über Kontakte steht dabei in unmittelbarem Zusammenhang zu Wohlbefinden und Gesundheit (ebd.: 401).

2.2.3 Zur Relevanz sozialer Umwelteinflüsse

In den letzten zwei Abschnitten hat sich gezeigt, dass bei der disziplinären Ausrichtung auf die harten, messbaren Umweltfaktoren des physisch-materiellen Lernraums immer wieder die weichen Faktoren der sozial-interaktiven Lernraumebene in den Blickpunkt des Interesses rücken. Auf Basis der bisher aufgeführten Forschungsergebnisse kann zusammengefasst werden, dass die „gebaute Umwelt also nur ein Einflussfaktor unter anderen Faktoren [ist]" (Flade 2008: 60). Insbesondere indirekte Aspekte sind bei der

Gestaltung von Lernräumen zu berücksichtigen. So können soziale Umweltbedingungen „die Beziehung zwischen Mensch und gebauter Umwelt wesentlich modifizieren" (ebd.: 58).

Dies kann auch eindrucksvoll an zwei Beispielen quantitativer wie auch qualitativer Untersuchungen von Hochschulcampi beobachtet werden. In der Studie von Walden (2008) zum Beispiel wurde die Bibliothek als sehr gut bewertet, obwohl diese wegen der Überhitzung im Sommer aufgrund einer fehlenden Klimaanlage stark kritisiert wurde (vgl. ebd.: 402). Dies lässt sich dadurch erklären, dass aufgrund der zentralen Lage und den damit einhergehenden kurzen Wegen sowie dem Angebot an Gruppenarbeitsräumen (vgl. ebd.: 249), den Bedürfnissen von Studierenden nach Kommunikationsmöglichkeiten, die im Zusammenhang mit Arbeitsleistung und Wohlbefinden stehen, entsprochen werden kann. Das andere Beispiel findet sich in der Studie „My Campus" (2010), die von der Stadtplanerin und Architektin Kerstin Gothe sowie der Soziologin Michaela Pfadenhauer durchgeführt wurde. Hier wird von einem Studierenden berichtet, der den Hörsaal aufgrund der Ausstattung nur bis zu dem Zeitpunkt unangenehm empfand, bis er selbst eine Rede in diesem Raum halten konnte:

> „Die Studierenden ,laden' bestimmte Räume gewissermaßen positiv oder negativ ,auf' und empfinden einen Ort auch deshalb als ,gut' oder ,schlecht', weil sie ihn mit eben solchen Erfahrungen oder Erinnerungen verbinden" (Gothe/Pfadenhauer 2010: 15).

Damit wird konstatiert, dass physische und soziale Umweltbedingungen „keineswegs als zwei sich gegenüberliegende, sondern vielmehr als sich vielfach wechselseitig durchdringende Konzepte zu betrachten [sind]" (ebd.: 14). Dies wird auch in Beiträgen aus dem Schulbereich unterstützt (vgl. Higgins et al. 2005: 35; Woolner et al. 2007: 61; Woolner 2010: 106).

Bei einer zusammenfassenden Betrachtung von physischen und sozialen Umweltaspekten greift das Modell des „Behavior Setting" (vgl. Flade 2008: 58; Dippelhofer-Stiem 1996, 1996: 389), welches vom Sozialwissenschaftler und Begründer der Umweltpsychologie Roger G. Barker entwickelt wurde (Barker 1978). Bei diesem liegt die Annahme zugrunde, dass „das Verhalten von Individuen durch Umwelten ausgewählt, geformt und determiniert wird" (Dippelhofer-Stiem 1996: 389). Mit der Beschreibung der Synomorphie (vgl. Schulze 2009: 43) wird ein Setting, als ein eingegrenztes physisches Umfeld, mit einem bestimmten Programm, als eine Bezeichnung für ein typisches Verhaltensmusters, gekoppelt (vgl. Dippelhofer-Stiem 1996: 389; Flade 2008: 58; Schulze 2009: 43 f.). Die Bedingungen für bestimmte Verhalten-Umwelt-Synomorphe wurden jedoch von Barker nicht weiter spezifiziert (vgl. Miller 1986: 122; Schulze 2009: 45). Vor diesem Hintergrund ist davon auszugehen, dass „zusätzliche soziale Regeln, Normen und Lernprozesse eine Rolle spielen" (Schulze 2009: 45).

2.2.4   Zur Kausalität von gebauter Umwelt

Der Zusammenhang zwischen gebauter Umwelt und Lernverhalten wurde nicht nur mit quantitativen Forschungsstudien untersucht, sondern auch in der qualitativen, sozialwissenschaftlichen Praxis zur Lernraumgestaltung. Dabei besteht Konsens darüber, dass kein kausaler Zusammenhang zwischen der gebauten Umwelt und einem konkreten Verhaltensmuster festgestellt werden kann (vgl. Böhme/Herrmann 2009: 206; Woolner et al. 2005: 6; Jelich/Kemnitz 2003: 12; Friese/Wagner 1993: 94). Umgangssprachlich kann man es, wie Kirkeby in ihrem Beitrag über den Schulbau in Skandinavien, wie folgt formulieren: „Die Anwesenheit von Eimer und Schrubber führt nicht automatisch dazu, dass der Fussboden gewaschen wird" (Kirkeby 2005: 17).

Dass es keine Möglichkeit der Antizipation von Lehr- und Lernverhalten durch die Veränderung der Lernumgebung gibt, zeigt sich in der Praxis anschaulich bei der Nutzung neuer Lernraumkonzepte an Schulen: „In vielen Studien wird festgestellt, dass zwar häufig die Architektur des Klassenzimmers offen ist, aber dies noch lange keine Garantie dafür ist, dass in diesem Klassenzimmer auch die Prinzipien offener Formen des Lehrens Anwendung finden" (Hattie/Beywl/Zierer 2013: 105). Die aktuelle Entwicklung von Open-Space-Konzepten bei der Lernraumgestaltung an Schulen wie auch an Hochschulen steht im Zusammenhang mit den Forderungen nach Flexibilität und Multifunktionalität von Lernräumen (vgl. DINI 2013: 38; Stang 2013: 270; Dudek 2013: 91; Walden 2008: 117; JISC 2006: 5; Seydel 2004: 129). Diese Forderungen sind „dabei jedoch praktisch idente Vorschläge wie in den Jahren um 1970 zur Debatte gestellt werden" (Kühn 2009: 286). In der Zeit demokratischer Bildungsreformen wurden Schulen entwickelt, deren inhaltliche und räumliche Konzepte bereits in den 1980er-Jahren als gescheitert betrachtet wurden und innerhalb kürzester Zeit zurück- und umgebaut wurden (vgl. ebd.: 286). „Im Interesse der zukünftigen Gestaltungsmöglichkeiten der Nutzer" wurden damals als eine Form der „überzogenen Variabilitätsanforderungen" (ebd.: 287) vorläufige, unbestimmte Räume geschaffen. Gestaltlose Räume und Großraumstrukturen verhinderten die Identifikation der Nutzer in der Gemeinschaft und führten zu Anonymität und fehlendem Gemeinschaftsgefühl am Lernort. Die Gebäude konnten aufgrund der „unreflektiert aus dem Industrie- und Bürobau" (ebd.: 287) stammenden Großstrukturen mit teilweise fehlender natürlicher Belichtung und Belüftung nur durch aufwendige Technik betrieben werden und brachten die Nutzer an ihre psychische und physische Belastungsgrenze. Die sich bereits nach vier Jahrzehnten wiederholenden inhaltlichen Forderungen und Wünsche in Bezug auf Lernräume demonstrieren die Orientierungslosigkeit der handelnden Akteure an Schulen wie aber auch Hochschulen. Aus der Überhöhung der Wirkungskraft als pädagogischer Raum verliert der Lernraum seine eigentliche Bedeutung als Handlungsraum.

> „Architektur kann die Lehrgemeinschaft wirkungsvoll unterstützen, aber letztlich kommt es,
> wie auch hinsichtlich der Organisation des Studiums, auf die Motivation der Lehrenden und
> Lernenden an" (Schäfers 2010: 55).

So waren bauliche Komponenten nicht nur in den Anfängen der Schulen und Universitäten, sondern auch bei ihren Vorläufern eher Nebensache: „Sokrates lehrte auf dem Markt, Zenon von Zypern in einer nicht für seine ‚Zwecke' gebauten Säulen- und Wandelhalle (Stoa) Athens. Die aristotelischen Peripatetiker dozierten und diskutierten im Umhergehen, das völlig unstrittig zum Verfertigen von Gedanken eine unersetzliche ‚Methode' bleibt" (ebd.: 54 f.).

An den Beispielen aus der Praxis zeigt sich, dass Lernraumgestaltung ein komplexer Prozess ist, bei welchem die physisch-materielle Raumebene lediglich einen Teil eines Ensembles von zu berücksichtigenden Aspekten darstellt. Vielmehr gilt es auch, die sozial-interaktive Raumebene zu berücksichtigen: „The open-plan classroom movement showed that purely physical design solutions that are not owned by their users or supported with effective systems and behaviour change will not work" (Higgins et al. 2005: 3). So wird im folgenden Abschnitt der Stand der Forschung zur Lernraumgestaltung an Hochschulen aus einer transdisziplinären Handlungsperspektive dargelegt, um den Raum für Forschungsansätze zu erweitern.

2.3   Lernraumgestaltung aus transdisziplinärer Handlungsperspektive

Mit der transdisziplinären Handlungsperspektive wird der Stand der Forschung zu formellen und informellen Lernräumen bzw. übergreifend zum Lernraum Campus zusammengefasst. Mit dem „Shift from Teaching to Learning" hat sich in den letzten Jahren ein Interesse herausgebildet, den Zusammenhang von Raum und Lernen aus einer neuen Perspektive heraus zu betrachten (vgl. Jamieson 2009: 18; Neill/Etheridge 2008: 48). „Recently, higher education institutions have been challenged to rethink the formal and informal spaces where learning takes place" (Granito/Santana 2016: 1). So ist das Verständnis von Lernen als einen aktiven, eigenverantwortlichen und sozialen Prozess ein wichtiger Ausgangspunkt für Veränderungen der hochschulischen Lernräume (siehe Kapitel 4 Vom Lehren zum Lernen). Um notwendige Maßnahmen zur räumlichen Übersetzung des Paradigmenwechsels zu identifizieren, ist ein transdisziplinärer Zugang zur Berücksichtigung gestalterischer, baulicher und sozialer wie auch technologischer und digitaler Aspekte erforderlich (vgl. Bachmann et al. 2014: 18).

Vor dem Hintergrund des dabei breit angelegten, transdisziplinären Zugangs sowie des internationalen Bedeutungskontextes sind das Erkenntnisinteresse und damit auch der Stand der Forschung weit gefächert. Im Bereich der informellen Lernräume, insbesondere bei der Entwicklung der Bibliotheken, gibt es mittlerweile umfangreiche Modelle und Publikationen. Volkmann und Stang fassen den Erkenntnisstand in diesen Bereich wie folgt zusammen: „Academic learning spaces are by far no risky endeavour or experiment any more" (Volkmann/Stang 2015: 236). Diese Einschätzung kann beim Stand der Forschung zu formellen Lernräumen nicht geteilt werden. Hier wird bereits seit geraumer Zeit auf das Fehlen systematischer und empirischer Forschungsergebnisse hingewiesen (vgl. Sawers et al. 2016: 26; McArthur 2015: 1; Baepler/Brooks/Walker

2014: 3; Brooks 2011: 719). So weisen Baepler, Brooks und Walker darauf hin, dass in den meisten Publikationen lediglich Erfahrungswissen bzw. theoretische Aussagen zur Bedeutung von Lernräumen sowie dem Zusammenhang von architektonischen Raumgestaltungslösungen und der Entwicklung innovativer Lehrkonzepte zusammengefasst werden (vgl. Baepler/Brooks/Walker 2014: 3).

Auf der Grundlage dieser Perspektive werden in den folgenden Abschnitten empirisch fundierte Ergebnisse zum Stand der Forschung fokussiert. Ziel ist es, einen subjektivistischen Erkenntniszugang über Erfahrungswerte bzw. theoretische Konzepte zu vermeiden, um eine gesicherte Grundlage zur Entwicklung der Forschungsstrategie gewährleisten zu können.

2.3.1 Über formelle Lernräume

Bei formellen Lernräumen dominiert bis heute das Bild frontal ausgerichteter Vorlesungs- und Seminarräume (vgl. Lambert 2012: 27; Long/Ehrmann 2005: 42). Zehn Jahre nach Beginn der Bologna-Reform fand vom HIS-Institut für Hochschulentwicklung e.V. (HIS), welches im Bereich Hochschulinfrastruktur und bauliche Hochschulentwicklung forscht und berät, in 2010 eine Tagung „Bauen für Bologna? – Veränderungen des Flächen- und Raumbedarfs durch Bachelor- und Masterstudiengänge" statt. In der Pressemeldung dazu wird zusammengefasst, dass die Forderungen seitens der Hochschulen nach mehr Raumflächen für Hörsäle und Seminarräume durch strukturelle Maßnahmen und eine verbesserte Auslastung gelöst werden können und keine baulichen Maßnahmen erforderlich sind: „Der Hochschulbau [muss] nicht neu erfunden werden" (Marcelo Ruiz, zitiert nach HIS 2010). Betrachtet man aber im internationalen Kontext die Entwicklungen und Erkenntnisse von Maßnahmen zur Unterstützung von Lehr- und Lernprozessen (siehe Kapitel 4 Vom Lehren zum Lernen), so ist festzustellen, dass es einen Bedarf an neuen Konzepten zur Gestaltung von Lernraumumgebungen gibt. Der Anlass dafür zeigt sich deutlich an den Hintergründen für die Entwicklung der „High Performance Learning Spaces" (HPLS) der Wallenberg Hall an der Stanford University, die bereits im Jahr 2002 realisiert worden sind:

> „We have found that *common classroom configurations do not support innovative pedagogy and pedagogically informed technologies*" (Hagström 2004: 2, Hervorh. im Original).

Bereits seit den 1990er-Jahren werden an amerikanischen Universitäten Lernraummodelle konzipiert und in Forschungsprojekten untersucht, die den Active Learning Approach räumlich unterstützen (vgl. Baepler/Brooks/Walker 2014: 1). Bei den folgenden Ausführungen werden die zwei konzeptionellen Ansätze, die Active Learning Environments und die Flexible Learning Environments, sowie der empirische Erkenntnisstand dazu zusammengefasst.

Bei dem Raumkonzept der Active Learning Environments, die je nach disziplinärer Ausrichtung und Hochschule unterschiedliche Bezeichnungen haben, werden moderne

IKT mit neuen Raumgestaltungslösungen verknüpft, um aktives Lehren und Lernen zu unterstützen. Das Raumkonzept sieht zwischen 45 und 90 Studierende vor, die an runden Tischen mit jeweils neun Sitzplätzen gruppiert werden (vgl. Brooks 2012: 3; Horne et al. 2012: 2). Jeder Gruppenarbeitstisch hat mindestens drei Computer sowie an der Wand jeweils einem Tisch zugeordnet Monitore und Whiteboards (vgl. Beichner 2014: 15). Mit der Anordnung der Tische sowie der dezentralen Projektions- und Visualisierungsflächen gibt es keine frontale Ausrichtung. Die Arbeitsstation der Lehrenden wird mitten im Raum platziert, sodass diese durch die lockere und dezentrale Anordnung der Ausstattung an jedem Platz im Raum agieren können (vgl. Granito/Santana 2016). Die ersten Active Learning Environments wurden am Massachusetts Institute of Technology mit dem Akronym „Technology Enabled Active Learning" (TEAL) (vgl. Dori et al. 2003; Dori/Belcher 2005) und an der North Carolina State University mit der Bezeichnung „Student-Centered Activities for Large Enrollment Undergraduate Programs" (SCALE-UP) (vgl. Beichner/Saul; Beichner 2008, 2014) konzipiert und realisiert. Das SCALE-UP-Konzept beispielsweise findet sich an mittlerweile mehr als 200 Institutionen weltweit (vgl. Beichner 2014: 16). In Deutschland gibt es bisher einen SCALE-UP-Lernraum, der am Zentrum für Lehre und Lernen der Technischen Universität Hamburg 2013 in Betrieb genommen wurde. Die Prototypen der ersten Active Learning Environments wurden für Lehrveranstaltungen in der Physik konzipiert, die aktivierende Lehr- und Lernmethoden integrieren sollten (vgl. Baepler/Brooks/Walker 2014: 1; Dori/Belcher 2005: 253). In den folgenden Jahren wurde dieses Modell für die Anforderungen anderer Disziplinen und Hochschulen modifiziert (vgl. Brooks 2012; Baepler/Brooks/Walker 2014), wie z. B. mit „Transform, Interact, Learn, Engage" (TILE) an der University of Iowa (vgl. Horne et al. 2012) oder den „Active Learning Classrooms" (ALC) an der University of Minnesota (vgl. Brooks 2012).

Die Untersuchungen der SCALE-UP- und TEAL-Lernräume haben gezeigt, dass das konzeptionelle Verständnis der Studierenden verbessert und die Durchfallquote reduziert werden konnte (vgl. Beichner et al. 2007: 37; Beichner 2008: 5 f.; Dori/Belcher 2005: 267). Kritisiert wird an diesen Studien, dass nicht zu unterscheiden ist, ob die Ergebnisse aus dem didaktischen Redesign der Physikkurse mit der Integration aktivierender Lehr- und Lernmethoden, der Gestaltung der Lernräume oder beider Aspekte zusammen resultieren (vgl. Sawers et al. 2016: 27; Brooks 2011: 721). Vor diesem Hintergrund wurden Active Learning Environments des ALC-Modells im direkten Vergleich mit traditionellen, frontal ausgerichteten Lernräumen unter konstanten Bedingungen, also einer Lehrveranstaltung mit dem gleichen Lehrenden, Lehrinhalt und den gleichen Lehrmaterialien, untersucht (vgl. Brooks 2011: 722). Mit den Untersuchungen konnte grundlegend festgestellt werden, dass die Ausstattung des physischen Raums Lernprozesse der Studierenden verändern kann: „Learning spaces have a significant effect on student learning" (ebd.: 725). Interessant dabei ist jedoch die Erkenntnis, dass dieser Effekt über die Lehrenden erfolgt: „1) space shapes instructor behavior and classroom activities; 2) instructor behavior and classroom activities shape on-task student behavior; therefore, 3) space shapes on-task student behavior" (Brooks 2012: 8). Bei einer auf diese Studien aufsetzenden Untersuchung konnte die Rolle der Lehrenden und der ALC bei der Unterstützung von Lernprozessen weiter spezifiziert werden, indem auch der Lehrstil der Lehrenden berücksichtigt wurde (vgl. Sawers et al. 2016: 28). Hier konnte ermittelt werden, dass Lehrende mit einer konstruktivistischen Lehrphilosophie (siehe 3.2.1 Studierendenzentrierung) besser in der Lage sind, ALCs zur Unterstützung des Lernengagements der Studierenden zu nutzen (siehe 3.2.2 Eigenverantwortung). Des Weiteren sind sie in den ALCs eher geneigt, Lernengagement der Studierenden wahrzunehmen, da sie eigenverantwortliches und selbstständiges Lernen der Studierenden, welches mit einem Kontrollverlust für die Lehrenden einhergeht, als ein positives Zeichen sehen (vgl. Sawers et al. 2016: 33).

Die Erkenntnis, dass der Einfluss der Raumausstattung auf das Lernverhalten der Studierenden durch die Lehrenden moderiert wird, konnte auch im Setting der Flexible Learning Environments empirisch bestätigt werden (vgl. McArthur 2015: 11). Bei diesem Raumkonzept wird frei bewegliches Mobiliar auf Rollen eingesetzt, sodass in den Lernräumen unterschiedlichste Lehr- und Lernmethoden eingesetzt werden können: „Learning that is active, participatory, experiential and cooperative requires a flexible space" (Neill/Etheridge 2008: 52). Bestehende Studien legen dar, dass mit einem Einsatz flexibler Ausstattung ein höheres Engagement der Studierenden einhergeht sowie kollaborative Lernprozesse und die Interaktion von Lehrenden und Lernenden unterstützt werden (vgl. Neill/Etheridge 2008: 51; Harvey/Kenyon 2013: 8). Des Weiteren zeigt sich die Bedeutung der Lehrenden zur Akzeptanz und Aneignung neuer Lernraum-Settings darüber, dass Studierende mit flexiblen Lernräumen zufriedener sind, wenn die Lehrenden das Lernraumkonzept verstehen und motiviert sind, diese Räume zu nutzen (vgl. Neill/Etheridge 2008: 5). Dabei wurde auch erkannt, dass Lehrende, die in einer flexiblen Lernumgebung sicher agieren, höhere Lernergebnisse erzielen als in einem traditionellen formellen Lernraum. Fühlen sich Lehrende aber in flexiblen Lernräumen unsicher, werden schlechtere Ergebnisse erzielt als in einem klassischen Setting (vgl. McArthur 2015: 14).

In einer ersten Studie im deutschsprachigen Raum zu flexiblen Ausstattungskonzepten im formellen Lernsetting, die an der SRH Hochschule Heidelberg durchgeführt wurde, konnte festgestellt werden, dass Lehrende und Lernende sich erst an die eigene Verantwortung bei der Gestaltung von Lernräumen mit beweglichen Mobiliar gewöhnen müssen (vgl. Ninnemann 2016: 159). Dies wurde auch als Barriere in der Studie von Neill und Etheridge (vgl. 2008: 53) über flexible Lernraumkonzepte erkannt. An diesem Punkt unterscheiden sich die Flexible Learning Environments von den Active Learning Evironments. Die Bestimmtheit der Platzierung des Mobiliars und der Akteure bei den Active Learning Environments zwingt die Lehrenden, sich mit ihren Veranstaltungen entsprechend am Lernraumkonzept, welches den Active Learning Approach verlangt, auszurichten (vgl. Brooks 2012: 8). Bei Veranstaltungen im klassischen Vorlesungsstil gibt es aufgrund der runden, feststehenden Tische eine eingeschränkte Sicht auf den Vortragenden und der Vortragende kann durch seine dezentrale Stellung nicht die opti-

male Position im Raum einnehmen (vgl. Granito/Santana 2016: 6). Bei diesem Raummodell ist entweder das Lehrkonzept dem Raum anzupassen oder aber ein differenziertes Angebot an Lernraum-Settings für unterschiedliche Lehr- und Lernmethoden anzubieten (vgl. Granito/Santana 2016: 6; Brooks 2012: 8). Hier zeigt sich die Relevanz
multioptionaler Ausstattungskonzepte an Hochschulen (vgl. Kirschbaum/Ninnemann
2016: 209). Das impliziert u.a. auch, dass im Umfeld formeller Lernräume informelle
Lernraumangebote zu berücksichtigen sind, da hier z. B. break-out-spaces für Gruppenarbeiten zur Verfügung gestellt werden können.

2.3.2   Über informelle Lernräume

Durch die Entwicklung und Integration neuer Technologien an Hochschulen zur Unterstützung von Lernprozessen (vgl. Long/Ehrmann 2005; Oblinger 2006b; Gothe/Pfa-
denhauer 2010; Bachmann et al. 2014) findet Lernen zunehmend nicht mehr nur in
formellen Lernräumen statt (vgl. Long/Ehrmann 2005: 44). Lernen kann man überall
(vgl. Oblinger 2006a; Chism 2006; Nuissl 2006; Woolner 2010; Rohs 2010; Gothe/
Pfadenhauer 2010; Bachmann et al. 2014: 18,21). Untersuchungen an Hochschulen
lassen deutlich werden, dass ein steigender Bedarf an Lernarbeitsplätzen für Einzel- und
Gruppenarbeiten besteht (vgl. Kirschbaum/Ninnemann 2016: 199; Bachmann 2014:
116; Gothe/Pfadenhauer 2010: 100; Hunter/Cox 2014: 38; Cox 2011: 198). Diese Ergebnisse werden von einer Studie des HIS nicht nur bestätigt, sondern den Hochschulen
in Deutschland auch ein dringender Handlungsbedarf aufgrund des unzureichenden
Angebots attestiert (vgl. Vogel/Woisch 2013: 29 f.). Zahlreiche realisierte Projekte
informeller Lernraumsettings im angloamerikanischen Raum demonstrieren, dass die
Bedürfnisse in diesem Bereich von den Hochschulen bereits wahrgenommen werden
(vgl. Volkmann/Stang 2015: 239; DINI 2013), sodass dazu bereits ein umfangreicher
Erkenntnisstand vorliegt (vgl. Volkmann/Stang 2015: 236).

Die Verknüpfung von sozialen und technischen Aspekten und damit die Veränderung
der architektonischen Raumkonzepte zeigt sich eindrucksvoll bei den Maßnahmen zur
Transformation der Bibliotheken, welche durch die rasanten technologischen Entwicklungen bereits für nicht mehr überlebensfähig gehalten wurden (vgl. Bruijnzeels 2015).
Mit dem Konzept der Learning Center wurde ein Modell zur räumlichen und organisatorischen Reform der Bibliotheken realisiert, welches in den letzten Jahren eine Verbreitung im internationalen Kontext gefunden hat (vgl. Cox 2011). Dabei richten sich die
Learning Center, welche auch unter den Begriffen Information Commons oder Learning
Commons geführt werden (vgl. ebd.: 198), konsequent an den Anforderungen und Erwartungen der Studierenden aus:

> „With the learning centre approach, the focus has shifted from information to learning"
> (Bulpitt 2012: 5).

Die Implementierung von differenzierten Studierendenarbeitsplätzen, zum Selbststudi-um wie auch für Gruppenarbeiten, gibt den heterogenen Studierendengruppen den not-wendigen Raum für unterschiedliche Lerntypen und -aktivitäten an Hochschulen (vgl. Cox 2011: 199). Mit der Zentralisierung von Studierendenservices im Learning Center als „onestop shop" (Jamieson 2009: 26) wird die administrative Studienorganisation durch verschiedene Angebote, wie z. B. Studienberatung und Immatrikulation, Studien-finanzierung und -unterstützung sowie akademisches Auslandsbüro und studentisches Wohnen, vereinfacht (vgl. Bulpitt 2012: 42). Des Weiteren können hier zum Portfolio einer Bibliothek als Informationszentrum ergänzende Angebote für die Studierenden, wie z. B. Coaching, Prüfungsberatung sowie Schulungen zu Lern- und Arbeitsmetho-den, räumlich zentral verankert werden (vgl. ebd.: 41). Dabei ist eine Entwicklung zu zentralen Großraumstrukturen festzustellen – den Super Convergence Centern, um den Bedürfnissen der Studierenden nach zentralen Anlaufstellen gerecht zu werden (vgl. ebd.: 39).

Mit dem Konzept der Transformation der Bibliotheken als Learning Center zum sozia-len Hub kann an den Hochschulen den Bedarfen nach Lernarbeitsplätzen der Studieren-den entsprochen und ein symbolischer Ort des kollaborativen Lernens etabliert werden (vgl. Cox 2011: 204). Cox (2011) und Jamieson (2009) sehen diese Entwicklungen jedoch kritisch, da mit der Zentralisierung der informellen Lernräume dezentrale Lern-arbeitsplätze nicht mehr angeboten werden und darunter ein vielfältiges, spezifisches Angebot verloren geht. Cox stellt in seiner Studie „Students' Experience of University Space" fest: „Collectively the students have a sense of owning the IC [Information Commons – Anm. KN]. In reality, individually, they do not own space there" (Cox 2011: 204). Die Geschäftigkeit und der Wettbewerb um freie Ressourcen, wie Sitzplätze oder der Zugang zu PCs, veranlaßt die Studierenden, sich andere Orte zu suchen. Es konnte festgestellt werden, dass vielmehr die kleinen, unaufgeregten Orte in den De-partments aufgesucht werden, da dort auch die Interaktion zu den Lehrenden hergestellt werden kann (vgl. ebd.: 204 f.). Jamieson verweist auf die kritische Situation bei der Zentralisierung informeller Lernräume. So verfügen die Studierenden über weniger Handlungsspielraum zur Verortung individueller und sozialer Lernprozesse, obwohl den Lernenden, so die Erkenntnisse der Lehr- und Lernforschung, mehr Verantwortung für selbstgesteuerte, aktive Lernprozesse zugestanden und auch eingefordert wird: „From this perspective, the university not only drives the formal learning process through its central timetable and classroom facilities, it also formalizes the process of informal learning by determining the major (only?) location where this can best occur in the form of a centralized learning center" (Jamieson 2009: 23). Aus dieser Perspektive gilt es, die informellen Lernräume als Teil einer gesamthaften Campusplanung zu begreifen.

2.3.3   Über den Lernraum Campus

Aufgrund der Verankerung von Lernprozessen in einen sozialen Kontext gilt es den Lernraum Hochschule als Ganzes zu betrachten. Auf dem gesamten Campusgelände, in den informellen wie auch den formellen Lernräumen, ist die von den Studierenden und Lehrenden gewünschte Kommunikation möglich (vgl. Kirschbaum/Ninnemann 2016: 203; Walden 2008: 401; Lomas/Oblinger 2006: 5.1). Mit dem Fokus auf die Unterstützung von kollaborativen und aktiven Lernprozessen stellt sich die Frage, wie ein Campuskonzept als „integrated learning environment" (Oblinger 2006a: 1.3) gestaltet werden kann und ob der physische Campus mit dem Angebot virtueller Lernraumoptionen überhaupt noch relevant ist (vgl. Fisher/Newton 2014: 904). In den Publikationen zum Themengebiet Lernraum Campus finden sich dazu keine spezifischen Erkenntnisse, da der universitäre Raum aus einer Makroperspektive in der Verknüpfung mit dem städtischen Umfeld untersucht wird (vgl. Keskinen 2014; Brosenbauer 2012; Kruschwitz 2011; Dielacher 2011; den Heijer 2011).

Derzeit finden sich im deutschsprachigen Raum lediglich zwei Studien, von Bachmann et al. (2014) sowie Gothe und Pfadenhauer (2010), die den Lernraum Campus vor dem Hintergrund der Unterstützung von Lernprozessen der Studierenden in seiner Gesamtheit, auf Mikro-, Meso- und Makroebene, untersucht und Herausforderungen identifiziert haben. Anders als bei der quantitativen Untersuchung mit den „Koblenzer Fragebögen" (Walden 2008), bei welchen bestehende Raumfunktionsprogramme evaluiert werden (vgl. 2.2.2 Zur Bedeutung von Umweltkontrolle), können bei dem in diesen Projekten gewählten qualitativen Forschungszugang bestehende Raumkonzepte grundsätzlich in Frage gestellt werden. Voraussetzung dafür ist die Perspektive der Lernraumgestaltung als relationales Raumkonzept, welches im Abschnitt 2.4 dieser Arbeit näher erläutert wird. Dabei wird nicht nur die physisch-materielle Raumebene betrachtet, sondern auch soziale Handlungen zur Konstitution des Lernraums untersucht (vgl. Gothe/Pfadenhauer 2010: 14; Bachmann 2014: 94).

Am Karlsruher Institut für Technologie wurden aus Studierendenperspektive (Gothe/ Pfadenhauer 2010) sowie an der Universität Basel aus der Perspektive verschiedener Hochschulakteure, wie Studierende, Dozenten, Mitarbeiter der Verwaltung und Hochschulleitung (Bachmann et al. 2014), Maßnahmen identifiziert, die Lernprozesse unterstützen können. Mit den Untersuchungen konnten empirische Erkenntnisse gewonnen werden, die die theoretisch-normativen Forderungen zur Campusgestaltung von Lomas/Oblinger (2006) stützen. Abgeleitet aus Studierendengewohnheiten wurde hier die Bedeutung von Partizipation, Austausch, Nähe, Integration, Flexibilität, Zugangsmöglichkeiten, Bequemlichkeit, Unterstützung und Einbeziehung bei Entscheidungen herausgestellt. Diese Aspekte wurden vor dem Ziel abgeleitet, den Studierenden die Möglichkeit zur Aneignung des universitären Raums zu geben, indem die Bedürfnisse der Studierenden analysiert wurden (vgl. ebd.: 5.11). Gothe/Pfadenhauer (2010) zeigten in ihrer Publikation „My Campus – Räume für die ‚Wissensgesellschaft'?" über die Identifikation von Nutzertypen von Studierenden deren spezifischen Raumnutzungsmuster auf. Darüber werden als Ergebnis der explorativen Studie (vgl. ebd.: 32 f.) Bedürfnisse der Studierenden auf den verschiedensten Ebenen, wie z. B. Einbindung von Lernaktivitäten in der Stadt, Anforderungen an Gebäude sowie auch Forderungen zu konkreten physischen und virtuellen Lernräumen, identifiziert. Bachmann et al. (2014) ermittelten im Rahmen des Projekt „IT-Serivce Integration in Studium und Lehre" (ITSI), wie sich virtuelle und physische Lernumgebungen verändern und welche Bedürfnisse dabei von den zu beteiligenden Hochschulakteuren berücksichtigt werden sollten. Mittels einer qualitativ-explorativen Vorgehensweise (vgl. ebd.: 24) können als Ergebnis aus Workshops und begleitenden Studien Thesen zur Campusgestaltung abgeleitet werden.

In Anbetracht der Möglichkeiten zur Verlagerung von Lernprozessen in den virtuellen Raum bzw. des Lernens an jedem Ort ist ein zentrales Anliegen von Studierenden und Lehrenden, bei diesen zwei Studien aus dem deutschsprachigen Raum, festzustellen: Die Bedeutung physischer Orte, an denen soziale Interaktion möglich ist, ist ein elementares Bedürfnis (vgl. Bachmann et al. 2014: 18; Gothe/Pfadenhauer 2010: 20; Schwander/Miluška/Bachmann 2011: 71). Der virtuelle Lernraum dagegen wird von den Studierenden insbesondere bei der effizienten Organisation ihres Studiums genutzt, wie z. B. für An- und Abmeldungen von Prüfungen und Lehrveranstaltungen, für den Zugriff auf Informationen und Materialien, zur Vereinbarung von Terminen sowie zur Orientierung bei der Planung von Stundenplänen und Veranstaltungen (vgl. Gothe/Pfadenhauer 2010: 49,85,106; Bachmann et al. 2014: 45). Die Studierenden schätzen bei den Online-Angeboten der Hochschule die „Möglichkeiten eines zeit- und ortsunabhängigen Studiums" (Gothe/Pfadenhauer 2010: 20) mit der „Ausweitung von 24-Stunden-Services" (ebd.: 106). Dabei wird insbesondere für das Selbststudium die Möglichkeit zur Nutzung der privaten, gut ausgestatteten Lernarbeitsplätze zu Hause präferiert (vgl. ebd.: 49,105), wie auch in der Studie des HIS „Orte des Selbststudiums" (Vogel/Woisch 2013: 34) festgestellt werden konnte.

Die Studien zeigen, dass verschiedene spezifische Räume zur Sozialisierung an der Hochschule notwendig sind. Bei den Studien wurde, ebenso wie bei anderen Veröffentlichungen, die Bedeutung der Fachkultur zur Sozialisation der Studierenden als ein prägendes Element an Hochschulen identifiziert (vgl. Gothe/Pfadenhauer 2010: 100; Bachmann et al. 2014: 42,46,49; Ninnemann 2016: 156; Wegner/Nückles 2013: 17; Löw 2006: 99; Dippelhofer-Stiem 1996: 392). Dabei ist die Verortung von Lernarbeitsplätzen in den Fachdisziplinen und Fakultäten wichtig (vgl. Kirschbaum/Ninnemann 2016: 204; Gothe/Pfadenhauer 2010: 43), „um den Einbezug der Studierenden in die Community zu erleichtern" (Bachmann et al. 2014: 42) und die Studierenden damit zu einem der Hochschule zugehörigen Bestandteil auszuweisen (vgl. ebd.: 44). Für den interdisziplinären Austausch werden von den Studierenden die informellen Orte auf dem Campus, wie z. B. Cafés, genutzt (Gothe/Pfadenhauer 2010: 100).

Die unterschiedlichen Bedürfnisse beim Lernen, „vom beiläufigen kommunikativen Austausch über Studieninhalte bis hin zum nahezu kontemplativen, hochkonzentrierten

Lernen vor der Klausur" (ebd.: 104), verweisen auf einen Bedarf zur Vielfalt von Lernorten (vgl. Gothe/Pfadenhauer 2010: 104,105; Bachmann et al. 2014: 22; Kirsch-
baum/Ninnemann 2016: 209). Hier zeigt sich, wie auch bei Forschungserkenntnissen zu
Untersuchungen von informellen Lernräumen, die Bedeutung von Orten zur Versorgung, wie z. B. Cafés und Mensa, zur Unterstützung kolllaborativen Lernens an „natürlichen Treffpunkten" (Gothe/Pfadenhauer 2010: 100) wie auch die Bedeutung von Serviceangeboten in räumlicher Nähe mit z. B. 24-Stunden-Bibliothek, Copy-Shop und
Geldautomaten (vgl. ebd.: 102). Mit der zunehmenden Verknüpfung von Lernen, Arbeiten und Freizeit wird der Lernraum Hochschule immer mehr durch „Hybridorte" (ebd.:
102) charakterisiert. Dies führt durch das Nebeneinander verschiedener Nutzungsangebote und Nutzungsformen zu Konflikten bei den Nutzern (vgl. ebd.: 104). Aus dieser
Perspektive wird immer wieder die Aktivierung von Zwischenräumen als zusätzliche
Ressource zur Entlastung des Flächenbedarfs in Betracht gezogen (vgl. Bachmann et al.
2014: 46; Franke/Haude/Noennig 2012; Brandt 2014a).

Wichtig bei der Campusplanung zur Unterstützung von kollaborativen, aktiven Lernprozessen ist zudem die räumliche Nähe von Einrichtungen mit kurzen Wegen, zentraler
Lage und die Nähe zu Versorgungs- und Serviceeinrichtungen (vgl. Gothe/Pfadenhauer
2010: 43 f.,105). So verdichtet sich „das geographische Zentrum des Campus aus der
Perspektive der Studienteilnehmer mit dem sozialräumlichen Campuszentrum [...], an
dem das wissenschaftlich-universitäre sowie studentisch-kulturelle Leben pulsiert"
(ebd.: 107). Bei einer zentralen Lage universitärer Räume verschmelzen der Campus
und die darum liegenden städtischen Räume in der Wahrnehmung der Studierenden
(vgl. ebd.: 15,105,106,114,116), sodass sich der Lernraum mental ausdehnt (vgl. ebd.:
93). Dabei scheint dies „das Image der Universität positiv zu beeinflussen" (ebd.: 105).

An den Ergebnissen der Studien zum Lernraum Campus bestätigt sich, dass nicht nur
Aspekte des physischen Raums berücksichtigt werden, sondern dass ein integrativer
Blick notwendig ist, der den Lernraum Hochschule als Handlungsraum mit der Perspek-
tive des sozial-interaktiven Lernraums betrachtet:

> „Nicht unbedingt ein permanentes Nebeneinander, aber sehr wohl ein möglichst unkompli-
> zierter Wechsel zwischen Arrangements des Lernens, der Entspannung und/oder des gesel-
> ligen Miteinanders wird bereits jetzt honoriert und in stärkerem Maße gewünscht" (Gothe/
> Pfadenhauer 2010: 105).

Diese Entwicklung, steht auch im Zusammenhang mit der zunehmenden Bedeutung des
technisch-virtuellen Raums durch die Integration von IKT. Vor diesem Hintergrund
wurde bei den zwei Studien in Karlsruhe und Basel das Konzept des relationalen Raums
zugrunde gelegt. In den folgenden Abschnitten werden die Hintergründe des Konzepts
erläutert, um die Forschungsstrategie dieser Arbeit begründen zu können.

2.4   Theoretisches Raumverständnis

Wird über die Lernraumgestaltung an Hochschulen gesprochen, so wird in einem ersten
Impuls zumeist der physisch-materielle Raum, mit der Gestaltung von formellen Vorle-
sungs-, Seminar- bzw. informellen Zwischen- und Lernräumen auf dem Campus, asso-
ziiert. Dies ist nicht überraschend, da in unserem Alltag immer noch das klassische
Konzept des dreidimensionalen, absoluten Raums dominiert (vgl. Löw 2001: 27; Rau
2013: 7; Schroer 2006: 46). Mit dem Raumbegriff jedoch sind vielfältige Bedeutungen
und theoretische Konzepte verbunden, die im Laufe der Jahrhunderte aus dem jeweiligen Erkenntnisstand in Wissenschaft und Forschung erwachsen sind und sich in ihrem
disziplinären Selbstverständnis unterscheiden (vgl. Rau 2013; Dünne/Günzel 2015;
Schroer 2006; Löw 2001). Die Vielfalt der Bedeutungskontexte von Raum kann zunächst auf zwei sich gegenüberstehende Konzepte, die des absoluten Raums der Natur-
wissenschaften und die des relativen Raums der Philosophie, zusammengefasst werden
(vgl. Schroer 2006: 30; Löw 2001: 67). Mit dem Fokus dieser Forschungsarbeit auf
organisationale Entscheidungsstrategien und Prozesstypologien bei der Gestaltung von
Lernräumen an Hochschulen ist ein disziplinübergreifender Raumzugang erforderlich.
Damit können unterschiedlichste Perspektiven – nicht nur gestalterischer und baulicher,
sondern auch pädagogischer, psychologischer, sozio-ökonomischer und technologischer
Art – zusammengeführt werden (vgl. 2.3 Lernraumgestaltung aus transdisziplinärer
Handlungsperspektive). Hier greift das Modell des relationales Raums, welches die
zwei klassischen Raumkonzepte nicht nur zusammenführt, sondern auch erweitert (vgl.
Löw 2001: 67). Zum Verständnis der Zielstellung der Forschungsarbeit, des Forschungsprozesses wie auch der Forschungsergebnisse werden zunächst an dieser Stelle
die theoretischen Raumkonzepte sowie darauf aufbauend die Begründung für das relationale Raumverständnis dargelegt.

2.4.1   Zur Differenzierung von Raumkonzepten

Die Raumvorstellung des absoluten, dreidimensionalen Raums existiert bereits seit der
Antike und wird mit dem Verständnis des Aristotels als eines durch die Fixsterne begrenzten Raums in Verbindung gesetzt (vgl. Rau 2013: 61; Schroer 2006: 31). In diesem Modell ist der Raum eine euklidische Raumhülle, welche immer gleich, unbeweg-
lich und unabhängig von Handlungen besteht und dabei „das soziale Geschehen zu
umschließen scheint" (Löw 2001: 63). „Indem Bewegung immer nur in ihm (oder in
bezug [sic!] auf ihn) stattfindet, ist Raum geradezu der Prototyp des Starren" (ebd.: 65).
Einstein beschreibt das absolute Raumkonzept dabei treffend mit dem Bild des Contai-
nerraums (vgl. Rau 2013: 61; Schroer 2006: 44; Löw 2001: 24), welcher auch Behälterraum genannt wird (vgl. Löw 2001: 24). Bei diesem Ansatz wird mit dem Verständnis
des Raumdeterminismus der Mensch jedoch als Konstrukteur von Räumen vernachlässigt. Die Perspektive des absoluten Raums schließt somit aus, dass die gestalterische
Kraft sozialer Interaktion bei der Raumkonstitution berücksichtigt werden kann. In

vielen wissenschaftlichen Arbeiten wird jedoch bis heute an dem Behälterkonzept festgehalten, „weil mit ihm die Auswirkungen räumlicher Arrangements auf handelnde
Akteure beschrieben werden können" (Schroer 2006: 174). Im Abschnitt 2.2 zur Lernraumgestaltung aus disziplinärer Umweltperspektive zeigen sich bei der Anwendung
des absoluten Raumkonzeptes die Einschränkungen bei der Untersuchung von Lernräumen und die Bedeutung zur Berücksichtigung sozialer Umweltbedingungen, die sich
aus einem Handlungskontext ableiten lassen.

Beim relativen Raummodell wird entgegen dem absoluten Raumkonzept der „kreative
Anteil der Menschen betont, Räume durch ihre Aktivitäten zu konstituieren" (ebd.: 45).
Vor mehr als 300 Jahren wurde durch Leibniz argumentiert, „dem Raum komme keine
eigene Existenz zu, sondern er definiere sich vielmehr durch ein System von Lagerela-
tionen gleichzeitig existierender materieller Objekte" (Rau 2013: 61). Leibniz konnte
sich in seiner Zeit nicht mit diesem Raumverständnis durchsetzen; zu stark war der
absolute Raumbegriff als Voraussetzung der klassischen Mechanik in Wissenschaft und
Forschung verankert (vgl. ebd.: 61) Erst mit Beginn des 20. Jahrhunderts wurde mit der
Relativitätstheorie von Einstein das absolute Raumverständnis widerlegt (vgl. Löw
2001: 31 f.; Schroer 2006: 43; Rau 2013: 62). Einstein begründet mit seinen Ausführungen den Raum „als Beziehungsstruktur zwischen Körpern, welche ständig in *Bewegung* sind [...] abhängig vom *Bezugssystem der Beobachter*" (Löw 2001: 34, Hervorh.
im Original). „Da relativistische Positionen immer ein Primat der Beziehungen behaupten" (ebd.: 156), wird bei diesem Raumkonzept jedoch die Wirkung räumlicher Arrangements auf soziale Interaktions- und Kommunikationsprozesse nicht berücksichtig.
Aus der alltäglichen Erfahrung wissen wir aber um die Wirkung von Räumen auf unser
Verhalten bzw. darin stattfindenden Handlungen, wie z. B. in Kirchen, Klassenzim-
mern, Behörden oder Warteräumen (vgl. Schroer 2006: 176): „Die Vorlesung des Professors entfaltet keineswegs überall ihre Wirkung, sondern muss durch räumliche wie
zeitliche Arrangements entsprechend vorbereitet und flankiert werden" (ebd.: 176). In
Anbetracht dieser Erkenntnisse ist in dieser Forschungsarbeit das relative Raumverständnis nicht anwendbar, da der Lernraum Hochschule *auch* als Produkt sozialer Interaktion der handelnden Akteure untersucht werden soll, aber eben nicht ausschließlich.

Von der deutschen Soziologin Martina Löw wurde das Modell des relationalen Raums
entwickelt. Für Löw ist Raum *„eine relationale (An)Ordnung sozialer Güter und Menschen (Lebewesen) an Orten"* (2001: 224, Hervorh. im Original). Mit der Schreibweise
der (An)Ordnung werden dabei die zwei klassischen Raumkonzepte der aktiven Hand-
lungsdimension im Sinne des Anordnens beim relativen Raummodell wie auch die auf
Handlungen strukturierende Ordnung des Raums im Sinne des absoluten Raumkonzeptes beschrieben:

> „Raum ist nie nur eine Substanz und nie nur eine Beziehung, sondern aus der (An)Ordnung,
> das heißt aus der Platzierung in Relation zu anderen Platzierungen, entsteht Raum" (ebd.:
> 224).

Im folgenden Abschnitt wird der Prozess zur Entstehung und Wirkung von Raum näher beschrieben, um einen konzeptionellen Transfer zur Forschungsstrategie dieser Arbeit gewährleisten zu können.

2.4.2   Zur relationalen Raumkonstitution

Mit der beschriebenen Perspektive auf den Raum ist beim relationalen Raumkonzept ein transdisziplinärer Forschungsansatz zur Untersuchung von Lernräumen möglich. Dabei ist aber nicht nur das Zusammenführen der zwei klassischen Raumtheorien entscheidend, sondern damit einhergehend auch die folgenden Aspekte: Nach Löw wird Raum durch zwei Prozesse, das Spacing und die Synthese, konstituiert, die jedoch analytisch voneinander zu trennen sind (vgl. ebd.: 160). „*Spacing* bezeichnet […] das Errichten, Bauen oder Positionieren" (ebd.: 158, Hervorh. im Original). Dabei konstituiert sich Raum über das „Plazieren von sozialen Gütern und Menschen bzw. das Positionieren primär symbolischer Markierungen, um Ensembles von Gütern und Menschen als solche kenntlich zu machen" (ebd.: 158). Gleichzeitig findet parallel zum Prozess des Spacings der Prozess einer „*Syntheseleistung*" (ebd.: 159, Hervorh. im Original) statt. „Über *Vorstellungs-, Wahrnehmungs- und Erinnerungsprozesse* werden soziale Güter und Lebewesen zu Räumen zusammengefasst" (ebd.: 225, Hervorh. im Original). Diese „Verknüpfungsleistung" (ebd.: 225) ist durch Vorstellungen des „klassen-, geschlechts- und kulturspezifischen Habitus" (ebd.: 225) der bei der Raumkonstitution handelnden Individuen geprägt (vgl. auch ebd.: 202).

Das heißt, dass Hochschulakteure aufgrund ihrer persönlichen Herkunft und Biografie sowie der gesellschaftlichen und sozialen Position den Lernraum Hochschule im Syntheseprozess unterschiedlich konstituieren und damit auch Bedarfe und Notwendigkeiten zu Entwicklungen und Innovationen unterschiedlich bewerten. Vor diesem Hintergrund ist im Forschungsprozess die Auswahl von Hochschulakteuren bei Untersuchungen des Lernraums zu berücksichtigen und zu begründen. So wird in dieser Forschungsarbeit die Bedeutung der Lehrenden anhand des theoretischen Modells der Lernraumgestaltung hervorgehoben und im Forschungsdesign der empirischen Untersuchung berücksichtigt (siehe 5.3.3 Zur Bedeutung der Lehrenden) Die Perspektive auf den Raum als individuelle Verknüpfungsleistung hat dabei auch Rückwirkungen auf die Interpretation von Lernraumgestaltungsmaßnahmen seitens der Verfasserin und damit auf das Untersuchungsdesign sowie die Analyse von Daten im Forschungsprozess. Aus diesem Anlasse wird im empirischen Teil der Arbeit der persönliche Erfahrungs- und Wissenskontext der Verfasserin erläutert und begründet (siehe Kapitel 7 Methodische Vorgehensweise).

2.4.3   Über die Dualität von Raum

Mit dem relationalen Raumverständnis geht das Verständnis einher, „dass sich Raum
und Gesellschaft gegenseitig konstituieren" (Rau 2013: 62). Dies wird von Löw mit der
„Dualität von Raum" (Löw 2001: 172, Hervorh. im Original) beschrieben. Wie eingangs erläutert wird mit der (An)Ordnung des relationalen Raums die Handlungsdimen-
sion des Anordnens wie auch die strukturierende Dimension des Ordnens beschrieben.
„Räumliche Strukturen sind, wie zeitliche Strukturen auch, Formen *gesellschaftlicher
Strukturen"* (ebd.: 167, Hervorh. im Original), die *„in Institutionen eingelagert sind"*
(ebd.: 171, Hervorh. im Original). So ist der Vorlesungsraum eine institutionalisierte
Raumstruktur, die mit der frontalen Platzierung des Lehrenden und der auf diesen Fix-
punkt ausgerichteten Lernenden eine sich immer wieder wiederholende Raumkonstitution ermöglicht. In diesem Setting ist eine andere Positionierung der Akteure und damit
eine unbestimmte Raumbildung der handelnden Akteure fast unmöglich: „Strukturen
sind in Institutionen verankert. Institutionen sind auf Dauer gestellte Regelmäßigkeiten
sozialen Handelns" (ebd.: 169). Mit der Dualität von Raum wird darauf verwiesen, dass
Raum durch Handlungen der Akteure gestaltet wird. Gleichzeitig werden Handlungen
aber auch durch institutionalisierte Raumstrukturen beeinflusst. So kann die Raumkonstitution der handelnden Akteure durch die in Institutionen eingebrachten gesellschaftlichen Strukturen, die *„in Regeln eingeschrieben und durch Ressourcen abgesichert*
[sind]" (ebd.: 171, Hervorh. im Original), unterstützt bzw. auch verhindert werden.

Am Beispiel des Vorlesungsraums zeigt sich, dass die Institution Hochschule mit der
Errichtung dieser fixierten Raumensembles eine Lehr- und Lernkultur über die Dauer
von Jahrhunderten nicht nur im Alltagshandeln etabliert hat, sondern damit auch als
traditionelles Bild der höheren Bildung manifestiert hat. Der Vorlesungsraum mit der
vorstrukturieren Positionierung und Verteilung von Lehrenden und Lernenden steht in
unserer Gesellschaft für tertiäre Bildungseinrichtungen. Dies bestätigt sich zum Beispiel
bei den Suchergebnissen für Bilder der Begriffe ‚Hochschule' und ‚Universität' im
Internet oder aber auch bei der Auswahl von Fotomaterial in Artikeln über Hochschulen. Allein an diesem gesellschaftlichen Bild spiegelt sich die Herausforderungen einer
Transformation der Lehr- und Lernkultur und damit der Lernraumgestaltung an Hochschulen wider und belegt die Bedeutung der Hochschule selbst als Gestalter von Lernumgebungen (siehe 3.3.3 Zur Bedeutung des Hochschulmanagements als dritter Pädagoge).

2.4.4   Zur Bedeutung von Orten

Mit dem relationalen Raumverständnis wird zwischen Raum und Ort differenziert, um
sich vom Konzept des Behälterraums distanzieren zu können (vgl. Rau 2013: 65): „Orte
werden durch die Besetzung mit sozialen Gütern oder Menschen kenntlich gemacht,
verschwinden aber nicht mit dem Objekt, sondern stehen dann für andere Besetzungen

zur Verfügung. *Der Ort ist somit Ziel und Resultat der Plazierung* und nicht – wie Menschen und soziale Güter – im Spacing selbst plaziertes Element" (Löw 2001: 198, Hervorh. im Original). Das heißt, dass ein Ort grundsätzlich für mehrere Platzierungen und damit vielfältige Raumkonstitutionen zur Verfügung stehen kann. Je nach Vorstrukturierung der Orte durch „fixierte Gebilde wie Häuser oder Ortschilder" (ebd.: 198) werden Raumkonstitutionen gezielt unterstützt bzw. auch behindert. Durch eine Belegung von Orten mit die Zeit überdauernden Strukturen wird über die Zeit eine symbolische Wirkung erzielt; die Benennung dieser Orte „forciert die symbolische Wirkung" (ebd.: 199). So sind mit Kirchen, Bibliotheken, Hörsälen über die Dauer der Zeit Orte mit vorstrukturierten Handlungserwartungen entstanden. Werden diese Handlungsprogramme durchbrochen, wie z. B. mit einem Rockkonzert in der Kirche oder einem Kinoabend mit Flaschenbier und Popcorn im Audimax der Hochschule, werden Irritationen erzeugt; dadurch bekommen diese Handlungen einen anderen symbolischen Stellenwert als an ihrem gewohnten, ihnen zugewiesenen Ort, dem Konzertsaal oder dem Kino. Das bedeutet, dass der Ort bleibt, die Räume sich aber, je nach Perspektive der handelnden Akteure, dynamisch verändern.

> „Orte haben also für die Konstitution von Raum allgemein, das Spacing und die Synthese zusammengenommen, eine fundamentale Bedeutung" (Löw 2001: 201).

Und wie beim Stand der Forschung über den Lernraum Campus dargestellt verlieren mit der Einbindung der technisch-virtuellen Raumebene die Orte des physisch-materiellen Raums nicht ihre Bedeutung. Viemehr wird durch die räumliche Erweiterung des Handlungsraums die physische Verortung und ihre Symbolik gestärkt.

Anhand der Bedeutung von Orten zeigt sich, dass die Perspektive des Handlungsraums mit dem Raumverständnis des relationalen Raumes nicht die physisch-materielle Raumebene außen vorlässt, sondern diese über die Bedeutung der Verortung von Handlungen stärkt. Dabei rückt aber die nicht disziplinäre Perspektive mit der technischen oder konstruktiven Fokussierung in das Blickfeld, sondern die Erstellung und Platzierung von materiellen und technischen Artefakten als Enabler von Handlungen.

2.5   Ableitung der Forschungsstrategie

Aus den differenzierten Perspektiven zum Stand der Forschung im Themenbereich Lernraumgestaltung wird deutlich, dass ein disziplinärer Forschungszugang mit der isolierten Betrachtung der physisch-materiellen Lernraumebene keine befriedigenden Erkenntnisse liefern kann. So lässt die gebaute Umwelt keine Möglichkeit der Antizipation von gewünschten Handlungs- und damit Lernprozessen zu. Vielmehr gilt es, aus einer transdisziplinären Perspektive die verschiedene Ebene mit dem physisch-materiellen, technisch-virtuellen und dem sozial-interaktiven Raum, zu verknüpfen. Die Forschungsprojekte mit einer transdisziplinären Handlungsperspektive zeigen, dass Innovationen bei der Lernraumgestaltung an Hochschulen mit dem Paradigmenwechsel

„Shift from Teaching to Learning" einhergehen. Der Fokus auf aktives, kollaboratives Lernen und die Unterstützung durch neue Raumkonzepte inkludiert formelle wie auch informelle Lernräume. Das bedeutet, dass vor dem Hintergrund der erkenntnisleitenden Fragestellung der Lernraum Hochschule ganzheitlich zu untersuchen ist.

Zur Erweiterung des Erkenntnisgewinns wird in dieser Forschungsarbeit die organisational-strukturelle Raumebene integriert. Das heißt, es wird nicht mehr hinterfragt, ob und wie sich der Lernraum Hochschule verändern sollte, sondern welche Voraussetzungen bzw. Maßnahmen an Hochschulen gewährleistet sein müssen, damit die Integration von Innovationen ermöglicht wird. So werden hier, anders als bei den zwei Studien an der Universität Basel und am Karlsruher Institut für Technologie, fünf ausgewählte Hochschulen untersucht. Durch diese Herangehensweise sollen in einem offener ausgerichteten Kontext, Thesen entwickelt werden, die Hinweise auf Maßnahmen zur Umsetzung von innovativen Lernraumgestaltungskonzepten an Hochschulen geben können. Zur grundlegenden Absicherung des Forschungszugangs schließt diese Forschungsarbeit an bestehende, empirische Erkenntnisse der Studien von Bachmann et al. (2014) sowie Gothe und Pfadenhauer (2010) an. Mit der ausführlichen Aufnahme zum Stand der Forschung werden aber auch die bestehenden Forschungsergebnisse zur Lernraumgestaltung berücksichtigt.

Auf Basis des relationalen Raumverständnisses werden im Folgenden differenzierte Möglichkeiten der Intervention bei der Lernraumgestaltung untersucht. Dabei können mit der Entwicklung des theoretischen Modells der LernRaumOrganisation bestehende Erklärungs- und Denkmuster des Lernraumdiskurses aufgebrochen und somit differenzierte Handlungsoptionen der Lernraumgestaltung an Hochschulen herausgestellt werden. Das bedeutet, dass nicht nur Lernraumgestaltungsmaßnahmen mit der Verknüpfung der vier Raumebenen, der physisch-materiellen, der technisch-virtuellen, der sozial-interaktiven und der organisational-strukturellen Welt, sondern auch der Untersuchungsgegenstand selbst die vier Raumebenen inkludieren muss. In Anbetracht dieser Erkenntnisse ist ein qualitativer, explorativ angelegter Forschungszugang zu wählen, wie auch bei den Studien zur Campusplanung (Bachmann et al. 2014: 24; Gothe/Pfadenhauer 2010: 32), um aufgrund fehlender Theorien für das identifizierte Forschungsdesiderat offen für neue Konzepte und Thesen zu sein.

Bei dieser Forschungsarbeit wird mit einer integrativen Perspektive auf den Lernraum, in der Verknüpfung der vier Raumebenen, ein theoretisches Modell entwickelt, bei welchem die Zusammenhänge der verschiedenen Ebenen, und dabei erstmalig unter Berücksichtigung der organisational-strukturellen Raumebene, analysiert werden können. Anhand des Modells der LernRaumOrganisation werden mit empirischen Fallstudienanalysen Handlungsstrategien zur Integration von Innovationen bei der Lernraumgestaltung identifiziert. Mit der Ableitung von Thesen im Kontext der erkenntnisleitenden Fragestellung können abschließend Handlungsempfehlungen für die Praxis zusammengefasst werden.

Theorie des Modells der LernRaumOrganisation

3 Vom Lehren zum Lernen

„Tell me and I forget, teach me and I remember, involve me and I will learn."
Benjamin Franklin (1706–1790)

Im theoretischen Teil dieser Forschungsarbeit werden in den Kapiteln 3 bis 5 die Themen Lernen, Raum und Organisation entsprechend den zu vertiefenden Fragestellungen, als Grundlage der empirischen Untersuchungen (vgl. 1.2 Zielstellung der Forschungsarbeit), theoretisch analysiert. Anhand der dabei gewonnenen Erkenntnisse wird Schritt für Schritt das Modell der LernRaumOrganisation entwickelt. Den theoretischen Teil dieser Forschungsarbeit abschließend werden in Kapitel 6 zusammenfassend das Modell und seine Anwendbarkeit als Analysewerkzeug von Lernraumgestaltungsmaßnahmen dargelegt.

In diesem Kapitel wird die der Forschungsarbeit zugrunde liegende Perspektive auf das Lernen dargelegt. Mit der Definition von Lernen als sozialem Prozess sowie der Darstellung der damit einhergehenden Herausforderungen kann die Grundlage des Modells der LernRaumOrganisation gelegt und begründet werden.

3.1 Lernen in sozialen Kontexten

Der Begriff Lernen wird in den unterschiedlichsten Bedeutungskontexten und Erkenntniszugängen verwendet (vgl. Illeris 2010: 12 f.). Grundlegend kann zwischen individuellen und sozialen Prozessen beim Lernen unterschieden werden (vgl. Illeris 2008: 1). Mit den drei großen Lerntheorien Behaviorismus, Kognitivismus und Konstruktivismus wurden seit Anfang des 20. Jahrhundert psychologische Verarbeitungs- und Aneignungsprozesse beim Lernen untersucht, die jeweils spezifische Aspekte individuellen Lernverhaltens untersuchen (vgl. Faulstich 2013: 208; Reinmann 2013). Erst seit den 1980er-Jahren wird Lernen in der Lernforschung zunehmend auch als Interaktionsprozess verstanden, der in einen sozialen Kontext eingebunden ist (vgl. Illeris 2010: 33): „Das ist ein grundlegendes Faktum, das wir alle kennen und intuitiv verstehen, aber erst im letzten Jahrzehnt wurde es in die Lernforschung einbezogen" (ebd.: 102).

Für Knud Illeris, Forscher und Professor für lebenslanges Lernen an der Danish University of Education in Kopenhagen, können individuelle und soziale Lernprozesse aber nicht isoliert voneinander betrachtet werden. Mit dem Lerndreieck hat er ein Modell entwickelt, welches die grundlegenden Aspekte von individuellen und sozialen Lernprozessen zusammenführt (siehe Abbildung 1).

Für Illeris sind dabei die Interaktionsprozesse direkt oder indirekt Voraussetzung der individuellen Lernprozesse (vgl. ebd.: 34). Illeris unterscheidet in seinem Modell folgende drei Dimensionen des Lernens (vgl. Illeris 2006: 31 f., 2008: 1, 2009: 10 ff., 2010: 36 ff.):

1) Auf der individuellen Ebene wird die inhaltliche, kognitive Dimension mit „*Wissen, Verständnis* und *Fähigkeit*" (Illeris 2010: 37, Hervorh. im Original) zusammengefasst.
2) Des Weiteren ist auf dieser Ebene die emotionale psychische Dimension als Antriebsmotor von Lernprozessen mit „Motivation, Gefühl und Willen" (ebd.: 38, Hervorh. im Original) verankert.
3) Als Gradmesser „der Integration des einzelnen Individuums in wesentliche soziale Zusammenhänge und Gemeinschaften" (ebd.: 39, Hervorh. im Original) wird die sozial interaktive Dimension mit den Merkmalen „Handlung, Kommunikation und Zusammenarbeit" (ebd.: 39, Hervorh. im Original) als grundlegendes Element eingeführt.

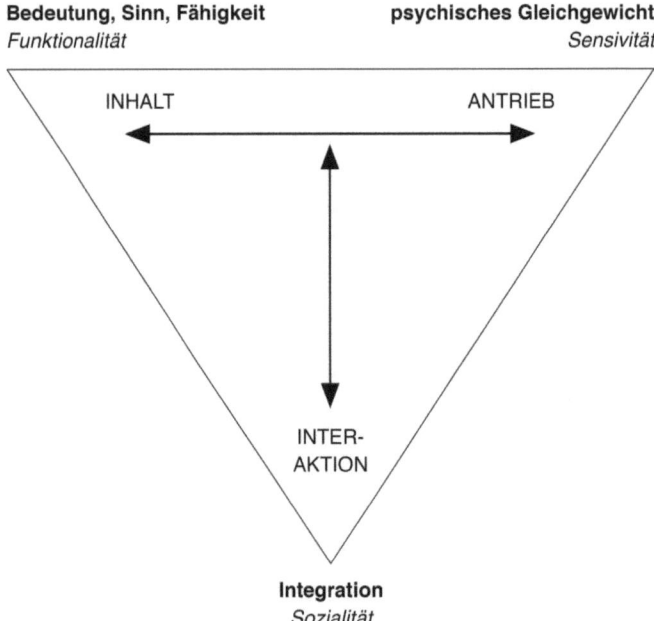

Abbildung 1: Lernmodell von Illeris (2010: 40)

Illeris geht mit seinem Lernmodell noch einen Schritt weiter, der über die Zusammenführung von Lernen als individuelle und soziale Prozesse hinausgeht, indem er die gesellschaftliche Umwelt integriert. Wie beim Stand der Forschung zum theoretischen Raumverständnis beschrieben (vgl. 2.4.3 Über die Dualität von Raum) erfolgt die

Raumkonstitution nach dem relationalen Raumkonzept durch Handlungen. Und Handlungen wiederum werden durch institutionalisierte Raumstrukturen beeinflusst. Bezogen auf die Dimensionen des Lernens stehen nach Illeris somit bei der Integration der Interaktionsdimension Umwelt im Lernraummodell nicht mehr nur die individuellen und sozialen Prozesse im Mittelpunkt der Betrachtungen, sondern auch die „geschichtlich entwickelten Strukturen und Gewohnheiten der Menschen […], die von den allgemeinen Normen und Strukturen der betreffenden Gesellschaft geprägt [sind]" (ebd.: 102). Vor diesem Hintergrund erweitert Illeris sein Lerndreieck, indem ein zweites Dreieck für die Umwelt dagegengestellt. Damit integriert er die strukturelle Komponente zu einem komplexen Lernmodell, welches auf verschiedenen Ebenen agiert (siehe Abbildung 2).

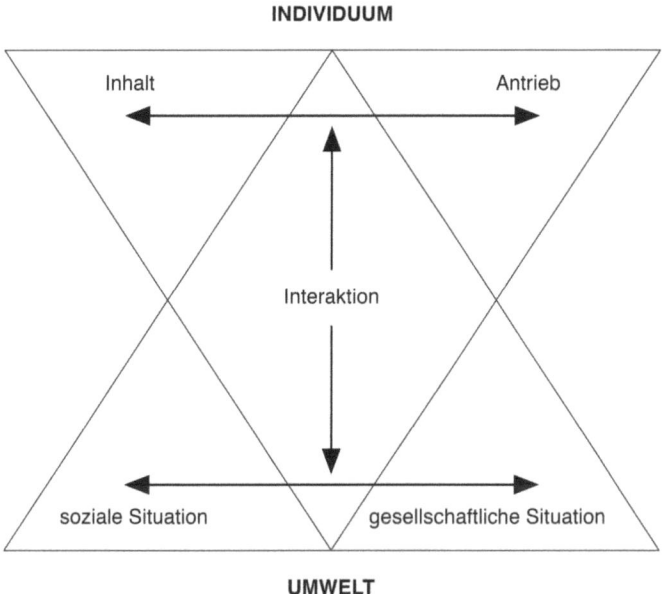

Abbildung 2: Komplexes Lernmodell von Illeris (2010: 103)

Illeris bezieht den Begriff Umwelt aber nicht nur auf zwischenmenschliche Beziehungen, sondern auch auf die materielle Gestaltung der Lernumgebung (vgl. Illeris 2008: 1, 2010: 33, 2010: 39): „Man kann die Interaktion mit der materiellen Umgebung gar nicht trennen von der Interaktion mit der sozialen Umgebung. Beide bilden psychologisch – und damit auch in Bezug auf das Lernen – eine Einheit, die immer sozial vermittelt ist" (Illeris 2010: 104). Diese theoretischen Ansätze werden durch Erkenntnisse der Neurowissenschaften bestätigt: „Die moderne Gedächtnisforschung zeigt, dass bei jedem Inhalt, der als solcher gelernt wird, auch mitgelernt wird, wer diesen Inhalt vermittelt (Quellengedächtnis) und wann und wo das Lernen (Orts- und Zeitgedächtnis) stattfindet" (Roth 2003: 27). In dem komplexen Lernmodell bezeichnet Illeris jedoch die materielle Umgebung nicht explizit. Er begründet dies damit, dass materielle Verortungen „durch und durch soziale Erzeugnisse [sind]" (Illeris 2010: 104). In den Artefakten unserer Umwelt sind soziale und gesellschaftliche Strukturen verankert, die durch repetitive Handlungen geformt worden sind, sodass sich das Materielle dem Sozialen unterordnet (vgl. ebd.: 104).

Das komplexe Lernmodells von Illeris lässt deutlich werden, dass es bei einer Umsetzung des „Shift from Teaching to Learning" nicht ausreichend ist, Prozesse in direkten Lernsituationen, wie z. B. der Lehrveranstaltung selbst, zu verändern. Der Paradigmenwechsel nimmt, wenn ideale Voraussetzungen geschaffen werden sollen, auch Einfluss auf die gesamte Hochschule als organisationale Struktur von Lernprozessen. Vor diesem Hintergrund wird in dieser Arbeit von der Entwicklung eines Modells zur LernRaumOrganisation gesprochen. Gleichlautend mit dem Verständnis eines relationalen Raumkonzeptes sind in dieser Forschungsarbeit mit dem Konzept von Illeris die materielle Umgebung mit der Verortung von Lernen für die Entwicklung von Lernprozessen relevant, aber nicht im Sinne eines Raumdeterminismus. Die Umwelt selbst steht bei Illeris, wie beim Konzept der Dualität von Raum, als Ergebnis sozialer und auch gesellschaftlicher Handlungen, die wiederum Lernverhalten bzw. Handlungen der Akteure beeinflussen können.

3.2   Herausforderungen des Paradigmenwechsels

Wie eingangs erläutert, werden Lernprozesse aus individueller wie auch aus sozialer Perspektive betrachtet. Diese Differenzierung wird auch bei der Ausformulierung der Merkmale für den Paradigmenwechsel mit dem „Shift from Teaching to Learning" (vgl. Wildt 2004: 169) deutlich. Zum einen wird die Bedeutung von Eigenverantwortlichkeit, welche das Selbstverständnis der Studierenden betrifft, sowie auch die Studierendenzentrierung, die die Interaktion von Lehrenden und Studierenden inkludiert, herausgestellt. Eigenverantwortlichkeit und Studierendenzentrierung sind bereits seit Jahren zentrale Forderungen „für eine Reform der Lehre in den Hochschulen" (HRK 2008). In den folgenden zwei Abschnitten werden die Kernpunkte des Paradigmenwechsels diskutiert sowie Hintergründe für einen konkreten Maßnahmenbedarf an Hochschulen aufgezeigt, die die gesellschaftlichen Normen und damit Rollen der Hochschulakteure bei Lernprozessen verändern. Nach Illeris' Lernmodell werden über die gesellschaftliche und damit institutionelle Organisation an Hochschulen die strukturellen Voraussetzungen für die Umsetzung des Paradigmenwechsel gesetzt. Dabei können Erkenntnisse für die Entwicklung des Modells der LernRaumOrganisation als Weiterentwicklung des Lernmodells von Illeris gewonnen werden.

3.2.1   Studierendenzentrierung

Hochschulbildung war bis in die 1950er-Jahre noch durch weitestgehend homogene Studierendengruppen geprägt. Diese waren überwiegend männlich, Anfang zwanzig, mit privilegierter Herkunft sowie ohne familiäre und berufliche Verpflichtungen, die „einer soliden beruflichen Zukunft und recht sicheren Karrierechancen entgegensahen" (Lübben/Müskens/Zawacki-Richter 2015: 30). Dieses Bild hat sich aus gesellschaftlichen und bildungspolitischen Gründen grundlegend verändert (vgl. Biggs/Tang 2011: 12 f.). Wurden in Österreich 1955 an den öffentlichen Universitäten ca. 19.000 Studierende gezählt, sind diese um ein Vielfaches auf ca. 280.000 Studierende in 2015 gestiegen (vgl. Statistik Austria 2016). Die gleiche Entwicklung bildet sich auch in Deutschland ab: Studierten 1960 nur ca. 160.000 Studierende (vgl. Kath 1960: 11), so wurden 1975 bereits 800.000 und 2015 fast 2,8 Millionen Studierende an deutschen Hochschulen registriert (vgl. Statistisches Bundesamt 2015). „Bereits seit den 1970er-Jahren – seit dem Entstehen der Massenuniversitäten – verändern sich die Zusammensetzung, aber auch Motivationen und Bedürfnisse der Studierendenschaft" (Bertholdt/Leichsenring 2012: 5). Hochschulen müssen sich heute mit den Anforderungen einer heterogenen Studierendengemeinschaft mit differenzierten Bildungsbiographien aller Altersgruppen, sozialen Schichten und Nationalitäten sowie mit unterschiedlichsten kulturellen Wurzeln auseinandersetzen (vgl. Biggs/Tang 2011: 13; Chism 2006: 2). Dies impliziert differenzierte Anforderungen an Lernprozesse auf der interaktiven, sozialen Dimension nach Illeris:

> „Whereas lectures and tutorials might have worked in the good old days when highly selected students tended to bring their deep approaches with them, they may not work so well today" (Biggs/Tang 2011: 27).

Die „Beachtung motivationaler, volitionaler und sozialer Aspekte des Lernens" (vgl. Wildt 2004: 169) ist notwendig, denn „Lernen setzt ein hohes Maß an intrinsischer Arbeits- und Studienmotivation der Studierenden voraus" (HRK 2008: 4): „It is generally acknowledged that a student's prior academic preparation and motivation are the two factors that best predict success in studies" (Carrier 2009: 9). Durch moderne Auswahlverfahren sowie Brückenkurse und Propädeutika sollen die notwendigen Voraussetzungen geschaffen werden, um die Abbruchraten zu senken und die Studienerfolgsquoten an den Hochschulen zu verbessern (vgl. HRK 2008: 4; Bachmann et al. 2014: 44). Diese Maßnahmen setzen jedoch nur am Übergang zum tertiären Bildungsbereich an und können insbesondere motivationale Aspekte während des Studiums nur eingeschränkt regulieren. Des Weiteren konterkarieren diese Maßnahmen die gesellschaftlichen Forderungen für einen freien Bildungszugang: „However, in a society where the democratization of education and the accessibility to higher studies represent absolute values, this solution [Beschränkung der Auswahl auf gut vorbereitete und motivierte Studierende – Anm. KN] is inappropriate and unacceptable" (Carrier 2009: 9). Vor diesem Hintergrund gilt es, die Lehrstrategien an Hochschulen zu fokussieren, um den differenzierten Anforderungen zur Unterstützung der Lernprozesse von Studierenden entsprechen zu können: „Many fundamental and applied studies have shown that once admitted to college, another factor is likely to have a significant impact on student success, a factor over which colleges have greater control: student engagement in their education project and their participation in college activities" (ebd.: 9).

Mit der Analyse und Synthese mehrerer internationaler Studien zur Lehrorientierung durch Kember (1997) wird im tertiären Bildungsbereich grundsätzlich zwischen zwei unterschiedlichen Lehransätzen, „teacher-centered/content-orientented" und „student-centered/learning-oriented" (ebd.: 264), unterschieden. Der erste Ansatz orientiert sich traditionell an den Lehrenden und fokussiert die Vermittlung und Präsentation von Fachwissen: „The student is viewed as a passive recipient of a body of content" (ebd.: 265). Der zweite Ansatz konzentriert sich auf die Studierenden und stellt aktive Lernprozesse in den Vordergrund: „The role of the teacher shifts towards that of helping the student to learn. The emphasis is on student learning outcomes rather than upon defining content" (ebd.: 267). Das Konzept der Studierendenzentrierung wird heute oft in den Kontext der europäischen Bildungsreform gestellt (vgl. Gröbblinghoff 2013: 133), obwohl es zu Beginn des Bologna Prozesses dazu keinerlei Verbindung gab (vgl. Attard et al. 2014: 57). „Die Wurzeln dieser Bewegung [der Studierendenzentrierung – Anm. KN], die eine aktivere Rolle des Lernenden vorsehen, reichen indes schon in die 1960er-Jahre zurück" (Gröbblinghoff 2013: 132) und schließen an die Arbeiten der Pädagogen John Dewey und Malcom Knowles sowie der Psychologen Jean Piaget und Carl Rogers an (vgl. Attard et al. 2014: 2; Gröbblinghoff 2013: 132 f.). Die Differenzierung der Lehrorientierung nach Kember hat keinen spezifisch kulturellen Hintergrund, sondern stellt ein allgemeingültiges Konzept zur Unterscheidung des akademischen Lehrverständnisses dar (vgl. Kember 2009: 4): „In spite of the diversity of the samples and the independence of the research studies, the findings show a high degree of commonality" (Kember 1997: 273). Der Active Learning Approach der Studierendenzentrierung ist somit weder das Ergebnis bildungspolitischer Reformen, noch eine Modeerscheinung als Folge gesellschaftlicher Veränderungen bzw. ein nationales oder singulär kulturelles Phänomen.

Erkenntnisse der Lehr- und Lernforschung zeigen, dass ein aktivierendes Lehr- und Lernkonzept effektiver als eine reine Vermittlung bzw. Rezeption von Fachwissen ist und in direktem Zusammenhang mit Lernerfolg steht (vgl. Bonwell/Eison 1991: 20; Roth 2003: 20; Kember 2009: 1 f.; Illeris 2010: 106; Prince 2004: 230; Carrier 2009: 34; Biggs/Tang 2011: 76 f.):

> „Active and collaborative learning was perhaps the most consistent predictor of student success across studies and across measures, suggesting that the impact of active and collaborative learning is pervasive in the college experience. Active and collaborative learning is linked with higher grades and course completion measures as well as long-term persistence and degree completion" (McClenney/Marti/Adkins 2007: 4).

Anders als beim rezeptiven Lernen, welches träges Wissen produziert, das in der Praxis nicht angewendet werden kann (vgl. Cress 2013: 957), ermöglicht aktives Lernen einen „deep approach" (Biggs/Tang 2011: 26), also einen tiefen Verständniszugang zu Lerninhalten (vgl. Paetz et al. 2011: 30). Studierendenzentrierte Lehre wird somit „neu kontextuiert und neu durch das Lernen hindurch gedacht" (Wildt 2004: 169). Basierend auf der Lerntheorie des Konstruktivismus wird von einer aktiven Wissenskonstruktion des Lernenden ausgegangen, die eine objektive Vermittlung bzw. Übertragung von Wissen durch die Lehrenden verneint (vgl. King 1993: 30; Paetz et al. 2011: 29): *„Student-Centred Learning [...] is characterised by innovative methods of teaching which aim to promote learning in communication with teachers and other learners and which take students seriously as active participants in their own learning, fostering transferable skills such as problem-solving, critical thinking and reflective thinking"* (Attard et al. 2014: 4, Hervorh. im Original). Das bedeutet, dass die zentrale Stellung des Lehrenden als „sage on the stage" (King 1993: 30) mit dem Lernenden als passiven Rezipienten obsolet ist. Der Lehrende nimmt die Rolle eines Lernbegleiters „guide on the side" (ebd.: 30) ein, der sich im Lernprozess zurücknimmt, um damit die Aktivitäten der Lernenden zu unterstützen (vgl. Wildt 2004: 169; Paetz et al. 2011: 30; Cress 2013: 957). Bei der Neugestaltung von Lernprozessen ist der Lehrende aber nicht überflüssig, sondern ein aktiv gestaltender Bestandteil (vgl. King 1993: 30; Wildt 2004: 169), indem er den Studierenden die notwendige Unterstützung durch Beratungs- und Betreuungsangebote gibt (vgl. Paetz et al. 2011: 31).

Betrachtet man die Hochschullandschaft im internationalen Kontext, so greift traditionell der Lehr- und Lernansatz der Vermittlung von Fachwissen durch die Lehrenden mit dem Studierenden als passiven Informationsempfänger (vgl. Bonwell/Eison 1991: 20; Kember 2009: 1; Paetz et al. 2011: 30; Gröbblinghoff 2013: 131), obwohl das Konzept der Studierendenzentrierung starke Befürworter an Hochschulen hat, wenn es um die Verbesserung der Qualität von Lehren und Lernen geht. (vgl. Kember 2009: 1; Prince 2004: 223; Gröbblinghoff 2013: 131). Bonwell und Eison haben bereits 1991 in ihrer Studie „Active Learning. Creative Excitement in the Classroom" vier Barrieren bei der Umsetzung des neuen Lehrkonzeptes identifizieren können: der starke Einfluss von Bildungstraditionen, die Selbstwahrnehmung und Rollendefinition der Lehrenden, die Unbequemlichkeiten und Ängste, die mit Veränderungen einhergehen, sowie die fehlenden Anreize für die Veränderung des Lehrverhaltens (vgl. Bonwell/Eison 1991: 7). Kember (1997) konkretisiert in seiner Studie die Bedeutung der institutionellen und individuellen Rollendefinition für einen Lehrstil. Er entwickelt bei der Analyse internationaler Studien ein Modell, welches zeigt, dass die Lernprozesse und damit der Lernerfolg der Studierenden maßgeblich durch das Verständnis von Lehre seitens der Hochschulorganisation (vgl. ebd.: 269) bzw. durch die persönliche Überzeugung der Lehrorientierung durch die Lehrenden (vgl. ebd.: 270 f.) bestimmt wird. Kember fasst zusammen, dass die erfolgreiche Umsetzung einer aktiven, studierendenzentrierten Lehre nicht durch Maßnahmen zur Qualitätssicherung des Lehrendenverhaltens allein gewährleistet werden können: „Short workshops which focus upon teaching skills or approaches may have limited outcomes if the underlying beliefs of the participants are incon-sistent with the conceptual framework of the initiative" (ebd.: 272). Vielmehr ist grund-legend Überzeugungsarbeit zur Anwendung eines studierendenzentrierten Lehrenden-verhaltens zu leisten, indem der Einfluss auf die Lernprozesse und damit den Lernerfolg der Studierenden demonstriert wird.

In einer Studie aus dem Jahr 2009, die an einer Universität in Hongkong durchgeführt wurde, ermittelte Kember zentrale Maßnahmen, um studierendenzentriertes Lehren über den Weg der Veränderung des Verständnisses bzw. die Überzeugung zur Wirksamkeit aktivierender, studierendenzentrierter Lehrkonzepte hochschulweit umzusetzen (vgl. Kember 2009: 10 ff.):

- Analyse von Good-Practice-Beispielen preisgekrönter Lehrender
- Weiterverwendung der Analyseergebnisse zur Förderung einer breiteren Anwen-dung von Good-Practice-Beispielen
- Verpflichtende Weiterbildungen zum studierendenzentrierten Lehren für neue Leh-rende
- Finanzielle Förderung von Projekten zur Einführung studierendenzentrierter Lehr-formate
- Studierendenbefragungen zur Identifikation von Stärken und Verbesserungspoten-tialen mit dem Ziel der Qualitätsverbesserung der Lehre
- Modellhafte Verknüpfung von Lehrmethoden der Lehrenden und Lernerfolgen der Studierenden zum Nachweis der Bedeutung von interaktiven Lernprozessen
- Entwicklung und Einführung eines Evaluierungsprogramms zur Qualitätssicherung der Maßnahmen

Die Darstellung der Erkenntnisse von Kember (1997, 2009) sind vor dem Hintergrund der Parallelen zur nachfolgend benannten Studie an Hochschulen in Deutschland rele-vant, da sie auf die Bedeutung der Sozialisierung von Lehrenden im internationalen Kontext hinweisen. Ausgangspunkt der Studie aus Deutschland ist, dass Lehre an Hoch-schulen einen geringeren Status und weniger Bedeutung bei einer akademischen Karrie-re haben als Forschung (vgl. Wilkesmann 2013: 298; Wilkesmann/Schmid 2010: 504). Mit einer deutschlandweiten Befragung von Professoren wurde untersucht, welche Steuerungsmodelle Einfluss auf das Leistungsverhalten in der akademischen Lehre haben (vgl. Wilkesmann/Schmid 2010: 504). Steuerungsinstrumente, die auf selektive Anreizsysteme setzen, wie z. B. Leistungszulagen bei der Besoldung, Zielvereinbarun-gen, leistungsorientierte Mittelvergaben und Lehrpreise, „haben *keinen* signifikanten Einfluss auf die Einschätzung der Wichtigkeit oder den tatsächlichen Aufwand für die Lehrmethodik" (ebd.: 506, Hervorh. im Original). Dagegen haben intrinsische Motiva-tion der Lehrenden einen positiven Einfluss und hochschuldidaktische Weiterbildungs-maßnahmen einen signifikant positiven Einfluss auf das Lehrengagement (vgl. ebd.: 506); wobei davon ausgegangen wird, dass die Teilnahme an didaktischer Weiterbil-dung freiwillig und somit bereits Ausdruck eines bestehenden Eigeninteresses der Leh-renden ist. Interessant ist die Bestätigung der These zur studierendenzentrierten Lehrorientierung: „Je mehr eine Person der Lehrorientierung ‚student focused' anhängt, desto höher ist die Einschätzung der Wichtigkeit oder des tatsächlichen Aufwands akademischer Lehrhandlungen" (Wilkesmann/Schmid 2011: 260). Hier zeigt sich die Verbindung zum Modell von Kember, da der Lehrstil eine Form der Sozialisierung der Lehrenden darstellt (vgl. ebd.: 260): „Each academic's conception of teaching will have formed through some complex amalgam of influences such as experiences as a student, departmental and institutional ethos, conventions of the discipline and even the nature of the classroom" (Kember 1997: 271). Daraus leitet Wilkesmann die These ab, dass Hochschulen, die die akademische Lehre stärken wollen, das Rollenverständnis in der Hochschulorganisation umstrukturieren müssen, um die Lehrenden zu sozialisieren und darüber die intrinsische Lehrmotivation erhöhen zu können (vgl. Wilkesmann 2013: 283). Eine unterstützende Hochschulkultur wird dabei über eine hohe symbolische Anerkennung der akademischen Lehre durch den hochschulischen Führungskreis, Unterstützungsmaßnahmen bei der Entwicklung innovativer Lehrmethoden, einer offen Atmosphäre zur Diskussion von Lehrmethoden sowie das Angebot gut ausgestatteter Lernräume bewirkt (vgl. ebd.: 298).

Anhand der Hintergründe und Herausforderungen bei der Umsetzung des Konzepts der Studierendenzentrierung zeigt sich, dass nicht nur die direkten Lehrhandlungen der Lehrenden hinter den verschlossenen Türen von Lehrveranstaltungen fokussiert, diskutiert und untersucht werden müssen. Aus den vorgestellten Studien im internationalen Kontext von Hochschulen kann abgeleitet werden, dass die Bedeutung von Lehren und Lernen als strategische Interessen der gesamten Hochschule ein zentrales Kriterium für die erfolgreiche Veränderung einer studierendenzentrierten Lehr- und Lernkultur sind. Durch die Integration eines Bedeutungsfelds im Modell der LernRaumOrganisation soll diesem Aspekt Rechnung getragen werden (siehe 3.3.2 Beziehungsfeld und Bedeutungsfeld).

3.2.2   Eigenverantwortung

Mit der Studierendenzentrierung einher geht die Forderung zum selbstständigen Lernen (vgl. Wildt 2004: 169; HRK 2008). Dies ist lerntheoretisch im Konzept des Konstruktivismus verankert, der Lernen als individuelle Wissenskonstruktion beschreibt: „Informationen werden vom Individuum auf eine subjektive Weise aufgenommen und mit individuellen Sinnzuweisungen zu Wissen konstruiert" (Paetz et al. 2011: 56). Selbstständiges, eigenverantwortliches Lernen ist jedoch auch eine wichtige Voraussetzung für die Umsetzung der gesellschaftlichen Forderung nach lebenslangem Lernen (vgl. OECD 1973, 2012). Die Studierenden sollen durch eigenverantwortlichem Lernen zu aktiven Gestaltern ihrer individuellen Lernprozesse und Bildungsbiographien sein, um „in ihrer sozialen, beruflichen, natürlichen, kulturellen, wirtschaftlichen und technischen Umwelt Aufgaben und Funktionen zu übernehmen, die ihnen sinnvoll erscheinen und die ihnen gesellschaftliche Anerkennung bringen" (Dohmen 2001: 2).

Die Unterstützung und Befähigung zu lebenslangem Lernen ist insbesondere vor dem Hintergrund notwendig, dass menschliche Lernprozesse nicht nur in formellen Lernsettings, wie Vorlesungen oder Seminare an Hochschulen, sondern überwiegend durch informelles Lernen in der natürlichen Lebensumwelt erfolgen (vgl. 2001: 7, 178). „Das heißt: so wie das formale Lernen auf einen anleitenden Lehrer/Tutor bezogen ist, so ist das informelle Lernen auf eine lernanregende und lernunterstützende Umwelt bezogen" (ebd.: 19). Lernen, welches auch unabhängig von angeleiteten Lehr- und Lernveranstaltungen erfolgen kann, ist nicht mehr zwingend an den Lernort Hochschule gebunden. Unterstützt durch die Entwicklung mobiler Informations- und Kommunikationstechnologien und die permanente Verfügbarkeit über Informationen kann Lernen überall stattfinden (vgl. Oblinger 2006a: 1.4; Woolner 2010: 1; Nuissl 2006: 29; Long/Ehrmann 2005: 46; Chism 2006: 2.2; Rohs 2010). Mit der „Pluralisierung und Dezentralisierung des Lernens" (Rohs 2010: 37) wachsen informelle und formelle Lernprozesse immer mehr zusammen (vgl. Jahnke 2012: 395; Biggs/Tang 2011: 39; Adomßent et al. 2007: 9). Kumar (1997) ging dabei, und das bereits vor 20 Jahren, davon aus, dass informelles Lernen der Kern universitären Lernens ist: „Universities were – and are – unique concentrations of a diversity of talents formed by family, school and class cultures. They provide the milieus in which these talents found the space and opportunity to flourish, often in areas remote from the formal academic curriculum" (ebd.: 28). Das bedeutet, dass über organisationale Strukturen an Hochschulen Voraussetzungen geschaffen werden müssen, die eigenverantwortliches, selbstständiges Lernen über die Zusammenführung von formellen und informellen Lernprozessen unterstützen.

Das Konzept des Student Engagements setzt genau an diesem Punkt an: „A general consensus in the literature finds student engagement to be a valid indicator of educational effectiveness and a good indicator of learning" (Hunley/Schaller 2006: 13.5). 1999 wurde an der Indiana University Bloomington in den USA das hochschulübergreifende Gremium National Survey of Student Engagement (NSSE) gegründet, um Lernprozesse von Studierenden an Hochschulen zu verbessern (vgl. NSSE 2000, 2015). Zentrale Aufgabe der NSSE ist die jährliche Evaluierung von tertiären Bildungseinrichtungen. Dabei wird untersucht, inwieweit pädagogische und organisationale Maßnahmen an den teilnehmenden Hochschulen durchgeführt werden, die mit einem hohen Lern- und Entwicklungsniveau der Studierenden verbunden sind (vgl. NSSE 2015: 2). In 2015 haben dabei 564 Einrichtungen in den USA und 21 in Canada teilgenommen (vgl. ebd.: 2). In zahlreichen Ländern, wie z. B. Großbritannien, Irland, Südafrika, Australien und Neuseeland, wird das Befragungskonzept der NSSE, den spezifischen Anforderungen entsprechend, adaptiert eingesetzt (vgl. Higher Education Authority 2016: 9, Neves 2016: 4; Radloff 2011: 3; Council on Higher Education 2010: 2; Radloff/Coates 2009: 7).

Bei der Entwicklung des Evaluierungsinstrumentes wurden von der NSSE vier Themenbereiche identifiziert, die eigenverantwortliches Lernen unterstützen. Mit der Bewertung der Themenbereiche „Academic Challenge, Learning with Peers, Experiences with Faculty, Campus Environment" (NSSE 2015: 10) kann die Unterstützung von formellen wie auch informellen Lernprozessen transparent dargestellt werden. Während sich klassische Hochschulrankings an harten Fakten, wie z. B. Aufnahme- und Abschlussquoten, Verhältnis von Studierenden zu Lehrenden, Gehaltsentwicklungen nach dem Studium, Ausstattung der Bibliotheken und Lehrräume, Studiendauer etc. orientieren, können mit der Evaluierung des Student Engagements Faktoren berücksichtig werden, die die Lernprozesse als Kern der Hochschulausbildung fokussieren (vgl. NSSE 2000: 1). Das bedeutet, dass Studierende vor der Wahl ihres Studienplatzes oder aber auch während ihres Studiums Informationen darüber erhalten, inwieweit ihre Hochschule durch differenzierte Qualitätsfaktoren individuelle Lernprozesse unterstützt und fördert. Auf der anderen Seite erhalten die Hochschulen Vergleichswerte, um die Qualität und Effektivität der Hochschulausbildung verbessern zu können.

Bei den Untersuchungen konnte die NSSE sechs „High Impact Practices" (NSSE 2015: 11) identifizieren, die den Studierenden Erfahrungen ermöglichen, „that can be life-changing" (ebd.: 11):

- Die Studierenden lernen über mehrere Lehrveranstaltungen hinweg zusammen in einer Lerngemeinschaft.
- Kurse sind mit gesellschaftlichem Engagement der Studierenden in örtlichen Gemeinschaftsprojekten verknüpft.
- Studierende haben die Möglichkeit, mit Mitarbeitern der Fakultäten an Forschungsprojekten zu arbeiten.
- Mittels Praktika, Tutorenarbeit oder Feldexperimente werden die Studierenden in Projekte aus der Praxis involviert.
- Die Studierenden haben die Möglichkeit, im Ausland zu studieren.
- Das Studium läuft auf ein Projekt, eine Prüfung oder Arbeit hinaus, bei welchem umfassende Erfahrungen eingebracht werden müssen.

Am Konzept des Student Engagements wird deutlich, dass eigenverantwortliches Lernen nicht die Optimierung der Selbstlernzeiten von Studierenden außerhalb von Lehrveranstaltungen bedeutet. Soll die Eigenverantwortung der Studierenden unterstützt werden, ist das Lernen im Austausch mit den verschiedensten Hochschulakteuren bei formellen und informellen Lernprozessen notwendig. Hieran begründet sich die Bedeutung der sozial-interaktiven Lernraumebene, die durch organisationale Maßnahmen und Voraussetzungen an den Hochschulen zu gewährleisten ist. Mit der Integration des Beziehungsfelds im Modell der LernRaumOrganisation wird diesem Aspekt Rechnung getragen (siehe 3.3.2 Beziehungsfeld und Bedeutungsfeld).

3.3   Entwicklung des Modells anhand der Erkenntnisse zum Lernen

In den folgenden Abschnitten werden die Erkenntnisse über Lernprozesse sowie Herausforderungen des Paradigmenwechsels im Modell der LernRaumOrganisation verankert. Grundlage dabei ist das komplexe Lernmodell von Illeris (vgl. 3.1 Lernen in sozialen Kontexten). In diesem Kapitel und in den folgenden wird das Modell der LernRaumOrganisation Schritt für Schritt weiterentwickelt, um den Erkenntnisprozess aus der theoretischen Perspektive heraus transparent zu gestalten.

3.3.1   Soziale Handlungsfaktoren und strukturelle Steuerungsfaktoren

Auf der konzeptionellen Überlagerung der Konzepte zur Dualität von Individuum und Umwelt bei der Gestaltung von Lernprozessen nach Illeris (2010) sowie der Dualität von Handlung und Struktur des relationalen Raumkonzeptes nach Löw (2001) wird die Grundlage für die Entwicklung des Modells der LernRaumOrganisation begründet. Mit dieser Perspektive wird zwischen *sozialen Handlungsfaktoren* und *strukturellen Steuerungsfaktoren* differenziert (siehe Abbildung 3).

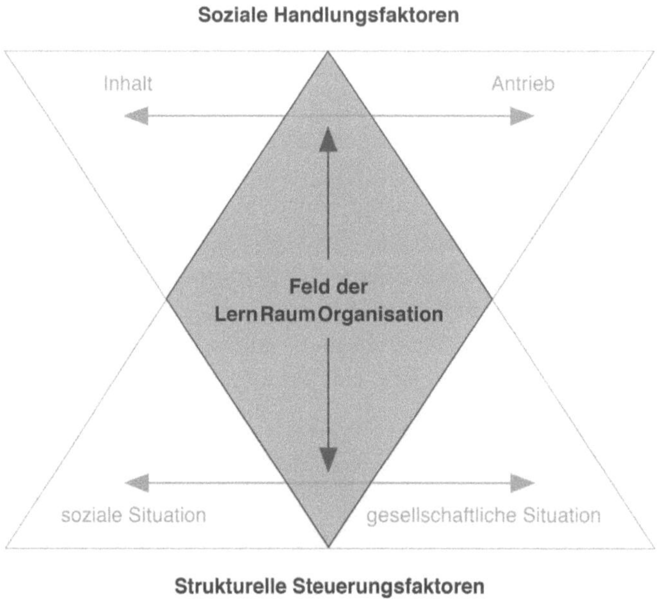

Abbildung 3: Identifikation Feld der LernRaumOrganisation

Mit dem Begriff der sozialen Handlungsfaktoren wird die Bedeutung von Lernprozessen in sozialen Kontexten verdeutlicht. Mit der Betonung von Handlungen soll dem Aspekt der Selbstbestimmung von Akteuren Raum gegeben werden (vgl. 2.2.1 Lernraum der physisch-materiellen Welt). Das bedeutet, dass Akteure, trotz gesellschaftlicher Normen, Erwartungen und Rollen, Einfluss darauf haben, aktiv ihre Umwelt und damit auch den Lernraum Hochschule zu gestalten. Für die Betrachtung der Lernraumgestaltung von Hochschulen werden in dieser Forschungsarbeit auf der Seite der sozialen Handlungsfaktoren die individuellen Ebenen des Inhalts und der Motivation nach

Illeris nicht weiter verfolgt, da durch die Heterogenität der Studierenden auf der einen Seite sowie die Studierendenzahlen auf der anderen Seite eine nicht zu bändigende Anzahl an Variablen auftreten würde.

Mit dem Gegenpol der strukturellen Steuerungsfaktoren wird in dem Modell der Lernraumgestaltung, gemäß der Dualität von Raum, dem strukturierenden Einfluss der Hochschulorganisation Rechnung getragen. Da sich die soziale und gesellschaftliche Situation je nach Hochschule sehr unterschiedlich darstellt, werden diese Aspekte des komplexen Lernmodells von Illeris bei den strukturellen Steuerungsfaktoren in dieser Forschungsarbeit nicht berücksichtigt. Dies liegt vor dem Hintergrund zur Entwicklung eines Modells der Lernraumgestaltung begründet, welches für verschiedene Hochschultypen anwendbar sein soll. Mit dem gewählten Begriff soll aber gezeigt werden, dass Hochschulen in einen Kontext eingebunden sind, aus welchem heraus sie strategische Entscheidungen treffen, die wiederum eine strukturierende Wirkung auf die Handlungen der Akteure in der Hochschulorganisation haben.

In der Überlagerung der sozialen Handlungsfaktoren und strukturellen Steuerungsfaktoren entsteht das theoretisch zu bestimmende und empirisch zu untersuchende Feld der LernRaumOrganisation. Dieses wird im theoretischen Teil sukzessive zum Modell der LernRaumOrganisation ausgebaut.

3.3.2   Beziehungsfeld und Bedeutungsfeld

Bei den Ausführungen zum Lernen in den Abschnitten Studierendenzentrierung und Eigenverantwortung konnten zwei Felder, das Beziehungsfeld und das Bedeutungsfeld, identifiziert werden (siehe Abbildung 4).

Mit dem Beziehungsfeld wird die Bedeutung des Austauschs von Lehrenden und Lernenden herausgearbeitet: „Learning is a social process. Often the most memorable college experiences involve connections with others, whether students or faculty" (Lomas/Oblinger 2006: 5.7). Das entspricht nicht nur den heutigen Kenntnissen der Lehr- und Lernforschung, sondern zeigt sich bereits als das zentrale Kriterium zur Entstehung der Universitäten (vgl. 2.1.1 Über die Bedeutung der Lerngemeinschaft). Das Beziehungsfeld wird der Ebene der sozialen Handlungsfaktoren zugeordnet. Im Beziehungsfeld werden folgende, für die Unterstützung von Lernprozessen grundlegende, Faktoren berücksichtigt und diesen darüber eine Bedeutung bei der Lernraumgestaltung gegeben:

- Unterstützung der Interaktion zwischen Studierenden
- Unterstützung der Interaktion zwischen Studierenden und Lehrenden
- Unterstützung der Interaktion zwischen Studierenden und Hochschuladministration
- Einbindung der Studierenden in Aktivitäten der Fakultäten
- Einbindung der Studierenden in Aktivitäten der Hochschule

Der Active Learning Approach, mit dem Fokus der Studierendenzentrierung und Eigenverantwortung, basiert auf der sozialen Integration der Lernenden in differenzierte
Lerngemeinschaften der Hochschule. Diese Formen der organisierten und auch unorganisierten Interaktion haben Implikationen auf die Gestaltung des Lernraums Hochschule
als Ganzes.

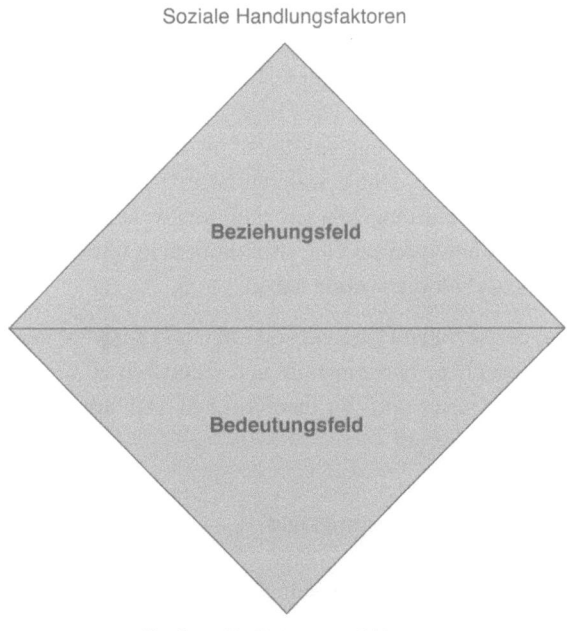

Abbildung 4: Identifikation Beziehungsfeld und Bedeutungsfeld

Hier kommt das Bedeutungsfeld ins Spiel, welches der Seite der strukturellen Steuerungsfaktoren zuzuordnen ist. Über organisationale Entscheidungen und Prozesse werden die strukturellen Grundlagen für eine Kultur des Austauschs zwischen den verschiedenen Akteuren an der Hochschule gelegt und gelebt. Wie in den vorangegangenen
Abschnitten aus verschiedenen Perspektiven heraus argumentiert wurde, ist der Fokus
auf Studierendenzentrierung und Eigenverantwortlichkeit für die zukünftige Entwicklung und das Selbstverständnis der Hochschulen in der hochtechnologisierten Wissensgesellschaft notwendig. Über die Veränderung der Hochschulkultur kann die Umsetzung des Paradigmenwechsels forciert werden. Im Bedeutungsfeld können dazu grundlegend folgende Faktoren zusammengefasst werden:

– Bedeutung von Lehren und Lernen für die Hochschule
– Unterstützung der Etablierung einer Lehr- und Lernkultur nach dem Active Learn-
  ing Approach der Studierendenzentrierung und Eigenverantwortung
– Unterstützungsmaßnahmen zur Umsetzung innovativer Lehrkonzepte
– Analyse und Verbreitung von Good-Practice-Beispielen

Eine nachhaltige Veränderung der Lehr- und Lernkultur wird durch die strategische Ausrichtung der Hochschule, insbesondere über die organisationale Anerkennung der Lehre, im Spannungsfeld von Lehre und Forschung, gelegt.

In der Forschungsarbeit werden die Begriffe Studierendenzentrierung und Eigenverantwortung für Lernprozesse unter dem Begriff Active Learning Approach zusammengefasst, da hier beide konzeptionellen Ansätze begrifflich zusammengeführt werden können und nicht zwischen verschiedenen didaktischen Methoden in diesem Kontext unterschieden wird. Prince (2004) fasst in seiner Übersicht zum Stand der Forschung „Does Active Learning Work? A Review of Research" zusammen: „The core elements of active learning are student activity and engagement in the learning process" (ebd.: 223). Da in der Literatur mit dem Begriff Active Learning unterschiedlichste didaktische Konzepte beschrieben werden, schließt er sich der Meinung an, dafür die zusammenfassende Bezeichnung Active Learning Approach zu benutzen: „Perhaps it is best, as some proponents claim, to think of active learning as an approach rather than a method and to recognize that different methods are best assessed seperately" (ebd.: 225).

3.3.3   Zur Bedeutung des Hochschulmanagements als dritter Pädagoge

Im Lernraumdiskurs wird gewöhnlich die bauliche Lernumgebung als dritter Pädagoge diskutiert (vgl. Sesink 2014: 30; Seydel 2011; Kahl 2009; Schäfer/Schäfer 2009; Lederer 2015: 75). Mit der Perspektive von Raum als relationalem Konzept kann der Lernraum nicht neben den ersten und den zweiten Pädagogen, den Lernenden und Lehrenden, bestehen. Denn der Raum wird durch die Interaktion der handelnden Akteure im Beziehungsfeld gebildet und ist damit das Ergebnis der relationalen Anordnung dieser selbst. Gleichzeitig haben mit der Einbindung von Lernprozessen in Hochschulen organisationale Raumstrukturen des Bedeutungsfelds Einfluss auf die Raumkonstitution.

Das bedeutet, dass das Hochschulmanagement, als Entscheider über Raumstrukturen der organisational-strukturellen Raumebene, selbst zum Gestalter von Lernprozessen wird und damit die Rolle des dritten Pädagogen einnimmt. Der Lernraum ist dabei konzeptionell das Feld, welches die Interaktion dieser drei Akteure zusammenführt. Vor diesem Hintergrund wird in dieser Forschungsarbeit der Prozess der Lernraumgestaltung nicht nur auf der physisch-materiellen, technisch-virtuellen und sozial-interaktiven definiert, sondern auch die organisational-strukturellen Raumebene integriert. Damit soll die Bedeutung der Entscheidungsträger über Hochschulstrukturen selbst als bisher in diesem Bereich vernachlässigte Einflussgröße thematisiert und der damit einhergehende Erkenntniszugang verdeutlicht werden. Bei der weiteren Entwicklung des Modells der LernRaumOrganisation sowie der Untersuchung von ausgewählten Hochschulen wird der Ansatz des Hochschulmanagements als dritter Pädagoge theoretisch und empirisch geprüft und begründet.

4 Von Raum und Ort

„Architektur ist nicht das Leben. Architektur ist Hintergrund. Alles andere ist nicht Architektur." Hermann Czech (*1936)

In diesem Kapitel wird für die Weiterentwicklung des Modells der LernRaumOrganisation der Raum mit der Bedeutung zur Verortung thematisiert. Mit der Perspektive von Raum als relationalem Raumkonzept rückt der Ort als zentrales Kriterium in den Mittelpunkt der Betrachtung. Über die Theorie des sozialen Raums wird die Verortung von Lernen theoretisch erörtert sowie die damit einhergehenden Herausforderungen dargelegt. Auf Basis dieser Erkenntnisse können für das Modell der LernRaumOrganisation relevante Aspekte identifiziert und deren konzeptionelle Integration in das Modell begründet werden.

4.1 Der soziale Raum

Nach dem relationalen Raumkonzept von Löw (2001) konstituiert sich Raum über Handlungen und Strukturen (vgl. 2.4.3 Über die Dualität von Raum). Raumstrukturen werden durch repetitive Handlungen gebildet und diese wiederum nehmen Einfluss auf Handlungen. Auch bei der Theorie des sozialen Raums geht der französische Soziologen Pierre Bourdieu von dieser Grundannahme aus (vgl. Löw 2001: 180): „Sozialer Raum ist für Bourdieu eine relationale (An)Ordnung von Menschen und Menschengruppen im permanenten Verteilungskampf, das heißt auch in permanenter Bewegung. Ein sozialer Raum ist also ein Raum der Beziehungen" (ebd.: 181). Die sozialen Akteure sind dabei „anhand ihrer *relativen Stellung* innerhalb dieses Raums definiert" (Bourdieu 1985: 10, Hervorh. im Original).

Die Positionierung der Akteure im sozialen Raum beschreibt Bourdieu mit dem Begriff des Habitus. Dabei versucht er die Trennung zwischen dem handelnden Individuum und der strukturgebenden Gesellschaft zu überwinden (vgl. Bourdieu 1997: 28), denn „weder ist das Individuum ein Spiegelbild der Gesellschaft, das auf Normerfüllung programmiert werden kann, noch ist das Individuum derart handlungsmächtig, dass es durch seine Aktionen Gesellschaft beliebig gestalten und verändern kann" (Weyer 2000: 239). Mit dem Zugang zu ökonomischem, sozialem und kulturellen Kapital bilden sich Gruppen, die sich durch ihren Habitus gleichen bzw. unterscheiden (vgl. Löw 2001: 181): „Einfach gesagt, konstruierte Klassen fassen Akteure zusammen, die, ähnlichen Bedingungen unterworfen, einander zu ähneln neigen, und folglich geneigt sind, sich praktisch zusammenzutun, als eine praktische Gruppe zusammenzukommen und damit ihre Berührungspunkte zu verstärken" (Bourdieu 1997: 111).

Für Bourdieu ist der Beruf ein Indikator für die Positionierung der Individuen durch Gruppen im sozialen Feld (vgl. ebd.: 108). Anhand des Berufsstands werden exemplarisch die drei Kapitalsorten, ökonomisches, soziales und kulturelles Kapital, bzw. die

Differenzierung des kulturellen Kapitals beim Habituskonzept deutlich. Im kulturellen Kapital kummuliert sich inkorporiertes Kulturkapital, welches durch Bildung erlangt wird, institutionalisiertes Kulturkapital, welches über den Bildungsweg erlangte Titel anzeigt, sowie objektiviertes Kulturkapital, welches den Besitz über Kulturgüter und das damit einhergehende Handlungswissen zur Einschätzung und Bewertung der Kulturgüter beschreibt. Kulturelles Kapital selbst ist an den Organismus des Individuums gebunden. Der persönliche Besitz von inkorporiertem Kulturkapital wird über den Habitus „zu einem festen Bestandteil der ‚Person'" (Bourdieu 1983: 187). Dies „setzt einen *Verinnerlichungsprozeß* voraus, der in dem Maße, wie er Unterrichts- und Lernzeit erfordert, *Zeit kostet* […] Das *Delegationsprinzip* ist hier ausgeschlossen" (ebd.: 187, Hervorh. im Original). Durch Schul- und auch Hochschulausbildung wird institutionalisiertes Kapital in Form von „*Titeln*" (ebd.: 190, Hervorh. im Original) erworben: „Durch den schulischen oder akademischen Titel wird dem von einer bestimmten Person besessenen Kulturkapital institutionelle Anerkennung verliehen. Damit wird es u. a. möglich, die Besitzer derartiger Titel zu vergleichen und sogar auszutauschen, indem sie füreinander die *Nachfolge* antreten" (ebd.: 191, Hervorh. im Original). Kulturelles Kapital ist damit, beim Beispiel des Berufs, Voraussetzung und gleichzeitig auch Ursache des ökonomischen Kapitals. Denn nur wer über die Zeit, welche man sich finanziell leisten können muss, für seinen persönlichen Bildungsweg verfügt, besitzt im Ergebnis über die berufliche Stellung monetäre Ressourcen, die dem Besitz über institutionelles Kapital entspringen. Die Voraussetzung der Verfügbarkeit über ökonomisches Kapital lässt sich auch beim objektivierten Kulturkapital erkennen. Für die Aneignung von materiellen Kulturgütern, „z. B. Schriften, Gemälde, Denkmäler, Instrumente usw." (ebd.: 189), ist ökonomisches Kapital erforderlich. Damit ist das objektivierte Kulturkapital wie auch das ökonomisches Kapital übertragbar (vgl. ebd.: 189). Die Übertragbarkeit bezieht sich jedoch nur auf das materielle Objekt und nicht auf die Fähigkeit, Kulturobjekte zu verstehen bzw. benutzen zu können: „Die Verfügung über kulturelle Fähigkeiten, die den Genuß eines Gemäldes oder den Gebrauch einer Maschine erst ermöglichen; diese kulturellen Fähigkeiten sind nichts anders als inkorporiertes Kulturkapital, für das die zuvor dargestellten Übertragungsregeln gelten" (ebd.: 189). Damit treten die Inhaber ökonomischen Kapitals mit den Inhabern kulturellen Kapitals in direkte Konkurrenz (vgl. ebd.: 190). Hier kristallisiert sich die Bedeutung eines freien Bildungszugangs heraus, um Individuen einen Platz, oder Stellung im sozialen Feld nach Bourdieu, bzw. Teilhabe in unserer Gesellschaft einräumen zu können. Über die Interaktion mit anderen Personen in Bildungsprozessen können „*Beziehungen*" (ebd.: 191, Hervorh. im Original) über die „*Zugehörigkeit zu einer Gruppe*" (ebd.: 191, Hervorh. im Original) als soziales Kapital aufgebaut werden: „Das Beziehungsnetz ist das Produkt individueller oder kollektiver Investitionsstrategien, die bewußt oder unbewußt auf die Schaffung und Erhaltung von Sozialbeziehungen gerichtet sind, die früher oder später einen unmittelbaren Nutzen versprechen" (ebd.: 193). Das bedeutet, dass im Prozess der Investition in inkorporiertes Kulturkapital, in Form von Schul- oder Hochschulausbildung, gleichzeitig soziales Kapital aufgebaut werden kann, welches zum Beispiel wichtig sein kann, um eine gute berufliche Stellung, die den Aufbau des ökonomischen Kapitals gewährleistet, zu erhalten.

Beim Konzept des Habitus stellt Bourdieu dem sozialen Raum den physischen Raum, das Habitat, gegenüber (vgl. Bourdieu 1991; Löw 2001: 181; Schroer 2006: 85). Durch diese Gegenüberstellung zeigt er die Bedeutung von Orten an. Anders als bei Löw sind für Bourdieu Orte dabei nicht Ziel und Ergebnis der Raumkonstitution (vgl. Löw 2001: 224), sondern Ausdruck der „Stellung innerhalb einer Rangordnung" (Bourdieu 1991: 26). Die „für den sozialen Raum konstitutiven Strukturen" sind im „physischen Raum eingelagert" (ebd.: 26). Das bedeutet, dass die physische Umgebung und ihre Orte soziale Veränderungen unterstützen aber auch blockieren können: „Der angeeignete Raum ist einer der Orte, an denen Macht sich bestätigt und vollzieht, und zwar in ihrer sicher subtilsten Form: der symbolischen Gewalt als nicht wahrgenommene Gewalt. Zu den wichtigsten Komponenten der Symbolik der Macht – gerade auch ihrer Unsichtbarkeit wegen [...] gehören zweifellos die architektonischen Räume" (ebd.: 27 f.). Im Gegensatz zu Löw bleibt Bourdieu in der Zusammenführung der Handlungs- und Strukturtheorie bei der „in der Soziologie üblichen Trennung in einen sozialen und einen materiellen Raum" (Löw 2001: 15). Die Relevanz des physischen Raums leitet Bourdieu über die Körperlichkeit der menschlichen Akteure ab, die „wie physische Gegenstände örtlich gebunden [sind]" (Bourdieu 1991: 26). Für jeden Akteur ist die individuelle Platzierung im physischen Raum sowie die Kontrolle über diese Orte dabei „ein hervorragender Indikator für seine Stellung im sozialen Raum" (ebd.: 26). Mit dem Konzept des Habitats können die Grenzen der Aneignung von Orten zur Raumkonstitution näher bestimmt werden: „Neben ökonomischen und kulturellem Kapital erfordern bestimmte Räume, insbesondere die geschlossenen, die ‚exklusivsten', auch soziales Kapital" (Bourdieu 1991: 32). Entgegen der Wechselwirkung von Handlung und Struktur durch das Habitus-Konzept sieht Bourdieu jedoch nur eine Richtung der Raumbildung bei der Gegenüberstellung des physischen und sozialen Raums: „Kurzum, es ist der Habitus, der das Habitat macht" (ebd.: 32). Für Bourdieu schreiben sich „die sozialen Verhältnisse in den physischen Raum" (Schroer 2006: 89) ein. So spricht er sich gegen Architekten aus, welche aus „Unkenntnis oder willentlicher Ignoranz der sozialen Strukturen [...] so tun, als wären sie von sich aus in der Lage, den sozialen Gebrauch der Gebäude und Einrichtungen durchzusetzen" (Bourdieu 1991: 32). Mit der architektonischen Gestaltung werden durch die Einschreibung sozialer Strukturen an Orten bestimmte Nutzergruppen angesprochen, die die Umgebung durch den ihnen eigenen Habitus als ihr Habitat aneignen können, bzw. Personen ausgegrenzt, die sich hier nicht wiedererkennen können: „Das Habitat erzwingt daher stets einen gewissen Habitus, sollen die Funktionen des Gebäudes genutzt und seine Möglichkeiten verwirklicht werden. Können diese Erwartungen, die von den potentiellen Nutzer/innen meist leiblich gespürt werden, nicht erfüllt werden, kommt es nicht eben selten zu einem Gefühl des Ungenügens oder der Scham" (Rieger-Ladich/Ricken 2009: 197).

4.2   Herausforderungen der Verortung

Die Bestimmung von Orten als Zweck und Ziel der Raumkonstitution nach dem relatio-
nalen Raumkonzept von Löw sowie als Materialisierung der sozialen Stellung bei
Bourdieus Konzept des sozialen Raums zeigt die Bedeutung von gebauter Umwelt.
Durch die Dauerhaftigkeit von baulichen Strukturen kann über einen langen Zeitraum
Einfluss auf die Handlungen von Akteuren zur Raumkonstitution genommen werden.
„The longevity of these spaces should be noted. A building (and its learning spaces) is
designed to last 50 to 100 years; the curriculum and courses that are taught in those
spaces may change every 10 years, and the technology may change every year. Clearly,
the stakes are too high to risk settling for an inadequate design" (Oblinger 2005: 15).
Durch die statische Bestimmtheit der gebauten Umwelt und die Anforderungen dynamischer Raumkonzepte aus handlungsorientierter Perspektive resultieren aktuelle Herausforderungen der Lernraumgestaltung, wie z.B. der Wunsch zur Flexibilität von physischen Raumkonzepten aus Gründen des Active Learning Approach bzw. sich verändernder didaktischer Designs in Anbetracht neuer Erkenntnisse der Lehr- und Lernforschung. Vor dem Hintergrund der Entwicklung der IKT und der damit einhergehenden
engen Verzahnung der physisch-materiellen wie auch technisch-virtuellen Welt sind
handlungsorientierte, dynamische Raumkonstitutionen und dafür passende bauliche
Umgebungen erforderlich.

Über die Differenzierung und Verknüpfung von Handlungsfeldern der gebauten Umwelt wird in den nächsten Abschnitten die bauliche Umgebung als handlungsermög-
lichenden Ort, und nicht als Behälterraum, diskutiert. Die dabei erlangten Erkenntnisse
werden bei der Weiterentwicklung des Modells der LernRaumOrganisation berücksichtigt.

4.2.1   Zur Differenzierung von Handlungsfeldern an Orten

Betrachtet man die Investitionskosten über den gesamten Lebenszyklus eines Gebäudes,
so muss man bedenken, dass lediglich ein Drittel auf die Erstellungskosten des Neubaus
gerechnet werden können. Bei einer Lebenszeit von 50 Jahren fallen ungefähr zwei
Drittel der Kosten durch Umbaumaßnahmen an (vgl. Brand 1994: 13). Vor diesem
Hintergrund ist das Argument der Dauerhaftigkeit von Architektur im Hinblick auf die
Bedeutung von Orten neu zu ordnen und damit einhergehende Konflikte aufgrund sich
verändernder Handlungskonzepte zu überdenken. Der amerikanische Architekt Frank
Duffy argumentiert: „Our basic argument is that there isn't such a thing as a building. A
building properly conceived is several layers of longevity of built components" (Duffy
1990: 17). Auf Basis der Entwicklungen von vier verschiedenen Ebenen von Duffy, die
für Umbaumaßnahmen in Unternehmensgebäuden konzipiert worden waren, erweitert
Stewart Brand in seinem Buch „How Buildings Learn" das Layer-Konzept auf sechs

Ebenen, „Site, Structure, Skin, Services, Space Plan, Stuff" um einen allgemeingültigen Zugang zu ermöglichen (Brand 1994: 13):

–   Site stellt die geographische Verortung von Gebäuden dar und ist dabei unvergänglich.
–   Structure beinhaltet die Gebäudekonstruktion wie Fundamente und die tragenden Elemente des Gebäudes. Da Gebäudekonstruktionen nur sehr kostspielig geändert werden können, haben diese eine Lebensdauer von 30 bis 300 Jahren.
–   Skin ist die äußere Hülle des Gebäudes, bei welcher von mindestens 20 Jahren Nutzung ausgegangen werden kann.
–   Services beinhaltet Heizungs-, Lüftungs-, Klimaanlage sowie Elektrik, Kommunikationsanlagen, Aufzüge und Fahrtreppen. Diese sind nach einem Zeitraum von 7 bis 15 Jahren auszutauschen.
–   Space Plan betrifft die Raumaufteilung und Gebäudezonierung durch den Einbau von Wänden, Decken, Fußböden und Türen. Je nach Nutzung des Gebäudes sind hier Veränderungen alle drei Jahre oder aber auch erst nach längerer Zeit erforderlich.
–   Stuff fasst die Einrichtung der Gebäude mit Stühlen, Tischen, Bildern, Kücheneinrichtungen zusammen, welche jederzeit durch einfache Maßnahmen ausgewechselt werden können.

Die Ausdifferenzierung über Gebäude-Layer zeigt, dass damit Orte dem Modell der LernRaumOrganisation entsprechend den sozialen Handlungsfaktoren wie auch den strukturellen Steuerungsfaktoren zugeordnet werden können (vgl. 3.3.1 Soziale Handlungsfaktoren und strukturelle Steuerungsfaktoren). Bei den durch ihre lange Lebensdauer eher statischen Gebäude-Layern, Site, Structure, Skin und Services, bestehen Potentiale zur Vorstrukturierung von Handlungen aus der Perspektive der strukturellen Steuerungsfaktoren. Bei den dynamischen Gebäude-Layern Stuff und Space Plan bestehen dagegen Potentiale zur Anpassung an Interaktionen bei sozialen Handlungsfaktoren.

Die Relevanz struktureller Steuerungsfaktoren über die Gebäude-Layer Site, Structure, Skin und Services bestätigt sich in der Forschungsarbeit von Lingg (2016), bei welcher Aushandlungsprozesse bei Neubaumaßnahmen von Hochschulgebäuden untersucht worden sind. Die Forschungsergebnisse belegen, dass die handelnden Akteure, die in den Planungsprozess eingebunden sind, mit dem Neubau unterschiedlichste Interessen und Ziele verknüpfen. Auf der einen Seite agieren Akteure, wie z. B. Verantwortliche aus Politik, Stadtplanung und der Hochschule (vgl. ebd.: 19), die politische und hochschulische Interessen vertreten. Auf der anderen Seite stehen die zukünftigen Nutzer der Gebäude, die in den neuen Räumlichkeiten in den nächsten Jahren und Jahrzehnten lehren, lernen und forschen werden. Über die statischen Gebäude-Layer werden Erwartungen der verschiedenen Stakeholder in dem zu realisierenden Gebäude materialisiert und aufgrund der Lebenszyklen dieser Layer für einen langen Zeitraum festgeschrieben. Es wurde festgestellt, dass durch die politische, organisationale und wirtschaftliche Bedeutung von Neubaumaßnahmen die Gefahr besteht, dass „viele der formulierten

Anforderungen an einen Bildungsbau durch die Dominanz anderer, mächtigerer Logiken [politischer und organisationaler Interessen und deren Vertreter – Anm. d. Verf.] nicht umgesetzt [...] und bildungsrelevante Inhalte in den weiteren Prozess nur mehr erschwert eingebracht werden" (ebd.: 220). Das bedeutet, dass bei der Planung und Realisierung von Neubaumaßnahmen im Kontext von Hochschulen auf der Ebene der strukturellen Steuerungsfaktoren Konzepte für passende Lehr- und Lernumgebungen zunächst in den Hintergrund rücken (vgl. ebd.: 19). Der Handlungsraum der Akteure wird durch bauliche Investitionsmaßnahmen damit bereits so vorstrukturiert, dass die Umsetzung innovativer Lehr- und Lernkonzepte in diesen Raumstrukturen erschwert werden.

Das Handlungsfeld auf der Ebene der strukturellen Steuerungsfaktoren wird im Modell der LernRaumOrganisation als *Erstellungsfeld* berücksichtigt. Mit dem Erstellungsfeld werden strategische Entscheidungen zur Repräsentanz der Hochschulen sowie zur Wertschätzung von Lehren und Lernen an der Hochschule zusammengefasst: „Wir lehren, was Lernen uns bedeutet, nicht nur über das, was wir sagen und behaupten, sondern in ganz hohem Maße auch durch den Wert, den wir der Gestaltung des physischen Raums für Bildungsprozesse beimessen, und den Aufwand, den wir in sie investieren. Jeder Lernraum enthält eine Botschaft, die er symbolisiert" (Sesink 2007: 17). So wissen wir auch aus dem Stand der Forschung, dass Gebäude, die nicht gepflegt und physisch nicht attraktiv sind, mit höheren Fehlzeiten von Lernenden einhergehen (vgl. Kumar/O'Malley/Johnston 2008: 479 f.). So kann der Trend zu beindruckenden Gebäudeensembles von Stararchitekten einerseits als Anstrengungen zur Markenbildung von Hochschulen und damit der Gewinnung von Studierenden gesehen werden (vgl. Heathcote 2014: 26; vgl. Price et al. 2003: 218; Robinson 2013: 15). Andererseits wird über die Qualität der Lernraumgestaltung auch die Wertschätzung der Hochschule gegenüber den Lernenden und Lehrenden vermittelt. Durch die Symbolik der Orte, wie der Lokalisierung im städtischen Kontext oder der architektonischen Gestaltung bzw. Instandhaltung von Hochschulgebäuden, wird nach außen die gesellschaftliche Stellung und damit Bedeutung der Hochschule repräsentiert. Ein neuer Campus mit Gebäuden von international bekannten Stararchitekten und mitten in der Stadt, wie beim Neubau des Campus an Wirtschaftsuniversität Wien, weckt Erwartungshaltungen von Lehrenden und Lernenden zur Qualität der Lehre wie auch Forschung an dieser Hochschule: „In general, higher quality environments do seem to have an impact on choice; a conclusion that may also lead to problems of expectation, if impressions gained during recruitment are not matched by subsequent reality" (Price et al. 2003: 219). Das bedeutet nach Bourdieu, dass die Gestaltung eines Ortes als Habitat, mit der Materialisierung des sozialen Raums, Akteure eines passenden Habitus, entsprechend der Stellung im sozialen Raum, anzieht. Das Erstellungsfeld drückt somit also nicht nur die Erwartungen der Hochschulorganisation an die handelnden Akteure aus, sondern zeigt reziprok auch die Anspruchhaltung der handelnden Akteure an die Hochschulorganisation über die gebaute Umwelt.

Hier wird deutlich, dass beim Modell der LernRaumOrganisation dem Erstellungsfeld auf der Ebene der strukturellen Handlungsfaktoren ein Gegenpol auf der Ebene der sozialen Handlungsfaktoren entgegenzusetzen ist. Das bedeutet, dass die handelnden Akteure die gebaute Umwelt – trotz der Vorstrukturierung – ihren Anforderungen entsprechend aneignen und benutzen. Das bestätigt sich bereits in der Geschichte des universitären Raums. Über die Jahrhunderte hinweg hat sich keine spezifische Gebäudetypologie des Universitäts- bzw. Hochschulbaus entwickelt (vgl. Linde 1969: 25). So ist für Universitäten das „Einnisten" (Pump-Uhlmann 1997: 259) in vorhandene Gebäudestrukturen typisch, wie z. B. in Schlossbauten im 18. und 19. Jahrhundert oder in Verwaltungsgebäude des 20. Jahrhunderts (vgl. Friese/Wagner 1993: 95). Hierbei kann argumentiert werden, dass sich durch das räumliche Charakteristikum universitärer Provisorien (vgl. Pump-Uhlmann 1997: 269) die Universitäten über die letzten Jahrhunderte den veränderten gesellschaftlichen Rahmenbedingungen und ihrer damit einhergehenden Bedeutung anpassen und damit als Institution überleben konnten.

Durch die dynamischen Gebäude-Layer Space Plan und Stuff kann die bauliche Umgebung innerhalb kürzester Zeit entsprechend den Anforderungen eingestellt werden. Dies ist vor dem Hintergrund der beschriebenen Forderungen der Flexibilität im Lernraumdiskurs wichtig. So beschreibt Woolner in ihrem Buch zur Gestaltung von Lernräumen an Schulen, dass die eigentliche Arbeit der Lernraumgestaltung erst dann beginnt, wenn die Räumlichkeiten fertiggestellt und bezogen worden sind: „A teacher I spoke to […] commented that only when the new premises were in place the real work of building the school itself begin. He evidently understood the school to be more embodied in the relationship between staff and students than in nature of the physical surroundings. This reaction serves to highlight the more purely social aspect of school, but […] these relationships also have a physical side. They take place within the setting of the school and will be afffected by the design of that setting" (Woolner 2010: 106). In der Studie an der Universität Basel zur Lernraumgestaltung der Zukunft (vgl. 2.3.3 Über den Lernraum Campus) wurden aus Studierendenperspektive „kollektiv relevante Themenbereiche mit Handlungsbedarf" (Bachmann 2014: 96) zur Gestaltung des Lernraums Hochschule identifiziert. Dabei wurden Aspekte des physischen-materiellen gleichermaßen wie des sozial-interaktiven Raums berücksichtigt (vgl. ebd.: 94). Die dabei identifizierten Aspekte mit Handlungsbezug können unter dem *Aneignungsfeld* auf der Ebene sozialer Handlungsfaktoren im Modell der LernRaumOrganisation zusammengefasst werden. Das Aneignungsfeld setzt den Fokus der Bewertung eines Ortes über die Nutzung und damit Ingebrauchnahme. Nach Bachmann (2014) werden dabei unter den Oberbegriffen „Verfügbarkeit, Nutzungskultur, Nutzungsform" (ebd.: 95) verschiedene Aspekte, wie Nähe, Auslastung, Verboten, Geboten, Zugänglichkeit und Verantwortung sowie den verschiedenen Nutzungen für Lernen, Lehren, Austausch, Organisation und Erholung zusammengefasst.

Diese Aspekte stehen natürlich wiederum auch im direkten Bezug zum Ort aus einer integrativen Perspektive, mit der Berücksichtigung aller Gebäude-Layer auf sozial-interaktiver Ebene der sozialen Handlungsfaktoren, mit dem Aneignungsfeld, wie auch auf organisational-struktureller Perspektive der strukturellen Steuerungsfaktoren, mit dem Erstellungsfeld.

4.2.2 Zur Verknüpfung von Handlungsebenen an Orten

In den theoretischen Ausführungen aus der Perspektive von Raum (vgl. 2.4.3 Über die Dualität von Raum), von Lernen (vgl. 3.1 Lernen in sozialen Kontexten) und der Verortung (vgl. 4.1 Der soziale Raum) zeigt sich das Spannungsfeld zwischen sozial-interaktiven Handlungsfaktoren auf der Ebene von Akteuren der Hochschule und organisational-strukturellen Steuerungsfaktoren auf der Ebene der Hochschulorganisation. Dies ist keine spezifische, sondern eine generelle Herausforderung, die in der Soziologie unter dem Begriff der „Mikro-Makro-Problematik" (Weyer 2000: 238) als „Frage der Vermittlung von individuellen Handlungen und gesellschaftlichen Strukturen" (ebd: 238) zusammenläuft.

Aus „forschungsökonomischen" Gründen ist es sinnvoll, die Mikro-, Meso- und Makroebenen zu unterscheiden, „um sich klar zu werden, mit welcher Ebene die eigene Forschungsfrage am ehesten zu tun hat" (Alheit 1999: 10). Mit der theoretischen Entwicklung des Modells der LernRaumOrganisation kann resümiert werden, dass die isolierte Betrachtung einer Ebene unter der erkenntnisleitenden Fragestellung dieser Arbeit nicht möglich ist. Raum kann nur mit der Perspektive des Behälterraums auf eine Ebene eingeschränkt werden, da hier durch die euklidischen Dimensionen des Raums Grenzen gezogen werden können. Mit der Perspektive des relationalen Raums können der Raumkonstitution von handelnden Akteuren keine relational-räumlichen Grenzen gesetzt werden. Der Ort, als Voraussetzung und Ziel der Konstitution von Raum, scheint im ersten Moment als Mittel der Abgrenzung greifbar zu sein. Bei näherer Betrachtung zeigt sich aber genau am Ortsbegriff die Notwendigkeit zu einer Betrachtung auf verschiedenen Ebenen. Denn Orte können auf der Mikroebene über symbolische Räume wie dem Vorlesungsraum, auf der Mesoebene mit der Symbolik von z. B. Fakultätsgebäuden sowie auf der Makroebene mit der Gestaltung des Universitätscampus sowie dessen Einbindung in lokale bzw. überregionale Zusammenhänge gebildet werden (vgl. Temple 2007: 5). Dabei steht jeder Ort zunächst für sich, aber begründet sich in der Gestaltung der Erwartungen und Identitäten erst in der Zusammenschau und Einbindung in das große Ganze der gesellschaftlichen und sozialen Bedingungen und Voraussetzungen. Vor diesem Hintergrund wird in der Forschungsarbeit dem Leitgedanken des Stadt- und Regionalökonomen Dieter Läpple gefolgt, bei welchem die verschiedenen Ebenen aufeinander bezogen und miteinander verflochten werden (vgl. Läpple 1991: 43 f.), „um gesellschaftliche Räume als Ergebnis sozialer Konstruktionsprozesse auch hinsichtlich ihrer Maßstäblichkeit unterscheiden zu können" (Rau 2013: 65 f.). Mit der Bestimmung von Habitus und Habitat hat Bourdieu ein Konzept entwickelt, das die verschiedenen Ebenen der Handlungs- und Strukturtheorie miteinander verknüpft (vgl. Deffner/Haferburg 2014: 344):

> „Die Geschichte und die Soziologie sind in fatale Alternativen eingezwängt worden, die, wie der Gegensatz von Ereignis und langer Dauer oder, auf einer anderen Ebene, zwischen den ‚großen Männern' und den kollektiven Kräften, dem Willen der Einzelnen und den strukturellen Determinanten, sämtlich auf der Unterscheidung zwischen dem Individuum und dem Gesellschaftlichen, identifiziert mit dem Kollektiven, beruhen. Um sich diesen tödlichen Alternativen zu entziehen, genügt es zu beobachten, daß jede historische Aktion zwei Zustände der Geschichte *miteinander in Verbindung setzt*: die Geschichte im objektivierten Zustand, d.h. die im Laufe der Zeit in den Dingen (Maschinen, Gebäuden, Monumenten, Büchern, Theorien, Sitten, dem Recht usf.) akkumulierte Geschichte und die Geschichte im inkorporierten Zustand die Habitus gewordene Geschichte" (Bourdieu 1997: 28, Hervorh. im Original).

Eine Verortung der Prozesse und damit Zusammenführung der zwei Ebenen der sozial-interaktiven Handlungsfaktoren wie auch der organisational-strukturellen Umweltfaktoren findet somit über die Symbolik materieller Artefakte wie auch im Zusammenspiel der handelnden Akteure selbst statt. In dieser Arbeit wird das beschriebene Zusammenspiel auf Mikro-, Meso- und Makroebene über die kulturelle Verortung und symbolische Verortung beschrieben.

Unter dem Begriff der *kulturellen Verortung* subsumieren sich die unterschiedlichen Akteure des Lernraums Hochschule, die durch ihre soziale Stellung und persönlichen Erwartungen sowie der an den Hochschulen geltenden Normen und Werten differenzierte Gemeinschaften bilden. Es wird bewusst der Begriff der sozialen Verortung vermieden, da es ein Charakteristikum der Universitäten von heute ist, über einen offenen Bildungszugang keine soziale Gruppe zu bevorzugen bzw. auszuschließen. Der Kulturbegriff wird zur Beschreibung der Verortung der sozialen Handlungsfaktoren auf der Mikroebene des Lernens genutzt, da sich die Lehrenden und auch Lernenden der Hochschule, anders als bei anderen Organisationen, stark über eine Fachkultur identifizieren (vgl. Gothe/Pfadenhauer 2010: 100; Bachmann et al. 2014: 42,46,49; Dippelhofer-Stiem 1996: 392; Löw 2006: 99; Wegner/Nückles 2013: 17; Löw 2006: 99). Aus der Perspektive der strukturellen Steuerungsfaktoren nimmt „*Organisationskultur* […] in der Managementliteratur eine wichtige Rolle in strategischen (Veränderungs-) Prozessen ein und wird dort als ein Erfolgsfaktor der Strategieimplementierung verstanden" (Krzywinski 2013: 12, Hervorh. im Original). Das bedeutet, dass über die kulturelle Verortung die Akteure der Hochschule zusammengeführt und unter dem Fokus der Veränderung von Lehr- und Lernkultur analysiert werden können.

Mit der symbolischen Verortung wird, wie beim Zusammenspiel des Habitus und Habitats, der kulturellen Verortung eine Repräsentanz gegenübergestellt. Mit der *symbolischen Verortung* kann somit nicht nur die Bedeutung der Verortung im sozialen Raum, als Materialisierung der sozialen Stellung im Raum (vgl. 4.1 Der soziale Raum), sondern auch die Bedeutung von Orten beim Konzept des relationalen Raums, als Grundlage und Ziel von Raumkonstitution (vgl. 2.4.4 Zur Bedeutung von Orten), zusammengefasst werden. Bei beiden Raumkonzepten wird von Bourdieu wie auch von Löw auf die Materialität von Orten verwiesen. In dieser Forschungsarbeit wird bewusst auf die Materialität der Verortung verzichtet. Über den Begriff der symbolischen Verortung sollen die physisch-materielle und die technisch-virtuelle Raumebene miteinander verknüpft werden. Entscheidend dafür ist nicht nur, dass diese zwei Welten im alltäglichen Leben immer enger miteinander verzahnt sind. Vielmehr soll dabei dem Umstand Rechnung getragen werden, dass diese zwei Raumebenen sich gegenseitig bedingen; so ist der Mensch bei der Nutzung virtueller Raumangebote körperlich immer noch in der physisch-materiellen Welt verankert (vgl. Sesink 2014: 38).

Mit dieser Betrachtungsweise kann über die symbolische Verortung das Layerkonzept von Brand (1994) für das Modell der LernRaumOrganisation weiter ausdifferenziert werden. So können die Layer von Brand, die für die physisch-materielle Raumebene stehen, auch für die technisch-virtuelle Raumebene übersetzt werden (siehe Abbildung 5).

Layer (Brand, 1994)	Symbolische Verortung der LernRaumOrganisation	
Site	Physisch-materielle Lernraumebene	Technisch-virtuelle Lernraumebene
Stuff	Ausstattung mit Möbeln und technischen Arbeitsmitteln als Raumnutzungsangebot	Ausstattung mit Text-, Bild- und Videomaterial sowie Blogs, Chat und Foren als Raumnutzungsangebot
Space Plan	Raumtrennungen und Raumöffnungen zur Raumbildung	Benutzungsstrukturen und Zugangsbeschränkungen zur Raumbildung
Services	Technische Nutzungsanlagen	Navigationselemente
Skin	Fassadengestaltung	Benutzeroberflächengestaltung
Structure	Gebäudekonstruktion	Programmierung der IT-Architektur

Abbildung 5: Darstellung der Ebenen der symbolischen Verortung

Die Zuschreibung von Funktionen in den Layern geht damit über die Zuweisung von Metaphern materieller Artefakte auf technische Artefakte der virtuellen Welt (vgl. Schroer 2006: 254 ff.) hinaus. Mit der Zuordnung der Layer für beide Raumebenen wird die Grundlage für eine zusammenfassende Betrachtung der symbolischen Verortung gelegt. Das bedeutet nicht nur, dass Lernraumgestaltungsmaßnahmen vor dem Hintergrund ihrer Zuordnung zur physisch-materiellen oder technisch-virtuellen Raumebene untersucht und bewertet werden, sondern beide Ebenen zusammenhängend unter ande-

ren Aspekten, wie z. B. aus der Perspektive von Beziehungen oder Nutzungsmöglichkeiten bewertet werden können: „Diese Möglichkeit, die Konstitution unterschiedlicher
Räume gleichzeitig zu denken, ist Voraussetzung, um Cyberspace-Technologien erfassen zu können" (Löw 2001: 160).

Dabei wird bereits mit der Entscheidung zugunsten der Verortung von Lehr- und Lernprozessen im physischen oder virtuellen Raum eine symbolische Entscheidung vollzo-
gen, die wiederum Auswirkungen auf die Gestaltung der anderen Layer in beiden
Raumebenen impliziert. Das bedeutet, dass bei der Gestaltung des Lernraums Hochschule gefragt werden muss, an welchen Orten Lehrende und Lernende platziert sind,
wenn sie in beiden Welten miteinander interagieren bzw. zwischen diesen zwei Welten,
wie z. B. beim Blended Learning, permanent wechseln.

4.3   Entwicklung des Modells anhand der Erkenntnisse zur Verortung

Die Ausführungen in diesem Kapitel haben dargelegt, dass Orte das Ergebnis von
Raumkonstitutionen sind. Dadurch sind Orte nicht nur durch die physisch-materielle
Raumebene, wie beim Konzept des Behälterraums, sondern auch durch sozial-
interaktive des Handlungsgeschehens sowie die organisational-strukturelle Ebene der
Vorstrukturierung geprägt. Mit der fortschreitenden Entwicklung von IKT werden
Handlungen aber nicht nur an Orten der physischen Welt konstituiert, sondern verzah-
nen sich mit der virtuellen Welt. Orte sind somit Bedeutungsträger des physisch-
materiellen, technisch-virtuellen sowie sozial-interaktiven und organisational-
strukturierten Raums.

4.3.1   Erstellungsfeld und Aneignungsfeld

Ergänzend zum Beziehungsfeld und Bedeutungsfeld im Kontext von Lernen kann im
Zusammenhang mit der Verortung von Lernen das Aneignungsfeld und das Erstellungsfeld identifiziert und dem Modell der LernRaumOrganisation zugeordnet werden (siehe
Abbildung 6). Im Modell werden die Felder ihren charakteristischen Eigenschaften
entsprechend den sozialen Handlungsfaktoren bzw. den strukturellen Steuerungsfaktoren neben dem Beziehungsfeld und dem Bedeutungsfeld platziert. Dabei zeigt sich
bereits an, dass im Feld der LernRaumOrganisation die verschiedenen Ebenen der Lernraumgestaltung mit dem physisch-materiellen und technisch-virtuellen Raum auf der
symbolischen Verortung sowie der sozial-interaktiven und organisational-strukturellen
Raum auf der kulturellen Verortung zusammengeführt werden können. Damit wird der
Raum zu einer neuen Perspektive auf Zusammenhänge bei der Lernraumgestaltung
aufgespannt.

Das Erstellungsfeld ist der Ebene der strukturellen Steuerungsfaktoren zugeordnet. Hier
wird deutlich, dass aufgrund strategischer Entscheidungen und Interessen von Hochschulen, Raumstrukturen erstellt werden, die Einfluss auf die Raumkonstitution über die

Unterstützung bzw. Behinderung von Handlungen der Akteure nehmen. Über die Layer Site, Structure, Skin und Services können Maßnahmen auf der physisch-materiellen wie auch technisch-virtuellen Raumebene beschrieben werden, wie:

– Erstellung von Raumstrukturen über materielle und virtuelle Architekturen
– Symbolik der Repräsentanz über die Gestaltung materieller und virtueller Architekturen
– Symbolik der Wertschätzung über die Qualität materieller und virtueller Architekturen.

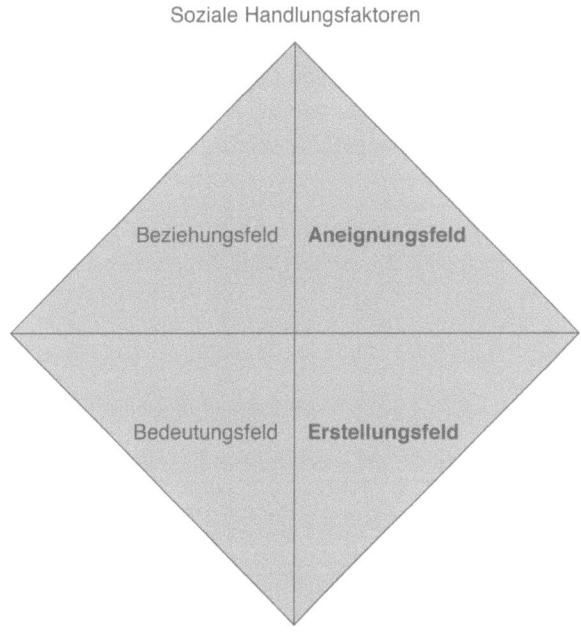

Abbildung 6: Identifikation Erstellungsfeld und Aneignungsfeld

Das Aneignungsfeld ist der Ebene der sozialen Handlungsfaktoren zugeordnet. Mit diesem Aktionsfeld des Modells der LernRaumOrganisation wird angezeigt, dass Lernraumgestaltung über Aneignungsprozesse der Akteure erfolgt. Diese Prozesse können durch folgende Aspekte auf den Layern Stuff und Space Plan beeinflusst werden:

– Verfügbarkeit von Orten
– Verknüpfung von Orten
– Verantwortung für Orte
– Auswahlmöglichkeiten von Orten
– Zugangsmöglichkeiten zu Orten
– Nutzungsmöglichkeiten von Orten.

Hierbei bestätigt sich erneut die Bedeutung des Hochschulmanagements. Durch die Gestaltung der strukturellen Steuerungsfaktoren werden wichtige Voraussetzungen für Interaktionsprozesse definiert. Auf der anderen Seite verdeutlichen diese Faktoren aber auch, dass sich auf der Ebene der sozial-interaktiven Handlungsfaktoren für Lehrende und Lernende Gestaltungsspielräume aufzeigen, die genutzt werden können.

4.3.2   Kulturelle Verortung und symbolische Verortung

Mit der kulturellen Verortung und der symbolischen Verortung wird, analog zum theoretischen Konzept von Habitus und Habitat (vgl. 4.1 Der soziale Raum), die Trennung zwischen den handelnden Akteuren auf der einen Seite und der strukturgebenden Organisation auf der anderen Seite überwunden (siehe Abbildung 7). Dadurch können Aspekte der sozialen Handlungsfaktoren wie auch der strukturellen Steuerungsfaktoren über die Ortsbestimmung zusammengeführt werden.

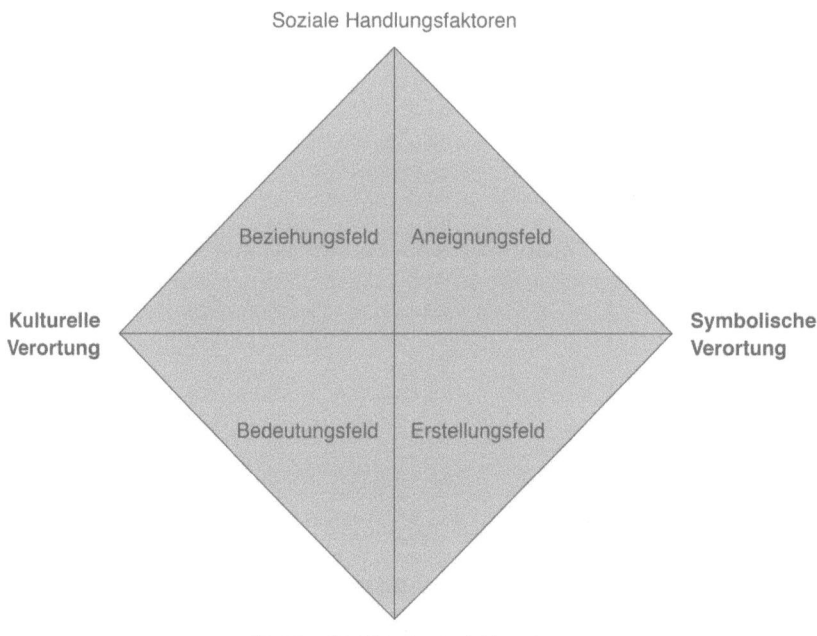

Abbildung 7: Identifikation kulturelle Verortung und symbolische Verortung

Die kulturelle Verortung bündelt Erwartungen, Werte und Normen von Akteuren der Hochschule über die Zusammenführung der sozial-interaktiven wie auch organisational-strukturellen Raumebene:

–   Lernende und Lehrende auf der Mikroebene
–   Fakultäten, Institute und Administration auf der Mesoebene
–   Hochschulleitung und Hochschule auf der Makroebene

Mit der kulturellen Verortung kann die Lehr- und Lernkultur über die Stellung der Akteure im sozialen Raum und damit Differenzen zwischen den sozialen Systemen an der Hochschule beschrieben werden (siehe 5.1 Soziale Systeme)

Die symbolische Verortung fasst alle Layer der physisch-materiellen wie auch technisch-virtuellen Raumebene zusammen:

–   Physische bzw. virtuelle Ausstattung über die Layer Space Plan und Stuff auf der Mikroebene
–   Physische bzw. virtuelle Architekturen über die Layer Structure, Skin und Services auf der Mesoebene
–   Physische bzw. virtuelle Standorte über den Layer Site auf der Makroebene

Über die symbolische Verortung können mit der Beobachtung zur Aneignung und Kontrolle der materiellen und technischen Artefakte Differenzen zwischen Handlungen der Hochschulakteure und der physischen bzw. virtuellen Lernumwelt analysiert werden (siehe 5.1 Soziale Systeme).

Mit der Zusammenführung der Raumebenen, der sozial-interaktiven und organisational-strukturellen sowie der physisch-materiellen und technisch-virtuellen, über die kulturelle Verortung bzw. symbolische Verortung ist somit eine integrative Betrachtung von Maßnahmen der Lernraumgestaltung gewährleistet, da die Hochschule systemisch untersucht werden kann.

4.3.3   Zur Bedeutung formeller Lernräume

Im vorherigen Kapitel wurde auf Basis der theoretischen Erkenntnisse zum Lehren und Lernen die Bedeutung des Hochschulmanagements identifiziert (vgl. 3.3.3 Zur Bedeutung des Hochschulmanagements als dritter Pädagoge). Dies steht im Zusammenhang mit der Notwendigkeit zur Zusammenführung von formellen und informellen Lernprozessen. Mit den Ausführungen zum sozialen Raum in diesem Kapitel zeigt sich, dass Veränderung des Habitus sich in Anpassungen des Habitats äußern. Das bedeutet, dass Veränderungen der Lehr- und Lernkultur über die kulturelle Verortung, mit der Anpassung von Rollen und Handlungen der Hochschulakteure, zu Veränderungen der symbolischen Verortung, mit der Anpassung von Lernraumgestaltungsmaßnahmen und Raumstrukturen, führen.

Beim Stand der aktuellen Forschung wurde bereits thematisiert, dass es bereits zahlreiche Modelle und praktische Beispiele zur Veränderung der informellen Lernumgebung gibt, aber nur einige wenige zur Modifikation der formellen Lernräume. Dies ist vor dem Hintergrund des hohen flächenmäßigen Anteils formeller Lernräume an Hochschulen nachvollziehbar. Keskinen (2014) hat bei einer Studie an finnischen Universitäten ein Verhältnis formeller zu informeller Lernräume von 80 % zu 20 % ermittelt (vgl. ebd.: 119). Insbesondere vor der Notwendigkeit der wirtschaftlichen Flächennutzung an Hochschulen und auch der hohen Kosten für Erstellung, Betrieb und Sanierung der baulichen Lernumgebung (vgl. Long/Ehrmann 2005: 44; Beichner 2014: 9) gilt es, sich mit einer die Lernprozesse unterstützenden Lernraumgestaltung auseinanderzusetzen. So muss im Rahmen einer optimalen Campusplanung nicht nur hinterfragt werden, wieviel Flächen für welche Aktivitäten zur Verfügung stehen, sondern auch, ob die angebotenen Räume Lernprozesse und Lernerfolg von Studierenden optimal unterstützen (vgl. Long/Ehrmann 2005: 42). Aufgrund des hohen Anteils an der Gesamtfläche haben die formellen Lernräume dabei ein hohes Gewicht.

Bei den Erkenntnissen zu Raum und Ort bestätigt sich die Bedeutung des Hochschulmanagements als dritter Pädagoge, da bei Veränderungsprozessen zur Verortung von Lehrprozessen organisationale Strukturen zu berücksichtigen und weitere Hochschulakteure zu integrieren sind (siehe 5.3.3 Zur Bedeutung der Lehrenden).

5 Von der Institution zur Organisation

„Das Gras wächst nicht schneller, wenn man daran zieht."
Afrikanisches Sprichwort

In Kapitel 4 wurde mit den Ausführungen zu Herausforderungen des Paradigmenwechsels die Bedeutung des Hochschulmanagements als dritter Pädagoge herausgearbeitet. Dabei wurde argumentiert, dass der Paradigmenwechsel nicht nur im Vorlesungs- oder Seminarraum auf der sozial-interaktiven Ebene stattfindet, sondern zu Veränderungen der Hochschule als Ganzes führt. Vor diesem Hintergrund gilt es, einen Perspektivwechsel zur Thematik der Lernraumgestaltung vorzunehmen. Bei diesem steht nicht allein mehr nur die Gestaltung des physisch-materiellen und technisch-virtuellen Lernraums im Fokus, um Lernprozesse unterstützen zu können. Mit der Bezeichnung LernRaumOrganisation des theoretischen Modells, welches die Zusammenhänge von Lernen und Raum darstellt, wird die Bedeutung der organisational-strukturellen Raumebene betont.

Als Grundlage wird zunächst aus einer allgemeingültigen Perspektive die Hochschule als soziales System analysiert. Dabei sollen Handlungen von Personen und Personengruppen bei Maßnahmen der Lernraumgestaltung differenziert werden, um im Hinblick auf die erkenntnisleitende Fragestellung Aspekte zu Beobachtungs- und Aushandlungsprozessen bei Lernraumgestaltungsmaßnahmen herausarbeiten zu können.

5.1 Soziale Systeme

Bei der Weiterentwicklung des Modells der LernRaumOrganisation wird auf die Theorie der sozialen Systeme des deutschen Soziologen Niklas Luhmann (1984) aufgesetzt. Auf den ersten Blick erscheint dies im Zusammenhang mit der Bearbeitung des Forschungsthema Lernraumgestaltung fragwürdig, denn es „scheint eine Gewissheit hinsichtlich Niklas Luhmanns Theorie sozialer Systeme vorzuherrschen: Sie sei ‚raumlos' oder zumindest ‚raumarm'" (Redepenning/Wilhelm 2014: 310). Die Ursache hierfür liegt darin begründet, dass das Konzept der sozialen Systeme grundlegend über Kommunikationsprozesse beschrieben wird. „Der basale Prozeß sozialer Systeme, der die Elemente produziert, aus denen die Systeme bestehen, kann […] nur Kommunikation sein" (Luhmann 1984: 192). Da Kommunikation über territoriale und geografische Grenzen hinaus stattfindet, kann beim Konzept der sozialen Systeme nicht das gängige dreidimensionale Raumkonzept des Behälterraums (vgl. 2.4.1 Zur Differenzierung von Raumkonzepten) angewendet werden, um Systeme identifizieren und voneinander abgrenzen zu können. Durch die Anwendung des Konzepts des relationalen Raums werden diese Grenzen des physisch-materiellen Raums und seiner territorialen Verortung aber überwunden. Mit dem Fokus von Handlungen zur Raumkonstitution können, ohne dabei die Bedeutung des Ortsbezugs zu vernachlässigen (vgl. 2.4.4 Zur Bedeutung von Orten), Kommunikationsprozesse beobachtet werden, „womit der systemtheoretische

Raumbegriff zu den topologischen und relationalen Raumkonzepten zu zählen ist" (Redepenning/Wilhelm 2014: 317).

Im Gegensatz zu anderen Systemtheorien wird bei der Theorie der sozialen Systeme „die traditionelle Differenzierung von *Ganzem und Teil* durch die Differenz von *System und Umwelt* ersetzt" (Luhmann 1984: 22, Hervorh. im Original). Das bedeutet, dass sich über Kommunikations- und damit Handlungsprozesse zum einen ein System konstituiert und sich dabei zum anderen über diese Prozesse von seiner Umwelt abgrenzt. Der Begriff Umwelt bezieht sich bei der Theorie der sozialen Systeme auf die physische Umwelt mit materiellen Artefakten gleichermaßen wie auch auf andere soziale Systeme (vgl. Redepenning/Wilhelm 2014: 313). „Man muß sich die Umwelt dann als eine Verlängerung der Handlungssequenzen nach außen vorstellen: als Kontext der Bedingungen für und der Ergebnisse von Handlungen im System" (Luhmann 1984: 248). Das bedeutet für die Forschungsarbeit, dass damit zum einen Zusammenhänge zwischen Lernen und Raum, über die Differenzierung von Handlungen bei Lernprozessen auf der physisch-materiellen wie auch technisch-virtuellen Raumebene erklärt werden können. Zum anderen können über die System-Umwelt-Differenz Handlungen auf der sozialinteraktiven wie auch der organisational-strukturellen Raumebene untersucht werden.

Der Handlungsbezug ist dabei ein grundlegender Schritt, um soziale Systeme und ihre Umwelt an Hochschulen identifizieren und untersuchen zu können. „*Kommunikation* [kann] *nicht direkt beobachtet, sondern nur erschlossen werden* [...] Um beobachtet zu werden oder sich selbst beobachten zu können, muß ein Kommunikationssystem deshalb als Handlungssystem ausgeflaggt werden" (ebd.: 226, Hervorh. im Original). Luhmann unterscheidet dabei zwischen drei sozialen Systemen, der Interaktion, der Organisation und der Gesellschaft (vgl. ebd.: 16), die sich durch spezifische Handlungs- bzw. Kommunikationsmuster von ihrer Umwelt unterscheiden und darüber konstituieren.

Mit dem Interaktionssystem wird nach Luhmann ein soziales System bezeichnet, „welches sich bildet, wenn Personen zusammentreffen und miteinander kommunizieren, d. h. ihr Handeln aufeinander abstimmen" (Redepenning/Wilhelm 2014: 313). Mit Organisationssystemen werden soziale Systeme beschrieben, „die agieren, indem sie bindende Entscheidungen für die jeweiligen Mitglieder der Organisation treffen" (ebd.: 314). Das Gesellschaftssystem fasst nach Luhmann alle sozialen Systeme zusammen, so dass hier keine Differenzierung zwischen System und Umwelt mehr greift. Gesellschaft definiert Luhmann deshalb über Funktionssysteme: „Wirtschaft, Politik, Wissenschaft, Massenmedien, Recht, Erziehung, Ethik, Kunst, Liebe, Medizin, Moral, Religion und soziale Bewegungen sind Systeme, die die Gesellschaft funktional differenzieren und bestimmte Aufgaben monopolisieren" (ebd.: 314).

Mit dem Fokus der erkenntnisleitenden Fragestellung zur Integration von Innovationen bei Lernraumgestaltungsmaßnahmen an Hochschulen werden in dieser Forschungsarbeit das Interaktions- und Organisationssystem berücksichtigt. Dies begründet sich darin, dass bei diesen über die System-Umwelt-Differenz Handlungen von Akteuren an Hochschulen untersucht werden und damit relevante Prozesse der Lernraumgestaltung identifiziert und analysiert werden können. Mit dem Interaktionssystem können die mit den Lernprozessen einhergehenden Handlungen von Lernenden und Lehrenden berücksichtigt werden. Durch das Organisationssystem können Handlungen von Akteuren in den Fakultäten, Organisationseinheiten und der Hochschulleitung berücksichtigt werden, die im Zusammenhang mit der räumlichen und organisatorischen Gestaltung von Lernprozessen stehen. Mit der Beschreibung der sozialen Systeme an Hochschulen zeigt sich die Bedeutung der Lehrenden bei Lernraumgestaltungsmaßnahmen. Lehrende sind nicht nur Teil des Interaktionssystems, durch den direkten Austausch mit Studierenden, sondern durch ihre Einbindung in den Fakultäten, im Gegensatz zu den Studierenden, auch Teil des Organisationssystems. So kommt diesem Personenkreis eine besondere Bedeutung zu (siehe 5.3.3 Zur Bedeutung der Lehrenden).

Mit der Identifikation von systemkonstituierenden Differenzen zwischen den Systemen selbst sowie zwischen den Systemen und den sie umgebenden Artefakten kommt der Beobachtung eine besondere Bedeutung zu: „Beobachtung heißt [...] auf der Ebene der allgemeinen Systemtheorie [...] nichts weiter als: Handhabung von Unterscheidungen" (Luhmann 1984: 63). Bei der Beobachtung von sozialen Systemen wird zwischen Beobachter und Beobachtung der Beobachter unterschieden. „Während [...] die Beobachtung erster Ordnung etwas unterscheidet, eine Seite bezeichnet und diese problemlos in der Kommunikation verwendet, bietet die Beobachtung zweiter Ordnung eine Möglichkeit, die Beobachtung erster Ordnung auf die Art ihrer gewählten Unterscheidung hin zu beobachten und zu rekonstruieren" (Redepenning/Wilhelm 2014: 313). Das bedeutet für den Forschungsprozess, dass die Beobachtung von Unterschieden allein, wie z. B. offen und geschlossen, zentral und dezentral, formell und informell, physisch und virtuell, um gängige Differenzierungsmerkmale bei der Lernraumgestaltung zu benutzen (vgl. 2 Stand der Forschung), nicht ausreichend zur Bestimmung und Analyse eines Systems und seiner Umwelt ist. Vielmehr gilt es, auf einer höheren Ebene das Unterscheidungskriterium zu hinterfragen und über die Bedeutung dessen die Konstitution der Systeme zu verstehen und damit zu interpretieren.

Vor diesem Hintergrund basiert der Forschungsprozess in dieser Arbeit auf zwei Beobachtungsebenen, die aus den theoretischen Erkenntnissen zur Entwicklung des Modells der LernRaumOrganisation sowie dem Stand der Forschung resultieren und im empirischen Teil dieser Forschungsarbeit angewandt werden. Auf der Ebene der Beobachtung der ersten Ordnung werden in diesem Kapitel Innovationsstufen bei der Gestaltung der physisch-materiellen Lernumgebung identifiziert (siehe 6.2 Innovationspyramide der Lernraumgestaltung) und durch die empirische Fallstudienanalysen weiter ausdifferenziert (siehe 8.6 Zusammenführung Erkenntnisebene I).

Mit der Entwicklung des Modells der LernRaumOrganisation werden im theoretischen Teil dieser Forschungsarbeit Zusammenhänge von Lernen, Raum und Organisation dargestellt. Anhand des Modells können Strategien und Prozesse bei Lernraumgestal-

tungsmaßnahmen mit der ganzheitlichen Integration der physisch-materiellen, technisch-virtuellen, sozial-interaktiven und organisational-strukturellen Raumebenen identifiziert werden (siehe 6.1.3 Zusammenhänge am Modell der LernRaumOrganisation).
Auf der Ebene der Beobachtung der zweiten Ordnung wird über die Zusammenführung
des Modells der LernRaumOrganisation mit der Innovationspyramide der Lernraumgestaltung eine Matrix zur vergleichenden Fallstudienanalyse entwickelt (siehe 7.4 Verfahren zur Synopsis der Fallstudien). Diese Matrix wird auf den Erkenntnisebenen II, III
und IV als Grundlage zur Beobachtung von Phänomenen bei Lernraumgestaltungsmaßnahmen genutzt und ist die Grundlage zur Ableitung von Thesen auf den drei Erkenntnisebenen.

5.2   Herausforderungen des Managements von Hochschulen

Universitäten werden je nach wissenschaftlichem Kontext und Fragestellung als Institution oder Organisation beschrieben (vgl. Kosmützky 2010: 77): „Während Organisationen […] Handlungs- oder Entscheidungsfähigkeit und somit Akteurseigenschaften
zugeschrieben werden […], gilt eben dies für Institutionen gerade nicht. Sie handeln
nicht, sie beschränken und ermöglichen Handeln, sofern Akteurinnen und Akteure auf
sie rekurrieren" (ebd.: 75). In dieser Arbeit ist der Perspektivwechsel von der Institution
zur Organisation elementar, da dieser Wandel auf eine Veränderung des Selbstverständnisses der Universitäten wie auch der gesellschaftlichen Anforderungen an die Universitäten referenziert (vgl. ebd.: 6). Dies steht vor dem Hintergrund der Identifizierung von
Entscheidungsstrategien und Entwicklungsprozessen an Hochschulorganisationen, um
Innovations- und Veränderungsprozesse bei Lernraumgestaltungsmaßnahmen zu initiieren und durchzusetzen.

In der Organisationsforschung werden Hochschulen seit den 1970er-Jahren als Loosely
Coupled Systems, Organisierte Anarchien oder Expertenorganisation beschrieben (vgl.
Kloke/Krücken 2012; Altvater 2007). Diesen Definitionen ist gleich, dass Hochschulen
keine „funktional-hierarchische Organisationen sind" (Altvater 2007: 20), bei welchen
strategische Entscheidungen zentral vorgegeben werden können. „Im Unterschied zu
Wirtschaftsorganisationen werden Universitäten in der einschlägigen Forschung als
vergleichweise führungs- und strukturschwache Organisation beschrieben" (Krü-
cken/Blümel/Kloke 2010: 235). Aufgrund der Veränderungen der gesellschaftlichen
Rahmenbedingungen und Herausforderungen an Hochschulen (vgl. 1.1 Thematische
Einführung Lernraumgestaltung Hochschule) zeigt sich jedoch an, dass Hochschulen
sich von einem institutionellen Verständnis lösen und sich „zunehmend zu organisationalen Akteuren […] entwickeln" (Blümel/Kloke/Krücken 2011: 106). Diese Entwicklungen führt zu einer Transformation und Erweiterung der Aufgabenbereiche administ-
rativer Organisationsbereiche sowie des Einflussbereiches des Hochschulmanagements
(vgl. Krücken/Blümel/Kloke 2010: 234 f.). Damit einher geht auch ein „Identitätswan-

del, da man nun nicht mehr Primus inter pares ist, sondern eine Leitungsfigur mit individueller Verantwortung für die Gesamtorganisation und ihre Ziele" (ebd.: 236).

Wird ein Verständnis von Hochschulmanagement vorausgesetzt, „in dem alle Personen
erfasst werden, die Managementaufgaben im Sinne der Leitung soziotechnischer Systeme in personen- und sachbezogener Hinsicht an Hochschulen wahrnehmen, so kann
man im Hochschulmanagement grob zwei Bereiche unterscheiden:

a) *die Hochschulleitung,* die aus den zumeist gewählten Mitgliedern des Präsidi-
    ums/Rektorats sowie dem Kanzler und den Dekanen besteht,

b) *das administrative Hochschulmanagement,* zu dem neben dem Kanzler als Vorge-
    setztem vor allem die mittlere Leitung der Routineverwaltung in persona der De-
    zernenten, Referats- und Abteilungsleiter gehört" (Blümel/Kloke/Krücken 2011:
    108, Hervorh. im Original).

In Kapitel 3 Vom Lehren zum Lernen wurde das Hochschulmanagement als dritter
Pädagoge und damit als Gestalter von Lernprozessen identifiziert, da die handelnden
Akteure als Entscheidungsträger über Raumstrukturen der organiational-strukturellen
Raumebene betrachtet werden. Mit dieser Perspektive wird in dieser Forschungsarbeit
die Bedeutung des Hochschulmanagements nicht auf ein wirtschaftliches Interessse
monetärer Aspekte begrenzt, sondern schliesst an die Bedeutung „als Antwort auf die
gestiegene Komplexität in Organisationen und Gesellschaft" an (Krücken/Blümel/Kloke
2010: 236).

Aus der Perspektive der ersten und zweiten Pädagogen, den Lernenden und Lehrenden,
zeigt sich das historisch gewachsene Bild der Hochschule als dezentrale Organisation,
welches aus der universitären Bedeutung der Fachkulturen entspringt (vgl. Go-
the/Pfadenhauer 2010: 100; Bachmann et al. 2014: 42,46,49; Dippelhofer-Stiem 1996:
392; Löw 2006: 99; Wegner/Nückles 2013: 17; Löw 2006: 99): „Die Universität als
epistemic community führt dazu, dass viele Mitglieder sich in erster Linie über ihren
Wissenschaftsbereich identifizieren […] Dies hat zur Folge, dass eine Identifikation,
Orientierung oder Loyalität und damit vermutlich auch die Identifikation mit der Gesamtorganisation Universität nachrangig ist" (Krzywinski 2013: 157). Dies spiegelt sich
bei Maßnahmen der Lernraumgestaltung an Hochschulen wider. Bei der Studie „ITSI –
Moderne Lernumgebung für den Campus von morgen" an der Universität Basel wird
anhand der Analyse der Lernumgebungen und Bedürfnissen der Akteure das „Spannungsfeld ‚Fachkulturen' versus ‚Universitas'" (Bachmann 2014: 109) beschrieben.
Dieses äußert sich räumlich in der Fragestellung zu Zentralität oder Dezentralität bei der
Planung von Lernraumgestaltungsmaßnahmen (vgl. ebd.: 110). Und auch die Geschichte der Universitäten demonstriert diese Kontroverse anschaulich:

> „Noch am Ende des 19. Jahrhunderts werden – etwa in Wien – Universitäten als Gesamtge-
> bäude errichtet, die Universalität, Exklusivität und Repräsentativität zugleich signalisieren.
> Doch diese Bewegung schafft ihre eigenen Spannungen und wird bald gebrochen. Einmal
> ‚unter einem Dache' vereint und dauerhaft dort eingerichtet, strebt man zugleich zur Ab-

grenzung der im gemeinsamen Raum versammelten Disziplinen. Mit der Herstellung der Einheit durch Abgrenzung vom Außen werden nach innen Demarkationslinien gezogen" (Friese/Wagner 1993: 18).

An diesen Ausführungen manifestiert sich die Bedeutung des Hochschulmanagements als dritter Pädagoge und der Berücksichtigung der sozialen Systeme an Hochschulen, um Phänomene bei Maßnahmen der Lernraumgestaltung analysieren und auch interpretieren zu können. Vor dem Hintergrund der erkenntnisleitenden Fragestellung zur Integration von Innovationen bei der Lernraumgestaltung gilt es, Innovations- sowie Beteiligungsprozesse in der Organisationen Hochschule zu verstehen. Durch das damit einhergehende Verständnis der systemischen Prozesse an Hochschulen können Hintergründe für bestehende Maßnahmen der Lernraumgestaltung analysiert und Thesen zur Planung von Lernraumgestaltungsmaßnahmen abgeleitet werden.

5.2.1   Innovationsprozesse

Wie beim Stand der Forschung in dieser Forschungsarbeit beschrieben, gibt es bereits zahlreiche innovative Lernraumgestaltungsmaßnahmen an Hochschulen auf der physisch-materiellen und technisch-virtuellen Raumebene, welche den „Shift from Teaching to Learning" auf der sozial-interaktiven Lernraumebene räumlich unterstützen können. Wie in der thematischen Einführung erläutert haben diese Lernraumkonzepte, trotz positiver Evaluierungsergebnisse, den Status von Modellkonzepten bisher nicht hinter sich lassen können. Das beschriebene Phänomen einer geringen Verbreitung von Innovationen ist nicht hochschulspezifisch, sondern allgemeiner Art. Die Herausforderung zur Durchsetzung innovativer Konzepte wird vom amerikanischen Soziologen Everett M. Rogers in seinem Buch „Diffusion of Innovation", welches erstmals in 1962 herausgegeben wurde, wie folgt beschrieben: „The diffusion of innovations is a social process, even more than a technical matter" (Rogers 2003: 4). Das bedeutet, dass nicht in technischen, konstruktiven oder gestalterischen, sondern in sozialen Aspekten der Schlüssel zur Verbreitung von Innovationen liegt.

Bei der Theorie zur Durchdringung von Innovationen identifiziert Rogers unterschiedliche Charakteristiken von Personen und Personengruppen und ihren Einfluss auf Innovationsprozesse, wie z. B. die Kategorisierung von Idealtypen zur Adaption von Innovationen, mit „Innovators, Early Adapters, Early Majority, Late Majority, Laggards" (ebd.: 281 ff.) oder die Bedeutung von „Change Agents" und „Opinion Leaders" zur Absicherung der Durchdringung von Innovationen (vgl. ebd.: 388). Diese Differenzierung von Akteuren ist zum Verständnis von Innovationsprozessen wichtig. In Bezug auf die erkenntnisleitende Fragestellung werden bei der Analyse der Fallstudien u. a. Personen befragt, die an Innovationsprozessen der Lernraumgestaltung aktiv und passiv involviert sind. Dabei gilt es, generische Handlungsstrategien bestehender sozialer Systeme an Hochschulen über die Gestaltungs- und Nutzungsprinzipien der baulichen Lernumgebung zu gewinnen. Mit der Beobachtung der System-Umwelt-Differenzen werden anhand von materiellen Artefakten der Lernraumgestaltung (siehe 7.2.2 Artefaktenanaly-se) sowie der Beobachtung von Personengruppen der Hochschulsysteme, wie z. B. Fakultäten, Hochschulleitung oder Lehrende (siehe 7.2.1 Teilnehmende Beobachtung) Thesen abgeleitet, die unterstützende Faktoren bei der Integration von innovativen Lernraumgestaltungsmaßnahmen benennen.

Ein zentrales Kriterium zur Annahme von Innovationen ist die Kompatibilität von Inno-vationen mit den Vorstellungen und Bedürfnissen von handelnden Akteuren: „*Compati-bility* is the degree to which an innovation is percieved as consistent with the existing values, past experiences, and needs of potential adopters" (ebd.: 240, Hervorh. im Ori-ginal). So kann eine Innovation als passend für die Hochschulleitung, als Teil des Orga-nisationssystems, jedoch aber als unpassend von den Studierenden, als Teil des Interak-tionssystems, angesehen werden, sodass hier Konflikte und Verzögerungen bei der Durchdringung der Innovation einhergehen können (vgl. ebd.: 239). Aus dieser Per-spektive ist die Fragestellung interessant, wie Innovationen emergieren und eine Ver-breitung finden können. Rogers unterscheidet dabei zwischen „Needs or Awareness of an Innovation" (ebd.: 171). Ein Bedürfnis für Innovationen kann bei Akteuren aus einer Unzufriedenheit oder Frustration aus einer bestehenden Situation heraus entstehen. Auf der anderen Seite gibt es aber auch die Möglichkeit, dass Probleme oder Herausforde-rungen nicht auf den ersten Blick erkannt werden oder zu Unzufriedenheit führen, son-dern die handelnden Akteure sich dieser erst bewusst werden müssen (vgl. ebd.: 172).

Der Moment der Passung, auf Bedürfnis- oder aber Bewusstseinsebene, ist in dieser Forschungsarbeit ein relevantes Kriterium zur Beurteilung von Innovationen der Lern-raumgestaltung, da hier eine wesentliche Grundlage zur Akzeptanz und damit Adaption von Innovationen gelegt werden kann. Die Kategorisierung von Innovationen auf der Bedürfnisebene bzw. Bewusstseinsebene wird bei der Formulierung der ersten Be-obachtungsordnung und damit bei der Entwicklung der Innovationspyramide der Lern-raumgestaltung berücksichtigt (siehe 6.2 Innovationspyramide der Lernraumgestaltung). Und auch auf der zweiten Beobachtungsordnung wird der Aspekt der Passung berück-sichtigt, da er ein grundlegender Prozess zur Integration von Innovationen darstellt. Die Passung wird dabei als Aushandlungsprozess zwischen den Aktionsfeldern der kulturel-len und symbolischen Verortung im Modell der LernRaumOrganisation verankert (siehe 5.3.1 Aushandlungsprozess der Passung).

5.2.2 Beteiligungsprozesse

Wie im vorherigen Abschnitt zur Identifikation der Passung beschrieben, können bei der Entwicklung und Umsetzung von Innovationen Konflikte zwischen den handelnden Akteuren an Hochschulen durch die kommunikative Anbindung an unterschiedliche soziale Systeme entstehen. In diesem Zusammenhang wird bei der Planung von Maß-nahmen zur Lernraumgestaltung immer wieder die Bedeutung partizipativer Prozesse betont (vgl. Bachmann et al. 2014: 46 f.; Fraser 2013: 4; Krzywinski 2013: 233; Woolner 2010: 41; Walden 2008: 53; Woolner et al. 2007: 62; Brown/Long 2006: 9.5; Higgins et al. 2005: 6). Dies steht vor dem Hintergrund der seit den 1960er-Jahren bestehenden gesellschaftlichen Anforderung für „mehr Teilhabe und Mitbestimmung bei allen politischen und sozialen Prozessen" (Schäfers 2006: 196) und der damit einhergehenden Forderung nach Beteiligung bei Bau- und Planungsprozessen. So wurde z. B. im Ergebnis der Studie „ITSI – Moderne Lernumgebung für den Campus von morgen" zur Verbesserung der Lernbedingungen an der Universität Basel folgende Empfehlung ausgesprochen: „Die Planung von Neu- und Umbauten sowie Ausstattung sollte immer möglichst viele Beteiligte bzw. Perspektiven zur Diskussion und Beratung zusammenbringen. Im Auftrag von Planungsverantwortlichen müssten diese Koordinationsarbeiten verankert sowie Planungsprozesse mit Blick auf die Kommunikationskanäle und Gremien entsprechend etabliert werden" (Bachmann et al. 2014: 47 f.).

Die Empfehlung machen deutlich, dass mit der Durchführung von partizipativen Prozessen organisatorische Strukturen sowie personelle und zeitliche Ressourcen vorzuhalten sind. So waren bei der Projektstudie an der Universität Basel wie auch bei dem vergleichbaren Projekt „FH Campus der Zukunft" an der Fachhochschule St. Pölten jeweils an die 100 Hochschulakteure in die Beteiligungsverfahren involviert (vgl. Bachmann et al. 2014: 25; Moser/Freisleben-Teutscher 2016: 284), um hochschulweit Maßnahmen zu Verbesserung der Lernbedingungen identifizieren zu können. An den zwei Projekten zeigt sich, dass bei hochschulweiten Nutzerbeteiligungsverfahren entsprechende Ressourcen unabhängig von der Größe der Hochschule, die Universität Basel hat ca. 12.000 und die Fachhochschule St. Pölten ca. 2.500 Studierende, einzuplanen sind.

Darüber hinaus sind weitere Herausforderungen bei partizipativen Projektstrukturen festzustellen. Um eine fundierte Entscheidungsgrundlage generieren zu können, sind bei Beteiligungsverfahren unterschiedliche Befragungsmethoden anzuwenden, wie z. B. Workshops, Interviews, Begleitstudien oder Gruppendiskussionen (vgl. Bachmann et al. 2014: 24; Moser/Freisleben-Teutscher 2016: 284; Gothe/Pfadenhauer 2010: 32 ff.). Dabei sind Kompetenzen zur Planung und Durchführung von Befragungen sowie Kenntnisse über die darin liegenden Risiken notwendig: „Die bisher eingesetzten mehr oder weniger intensiven Nutzerbefragungen bergen im planerischen Alltag allerdings das Risiko, schon durch die Fragestellung bzw. die Befragungsinstrumente und die Auswahl der zu Befragenden den eigenen Blickwinkel einzuschränken und falsche Schlüsse zu ziehen – oder vor allem sozial erwünschte Antworten zu erhalten" (Brandt 2014b: 67). Des Weiteren können bei partizipativen Projektprozessen mit der Berücksichtigung von Nutzerwünschen auch Fehlentscheidungen getroffen werden. So bestätigen Erkenntnisse aus der Umweltpsychologie, dass Nutzerbedürfnisse nicht immer mit wissenschaftlichen Erkenntnissen übereinstimmen: „Würde man die Farbgestaltung im Büro nur auf die Präferenzen der Beschäftigten stützen, könnte es – wie mittlerweile nachgewiesen – zu Leistungseinbußen kommen" (Nüchterlein/Richter 2009: 225).

Im Ergebnis dieser Erfahrungen, Erkenntnisse und Herausforderungen bei Nutzerbeteiligungsprozessen sind grundlegende Strukturen zu überdenken. Es muss hinterfragt werden, durch welche Maßnahmen der grundlegende, weil systembildende Prozess der Abgrenzung von Interaktions- und Organisationssystemen und ihrer materiellen Umwelt gestaltet werden können. Über die systemischen Gestaltungsprozesse der Umwelt, mit der Konzeptionierung und Entwicklung von Artefakten, werden Machtverhältnisse zwischen den Systemen materialisiert. „Architektur drückt den Willen von Herrschern oder bestimmten sozialen Gruppen aus" (Schäfers 2006: 6). Partizipation verstärkt dabei die Machtverhältnisse, da über diesen Prozess zwischen verantwortlichen und mitwirkenden Handlungen von Akteuren differenziert wird. Eine Folge der Abgrenzungsprozesse zwischen Interaktions- und Organisationsystemen an Hochschulen zeigt sich beispielhaft an den Erkenntnissen der Forschungsarbeit von Lingg (2016) mit der Untersuchung von Neubaumaßnahmen an Hochschulen. Dabei wurde festgestellt, dass bei der Planung und Realisierung von Neubauten Anforderungen an lehr- und lernförderliche Aspekte des Interaktionssystems nur schwer eingebracht werden konnten, da Interessen von Akteuren des Organisationssystems mächtiger waren (vgl. ebd.: 220).

Vor dem Hintergrund der beschriebenen Herausforderungen wird der Prozess der Abgrenzung auf der Stufe der zweiten Beobachtungsordnung berücksichtigt. Das bedeutet, dass über den Prozess der Differenzierung der sozialen Systeme an Hochschulen Phänomene bei strategischen Entscheidungen zur Integration von Innovationen bei Lernraumgestaltungsmaßnahmen identifiziert werden können. Abgrenzung wird im Modell der LernRaumOrganisation als Aushandlungsprozess zwischen den Aktionsfeldern der sozialen Handlungsfaktoren des Interaktionssystems und den strukturellen Steuerungsfaktoren des Organisationssystems verankert (siehe 5.3.2 Aushandlungsprozess der Abgrenzung).

5.3   Entwicklung des Modells anhand der Erkenntnisse zur Organisation

Die Untersuchung der Hochschulen im empirischen Teil dieser Forschungsarbeit erfolgt entsprechend dem Konzept sozialer Systeme über Beobachtungsverfahren (siehe 7.2 Verfahren zur Datenerhebung). Mit der teilnehmenden Beobachtung und der Artefaktenanalyse werden zwei Verfahren angewendet, die die System-Umwelt-Differenz beschreiben können. Mit der teilnehmenden Beobachtung können kommunikative Handlungen von Akteuren bei Maßnahmen der Lernraumgestaltung untersucht und damit die Unterscheidung von sozialen Systemen beschrieben werden. Über die Artefaktenanalyse werden materielle und technische Artefakte an Hochschulen untersucht und darüber die systemische Differenzierung an Hochschulen dargelegt. Über die Aushandlungsprozesse Passung und Abgrenzung wird die System-Umwelt-Differenz aus zwei Perspektiven analysiert und damit Thesen zur Integration von Maßnahmen der Lernraumgestaltung an Hochschulen formuliert.

In den folgenden Abschnitten werden die Aushandlungsprozesse der Passung und Abgrenzung im Modell der LernRaumOrganisation verortet. Damit wird die Grundlage für die zusammefassende Darstellung des Modells und damit die Identifikation von Zusammenhängen der Aktionsfelder erarbeitet.

5.3.1   Aushandlungsprozess der Passung

Die Aushandlungsprozesse der Passung und Abgrenzung bei Lernraumgestaltungsmaßnahmen liegen auf der Ebene der Verortung und damit zwischen dem Interaktions- und Organisationssystem. Der Prozess der Passung gibt die Zusammenhänge zwischen der kulturellen und symbolischen Verortung an; auf der Ebene der sozialen Handlungsfaktoren über das Beziehungsfeld und Aneignungsfeld sowie auf der Ebenen der strukturellen Steuerungsfaktoren über das Bedeutungsfeld und Erstellungsfeld.

Mit der Passung werden Prozesse der Lernraumgestaltung beschrieben, bei welchen die Übereinstimmung von Lehr- und Lernkultur mit dem Angebot symbolischer Orte ausgelotet werden (siehe Abbildung 8). Über die Gestaltung von physischen oder virtuellen Orten werden bestimmte Nutzergruppen angesprochen bzw. ausgegrenzt. Hier bestätigt sich wieder die Bedeutung strategischer Entscheidungen des Hochschulmanagements bei Maßnahmen der Lernraumgestaltung, da zwei gegensätzliche Intentionen mit der Passung einhergehen können.

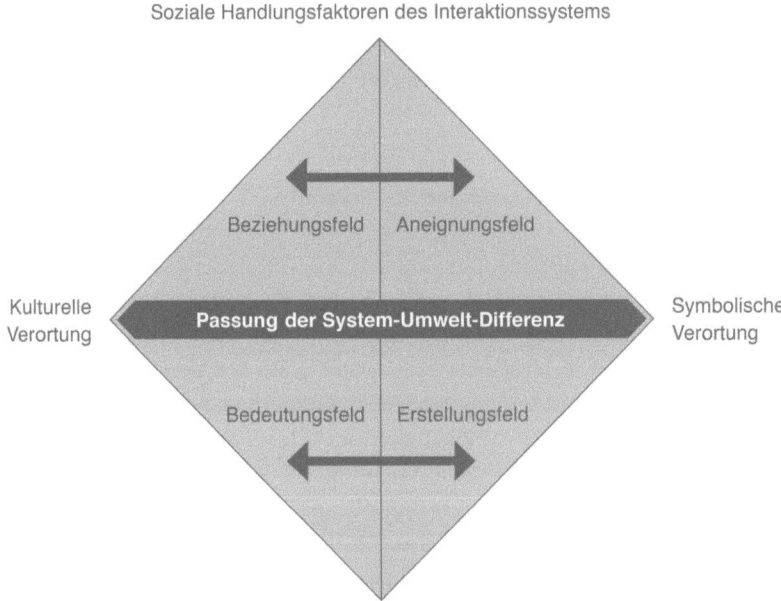

Abbildung 8: Identifikation Prozess der Passung

Der Prozess der Passung kann zum einen der Befriedigung spezifischer Bedürfnisse von Nutzern des Interaktionssystems entsprechen und unterstützt damit die Aneignungsprozesse der physischen und virtuellen Lernräume durch die Studierenden und Lehrenden. Dieses Vorgehen auf der Bedürfnisebene von Innovationsprozessen zeigt sich an den zahlreichen Maßnahmen zur Erweiterung des Angebotes an informellen Lernräumen. Auf der anderen Seite kann der Prozess der Passung aber auch mit dem Hintergrund des Bewusstseins für notwendige Veränderungen der Lehr- und Lernkultur an Hochschulen auf der Ebene des Organisationssystems einhergehen. Dies wird an den Modellprojekten zur räumlichen Unterstützung des Active Learning Approach deutlich.

Im empirischen Teil dieser Forschungsarbeit werden bei der vergleichenden Fallstudienanalyse Phänomene, Handlungsstrategien und Konzepte des Aushandlungsprozesses Passung ermittelt und daraus Thesen zur Integration von Innovationen bei der Lernraumgestaltung abgeleitet (vgl. Kapitel 11 Analyse von Prozesstypologien – Erkenntnisebene IV).

5.3.2   Aushandlungsprozess der Abgrenzung

Der Prozess der Aushandlung gibt die Zusammenhänge zwischen den sozialen Handlungsfaktoren und den strukturellen Steuerungsfaktoren wieder; auf der Seite der kulturellen Verortung über das Bedeutungsfeld und Beziehungsfeld sowie auf der Seite der symbolischen Verortung über das Erstellungsfeld und Aneignungsfeld.

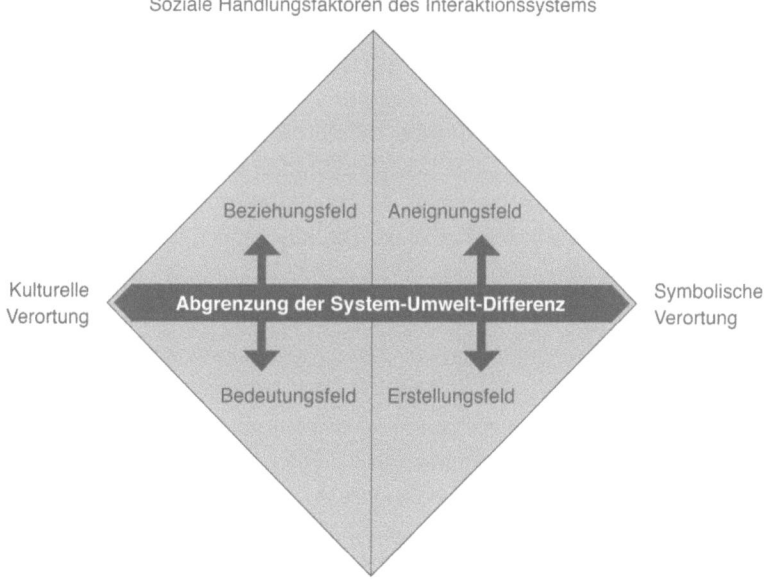

Abbildung 9: Identifikation Prozess der Abgrenzung

Mit dem Prozess der Abgrenzung wird die Differenzierung des Interaktionssystems und des Organisationssystems an Hochschulen beschrieben. Durch die Analyse der Abgrenzung können Prozesse zur Integration bzw. Segregation von Akteuren unterschiedlicher sozialer Systeme bei Maßnahmen der Lernraumgestaltung an Hochschulen untersucht werden (vgl. Abbildung 9).

Mit der Identifikation von Phänomenen, Handlungsstrategien und Konzepten soll bei der vergleichenden Fallstudienanalyse ermittelt werden, wie Interaktions- und Organisationssystem miteinander agieren müssen, um die Integration von Innovationen bei Maßnahmen der Lernraumgestaltung zu gewährleisten (vgl. Kapitel 11 Analyse von Prozesstypologien – Erkenntnisebene IV).

5.3.3   Zur Bedeutung der Lehrenden

Dass Lehrende eine entscheidende Rolle zur Wirkmächtigkeit innovativer Lernraumkonzepte auf den Lernerfolg der Studierenden haben, wurde bereits beim Stand der Forschung im Zusammenhang mit den Erkenntnissen der Active und Flexible Learning Environments ermittelt (2.3.1 Über formelle Lernräume). Anhand der Ausführungen in diesem Kapitel zeigt sich mit der Entwicklung des Modells der LernRaumOrganisation die Bedeutung der Lehrenden noch aus einer anderen Perspektive.

Lehrende sind nach dem Modell der LernRaumOrganisation über die Durchführung von Lehrveranstaltungen Teil des Interaktionssystems und durch ihre Einbindung in die Selbstverwaltung der Fakultäten auch Teil des Organisationssystems (vgl. 5.1 Soziale Systeme). Aufgrund ihrer Tätigkeit an der Hochschule sind Lehrende somit in unterschiedlichen sozialen Systemen verankert. Aus diesen Erkenntnissen heraus haben Lehrende eine entscheidende Rolle bei der Integration von Innovationen der Lernraumgestaltung. Es kann zusammengefasst werden, dass die Berücksichtigung des Hochschulmanagements, als Handlungsraum der Lehrenden im Organisationssystems, sowie die Berücksichtigung der formellen Lernräume, als Handlungsort der Lehrenden im Interaktionssystem, für die Analyse und Bewertung von Maßnahmen der Lernraumgestaltung relevant ist.

Des Weiteren bestätigt sich hier die beschriebene Vorgehensweise zur Datengewinnung im empirischen Teil der Forschungsarbeit. Zur Absicherung der Dateninterpretationen mittels der Artefaktenanalyse werden ergänzend Gespräche mit Lehrenden bzw. Lehrenden mit leitenden Funktionen bei den Hochschulen durchgeführt (siehe 7.2.2 Artefaktenanalyse). Anders als bei den Studien zum Lernraum Campus (vgl. 2.3.3 Über den Lernraum Campus), auf die diese Forschungsarbeit aufbaut (vgl. 2.5 Ableitung Forschungsstrategie), werden vor dem Hintergrund der erkenntnisleitenden Fragestellung zur Integration von Innovationen bei der Lernraumgestaltung explizit keine Studierenden befragt.

6 Überblick zur Entwicklung des Modells der LernRaumOrganisation

„Der eine wartet, bis dass die Zeit sich wandelt, der andere packt sie kräftig an und handelt."
Dante Alighieri (1265–1321)

Bei der Entwicklung des Modells der LernRaumOrganisation wurden verschiedene theoretische Konzepte berücksichtigt, um Lernen, Raum und Organisation aus unterschiedlichen Perspektiven differenziert betrachten und gleichzeitig miteinander verknüpfen zu können. Bestärkung für diese Vorgehensweise findet sich bei Illeris, dessen Lernmodell die Grundlage für das in dieser Arbeit entwickelte Modell der LernRaumOrganisation darstellt:

> „Ein solcher interdisziplinärer Zugang erscheint aus wissenschaftstheoretischer Sicht manchmal verdächtig. Man hat ihn geringschätzig als ‚eklektizistisch' bezeichnet, d. h. als etwas, dem eine klare und wohldefinierte Grundlage fehlt. Für mich steht jedoch fest, dass man nicht zu einem Gesamtverständnis des umfassenden und komplizierten Bereich des Lernens kommen kann, wenn man nicht Ergebnisse aus vielen verschiedenen wissenschaftlichen Richtungen heranzieht" (Illeris 2010: 17).

In diesem Kapitel werden die Erkenntnisse bei der theoretischen Entwicklung des Modells der LernRaumOrganisation zusammenfassend dargestellt. Dabei wird die Differenzierung von Lernraumgestaltung und LernRaumOrganisation erläutert und der Hintergrund für das Verständnis des Lernraums als soziotechnisches System im empirischen Forschungsprozess dieser Arbeit begründet. Des Weiteren wird aufgezeigt, welche Strategien und Prozesse anhand des Modells der LernRaumOrganisation untersucht werden können. Mit der zusammenfassenden Betrachtung theoretischer Hintergründe und Erkenntnisse kann die Innovationspyramide der Lernraumgestaltung entwickelt wird. Diese beschreibt Innovationspotentiale bei Maßnahmen der Lernraumgestaltung und ist damit, neben dem Analyseinstrument des Modells der LernRaumOrganisation, Grundlage für die Untersuchung der Fallstudien im empirischen Teil dieser Arbeit.

6.1 Zusammenführung von Lernen und Raum

Wie beim Forschungsstand zum theoretischen Raumverständnis dargestellt, wird mit dem Begriff Raum gewöhnlich die physisch-materielle Umgebung verknüpft, da das klassische Konzept des dreidimensionalen, absoluten Raums im Alltag dominiert (vgl. 2.4.1 Zur Differenzierung von Raumkonzepten). Mit dem Verständnis von Raum als relationalem Konzept eröffnen sich neue Perspektiven auf den Raum und damit auf die Lernraumgestaltung. Fokussiert man die Handlungen von Akteuren, so sind im Kontext der physisch-materiellen Raumebene immer auch die technisch-virtuelle sowie die sozial-interaktive und organisational-strukturelle Ebene zu verknüpfen.

Die Möglichkeiten des Austauschs, der Kommunikation und Kollaboration werden durch die sozial-interaktive Raumebene beschrieben. Die Bedeutung der Interaktion zwischen Lernenden und Lehrenden als Lerngemeinschaft wird nicht nur durch aktuelle Erkenntnisse aus der Lehr- und Lernforschung (vgl. 3.1 Lernen in sozialen Kontexten), sondern bereits durch ihre Bedeutung bei der Entstehung der abendländischen Universitäten bestätigt (vgl. 2.1.1 Über die Bedeutung der Lerngemeinschaft).

Bei der Unterstützung aktivierender und kollaborativer Lehr- und Lernmethoden über die organisational-strukturellen Ebene hat sich die Bedeutung des Hochschulmanagements gezeigt (vgl. 3.2 Herausforderungen des Paradigmenwechsels). Über strategische Entscheidungen und Organisationsstrukturen wirkt das Hochschulmanagement, neben den Lernenden und Lehrenden, als dritter Pädagoge (vgl. 5.2 Herausforderungen des Managements von Hochschulen).

Mit der Gestaltung der baulichen Lernumgebung auf der physisch-materiellen Raumebene können gewünschte Strukturen und Prozesse materialisiert und damit Lehr- und Lernhandlungen entsprechend den organisationalen Erwartungshaltungen gesteuert werden (vgl. 4.2 Herausforderungen der Verortung).

Und über Entwicklung der IKT verlagern sich Handlungen zunehmend auch auf die technisch-virtuelle Raumebene. Die enge Verknüpfung dieser zwei Ebenen wurde bei der Entwicklung des Modells der LernRaumOrganisation mit der Einführung der symbolischen Verortung berücksichtigt (vgl. 4.2.2 Zur Verknüpfung von Handlungsebenen an Orten).

Wie in den Kapiteln zu Lernen, Raum und Organisation, mit der theoretischen Entwicklung des Modells der LernRaumOrganisation, beschrieben, gilt es, bei einer integrativen Betrachtung der Lernraumgestaltung an Hochschulen die vier Raumebenen zusammenzuführen. Auf dieser Grundlage kann eine ganzheitliche Fallstudienanalyse im empirischen Teil dieser Forschungsarbeit gewährleistet werden.

6.1.1   Von der Lernraumgestaltung zur LernRaumOrganisation

Mit dem Modell der LernRaumOrganisation wird die Verknüpfung der vier Ebenen der Lernraumgestaltung durch die Differenzierung zwischen Interaktions- und Organisationssystem, symbolischer und kultureller Verortung sowie den vier Aktionsfeldern neu strukturiert. Die nachfolgende Abbildung 10 demonstriert die Transformation der Raumebenen der Lernraumgestaltung zu den Aktionsfeldern der LernRaumOrganisation über die Differenzierung der Verortung und sozialen Systeme.

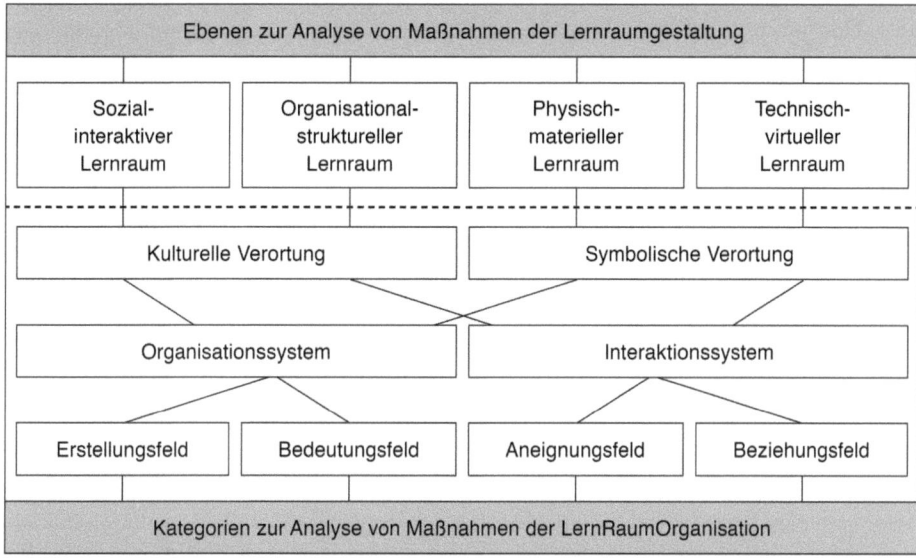

Abbildung 10: Von der Lernraumgestaltung zur LernRaumOrganisation

Die sozial-interaktive und organisational-strukturelle Raumebene werden durch die kulturelle Verortung und die physisch-materielle und technisch-virtuelle Raumebene durch die symbolische Verortung im Modell der Lernraumgestaltung verknüpft. Durch die Unterscheidung zwischen Organisations- und Interaktionssystem können auf der Ebene der symbolischen und kulturellen Verortung unterschiedliche Perspektiven der sozialen Systeme auf der Mikro-, Meso- und Makroebene zusammengeführt werden. Das bedeutet, dass bei der kulturellen Verortung Erwartungen, Werte und Normen von Lehrenden und Lernenden wie auch von Hochschulleitung, Fakultäten und Administration zusammengefasst werden. Auf der Ebene der symbolischen Verortung können über unterschiedliche Layer bei der Gestaltung der physisch-materiellen wie auch technisch-virtuellen Räume unterschiedliche Ebenen von physischen und virtuellen Architekturen dargestellt werden. Das Organisationssystem stellt die Hochschule als Ganzes, mit der Hochschulleitung, den Fakultäten und der Administration, dar, welche über Bedingungen, Strukturen und Normen Einfluss auf Lernprozesse nimmt. Das Interaktionssystem fasst temporäre Handlungen und spontane Aktivitäten bei Lehr- und Lernhandlungen der Akteure, wie z. B. der Lehrenden, Studierenden und Mitarbeiter, zusammen. Durch die Verschränkung von Organisations- und Interaktionssystem sowie kultureller und symbolischer Verortung bilden sich vier Felder, die jeweils über Kreuz mit den anderen Ebenen verknüpft sind. Das bedeutet, dass zwei Felder auf der Seite des Interaktionssystems bzw. Organisationssystems jeweils auch mit der symbolischen und kulturellen Verortung in Beziehung stehen.

Mit der Entwicklung des Modells der LernRaumOrganisation wurden dabei vier Aktionsfelder identifiziert, die den Perspektivwechsel von der Lernraumgestaltung zur

LernRaumOrganisation ermöglichen. Über die Aktionsfelder Bedeutungsfeld, Beziehungsfeld, Aneignungsfeld und Erstellungsfeld werden die Ebenen der Lernraumgestaltung, wie physisch-materielle, technisch-virtuelle, sozial-interaktive und organisational-strukturelle Ebene, miteinander unter einer anderen Perspektive verknüpft. Mit dieser Verknüpfung können bestehende, disziplinäre Erklärungs- und Denkmuster aufgebrochen und über einen transdisziplinären Zugang neue Erkenntnisse gewonnen werden. Beide Perspektiven, die der LernRaumOrganisation wie auch Lernraumgestaltung, haben jedoch weiterhin ihre Bedeutung. Mit der Perspektive der Lernraumgestaltung können konkrete Realisierungsmaßnahmen konzipiert, durchgeführt und evaluiert werden. So referenziert die Innovationspyramide auf die Lernraumgestaltung der physisch-materiellen Raumebene, da hier konkret Maßnahmen beschrieben werden (siehe 6.2 Innovationspyramide der Lernraumgestaltung). Mit der Perspektive der LernRaum-Organisation dagegen können Zusammenhänge von Lernen und Raum in einem organisationalen Kontext dargestellt und analysiert werden. Im empirischen Teil der Arbeit werden vor dem Hintergrund der erkenntnisleitenden Fragestellung die Prozesse und Strukturen der Hochschulorganisation hinterfragt und das Modell der LernRaumOrganisation wie auch die Innovationspyramide angewendet, um die Hochschulen aus einer ganzheitlichen Perspektive analysieren zu können (siehe 7.4 Verfahren zur Synopsis der Fallstudien).

6.1.2   Integratives Konzept des Lernraums als soziotechnisches System

In dieser Forschungsarbeit wird der Lernraum Hochschule als soziotechnisches System definiert: „A sociotechnical system is, simply formulated, a network of social elements such as communication and social structures such as pattern of communications, known as roles and technical systems. The elements from originally two systems are interlinked and influence each other. It is therefore a combination of social, organizational, technical and cultural structures and interactions" (Jahnke 2016: 45).

Wie im vorherigen Abschnitt erläutert, können mit dem Modell Maßnahmen der Lernraumgestaltung aus verschiedenen Perspektiven heraus analysiert werden. Das bedeutet, dass bei den Fallstudienanalysen im empirischen Teil materielle und technische Artefakte der Lernumgebungen in ihrem sozialen und organisationalen Kontext untersucht werden. Diese Vorgehensweise geht mit der Erkenntnis einher, dass bereits vielfältige Lernraumgestaltungskonzepte zur Unterstützung von Lehr- und Lernprozessen entwickelt und evaluiert worden sind, aber auf Hindernisse bei einer hochschulweiten Anwendung treffen. Mit der erkenntnisleitenden Fragestellung dieser Arbeit sollen die dafür verantwortlichen Prozesse identifiziert werden und somit die Integration von Innovationen bei Lernraumgestaltungsmaßnahmen ermöglicht werden: „Technische Systeme machen nur Sinn, wenn sie als Element in soziale Systeme eingegliedert sind. Ihre Funktion ist es, im sozialen System bestimmte Operationen auszuführen und damit Menschen von diesen Tätigkeiten zu entlasten" (Ulrich/Probst, Gilbert J. B. 1991: 99).

LERNEN		RAUM

Soziale Handlungsfaktoren des Interaktionssystems

Beziehungsfeld	**Aneignungsfeld**
Interaktionsmöglichkeiten bei formellen und informellen Lernprozessen	Nutzungsmöglichkeiten formeller und informeller Lerninfrastrukturen

Kulturelle Verortung Zusammenführung Lehr-Lernkultur auf Mikro-Makro-Ebene	**Lernraumgestaltung als soziotechnisches System**	**Symbolische Verortung** Zusammenführung Lehr-Lernsymbolik auf Mikro-Makro-Ebene

Gestaltungsmaßnahmen formeller und informeller Lernprozesse **Bedeutungsfeld**	Gestaltungsmaßnahmen formeller und informeller Lerninfrastrukturen **Erstellungsfeld**

Strukturelle Steuerungsfaktoren des Organisationssystems

ORGANISATION

Left vertical axis label: Sozial-interaktive und organisational-strukturelle Lernraumebene

Right vertical axis label: Physisch-materielle und technisch-virtuelle Lernraumebene

Abbildung 11: Konzept des Lernraums als soziotechnisches System

Mit der Entwicklung des Modells der LernRaumOrganisation wird der Forderung der britischen Royal Academy of Engineering nachgekommen, für die gebaute Umwelt Methoden und Werkzeuge zu entwickeln, um Gestaltungsprozesse unterstützen zu können: „*Built environments can be viewed as complex socio-technical systems [...] Intellectual frameworks, methods and tools are needed that promote collaborative working between users and other stakeholders during the design process and throughout the lifecycle*" (Royal Academy of Engineering 2015: 5, Hervorh. im Original). Mit der Anwendung des Modells der LernRaumOrganisation bei der empirischen Untersuchung von Fallstudien werden die Anwendbarkeit des theoretischen Modells als Analysewerkzeug evaluiert sowie Erkenntnisse zur ganzheitlichen Betrachtung von Lernraumgestaltungsmaßnahmen gewonnen. Durch die Darstellung des Lernraumkonzeptes als soziotechnisches System (vgl. Abbildung 11: Konzept des Lernraums als soziotechnisches System) werden alle Aspekte von Lernen, Raum und Organisation, die bei der Entwicklung des Modells berücksichtigt worden sind, zusammenfassend dargestellt. Die dabei berücksichtigten Aspekte fließen in die Darstellung des Modells der LernRaumOrganisation ein (siehe 6.1.3 Zusammenhänge am Modell der LernRaumOrganisation).

6.1.3   Zusammenhänge am Modell der LernRaumOrganisation

Das Modell der LernRaumOrganisation baut auf dem Lernmodell von Ileris auf (vgl. 3.3 Entwicklung des Modells anhand der Erkenntnisse zum Lernen). Durch das in dieser Arbeit entwickelte Modell können Zusammenhänge zwischen den identifizierten Aspekten des Lernraums als soziotechnisches System dargestellt und Lernraumgestaltungsstrategien, Entscheidungsstrategien und Prozesstypologien abgeleitet werden. Damit bietet das Modell eine Grundlage zur Analyse der Lernraumgestaltung auf allen vier Raumebenen.

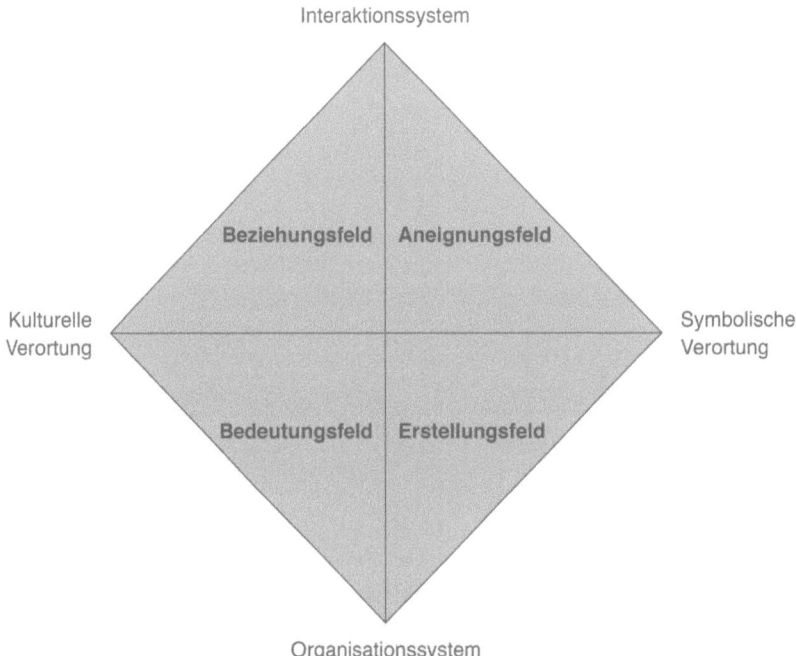

Abbildung 12: Aktionsfelder am Modell

Anhand der identifizierten Aktionsfelder im Modell der LernRaumOrganisation (vgl. Abbildung 12) können Entscheidungsstrategien bei Lernraumgestaltungsmaßnahmen offengelegt werden. Diese wurden bereits in der Abbildung 11 zum integrativen Konzept des Lernraums als soziotechnisches System zusammengefasst. So werden mit dem Bedeutungsfeld Entscheidungen bei der Gestaltung formeller und informeller Lernprozesse über die Bedeutung von Lehren und Lernen an der Hochschule dargestellt. Mit dem Beziehungsfeld werden Erwartungen und Werte bei der Gestaltung von Interaktionsmöglichkeiten in formellen und informellen Lernprozessen verankert. Mit dem Aneignungsfeld werden strategische Entscheidungen bei den Nutzungsmöglichkeiten von formellen und informellen Lernrauminfrastrukturen ausgedrückt. Und mit dem Erstellungsfeld werden über Entscheidungen zur Repräsentanz und Wertschätzung Gestaltungsmaßnahmen von formellen und informellen Lerninfrastrukturen aufgezeigt. Die Entscheidungsstrategien werden im empirischen Teil der Forschungsarbeit für die Analyse der Fallstudien auf der Erkenntnisebene I sowie für die vergleichende Fallstudienanalyse auf der Erkenntnisebene III untersucht (siehe Kapitel 8 Analyse Fallstudien – Erkenntnisebene I; Kapitel 10 Analyse von Entscheidungsstrategien – Erkenntnisebene III).

Ausgehend von den Erkenntnissen zur Bedeutung des Hochschulmanagements als dritter Pädagoge können anhand des theoretischen Modells zwei Strategien der Lernraumgestaltung identifiziert werden (siehe Abbildung 13) – zum einen über die kulturelle Verortung mit der Gestaltung der Lehr- und Lernkultur auf der sozial-interaktiven wie auch organisation-strukturellen Raumebene und zum anderen über die symbolische Verortung durch die direkte Gestaltung der physisch-materiellen wie auch technisch-virtuellen Raumebene der Lernumgebung.

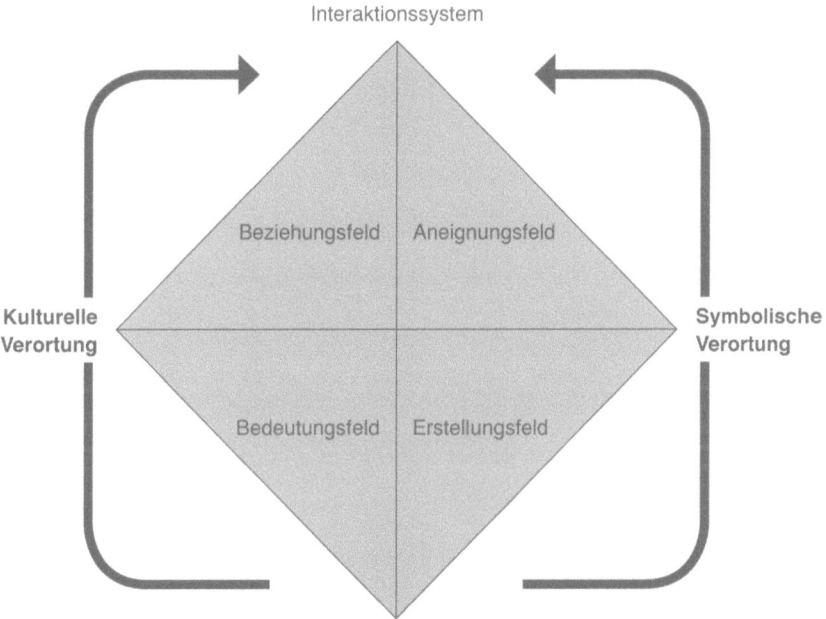

Abbildung 13: Lernraumgestaltungsstrategien am Modell

Auf der Erkenntnisebene II wird bei der vergleichenden Fallstudienanalyse der Einfluss der Lernraumgestaltungsstrategien auf das Innovationspotential bei der Umsetzung von Lernraumgestaltungsmaßnahmen analysiert (siehe Kapitel 9 Analyse von Lernraumgestaltungsstrategien – Erkenntnisebene II).

Bei der Entwicklung des Modells der LernRaumOrganisation wurden Aushandlungsprozesse der Passung und Abgrenzung identifiziert (vgl. 5.3.1 Aushandlungsprozess der
Passung und 5.3.2 Aushandlungsprozess der Abgrenzung). Mit dem Aushandlungsprozess der Passung werden Zusammenhänge zwischen der kulturellen Verortung und der
symbolischen Verortung untersucht. Mit dem Prozess der Abgrenzung können Konflikte bei der Abstimmung und Entscheidung von Lernraumgestaltungsmaßnahmen zwischen den sozialen Systemen, dem Interaktionssystem und dem Organisationssystem,
dargestellt werden (siehe Abbildung 14).

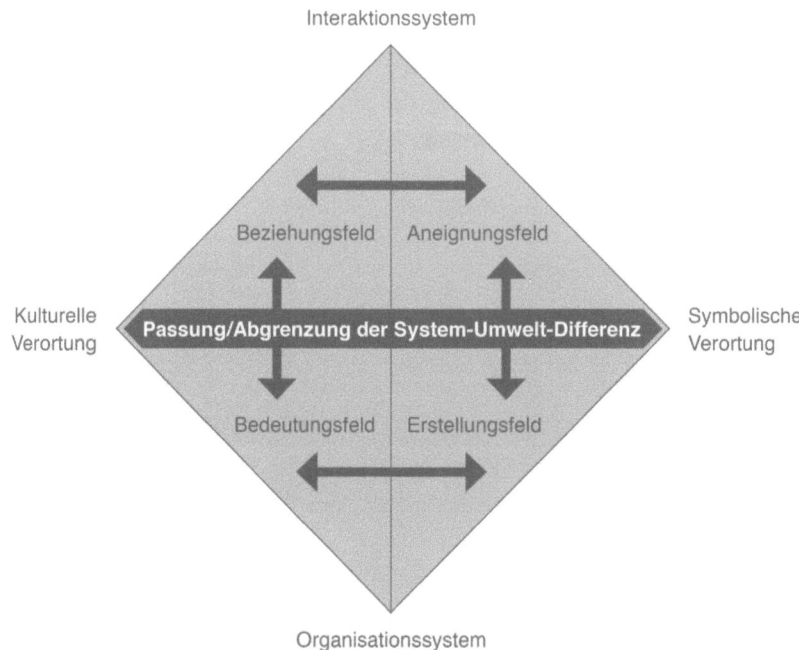

Abbildung 14: Aushandlungsprozesse am Modell

Auf der Erkenntnisebene IV werden bei der vergleichenden Fallstudienanalyse die Aushandlungsprozesse bei den ausgewählten Hochschulen untersucht, um Phänomene bei
Lernraumgestaltungsmaßnahmen identifizieren zu können (siehe Kapitel 11 Analyse
von Prozesstypologien – Erkenntnisebene IV).

6.2   Innovationspyramide der Lernraumgestaltung

Mit der Entwicklung des theoretischen Modells der LernRaumOrganisation wurde ein
Instrument entwickelt, um allgemeine Merkmale und Zusammenhänge von Lernen,
Raum und Organisation bei der Lernraumgestaltung an Hochschulen darstellen zu können. Das Modell allein gibt jedoch keine Hinweise auf Innovationspotentiale von Maßnahmen der Lernraumgestaltung. Vor dem Hintergrund der erkenntnisleitenden Frage-

stellung (vgl. 1.2 Zielstellung der Forschungsarbeit) sowie im Hinblick auf die Untersu-chung der Fallstudien (siehe 7.3 Kriterien zur Auswahl und Analyse der Fallstudien) gilt es, Innovationen von Lernraumgestaltungsmaßnahmen differenziert bewerten zu kön-nen.

Im Kontext der Erkenntnisse zum Stand der Forschung sowie der Entwicklung des Modells der LernRaumOrganisation können an dieser Stelle Innovationsebenen der Lernraumgestaltung unterschieden und in einer Innovationspyramide der Lernraumge-staltung zusammengeführt werden. Dabei wird zwischen zwei Innovationsebenen unter-schieden, wie in der Abbildung 15 dargestellt. Dies entspricht der Differenzierung von Innovationen auf der Bedürfnissebene und auf der Bewusstseinsebene nach Rogers (2003) (vgl. 5.2.1 Innovationsprozesse).

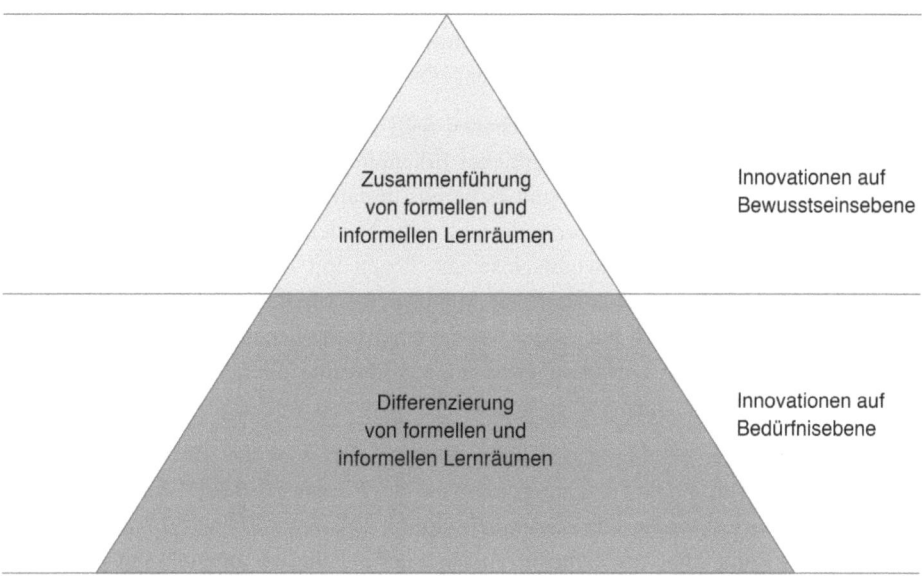

Abbildung 15: Innovationspyramide der Lernraumgestaltung

Auf der unteren Stufe der Innovationspyramide werden Innovationen der Bedürfnisebe-ne platziert. Wie beim Stand der Forschung beschrieben, besteht an Hochschulen ein dringender Bedarf zur Einrichtung von informellen Lernarbeitsplätzen (vgl. 2.3.2 Über informelle Lernräume). Im direkten Zusammenhang damit steht die erfolgreiche Trans-formation der Bibliotheken zu Lernzentren mit einem umfangreichen Angebot an Stu-dierendenarbeitsplätzen sowie der Ausbau von Servicangeboten auf dem Campus zur Unterstützung der Kollaboration von Studierenden (vgl. 2.3.3 Über den Lernraum Cam-pus). Dabei zeigt sich, dass mit dem Fokus auf informelle Lernprozesse und den Be-dürfnissen der Studierenden in der Regel keine räumlichen Maßnahmen zur Integration von formellen Lernprozessen verbunden sind. Daher wird auf der Bedürfnisebene die Differenzierung von formellen und informellen Lernräumen festgehalten.

Für ein höheres Innovationspotential gilt es, ein Bewusstsein für Veränderungen zu etablieren, um im Hinblick auf rasante Entwicklungsprozesse in den unterschiedlichsten Bereichen der Hochschule bzw. dem direkten und indirekten Hochschulumfeld proaktiv handeln zu können. In Anbetracht der Erkenntnisse bei der Entwicklung des Modells der LernRaumOrganisation sind Lernprozesse und ihre Verortung ganzheitlich zu betrachten. Mit der Entwicklung der Active und Flexible Learning Environments wurden bereits Modelle entwickelt, die formelle und informelle Lernprozesse räumlich zusammenzuführen und damit den Active Learning Approach unterstützen (vgl. 2.3.1 Über formelle Lernräume). Hintergrund dafür ist der Fokus auf den Lernerfolg der Studierenden, der über neue Erkenntnisse der Lehr- und Lernforschung sowie die Veränderungen gesellschaftlicher Anforderungen im Bewusstsein der Hochschulen zu verankern ist. Aus diesem Grund wird auf der Bewusstseinsebene die Zusammenführung von formellen und informellen Lernräumen zusammengefasst.

Zur Darstellung der zwei Innovationsebenen wird das Konzept der Pyramide gewählt, da auf beiden Ebenen ein unterschiedlicher Erkenntnisstand aus Forschung und Praxis vorliegen. Auf der Bedürfniseben gibt es bereits umfangreiche Forschungserkenntnisse und Erfahrungswerte durch mittlerweile zahlreiche Modelle und Projekte von informellen Lernräumen. Auf der Bewusstseinsebene liegen mit der Modellierung formeller Lernräume, die mit dem Active Learning Approach informelle Lernräume konzeptionell integrieren, bisher lediglich nur einige wenige empirische Erkenntnisse und Projektrealisierungen vor (vgl. 2.3 Lernraumgestaltung aus transdisziplinärer Handlungsperspektive).

Auf Basis der Untersuchung ausgewählter Hochschulen wird die Innovationspyramide im empirischen Teil dieser Forschungsarbeit auf der Erkenntnisebene I weiterentwickelt und ausdifferenziert (siehe 8.6 Zusammenführung Erkenntnisebene I). Anhand dieser Grundlage ist dann eine vergleichende Analyse der Fallstudien möglich, um Antworten für die erkenntnisleitende Fragestellung dieser Forschungsarbeit gewinnen zu können.

Empirie am Modell der LernRaumOrganisation

7 Methodische Vorgehensweise

„Nicht alles, was zählt, lässt sich zählen. Nicht alles, was sich zählen lässt, zählt"
Albert Einstein (1879–1955)

Mit der beim Stand der Forschung sowie bei der Entwicklung des Modells der Lern-
RaumOrganisation ermittelten Notwendigkeit für eine transdisziplinäre Forschungsperspektive wird ein qualitativer Forschungszugang bei dieser Arbeit gewählt. Da bisher
nur einige wenige Studien zur Untersuchung von hochschulweiten Lernraumgestaltungsmaßnahmen vorliegen, gilt es, methodisch so zu arbeiten, dass im Forschungsprozess ein hohes Maß an Offenheit und Flexibilität gewährleistet ist. Der für qualitative
Verfahren kennzeichnende induktive Forschungsstil der Grounded Theory stellt dabei
sicher, dass das Ziel der Entdeckung von Phänomenen bei der Integration von Innovationen bei Lernraumgestaltungsmaßnahmen anhand der praxisgeleiteten Theorie der
LernRaumOrganisation erreicht werden können.

In den folgenden Abschnitten werden zunächst die Hintergründe zur Auswahl des Forschungsstils sowie dessen Anwendung dargelegt. Darauf aufbauend werden die Verfahren zur Datenerhebung vorgestellt und begründet. In den letzten Abschnitten dieses
Kapitels werden Kriterien zur Auswahl und Analyse der Fallstudien sowie die methodische Vorgehensweise zur Synopsis der Fallstudien dargelegt.

7.1 Forschungsstil

Wie bei der Ableitung zur Forschungsstrategie zusammengefasst, gilt es, Lernraumgestaltung aus einer multidimensionalen Perspektive über die Ebenen des physisch-
materiellen, technisch-virtuellen, sozial-interaktiven und organisational-strukturellen
Raums zusammenzuführen. In der Architektur gibt es für diesen Zugang keine Forschungstradition, da gestalterisch-entwerfende, technisch-konstruktive bzw. theoretisch-
konzeptionelle Forschungsfragen untersucht werden, die lediglich indirekt und nicht in
jedem Fall soziale Aspekte beschreiben (vgl. Schäfers 2006: 21). Die Auswahl eines
passenden Forschungsstils, welcher einen integrativen Zugang zum Themengebiet Lernraumgestaltung zulässt, führt zu den Sozialwissenschaften. Dies steht im direkten Zusammenhang damit, dass mit dem „Spatial Turn" (vgl. Döring 2008) Ende des 20. Jahrhunderts der Raum nach langer Abstinenz wieder in den sozialwissenschaftlichen Be-
deutungskontext zurückgeholt wurde (vgl. Schroer 2008). Mit entscheidend dafür war
die Entwicklung des relationalen Raumkonzeptes (vgl. ebd.: 135). Mit der konzeptionellen Erweiterung des Raumbegriffs wird dabei nicht mehr nur der geographisch-
materielle Raum allein, sondern auch die Konstitution von Raum als „ein Moment sozi-

aler Prozesse" (Löw 2001: 130) betrachtet und damit der „sozialtechnischer Anspruch der Architektur" (vgl. Delitz 2009: 7) begründet (vgl. auch 2.4 Theoretisches Raumverständnis).

Ein wichtiges Kriterium bei der Auswahl des Forschungsstils in dieser Arbeit ist, in allen Phasen des Forschungsprozesses einen Praxisbezug zu gewährleisten. Ziel ist es dabei, anhand von Daten Konzepte abzuleiten und Thesen zu entwickeln, die in Handlungsempfehlungen zur Lernraumgestaltungspraxis überführt werden können. Hier kommt die Grounded Theory, im deutschsprachigen Raum auch als gegenstandsbezogene Theorie bezeichnet (vgl. Mayring 2002: 103), in den Blickpunkt des Interesses. Ziel der Grounded Theory ist es, als „*problemlösendes Forschungshandeln*" (Strübing 2014: 457, Hervorh. im Original) aus dem Datenmaterial heraus eine gegenstandsbezogene Theorie zu generieren (vgl. Wiedemann 1995: 440). Die Grounded Theory begreift sich dabei nicht als eine Methode oder Methodologie, sondern als Forschungsstil (vgl. Strauss 2011: 72; Mey/Mruck 2011: 12; Strübing 2014: 457). Das liegt darin begründet, dass es den Forschenden ermöglicht wird, sich offen einem Themengebiet zu nähern und dieses aufgrund der Erkenntnisse und Spezifika aus dem Feld eigens zu spezifizieren. Über ihre Offenheit zum Forschungsgegenstand sowie der theoriegeleiteten Vorgehensweise empfiehlt sich die Grounded Theory zur Erschließung neuer Forschungsgebiete (vgl. Mayring 2002: 107).

7.1.1   Grounded Theory

Die Grounded Theory steht in der handlungsorientierten Forschungstradition des symbolischen Interaktionismus (vgl. Mey/Mruck 2011: 14; Strübing 2014: 458). Dieser geht mit der Perspektive einher, dass „Handeln und Interaktion nicht durch physikalische Umweltreize, sondern durch unsere symbolvermittelten Interpretationen bestimmt werden" (Legewie 2004: 12). Das entspricht auch den Erkenntnissen zum Stand der Forschung (vgl. 2.2 Lernraumgestaltung aus disziplinärer Umweltperspektive). Dort wurde aufgezeigt, dass kein kausaler Zusammenhang zwischen gebauter Umwelt und Lernverhalten festzustellen ist, womit spezifische Lernraumgestaltungsmaßnahmen keine Antizipation von Handlungen bei Lernprozessen erlauben.

Der Forschungsstil der Grounded Theory wurde von den amerikanischen Soziologen Barney G. Glaser und Anselm L. Strauss entwickelt und 1967 erstmals veröffentlicht (vgl. Strübing 2014: 457). Ziel war „die regelgeleitete, kontrollierte und prüfbare ‚Entdeckung' von Theorien aus Daten" (Mey/Mruck 2011: 11). Damit sollte die Lücke zwischen den zu dieser Zeit vorherrschenden quantitativ-deduktiven Forschungsmethoden wie auch der rein deskriptiv orientierten, qualitativen Forschung geschlossen werden (vgl. Glaser/Strauss 2010: 46; Mey/Mruck 2011: 11; Wiedemann 1995: 440). Eine gute Voraussetzung für dieses Vorhaben war, dass Strauss aus der Tradition der qualitativ-interpretativen Handlungsforschung der Chicago School kommt, wohingegen Glaser aus der vorwiegend quantitativen Forschungsmethodik der Columbia School entstammt (vgl. Strübing 2011: 263; Breuer 2010: 113). Im Zuge der Ausarbeitung der Grounded Theory nahmen Strauss und Glaser, aus der Perspektive ihrer jeweiligen wissenschaftlichen Sozialisierung, zunehmend unterschiedliche Positionen über die „wahre Lehre" (Breuer 2010: 113) ein, die in den 1990er-Jahren zum Bruch führt. In Folge dessen entwickelten sich unterschiedliche Vorgehensweisen und Verfahrensbeschreibungen zum Forschungsprozess der Grounded Theory, sodass bei der Anwendung dieses Forschungsstils immer auch eine Entscheidung für eine Position erforderlich ist (vgl. Strübing 2011: 262).

Die in dieser Arbeit angewandte Forschungsposition der Grounded Theory basiert auf dem methodischen Prozessverständnis von Strauss. Ausschlaggebend für diese Entscheidung war zum einen der von Strauss proklamierte variable und pragmatische Stil (vgl. Strauss 2011). Zum anderen entwickelte Anselm Strauss mit Juliet Corbin einen praxisorientierten, didaktischen Leitfaden zur Anwendung der Grounded Theory, der 1996 unter dem Titel „Grounded Theory: Grundlagen Qualitativer Sozialforschung" in Deutschland erschien. Der Erfolg dieses Buches über die Grenzen der Soziologie hinaus liegt nach Strauss in der „praktische[n] Art, die Probleme anzugehen, die vor allem Leute anspricht, die in der Praxis stehen und forschen wollen" (ebd.: 74). In der Veröffentlichung von Strauss und Corbin (1996) wird ein dreistufiges Kodierverfahren vorgestellt, mit welchem systematisch Daten verknüpft und damit komplexe Zusammenhänge dargestellt werden können (vgl. ebd.: 78 f.). In der Forschungsarbeit zeigt sich das Paradigma als ein praktisches Instrument zur Strukturierung und Aufarbeitung des Datenmaterials. Des Weiteren kann mit der Anwendung des Kodierverfahrens sichergestellt werden, dass der Prozess der Dateninterpretation und damit die Generierung von Konzepten und Thesen transparent beschrieben werden kann (siehe 7.1.3 Prozess der Theorieentwicklung).

Ein zentrales Anliegen der Grounded Theory ist, wie der Name schon impliziert, die Ausarbeitung einer Theorie. Diese hat aufgrund des geforderten Praxisbezugs eine „mittlere Reichweite" (Mey/Mruck 2011: 29) und grenzt sich damit gegen die Universaltheorien ab, welche keinen empirischen Zugang mehr zulassen (vgl. ebd.: 29). Bei der Theoriebildung der Grounded Theory wird zwischen materialen und formalen Theorien unterschieden. Die materiale Theorie bezieht sich auf „ein bestimmtes Sachgebiet oder empirisches Feld" (Glaser/Strauss 2010: 50), während die formale Theorie „für einen formalen oder konzeptuellen Bereich" (ebd.: 50) steht. Nach Glaser und Strauss haben sich Forschende für einen Typus der Theorieentwicklung zu entscheiden, da damit unterschiedliche Vorgehensweisen der Datengenerierung im Feld einhergehen (vgl. ebd.: 50).

Für diese Forschungsarbeit greift die formale Theorie. Dies steht vor dem Hintergrund, dass mit der Untersuchung verschiedener Hochschulen „der Vergleich zwischen *verschiedenen Arten* konkreter Fälle, die demselben formalen, nicht aber demselben materiellen Bereich angehören, durchgeführt werden" (ebd.: 51, Hervorh. im Original). Mit der Untersuchung der Fallstudien werden unterschiedliche Hochschulen untersucht, welche aber die Umsetzung innovativer Lernraumgestaltungsmaßnahmen eint. Das bedeutet, dass mit der vergleichenden Fallstudienanalyse, durch die Berücksichtigung kontrastierender Fälle, Thesen abgeleitet werden können. Diese bilden die Grundlage für die übergreifende Entwicklung einer formalen Theorie „mit universalem Geltungsanspruch und hohem Allgemeinheitsgrad" (Lamnek 2010: 101).

Mit der Perspektive eines breiten Geltungsanspruchs wird von der Entwicklung einer formalen Theorie im Rahmen einer Qualifikationsarbeit aufgrund „der zeitlichen Rahmung [...] und der Tatsache, dass man in der Regel alleine forscht" (Truschkat/Kaiser-Belz/Volkmann 2011: 374) abgeraten. Die Entscheidung für die Entwicklung einer formalen Theorie in dieser Arbeit ist darüber zu begründen, dass im Forschungsprozess nicht nur über Erkenntnisse aus dem Forschungsfeld, sondern auch auf übergreifende Erkenntnisse und Erfahrungen zugegriffen werden kann. So kann zum einen mit der Berücksichtigung verschiedener, disziplinärer Zugänge beim Stand der Forschung auf umfangreiche Forschungserkenntnisse aufgesetzt werden (vgl. Kapitel 2 Stand der Forschung). Zum anderen werden mit der erkenntnisleitenden Fragestellung bestehende Studien weitergeführt, sodass hier bereits andere Perspektiven einfließen können (vgl. 2.5 Ableitung Forschungsstrategie). Des Weiteren ist die Verfasserin im Bereich der Lernraumgestaltung seit mehreren Jahren als planende und forschende Architektin tätig.

7.1.2   Analogie von Forschungsprozess und Entwurfsprozess

Ein zentraler Prozess bei der Grounded Theory ist die Konzeptualisierung, welcher das Ziel der Theoriebildung inne liegt (vgl. Mey/Mruck 2011: 24). Der Begriff Konzept wird in der Grounded Theory synonym auch als Kode oder Kategorie bezeichnet (vgl. Breuer 2010: 74). Kodes werden direkt aus dem Datenmaterial heraus generiert und sind damit „datennah" (Berg/Milmeister 2011: 308) verankert. Eine Kategorie ist dabei ein abstrakteres Konzept, welches mehrere Kodes zusammenführen kann und damit bereits komplexer in seiner Sinnstruktur ist (vgl. Strauss/Corbin 1996: 43). Mit der Erarbeitung von Kodes und Kategorien sowie der Zusammenführung und Interpretation ihrer Eigenschaften in übergeordneten Hauptkategorien und Thesen wird die gegenstandsbezogene Theorie begründet. Diese ist dabei „nichts anderes als ein Ausdruck der in den Daten verborgenen Ordnung" (Glaser/Strauss 2010: 58).

Für den Prozess der Konzeptualisierung ist eine kreative wie auch regelbasierte Arbeitsweise notwendig (vgl. Breuer 2010: 53; Strübing 2011: 267; Legewie 2004: 13). Und nur mit der Leidenschaft für den Forschungsgegenstand kann die „erforderliche und langwierige Arbeit" (Corbin 2011: 171) durchgehalten werden. Hierbei wird eine grundlegende Analogie zwischen dem Forschungsprozess der Grounded Theory und dem Entwurfsprozess von Architekten deutlich; denn auch die Prozesse zur Erstellung eines inspirierenden Werkes bedürfen der Vernunft und Leidenschaft (vgl. Le Corbusier 1964: 86). Aufgrund der konzeptionellen Struktur und Haltung sowie dem Prozess der Erkenntnisgewinnung, mit analytischen Schritten wie auch kreativen Momenten, kommt die Grounded Theory der Denk- und Arbeitsweise von Architekten in Entwurfs- und Planungsprozessen sehr nahe. Diese Erkenntnisse zur Herkunft und Arbeitsweise sind vor dem Hintergrund des Fehlens einer transdisziplinären Forschungstradition der Architektur in diesem Feld immanent für die Forschungsarbeit. Im Folgenden wird daher immer auch der Bezug zu Arbeitsverfahren und Arbeitsmitteln der Fachdisziplin Architektur dargelegt, um die Passung des Forschungsstils zu verdeutlichen.

Ein Arbeitsmittel bei der Theorieentwicklung ist die Erstellung von Memos (vgl. Mayring 2002: 105). „Memos stellen die schriftlichen Formen unseres abstrakten Denkens über die Daten dar" (Strauss/Corbin 1996: 170). Obwohl sie unterschiedlich inhaltliche Ausrichtungen haben können, wie z. B. „Kode-Notizen, theoretische Notizen, Planungs-Notizen und Abwandlungen derselben" (ebd.: 170), beziehen sie sich jedoch immer auf den Prozess der Theoriebildung und bilden damit ein *„Lagerhaus an analytischen Ideen"* (ebd.: 172, Hervorh. im Original). Die Form der Verschriftlichung von Memos, die auch visuelle Darstellungen in Form von Diagrammen sein können (vgl. ebd.: 170), ist je nach persönlicher Präferenz freigestellt (vgl. ebd.: 172). Bei der Erstellung von Memos ist jedoch zu beachten, dass diese getrennt von Kodierungen bzw. den Datenunterlagen aufgenommen werden (vgl. Strauss/Corbin 1996: 171; Wiedemann 1995: 444). So erfolgte bei dieser Forschungsarbeit die Datenkodierung computergestützt mit der Software MAXQDA12, die zur qualitativen Datenanalyse der erhobenen Daten, wie z. B. Gesprächstranskripten, Gesprächs- und Feldprotokollen sowie Fotomaterialien und Video- wie Audiodateien, verwendet wurde. Das „Memoing" erfolgte dagegen in Handarbeit in Form von Forschungstagebüchern. Die erstellten Forschungstagebücher (siehe Quellenverzeichnis) waren mit dem Beginn des Forschungsprojektes ein ständiger Begleiter. So konnten jederzeit Notizen, Ideen, Gedankenblitze, Prozessbilder und Diagramme, die im Zusammenhang mit der Theoriebildung stehen, verschriftlicht werden. Das Forschungstagebuch ist dabei ein Arbeitsmittel, das mit dem Skizzenbuch vergleichbar ist. Hier werden im architektonischen Entwurfsprozess Erkenntnisse, Fragestellungen, Konzepte, Informationen wie auch entwurfsbezogenen Skizzen festgehalten. Dies ist im Entwurfsprozess wie auch im Prozess der Grounded Theory elementar, da beide Vorgehensweisen keine stringent lineare Ausrichtung haben. Entsprechend dem Forschungs- bzw. Entwurfsgegenstand ist ein permanenter Wechsel zwischen verschiedenen Phasen erforderlich, um bei den komplexen Frage- bzw. Aufgabenstellungen alle denkbaren und zu entdeckenden Aspekte ausleuchten und miteinander in Beziehung setzen zu können.

Bei der Grounded Theory wechseln sich die Phasen von Datenerhebung, Datenanalyse und Theoriebildung mittels einer iterativen Vorgehensweise, je nach Anforderungen des Forschungsgegenstandes, immer wieder ab (vgl. Mey/Mruck 2011: 24). Die Phasen werden dabei so lange – je nach individuellem Erfordernis – wiederholt durchgeführt, bis keine neuen Erkenntnisse gewonnen werden bzw. keine weiteren Fragestellungen auftauchen und somit eine theoretische Sättigung erreicht ist (vgl. Breuer 2010: 110; Wiedemann 1995: 441). Anhand des beschriebenen Arbeitsverfahrens der Konzeptualisierung in einem iterativen Verfahren sowie des Arbeitsmittels Memos zeigen sich Parallelen zum Entwurfsprozess in der Architektur. Die Ergebnisqualität eines Entwurfes, wie auch der Theoriebildung, basiert auf einem dem Entwurfs- bzw. Forschungsgegenstand angemessenen, offenen und analytischen Prozess zur Kondensierung einer ganzheitlichen Lösung. Die Anwendung der Grounded Theory bedarf jedoch, anders als der architektonische Entwurfsprozess, zur Anerkennung als eine wissenschaftliche Methododik einer grundlegende Systematik des Forschungsprozesses, der den Qualitätskriterien qualitativer Sozialforschung entspricht (vgl. Lamnek 2010: 94). Nach Strauss gilt es, in diesem Zusammenhang drei Aspekte bei der Datenanalyse zu berücksichtigen – das theoretische Sampling, der ständige Vergleich und das theoretische Kodieren (vgl. Strauss 2011: 74). Die nachfolgenden Ausführungen demonstrieren die Relevanz dieser Aspekte zur Durchführung dieser Forschungsarbeit als wissenschaftlich fundiertes Forschungsprojekt mit transparent-nachvollziehbaren und analytisch-systematischen Schritten.

Mit dem theoretischen Sampling wird das methodische Verfahren der Datenerhebung in der Grounded Theory beschrieben, welches an die iterative Vorgehensweise des ständigen Vergleichs gekoppelt ist (vgl. Strübing 2014: 463). Im gesamten Forschungsprozess wechseln sich Datenerhebung, Analyse und Auswertung permanent ab. Erkenntnisse dabei geben Hinweise auf die weiteren Forschungsschritte bzw. Aufnahme weiterer Datenquellen (vgl. Mayring 2002: 104; Mey/Mruck 2011: 28). Dies steht im Zusammenhang damit, dass „noch kein theoretischer Bezugsrahmen vorhanden [ist], weil dieser sich erst im Laufe des Forschungsprozesses herauskristallisiert" (Lamnek 2010: 97). Bei der Auswahl von Datenquellen steht der Grundsatz „all is data" (Glaser 2004: 12) im Vordergrund. Dabei kommen „nicht nur Interviews bzw. deren Transkripte […], sondern jegliches Material, das helfen kann, die Theoriebildung voranzubringen" (Mey/Mruck 2011: 28) zum Einsatz. Wichtig für eine fundierte, abgesicherte Theorieentwicklung ist dabei die Verwendung von homogenen Fällen mit minimalen Kontrasten wie auch heterogenen Fällen mit maximalen Kontrasten (vgl. Strübing 2014: 464). Diese Vorgehensweise impliziert, „zu Beginn mit einem ‚Chaos' fertig werden zu müssen" (Wiedemann 1995: 442). Somit ist der Verfahrensmodus des ständigen Vergleichs von zentraler Bedeutung für den Forschungsprozess.

Mit der aufgrund des explorativen Forschungszugangs der Grounded Theory einhergehend offenen Datenaufnahme muss eine zielgerichtete Aufarbeitung und Nutzung der Daten geplant werden. Ziel des ständigen Vergleichs ist es, das „Universum der gesammelten Daten" (Glaser/Strauss 2010: 126) zu begrenzen, um personelle, zeitliche und finanzielle Ressourcen der Forschenden zu optimieren sowie „gleichzeitig über Ziel und Zweck seiner Forschung Rechenschaft abzulegen" (Lamnek 2010: 97). Als Entscheidungshilfe zur Auswahl weiterer Datenquellen dient das ständige Vergleichen von Unterschieden und Gemeinsamkeiten der Daten in den Kategorien sowie das Vergleichen der Eigenschaften der Kategorien untereinander (vgl. Glaser/Strauss 2010: 119 ff.). Im Verlauf des iterativen Forschungsprozesses stellt sich dabei die theoretische

Sättigung ein, bei der sich „neue Fälle bzw. neue empirische Befunde unter die bereits entwickelte Theorie fassen lassen, d. h. nicht mehr zu einer Veränderung oder Entwicklung der Theorie beitragen" (Wiedemann 1995: 441). So kann im Zuge des Voranschreitens des Forschungsprozesses bei der Auswertung neuen Datenmaterials zunehmend schneller entschieden werden, ob die Daten neue Konzepte enthalten, die die Theoriebildung unterstützen können, und damit kodiert werden sollten (vgl. Glaser/Strauss 2010: 125).

Mit der zentralen Bedeutung des theoretischen Samplings und der Methode des ständigen Vergleichs (vgl. Strübing 2014: 463) wird die Vorgehensweise beim Sampling der Fallanalysen in einem eigenen Abschnitt beschrieben (siehe 7.3 Kriterien zur Auswahl und Analyse der Fallstudien).

7.1.3   Prozess der Theorieentwicklung

Die Theorieentwicklung basiert bei der Grounded Theory auf dem Prozess des theoretischen Kodierens. Bei der Anwendung des Forschungsverfahrens der Grounded Theory ist die systematische und genaue Vorgehensweise beim Kodieren einzuhalten, „um einer Studie methodische Strenge zu verleihen" (Strauss/Corbin 1996: 29). Nach Strauss ist der Kodierprozess ein dreistufiges Verfahren mit offenem, axialen und selektiven Kodieren (vgl. ebd.). Glaser dagegen entwickelte ein zweistufiges Verfahren, welches neben dem gegenstandsbezogenen Kodieren das theoretische Kodieren anwendet (vgl. Lamnek 2010: 104). Das gegenstandsbezogene Kodieren entspricht dabei weitestgehend dem offenen Kodieren und das theoretische Kodieren fasst Schritte der axialen und selektiven Kodierphasen zusammen (vgl. Strübing 2014: 465). Mit der Bedeutung der Strauss'schen Forschungsposition (vgl. 7.1.1 Grounded Theory) wird die Anwendung des dreistufigen Verfahrens zum theoretischen Kodieren aufgezeigt und der Bezug zum eigenen Forschungsprozess hergestellt.

In der ersten Stufe werden beim offenen Kodieren die gewonnenen Daten in einer Art Brainstorming aufgebrochen und eine Vielzahl an Kodes generiert, um sich dem Forschungsgegenstand offen und assoziativ anzunähern (vgl. Breuer 2010: 80). Diese Kodes beschreiben identifizierte Phänomene und deren Eigenschaften (vgl. Strauss/Corbin 1996: 45). Gleichartige Ereignisse und Vorfälle werden dabei als Konzepte in Kategorien zusammengeführt (vgl. ebd.: 47). Mit dem Prozess der Dimensionalisierung werden in den Kategorien Unterschiede und Gemeinsamkeiten in den Daten identifiziert und klassifiziert, sodass unterschiedliche Bedeutungen der Kategorien bestimmt werden können (vgl. Strauss/Corbin 1996: 43; Mey/Mruck 2007: 39). Bei diesem Kodierschritt wird in der Regel die Beteiligung mehrerer Personen empfohlen, um einen möglichst breiten, kreativen Prozess der Konzeptualisierung zu ermöglichen (vgl. Breuer 2010: 80). Im Rahmen des Forschungsprozesses dieser Qualifizierungsarbeit war eine Teamarbeit nicht durchführbar. Daher wurde neben der Arbeit im empirischen Feld der ausgewählten Hochschulen der Austausch mit Akteuren im übergeordneten Feld der Lernraumgestaltung fokussiert. Die Interaktion mit Wissenschaftlern bei der Teilnahme an Kongressen, Fachtagungen und MOOCs, der Durchführung von Vorträgen, Posterwettbewerben, Lehrveranstaltungen und Workshops sowie die Bearbeitung weiterer Praxisprojekte in dem Themengebiet in den drei Jahren der Forschungsarbeit offerierten Raum zur Ideenfindung und -integration bei der Interpretation des empirischen Datenmaterials (siehe Reflexionsverzeichnis). Der Prozess des offenen Kodierens erfolgte, wie bereits beschrieben, computerunterstützt mit der Software MAXQDA12 zur qualitativen Datenanalyse.

In der zweiten Stufe des theoretischen Kodierprozesses werden beim axialen Kodieren die aufgebrochen Strukturen der Daten neu zusammengeführt (vgl. Strauss/Corbin 1996: 75), um die „Interpretation und Erklärung voran[zu]treiben" (ebd.: 76). Hierbei geht es noch nicht um die ganzheitliche Klärung der Forschungsfrage, sondern darum, Erklärungen zum Zusammenhang der beim offenen Kodieren ermittelten Phänomene zu erarbeiten und die Daten auf einer abstrakteren Ebene zusammenzufassen (vgl. Strübing 2014: 468). Strauss und Corbin haben für diese Phase das Kodierparadigma entwickelt, um anhand von „Bedingungen, Kontext, Handlungs- und interaktionalen Strategien und Konsequenzen" (Strauss/Corbin 1996: 75) die entdeckten Phänomene zu klassifizieren und die Kategorien auf verschiedenen Ebenen miteinander zu verknüpfen. Dabei werden übergeordnete Hauptkategorien gebildet. Anhand dieser konzeptionellen Achsen werden das „erklärende Bedeutungsnetzwerk" (Strübing 2014: 467) der zentralen Kategorien ausgearbeitet und Thesen entwickelt. Der Prozess des axialen Kodierens findet bei der Synopsis der Fallstudienanalysen anhand einer in dieser Forschungsarbeit entwickelten Matrix statt. Zur Transparenz der Vorgehensweise wird die Anwendung und Übersetzung des Kodierparadigmas für diesen Forschungsprozess in einem eigenen Abschnitt erläutert (siehe 7.4 Verfahren zur Synopsis der Fallstudien).

Mit der dritten Stufe des Kodierprozesses wird die Vorgehensweise zur Ableitung der gegenstandsbegründeten, formalen Theorie beschrieben. Beim selektiven Kodieren werden, ähnlich wie beim axialen Kodieren, abstrakte Bedeutungszusammenhänge, in diesem Fall auf einer höheren Stufe, gebildet (vgl. Breuer 2010: 92). Die Vorgehensweise des selektiven Kodierens beruht nicht mehr auf einem systematisch angelegten, logischen Prozess. Entscheidend ist hier der kreative Moment des Forschers, der aktiv eine eigene Idee aus den bisherigen Erkenntnissen der Datenanalyse entwickeln und dabei eine wichtige Entscheidung treffen muss: „Wir müssen unter verschiedenen, sich anbietenden zentralen Konzepten dasjenige auswählen, mit dem wir unser Forschungsproblem am besten gelöst sehen. Mit dieser Entscheidung beginnt das selektive Kodieren, das man auch als Re-Kodieren verstehen kann" (Strübing 2014: 468 f.). Dabei werden die untergeordneten Kategorien mittels des paradigmatischen Modells in Beziehung zur Kernkategorie gesetzt (vgl. Strauss/Corbin 1996: 101). Mit der Auswahl einer zentralen, übergeordneten Kategorie wird die Grundlage zur Ableitung der gegenstandsbezogenen Theorie gelegt, auf Basis derer die Forschungsfrage umfassend beantwortet werden kann (vgl. Strauss/Corbin 1996: 94; Strübing 2014: 468). Um diese

Kernkategorie, in welche sich die anderen Kategorien einordnen lassen, wird eine „beschreibende Erzählung oder Darstellung über das zentrale Phänomen der Untersuchung" (Strauss/Corbin 1996: 94) entwickelt. In der Forschungsarbeit wird auf Basis der Zusammenführung der Erkenntnisstufen des theoretischen und empirischen Erkenntnisprozesses die Entwicklung der formalen Theorie begründet und diese beschrieben (siehe Kapitel 12 Synthese theoretischer und empirischer Forschungserkenntnisse). Bei der Grounded Theory dient die Generierung einer Theorie „primär als *Wissen zur Bewältigung praktischer Probleme im Handlungsfeld*" (Strübing 2014: 469, Hervorh. im Original). Vor diesem Hintergrund werden im letzten Kapitel der Forschungsarbeit Handlungsempfehlungen für Hochschulen sowie Forschungsperspektiven abgeleitet und zusammengefasst (siehe Kapitel 13 Ausblick).

Um den komplexen Prozess des Kodierens zur Theorieentwicklung durchführen zu können, bedarf es einer besonderen Qualifikation der Forschenden, nämlich die „Fähigkeit, Einsichten zu haben, den Daten Bedeutung zu verleihen, die Fähigkeit zu verstehen und das Wichtige vom Unwichtigen zu trennen" (Strauss/Corbin 1996: 25). Mit der theoretischen Sensibilität stellt sich dabei das notwendige „Gleichgewicht zwischen Kreativität und Wissen" (ebd.: 27) ein. Dabei gilt es, in regelmäßigen Abständen immer wieder mit Abstand auf den Forschungsprozess zu blicken und das eigene Handeln im Forschungsprozess zu hinterfragen sowie eine skeptische Haltung bei der Datenanalyse zu behalten (vgl. ebd.: 28). So wird das Forschungstagebuch zur kritischen Reflexion des Forschungsprozesses eingesetzt. Wie auch beim Skizzenbuch des architektonischen Entwurfsprozesses können hier jederzeit Gedankengänge, Argumente und Entscheidungen anhand der Notizen für die Forscherin nachvollziehbar dargestellt werden. Des Weiteren ist es für den Forschungsprozess immanent, die eigenen Handlungen und Sichtweisen als Forscherin zu reflektieren. Nach Strauss und Corbin helfen dabei Erfahrungen in einem bestimmten Feld, um Ereignisse und Handlungen durch ein erarbeitetes Grundverständnis schneller zu verstehen (vgl. ebd.: 26). Mit der Tätigkeit der Verfasserin als planende Architektin von Lernraumgestaltungsmaßnahmen an verschiedenen Hochschulen kann diese auf umfangreiche Erfahrungen im Feld zurückgreifen sowie im Austausch mit anderen Akteuren im Feld reflektieren, sodass eine theoretische Sensibilität gewährleistet ist.

7.2   Verfahren zur Datenerhebung

Mit dem Forschungsstil der Grounded Theory sind bezüglich der Auswahl von Daten keine Einschränkungen verbunden, sodass mit „Feldnotizen, Interviews, Protokolle[n], Dokumente[n] jeglicher Art, aber auch, dem Glaserschen ‚All is data' folgend, z. B. mittels Statistiken" (Mey/Mruck 2011: 34) gearbeitet werden kann, solange diese die Theorieentwicklung unterstützen. Aus dieser Perspektive sind für den Forschungsgegenstand und die Forschungsfrage passende Erhebungsverfahren zu definieren. Aufgrund der fehlenden transdisziplinären Forschungstradition der Architektur in diesem

Feld (vgl. 7.1 Forschungsstil) werden mit dem qualitativen Forschungszugang Beobachtungsverfahren der Feldforschung angewendet. Die Feldforschung entspricht den eingangs dieses Kapitels begründeten Anforderungen eines qualitativ explorativen Zugangs. Feldforschung findet im natürlichen Umfeld des Forschungsinteresses statt, um den alltäglichen sozialen Handlungskontext zu erhalten (vgl. Mayring 2002: 55; Lamnek 2010: 498). Alltägliche Handlungsprozesse werden bei der Feldforschung nicht durch den Forschungsprozess beeinflusst oder behindert (vgl. Mayring 2002: 57). Dieser Aspekt ist bei der Untersuchung von Lernraumgestaltungsmaßnahmen ein forschungsrelevantes Kriterium. So können Daten und damit Forschungsergebnisse generiert werden, die nicht nur ein theoretisches, sondern auch das geforderte praxisorientierte Erkenntnissinteresse befriedigen.

Die Entscheidung für zwei qualitative Beobachtungsverfahren der Feldforschung zur Datenerhebung, der teilnehmenden Beobachtung und der Artefaktenanalyse, beruht auf den folgenden drei Aspekten:

1) Bei qualitativen Beobachtungsverfahren gilt die „Offenheit für neue Einsichten und Beobachtungen" (Bortz/Döring 2006: 322), die dem in dieser Arbeit angewendeten Forschungsstil der Grounded Theory entspricht. Vor dem Hintergrund der erkenntnisleitenden Fragestellung wird die Handlungspraxis von Hochschulen aus einer integrativen Perspektive analysiert. Mit der Notwendigkeit zur Berücksichtigung der physisch-materiellen, technisch-virtuellen, sozial-interaktiven und organisationalstrukturellen Raumebenen können mit der Technik der Beobachtungsverfahren „größere Einheiten, Systeme und Verhaltensmuster" (ebd.: 322) untersucht werden. Während mit der teilnehmenden Beobachtung Daten zu Handlungen der Akteure im Feld, auf der Interaktions- wie auch der Organisationsebene, aufgenommen werden, können mit der Untersuchung von Artefakten der Lernraumgestaltung Handlungen von Hochschulakteuren rekonstruiert werden. So kann eine interpretative Brücke zwischen den verschiedenen Raumebenen hergestellt werden.

2) Für die erkenntnisleitende Forschungsfrage ist der Vergleich mehrerer ausgewählter Hochschulen als zu untersuchende Fallstudien erforderlich (vgl. 2.5 Ableitung Forschungsstrategie). Aufgrund der zeitlichen und personellen Ressourcen dieser Forschungsarbeit war eine teilnehmende Beobachtung nicht an allen Hochschulstandorten über einen längeren Zeitraum möglich. Mit der Beobachtung forschungsrelevanter Artefakte an den verschiedenen Hochschulstandorten konnten auch bei kürzeren Feldaufenthalten Daten erhoben werden. Damit wurde sichergestellt, den Forschungsgegenstand in der für die Forschungsfrage angemessenen Breite untersuchen zu können.

3) Aufgrund der beruflichen und persönlichen Erfahrungen der Verfasserin ist die Anwendung von Beobachtungsverfahren ein geeignetes Mittel zur Datengewinnung. Im Forschungsprozess werden qualitative Verfahren der Sozialwissenschaf-

ten angewendet, die aber auf Fähigkeiten von Architekten zurückgreifen. Eine grundlegende Anforderung bei Beobachtungsprozessen, wissenschaftlicher wie auch alltäglicher Art, ist das Wahrnehmungsvermögen (vgl. Bortz/Döring 2006: 263). Eine zielgerichtete wie auch differenzierte Wahrnehmung zu Aufgabenstellungen ist eine grundlegende Fähigkeit im architektonischen Entwurfs- und Planungsprozess. So ist nach Lamnek die wissenschaftliche Beobachtung „im Sinne qualitativer Sozialforschung nicht etwas methodisch in besonderer Weise zu Fassendes, sondern vielmehr eine Fertigkeit oder Fähigkeit" (2010: 517).

In den folgenden zwei Abschnitten werden zum Verständnis des Forschungsprozesses die angewendeten Verfahren zur Datenaufnahmen dargelegt und die Anwendung im Forschungsprojekt begründet.

7.2.1 Teilnehmende Beobachtung

Eine weitverbreitete Methode der qualitativen Feldforschung ist die teilnehmende Beobachtung (vgl. Mayring 2002: 80). Kennzeichnend für diese Methode ist die persönliche Teilnahme der Forschenden im Untersuchungsbereich (vgl. Mayring 2002: 80; Lamnek 2010: 511). Die zwei zentralen Herausforderungen dabei sind die Zugangsmöglichkeiten zum Untersuchungsgegenstand, welche nicht immer ohne weiteres gegeben sind, sowie das Agieren im Feld. Um das natürliche Umfeld für die Datenaufnahme zu bewahren, muss sich der Forschende dem sozialen Kontext anpassen, um nicht „als Störfaktor zu wirken" (Mayring 2002: 82). Je nach den Gegebenheiten im Untersuchungsfeld können sich die Intensität und Dauer der Feldaufenthalte wie auch die Art des Engagements der Forschenden unterscheiden (vgl. Lamnek 2010: 499; Thierbach/Petschick 2014: 861). Daher werden im direkten Kontext der zu untersuchenden Hochschulen die spezifischen Merkmale des Feldzugangs und der Datenaufnahme einführend dargestellt (siehe Kapitel 8 Analyse Fallstudien – Erkenntnisebene I). So ist nachvollziehbar, unter welchen Bedingungen die Daten aufgenommen werden konnten und welche Implikationen dies für die Datenausauswertung und -interpretation hat.

Je nach Intensität des Zugangs zum Feld und damit des Wirkens des Forschenden im Feld wird zwischen der aktiven und passiven Beobachterrolle differenziert (vgl. Lamnek 2010: 512). Bei der aktiven teilnehmenden Beobachtung identifiziert sich der Forschende vollständig mit dem sozialen Feld und kann mit den handelnden Akteuren auf allen Ebenen interagieren (vgl. ebd.: 524). Dieser Prozess der Integration in das Untersuchungsfeld wird auch als „going native" (Lueger 2000: 63) bezeichnet und aufgrund der fehlenden Distanz zum Feld als positiv bewertet:

> „Und weil sie im selben Schlamassel wie die anderen stecken, werden sie auch einfühlsam genug sein, das zu erspüren, worauf sie reagieren. Das ist in meinen Augen das Herzstück der Beobachtung" (Goffmann 1996: 263).

Im Forschungsprozess dieser Arbeit war bei einer Fallstudie aufgrund eines mehrmonatigen Feldzugangs eine aktive Beobachterrolle möglich. Dies war für die Qualität der Datengewinnung wichtig, da die Rolle des passiven Beobachters aufgrund der geringeren Integration in das Feld nur „mehr formale als informelle Beobachtungen […] am zu beobachtenden Geschehen [zulässt]" (Lamnek 2010: 525).

Damit sich die teilnehmende Beobachtung von der Alltagsbeobachtung abgrenzt, gilt es, Kriterien wissenschaftlichen Arbeitens, wie Durchführung systematischer Aufzeichnungen, Benennung des Forschungszwecks, Planung von Forschungsprozessen sowie die wiederholte Prüfung von Daten und Erkenntnissen zu berücksichtigen (vgl. ebd.: 507). Diese Aspekte wurden im Forschungsprozess wie folgt umgesetzt:

- Mit dem bereits beschriebenen Arbeitsmittel des Forschungstagebuchs wurden Feldnotizen anhand der zentralen Fragestellungen der Fallstudienanalysen aufgezeichnet, sodass Erkenntnisse und Schlussfolgerungen systematisch und nachvollziehbar verankert sind (siehe 7.3 Kriterien zur Auswahl und Analyse der Fallstudien, Reflexionsverzeichnis im Appendix).
- Des Weiteren sind mit der erkenntnisleitenden Fragestellung Forschungsgegenstand und -zweck der Beobachtungen eindeutig bestimmt.
- Aufgrund des explorativen Zugangs der Forschungsarbeit sowie des Forschungsstils der Grounded Theory mit dem Konzept des theoretischen Samplings ist eine systematische Planung der Beobachtungen nicht angemessen. Aus diesem Grund wurde die Vorgehensweise der unstrukturierten Beobachtung gewählt, die auch, wie die strukturierte Beobachtung, ein wissenschaftliches Verfahren darstellt (vgl. ebd.: 509).
- Durch die Langfristigkeit des Feldaufenthaltes an einer Fallstudie konnten im Forschungsprozess, wie für eine wissenschaftliche Beobachtung notwendig, Ereignisse immer wieder geprüft und hinterfragt werden (siehe Abschnitte Feldzugang und Datenaufnahme bei den Fallstudienanalysen in Kapitel 8).

Mit ausgewählten Hochschulakteuren wurden gegen Ende des Untersuchungszeitraums Gespräche geführt, um die Identifikation und Interpretation von Phänomenen der Lernraumgestaltung im Untersuchungsfeld reflektieren zu können. Damit wurde sichergestellt, dass die entwickelten Thesen und die Theorieentwicklung in den Daten verankert sind (vgl. 7.1.1 Grounded Theory). Die Gespräche erfolgten mit Lehrenden, die nicht nur „early adapter" (Rogers 2003: 283) einer studierendenzentrierten Lehre nach dem neuen Studienmodell an der Hochschule sind, sondern gleichzeitig eine strategische Leitungsfunktion an der Hochschule besetzen und damit „opinion leader" (ebd.: 27) bei Veränderungsprozessen sind (siehe auch 5.2.1 Innovationsprozesse). In dieser Doppelfunktion der Gesprächspartner, als Akteure im Interaktions- wie auch im Organisationssystem (siehe 5.1 Soziale Systeme), konnte das Wissen über Anforderungen zum aktiven Lehren und Lernen auf der einen Seite sowie die Verantwortung für Innovations- und Veränderungsprozesse aus organisationaler Perspektive auf der anderen Seite zusammengeführt werden. Da die Gespräche ergänzende Datenquellen zur Reflexion der

Interpretation von Artefakten sind, werden bei der Transkription von Audioaufnahmen einfache Transkriptionsregeln angewendet, welche „die Sprache deutlich ‚glätten' und den Fokus auf den Inhalt des Redebeitrages setzen" (Kuckartz et al. 2008: 27).

Vor dem Hintergrund der eingangs beschriebenen Herausforderungen der teilnehmenden Beobachtung, wie dem Zugang zum Feld sowie dem Forschenden als potentiellen Störfaktor im natürlichen Untersuchungsfeld, wird in dieser Forschungsarbeit die teilnehmende Beobachtung um das Verfahren der Artefaktenanalyse ergänzt. Dies begründet sich aus dem Forschungsthema der Lernraumgestaltung, bei welchem mit der Perspektive des relationalen Raums Handlungen wie auch Artefakte gleichermaßen zu untersuchen und in einen Zusammenhang zu stellen sind (vgl. 2.4.3 Über die Dualität von Raum). Zum anderen werden in der Forschungsarbeit mehrere Hochschulen untersucht (vgl. 2.5 Ableitung Forschungsstrategie). Aufgrund der begrenzten zeitlichen und personellen Ressourcen war bei einigen Hochschulen dieser Forschungsarbeit kein längerer Feldaufenthalt durchführbar, bei welchem die Integration mit dem sozialen Umfeld aus einer aktiven Beobachterrolle möglich gewesen wäre. So wurde hier das zweite Beobachtungsverfahren, die Artefaktenanalyse, eingesetzt.

7.2.2   Artefaktenanalyse

Die Artefaktenanalyse ist eine bisher wenig reflektierte und angewendete Methode der qualitativen Sozialforschung (vgl. Lueger 2000: 142; Froschauer 2012: 253), obwohl dieses Verfahren, u. a. bei der Datenerhebung, Vorteile bietet. Artefakte sind „in modernen Gesellschaften nahezu allgegenwärtig" (Froschauer 2012: 253), sodass der Feldzugang wesentlich einfacher zu gestalten ist als bei teilnehmenden Beobachtungen (vgl. Berger 2010: 144). Ein weiterer Vorteil liegt in der Verfügbarkeit und Reproduzierbarkeit der Daten. So werden bei der teilnehmenden Beobachtung im sozialen Feld flüchtige Daten gewonnen, die durch Notizen und Protokolle umgehend festzuhalten sind (vgl. Lamnek 2010: 561). Bei der Artefaktenanalyse werden dagegen Daten erhoben, die durch ihre physische Dauerhaftigkeit und Präsenz auch zu späteren Zeitpunkten im Forschungsprozess zur Verfügung stehen und in ihrem natürlichen Umfeld jederzeit überprüft werden können (vgl. Froschauer 2012: 259).

Mit der Artefaktenanalyse als Datenerhebungsverfahren kann eine Vielzahl von Artefakten im Untersuchungsfeld entdeckt werden, die mannigfaltig „Hinweise auf ökonomische Verhältnisse, Beziehungsstrukturen oder auch kulturelle Muster" (Lueger 2000: 143) geben können. Vorteilhaft an dieser Datenquelle ist, dass diese keine subjektiven, individuellen Meinungsäußerungen darstellen. Artefakte mit ihrer innewohnenden Bedeutung und den äußerlich sichtbaren Gebrauchsspuren materialisieren soziale Interaktionsprozesse. Des Weiteren kann man Artefakte in ihrem natürlichen Umfeld beobachten, ohne das Feld dabei durch Forschungsaktivitäten zu beeinflussen (vgl. Froschauer 2012: 253). Dadurch können wichtige Informationen zum Handlungskontext gewonnen werden. So stellen Artefakte eine wichtige Datengrundlage zum Verständnis komplexer

Systeme dar, wie z. B. Organisationen: „Insofern Artefakte Produkte kommunikativer Prozesse sind, kann man an ihnen die kommunikativen Strukturen einer Organisation ablesen" (ebd.: 258). Mit dem Fokus der Forschungsarbeit zur Lernraumgestaltung in einem organisationalen Handlungskontext zeigt sich die Chance und Bedeutung zur Datenerhebung und Analyse von Artefakten.

Artefakte sind von Menschenhand erstellte Objekte unterschiedlicher Verwendung und Ausprägung, wie z. B. „Bilder, Gegenstände, Architektur, Formationen einer Kultur-landschaft, Fotos, aber auch Kleidung, Nahrungsmittel oder der Müll ei-ner Gesellschaft" (Lueger 2000: 141). Ihrer Entstehungsgeschichte liegen soziale Aus-handlungsprozesse zugrunde. Durch die mit einer Benutzung einhergehenden Ge-brauchsspuren werden wiederum soziale Handlungsprozesse sichtbar. Mit der Arte-faktenanalyse werden diese sozialen Interaktionen durch die Interpretation des Artefakts selber wie auch die Spuren am Artefakt rekonstruiert: „Artefakte als materialisierte Produkte menschlichen Handelns verkörpern *Objektivationen sozialer Beziehungen* und gesellschaftlicher Verhältnisse; sie werden durch Aktivitäten geschaffen und stehen für diese" (ebd.: 141, Hervorh. im Original). Da Artefakte „ihre Bedeutung nicht preisge-ben" (Froschauer 2012: 259), bedarf es Kenntnisse zur Auswahl und Interpretation von Artefakten. So gibt es bei der Auswahl von Artefakten kein standardisiertes Verfahren. Daher ist es notwendig „‚Auffälligkeiten' oder potentiell bedeutsame ‚Belanglosigkei-ten'" (Lueger 2000: 151) zu erkennen. „Durch Jahre der Praxis in einem Feld entwickelt man ein grundlegendes Verständnis dafür, wie und warum die Dinge in diesem Feld vor sich gehen und was unter bestimmten Bedingungen passieren wird" (Strauss/Corbin 1996: 26). Angesichts dessen sind die beruflichen und persönlichen Erfahrungen der Verfasserin als planende Architektin im Feld der Lernraumgestaltung bei der Bearbei-tung dieser Forschungsarbeit relevant. Diese Erfahrungen stärken die Entscheidungs-kompetenz beim theoretischen Sampling von Artefakten, da Objekte schnell erfasst und hinsichtlich ihrer Forschungsrelevanz bewertet werden können.

Um ausgewählte Artefakte lesen und verstehen zu können, bedarf es der Fähigkeiten der Forschenden zur „(Re-)Konstruktion ihres *Kontextes*" (Lueger 2000: 147, Hervorh. im Original). In der Verknüpfung mit der teilnehmenden Beobachtung kann eine interpreta-tive Verbindung zwischen den identifizierten Artefakten wie auch den Handlungen, als Kontext der Artefakte, hergestellt werden. Die im Forschungsprozess notwendige theo-retische Sensibilität zur Interpretation von Erstellungsprozessen, Nutzungsvarianten und auch Bedeutungsstrukturen ausgewählter Artefakte ist durch den fachlichen Hintergrund der Verfasserin gewährleistet.

Bei der Artefaktenanalyse wird aufgrund der Komplexität der Interpretation sozialer Handlungen die Arbeit im Team empfohlen (vgl. Froschauer 2009: 332). Da dies in dieser Forschungsarbeit als Qualifizierungsarbeit organisatorisch nicht möglich war, wurden zur Reflexion der Dateninterpretation ergänzend Gespräche mit Feldakteuren geführt. Hier wird ganz bewusst der Begriff *Gespräch* und nicht *Interview* verwendet. Ziel war es, „den Untersuchungspartner zum ausführlichen Erzählen über die fokussierte Thematik, zum Darstellen seiner Sichtweisen, seiner Problemdeutungen, seiner Handlungserfahrungen, seiner Lebensgeschichte etc. zu bewegen und ihn als Zuhörer mit anteilnehmendem Interesse zu begleiten und seine Präsentations- und Explikationsbemühungen zu unterstützen" (Breuer 2010: 64). Das bedeutet für den Prozess der Datenerhebung über Gespräche, dass eine persönliche Ebene zwischen den Befragten und der Forscherin vorliegen musste, die direkt oder indirekt über persönliche Kontakte einen informellen Zugang zur Hochschule ermöglichte. Diese Entscheidung wurde im laufenden Forschungsprozess aufgrund der Erfahrungen bei einem Gespräch getroffen. Über eine offizielle Anfrage bei einer der zu untersuchenden Fallstudien wurde ein Gesprächstermin mit einem Repräsentanten der Hochschule vereinbart. Aufgrund des formalen Gesprächscharakters konnten dabei keine Erkenntnisse gewonnen werden, die über Informationen aus anderen offiziellen Quellen hinausgegangen wären bzw. Einblicke hinter die Kulissen zugelassen hätten. Der Zugang zu den informellen Gesprächspartnern an den untersuchten Hochschulen wird einleitend bei der Analyse der Fallstudien erläutert (siehe Kapitel 8 Analyse Fallstudien – Erkenntnisebene I). Bei zwei Fallstudien waren die Dateninterpretation ergänzenden Gespräche nicht möglich. In diesem Fall fließen auf den Erkenntnisebenen II, III und IV mit der Methode der vergleichenden Analyse die Erkenntnisse der Artefakten- und Handlungsanalysen aller Fallstudien zusammen. Bei der Transkription der Gespräche wurden wie bei der Methode der teilnehmenden Beobachtung einfache Regeln angewendet, um auf den Inhalt fokussieren zu können.

In dieser Forschungsarbeit werden mittels der Artefaktenanalyse anhand ausgewählter Hochschulen *Ergebnisse* von Lernraumgestaltungsprozessen untersucht. Das bedeutet, dass bestehende Artefakte und Spuren analysiert und interpretiert werden, um Rückschlüsse auf Handlungen und Erwartungen der Hochschulakteure zusammenzuführen. Bei einer Untersuchung von Planungsprozessen baulicher Maßnahmen kann lediglich ein eingeschränkter Ausschnitt subjektiver Erwartungs- und Entscheidungsrelevanzen aufgenommen werden. Mit der Inbetriebnahme der Lernräume an den Hochschulen können jedoch über Aneignungsprozesse im natürlichen Umfeld der Hochschulakteure Herausforderungen bei der Einführung der verschiedenen Lernraumgestaltungslösungen rekonstruiert werden. Auf Basis dieser Erkenntnisse wiederum können mit den abzuleitenden Handlungsempfehlungen zukünftige Planungsprozesse bei Lernraumgestaltungsmaßnahmen an Hochschulen unterstützt werden.

Im Rahmen der Artefaktenanalyse werden neben materiellen Objekten auch Objekte aus dem Internet untersucht. Diese virtuellen Daten wurden über Online-Recherchen ermittelt. Mit der Analyse und dem ständigen Vergleich der aufgenommen Daten konnte über die Bedeutung und die Zusammenhänge der Artefakte, Handlungen und Interaktionen der Hochschulakteure rekonstruiert werden. Da die für den Forschungsprozess fotografisch dokumentierten Objekte für sich gestellt keine relevanten Aussagen zur Beantwortung der Forschungsfrage darstellen, wird in der Forschungsarbeit kein Bildmaterial der Objekte gezeigt. Hier greift auch der Vorteil der Artefaktenanalyse, bei welcher die analysierten Objekte aufgrund ihrer Materialität auch zu einem späteren Zeitpunkt noch in ihrem natürlichen Umfeld überprüft werden können. Aufgrund der Dynamik im virtuellen Raum werden die Spuren auf den Internetseiten der Fallstudien in einem Quellenverzeichnis am Ende der Arbeit aufgenommen. Deskriptiv werden die Ergebnisse der Datenanalyse auf vier Erkenntnisebenen am theoretischen Modell der LernRaumOrganisation zusammengeführt und visualisiert, um die Theoriegenerierung nachvollziehbar begründen zu können.

7.3   Kriterien zur Auswahl und Analyse der Fallstudien

In der Forschungsarbeit werden fünf Hochschulen aus fünf verschiedenen Ländern, Deutschland (Fallstudie SRH), Schweden (Fallstudie UMU), Österreich (Fallstudie WUW), Großbritannien (Fallstudie GCU) und den Vereinigten Staaten von Amerika (Fallstudie MIN) untersucht. Dieser Forschungszugang wurde vor dem Hintergrund der erkenntnisleitenden Fragestellung gewählt (vgl. 2.5 Ableitung Forschungsstrategie). Mit dem Vergleich der Fallstudien kann innerhalb des Forschungsprozesses geprüft werden, ob die bei der Datenanalyse identifizierten Phänomene an allen untersuchten Hochschulen greifen oder auf hochschulspezifischen Aspekten gründen. Durch diese Vorgehensweise kann die Entwicklung von Konzepten, Thesen und damit auch Handlungsempfehlungen sichergestellt werden, die Hinweise für Einflussfaktoren bei der Integration von innovativen Lernraumgestaltungsmaßnahmen geben können. In diesem Zusammenhang ist es für den Forschungsprozess relevant, dass die Auswahl der Hochschulen unterschiedlichste Merkmale des physisch-materiellen und technisch-virtuellen Lernraums, wie z. B. Lage und Größe der Campusanlagen oder Umfang, Qualität und Ausstattung baulicher und technischer Infrastrukturen, sowie des sozial-interaktiven und organisational-strukturellen Lernraums, wie z. B. Studierendenanzahl, Studienangebote, Anzahl und Organisation der Fakultäten, Struktur der Hochschulorganisation oder auch den Hochschultyp, berücksichtigen. Damit wird die Untersuchung den Anforderungen einer Kontrastierung der Fallstudien nach der Grounded Theory gerecht (vgl. 7.1.1 Grounded Theory).

Die grundlegende Voraussetzung für die Analyse der Hochschulen ist die Planung und Durchführung eines strategischen Lernraumgestaltungskonzeptes als hochschulweite Maßnahme. Das bedeutete für die Auswahl der Fallstudien, dass ein singuläres Lernraumprojekt einer organisatorischen Hochschuleinheit, wie z. B. einer Fakultät, einem Institut oder einer Abteilung, nicht ausreichend zur Bearbeitung in dieser Arbeit war, auch wenn die Ansätze noch so spannend und innovativ sind. Mit dieser Vorgehensweise wird sichergestellt, dass differenzierte Akteure der Hochschule in den Veränderungs- und Gestaltungsprozess des Lernraums Hochschule involviert sind. Bei der theoretischen Entwicklung des Modells der Lernraumgestaltung hat sich über die Aushandlungsprozesse der Abgrenzung von Interaktions- und Organisationssystem sowie die Passung von kultureller und symbolischer Verortung gezeigt, dass verschiedenste Ebenen der Hochschule untersucht werden müssen, um die Zusammenhänge und Merkmale der Lernraumgestaltung gesamthaft erfassen und damit die Forschungsfrage beantworten zu können.

Nach dem Modell der Lernraumgestaltung kann zwischen zwei grundlegend unterschiedlichen Strategien der Lernraumgestaltung differenziert werden (vgl. 6.1.3 Zusammenhänge am Modell der LernRaumOrganisation). Für die Auswahl der zu untersuchenden Hochschulen war es wichtig, dass die zwei identifizierten Entscheidungstypologien, die der Lernraumgestaltungsstrategie über die kulturellen Verortung wie auch über die symbolische Verortung, in der Forschungsarbeit repräsentiert sind. Mit der Berücksichtigung beider Strategien können aus unterschiedlichen Perspektiven heraus Prozesse der Lernraumgestaltung untersucht werden.

Die Reihenfolge der Fallstudienanalyse auf der Erkenntnisebene I (siehe Kapitel 8 Analyse Fallstudien – Erkenntnisebene I) resultiert aus dem im Rahmen des Forschungsprozesses möglichen Feldzugang. Zuerst wird die Analyse der SRH Hochschule Heidelberg dargelegt, da hier, durch einen Feldzugang über mehrere Monate, eine aktive teilnehmende Beobachtung durchgeführt werden konnte. Darauf folgend werden die Fallstudien Umeå University, Wirtschaftsuniversität Wien, Glasgow Caledonian University und Minerva Schools at KGI analysiert. Bei diesen Hochschulen wurde die Datenerhebungsmethode der Artefaktenanalyse eingesetzt. Die Reihenfolge der Fallstudien richtet sich nach der Anzahl der dabei geführten Gespräche. Hierbei steht nicht die Quantität im Vordergrund; die Anzahl der Gespräche ist ein Abbild davon, inwieweit ein informeller Informationszugang über persönliche Kontakte an den Hochschulen möglich war. Dies ist ein wichtiges Qualitätskriterium bei der Auswahl und Berücksichtigung von Gesprächsdaten, um die Interpretationen bei der Artefaktenanalyse reflektieren zu können (vgl. 7.2.2 Artefaktenanalyse). In der Tabelle 1 wird eine Übersicht über die ausgewählten Hochschulen, den Feldzugängen, den Verfahren zur Datenerhebung sowie den Datenquellen gegeben. Im Kapitel 8 werden bei der Analyse der Fallstudien ausführlichere Informationen zum jeweiligen Feldzugang und zur Vorgehensweise der Datenerhebung dargelegt. Im Appendix findet sich im Quellenverzeichniss sortiert nach Fallstudien eine Auflistung der verwendeten Datenquellen.

Als Grundlage der Datenaufnahme und -analyse wurden entsprechend dem Modell der LernRaumOrganisation zentrale Fragestellungen entwickelt, die in den Aktionsfeldern des Bedeutungsfeld, Beziehungsfeld, Aneignungsfeld und Erstellungsfeld sowie den Aushandlungsprozessen der Passung und Abgrenzung verortet sind (siehe Reflexionsverzeichnis). Diese Fragestellungen dienen als Leitfaden bei der teilnehmenden Beobachtung, der Artefaktenanalyse sowie den ergänzenden, informellen Gesprächen. Die Fragen leiten sich aus den Definitionen der Aktionsfelder und Aushandlungsprozesse, wie in den entsprechenden Abschnitten beschrieben, ab (vgl. 3.3.2 Beziehungsfeld und Bedeutungsfeld, 4.3.1 Erstellungsfeld und Aneignungsfeld, 5.3.1 Aushandlungsprozess der Passung, 5.3.2 Aushandlungsprozess der Abgrenzung).

Tabelle 1: Übersicht Fallstudien, Datenerhebung und Datenquellen

Fallstudie	Feldzugang	Datenerhebung	Datenquellen
SRH Hochschule Heidelberg (SRH), Deutschland	Feldzugang über den gesamten Zeitraum der Forschungsarbeit 04/2014 bis 02/2017	Teilnehmende Beobachtung mit Gesprächen zur Reflexion der Dateninterpretation	Aufzeichnungen Forschungstagebuch, Fotografien, Videos, öffentlich zugängliche Dokumente der Hochschule, Presseartikel, Gespräche mit Akteuren: - Leiterin Akademie für Hochschullehre - Studiendekanin - Professorin im Kernteam des Projektes „Lernraum Campus" - Externer Lehrbeauftragter - Prorektorin Studium und Weiterbildung - Rektor
Umeå University (UMU), Schweden	Feldaufenthalte - 20.04.2015 bis 25.04.2015 - 25.04.2016 bis 01.05.2016 Online-Recherche 01/2015–12/2016	Artefaktenanalyse mit Gesprächen zur Reflexion der Dateninterpretation	Aufzeichnungen Forschungstagebuch, Fotografien, öffentlich zugängliche Dokumente der Hochschule, Presseartikel, Gespräche mit Akteuren: - Projektleiterin „Rum för lärande" - Projektleiterin Interactive Focus Environments - Forscherin Projekt „Rum för lärande" - Team Projekt „Rum för lärande" - Teammitglied Projekt „Rum för lärande"
Wirtschaftsuniversität Wien (WUW), Österreich	Feldaufenthalte - 28.04.2014 - 18.08.2014 - 17.03.2016 bis 21.03.2016 Online-Recherche 04/2014–12/2016	Artefaktenanalyse mit Gesprächen zur Reflexion der Dateninterpretation	Aufzeichnungen Forschungstagebuch, Fotografien, Videos, öffentlich zugängliche Dokumente der Hochschule, Presseartikel, Gespräche mit Akteuren: - Vizerektorin für Lehre und Studierende - Professor WU Wien - Professor WU Wien

Fallstudie	Feldzugang	Datenerhebung	Datenquellen
Glasgow Caledonian University (GCU), Großbritannien	Feldaufenthalt - 27.11.2015 bis 02.12.2015 Online-Recherche 10/2014–12/2016	Artefaktenanalyse	Aufzeichnungen Forschungstagebuch, Fotografien, Videos, öffentlich zugängliche Dokumente der Hochschule, Presseartikel
Minerva Schools at KGI (MIN), USA	Online-Recherche 10/2014–12/2016	Artefaktenanalyse	Aufzeichnungen Forschungstagebuch, Fotografien, Videos, öffentlich zugängliche Dokumente der Hochschule, Presseartikel

Wie die Übersicht der Fallstudien und Datenquellen in der Tabelle 1 darlegt, werden im empirischen Teil der Arbeit text-, bild- und videobasierte Dokumente der untersuchten Hochschulen als Datenquellen verwendet. Des Weiteren werden Gesprächstranskripte und Gesprächsprotokolle bei der Analyse der Hochschulen verwendet. Diese werden mit einem Anonymisierungskürzel vor der Abkürzung der Hochschule und dem Jahr der Datenaufnahme, wie z. B. „FAK_SRH2016", dargestellt. Bei offiziell zugänglichen Unterlagen und Daten der Hochschulen wird zunächst die Hochschule mit dem Jahr der Veröffentlichung, soweit bekannt, benannt und danach erfolgt ein Abkürzungszeichen für die Datenquelle, wie z. B. „SRH2016_STA". Mit dieser Art der Darstellung soll dem Leser angezeigt werden, ob die in der Forschungsarbeit genutzten Dokumente auf persönlichen Gesprächen und Kontakten beruhen, wie im Fall „FAK_SRH2016", oder für jedermann zugängliche, öffentliche Informationsquellen darstellen, wie im Beispiel „SRH2016_STA". Beziehen sich Aussagen in den folgenden Kapiteln auf Feldnotizen der Verfasserin in den Forschungstagebüchern, wird das jeweilige, auch im Quellenverzeichnis aufgeführte und chronologisch durchnummerierte, Forschungstagebuch benannt, wie z. B. „FTB2_KN". Alle Quellen sind im Quellenverzeichnis nach den Fallstudien geordnet und katalogisiert.

7.4   Verfahren zur Synopsis der Fallstudien

Auf der Erkenntnisebene I im Kapitel 8 werden anhand der Aktionsfelder des Modells der LernRaumOrganisation spezifische Merkmale der Lernraumgestaltung bei den untersuchten Hochschulen ermittelt. Dieser Prozess erfolgt nach dem Prinzip des offenen Kodierens (vgl. 7.1.3 Prozess der Theorieentwicklung). Auf den Erkenntnisstufen II, III und IV werden in den Kapiteln 9, 10 und 11 diese Erkenntnisse durch vergleichende Fallstudienanalysen auf einer höheren Ebene untersucht. Dabei werden über die Untersuchung von Handlungen und Artefakten fallübergreifend Phänomene identifiziert. Hier greift das Verfahren des axialen Kodierens der Grounded Theory nach Strauss und Corbin, bei welchem die Daten der Fallstudien zusammengeführt werden und damit neue Erkenntnisse gewonnen werden können (vgl. 7.1.3 Prozess der Theorieentwick-lung). Für diesen Prozess wurde das Kodierparadigma (vgl. Strauss/Corbin 1996: 78 ff.) entwickelt, um anhand von Bedingungen, Kontexten, Handlungsstrategien sowie Kon-sequenzen Phänomene zu identifizieren und beschreiben zu können (siehe Abbildung 16).

Zur transparenten Darstellung des Untersuchungsprozesses wird auf Basis des Kodier-paradigmas eine Matrix zur Synopsis der vergleichenden Fallstudienanalyse entwickelt. Dabei wird das Kodierparadigma mit der Innovationspyramide der Lernraumgestaltung sowie den Erkenntnissen aus dem Modell der LernRaumOrganisation zusammengeführt (siehe Tabelle 2: Schematische Darstellung zur Synopsis der Fallstudien).

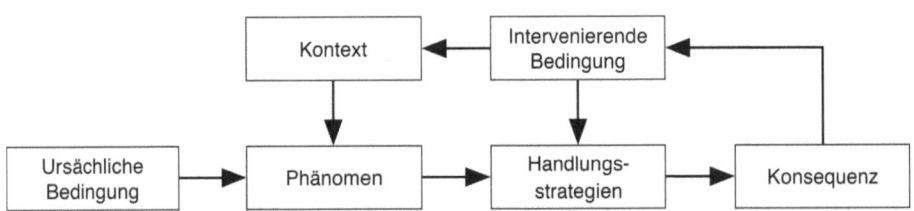

Abbildung 16: Kodierparadigma in Anlehnung an Strauss/Corbin (1996)

Ausgangsbasis der Matrix ist die erweiterte Darstellung der Innovationspyramide der Lernraumgestaltung, die das Ergebnis des offenen Kodierprozesses auf der Erkenntnis-ebene I darstellt (siehe 8.6 Zusammenführung Erkenntnisebene I). Die Ebenen der In-novationspyramide stellen die Konsequenzen nach dem Kodierparadigma dar, welche „Ergebnisse oder Resultate von Handlungen und Interaktion [sind]" (Strauss/Corbin 1996: 75). Das bedeutet, dass hier entsprechend der erkenntnisleitenden Fragestellung die Auswirkungen von Prozessen und Entscheidungen über Lernraumgestaltungsmaß-nahmen, und damit die Einordnung in die Innovationsebenen, sichtbar werden. Gemäß der Dualität von Raum nach dem relationalen Raumkonzept können Maßnahmen zur Gestaltung von Lernraumstrukturen wie Differenzierung, Verknüpfung oder Zusam-menführung von formellen und informellen Lernräumen bzw. des Lebensraums als Lernraum wiederum Einfluss auf Handlungen nehmen (vgl. 2.4.3 Über die Dualität von Raum). Das Kodierparadigma beschreibt im Konzept der Konsequenz auch dieses Wir-kungsprinzip: „*Die Konsequenzen einer Handlung/Interaktion zu einem Zeitpunkt kön-nen so zu einem Teil der Bedingung zu einem späteren Zeitpunkt werden*" (Strauss/Corbin 1996: 85, Hervorh. im Original). Das bestätigt die Integration der Inno-vationspyramide als Ergebnis, respektive Konsequenz, sowie als auch Ursache zur Iden-tifikation von Phänomenen der Lernraumgestaltung (vgl. Abbildung 16).

Tabelle 2: Schematische Darstellung zur Synopsis der Fallstudien

Konsequenzen			Ursächliche Bedingungen	Kontexte
				Intervenierende Bedingungen
MIN	Lebensraum als Lernraum	Bewusstseinsebene	Phänomene	Handlungs-strategien
SRH	Zusammenführung von formellen und informellen Lernräumen			
UMU	Verknüpfung von formellen und informellen Lernräumen	Bedürfnisebene		
WUW				
GCU	Differenzierung formeller und informeller Lernräume			

Neben den Ebenen der Innovationspyramide sind die identifizierten Phänomene bei den Lernraumgestaltungsmaßnahmen der Hochschulen aufgeführt. Ein Phänomen ist „die zentrale Idee, das Ereignis, Geschehnis, auf das eine Reihe von Handlungen/Inter-aktionen gerichtet sind, *um es zu bewältigen oder damit umzugehen oder auf das sich die Reihe bezieht*" (ebd.: 79, Hervorh. im Original). In der Matrix werden jeweils zwei Phänomene benannt, die für die Bedürfnisebene und Bewusstseinsebene, entsprechend der Gliederung der Innovationspyramide, stehen.

Oberhalb der Phänomene werden die ursächlichen Bedingungen des Kodierparadigmas dargestellt. Die ursächlichen Bedingungen verweisen „auf die Ereignisse oder Vorfälle, die zum Auftreten oder zu der Entwicklung eines Phänomens führen" (ebd.: 79). Hier greifen die Erkenntnisse bei der Entwicklung des Modells der LernRaumOrganisation. Mit den Entscheidungsstrategien der Aktionsfelder, den Lernraumgestaltungsstrategien über die kulturelle und symbolische Verortung sowie den Typologien von Aushand-lungsprozessen finden spezifische Ereignisse bei den Fallstudien statt (vgl. 6.1.3 Zu-sammenhänge am Modell der LernRaumOrganisation). Die grafische Darstellung des Kodierparadigmas in der Abbildung 16 zeigt an, dass die ursächlichen Bedingungen mit der exponierten Stellung am Anfang des Prozesses wesentliche Impulse setzen. Das bedeutet, dass über Strategien und Prozesstypologien der Hochschulen Steuerungsmög-lichkeiten zur Integration von Innovationen bei der Lernraumgestaltung gegeben sind.

Auf den Erkenntnisebenen II, III und IV werden die Hochschulen anhand dieser ursächlichen Bedingungen des Modells (vgl. 6.1.3 Zusammenhänge am Modell der Lern-
RaumOrganisation) untersucht und Thesen im Kontext der erkenntnisleitenden Fragestellung abgeleitet.

Neben den Phänomenen sind die Handlungsstrategien platziert. Diese sind nach dem
Kodierparadigma „Strategien, die gedacht sind, um ein Phänomen unter einem spezifischen Satz wahrgenommener Bedingungen zu bewältigen, damit umzugehen, es auszuführen oder darauf zu reagieren" (ebd.: 75). Hier finden sich die bei der Fallstudienanalyse auf der Erkenntnisebene I dargelegten spezifischen Merkmale der LernRaumOrganisation wieder. In der Matrix können diese für die Fallstudien zusammenfassend dargestellt werden.

Oberhalb der Handlungsstrategien sind die intervenierenden Bedingungen positioniert.
Diese werden nach dem Kodierparadigma definiert, als die „strukturellen Bedingungen,
die auf die Handlungs- und interaktionalen Strategien einwirken, die sich auf ein bestimmtes Phänomen beziehen. Sie erleichtern oder hemmen die verwendeten Strategien
innerhalb eines spezifischen Kontexts" (ebd.: 75). Hier werden Bedingungen zusammengefasst, die fallstudienübergreifend festgestellt werden konnten, wie z. B. räumliche, organisatorische, ökonomische, soziale oder auch gesellschaftliche Aspekte der
Lernraumgestaltung.

Über den Kontext werden in der Matrix mehrere intervenierenden Bedingungen auf
einer höheren Ebene zusammengefasst. „Der Kontext stellt den besonderen Satz von
Bedingungen dar, in dem die Handlungs- und interaktionalen Strategien stattfinden"
(ebd.: 75). Vor diesem Hintergrund ist der Kontext in der Matrix oberhalb der intervenierenden Bedingungen aufgenommen. Die Kontexte werden in dieser Arbeit als Unter-
kapitel in den Abschnitten der zu beschreibenden Phänomene aufgeführt, was aus dem
Zusammenhang zwischen Kontext und Phänomen herzuleiten ist: „Ein *Kontext stellt
den spezifischen Satz von Eigenschaften dar, die zu einem Phänomen gehören*" (ebd.:
80, Hervorh. im Original).

Auf den Erkenntnisebenen II, III und IV werden die Phänomene, im jeweiligen Kontext,
anhand von sieben ursächlichen Bedingungen auf verschiedenen Erkenntnisebenen
dargelegt. Wie bereits erläutert resultieren die ursächlichen Bedingungen aus den Erkenntnissen zur Entwicklung des Modells der LernRaumOrganisation. So werden in
Kapitel 9 auf der Erkenntnisebene II die Lernraumgestaltungsstrategien und ihr Einfluss
auf die Innovationskraft von Lernraumgestaltungsmaßnahmen fallübergreifend untersucht. Auf der Erkenntnisebene III werden im Kapitel 10 die Entscheidungsstrategien
der vier Aktionsfelder des Modells bei der vergleichenden Fallstudienanalyse untersucht. Und in Kapitel 11 werden auf der Erkenntnisebene IV die Aushandlungsprozesse
der Passung und Abgrenzung aller Fallstudien zusammenfassend betrachtet.

Ziel der vergleichenden Fallstudienanalyse auf den Erkenntnisebenen II, III und IV ist die Ableitung von Thesen, die im Zusammenhang mit der erkenntnisleitenden Fragestellung stehen. Bei den vergleichenden Fallstudienanalysen wird auf den Erkenntnisebenen die entwickelte Matrix eingesetzt. Da auf der Erkenntnisebene IV die Ergebnisse der Erkenntnisebenen II und III auf einer höheren Ebene verdichtet werden sollen, wird hier die Matrix erweitert.

Tabelle 3: Erweiterung der Matrix zur Synopsis der Fallstudien

Konsequenzen				Phänomene der Erkenntnisebenen II und III	Ursächliche Bedingungen	Kontexte
						Intervenierende Bedingungen
MIN	Lebensraum als Lernraum	Bewusstseinsebene			Phänomene	Handlungs-strategien
SRH	Zusammenführung von formellen und informellen Lernräumen					
UMU	Verknüpfung von formellen und informellen Lernräumen	Bedürfnisebene				
WUW						
GCU	Differenzierung formeller und informeller Lernräume					

Wie schematisch in der Tabelle 3 dargestellt werden die Phänomene der Erkenntnisebene II und III zwischen den Kategorien der Innovationspyramide und den Phänomenen der Passung bzw. Abgrenzung aufgeführt. Dies ist notwendig, da die Aushandlungsprozesse im direkten Zusammenhang mit den Aktionsfeldern und der Lernraumgestaltungsstrategie zu analysieren sind. Mit dieser Vorgehensweise können bei der Zusammenführung der bereits vorliegenden Erkenntnisse Thesen auf einer höheren Ebene abgeleitet werden.

8 Analyse Fallstudien – Erkenntnisebene I

„Wenn ich die Menschen gefragt hätte, was sie wollen, hätten sie gesagt schnellere Pferde."
Henry Ford (1863–1947)

In den folgenden Kapiteln des empirischen Teils dieser Arbeit werden fünf ausgewählte Hochschulen mit innovativen Lernraumkonzepten analysiert. Dabei sollen anhand des Modells der LernRaumOrganisation sowie der Innovationspyramide, die im theoretischen Teil entwickelt worden sind, Aspekte identifiziert werden, welche Faktoren die Integration von Innovationen beeinflussen können.

In diesem Kapitel werden die Lernraumgestaltungsmaßnahmen der fünf ausgewählten Hochschulen dargelegt, entsprechend der Aktionsfelder des Modells gegliedert sowie hochschulspezifische Innovationen der Lernraumgestaltung zusammengefasst. Dieses Kapitel abschließend wird anhand der dabei gewonnenen Erkenntnisse die Innovationspyramide der Lernraumgestaltung weiterentwickelt.

8.1 Fallstudie SRH – SRH Hochschule Heidelberg, Deutschland

Die SRH Hochschule Heidelberg, im nachfolgenden Text als SRH benannt, ist die älteste private Hochschule in Deutschland (vgl. SRH2009_PM). Als eine von zehn privaten Hochschulen in Deutschland und in Paraguay, mit insgesamt über 12.000 Studierenden, gehört die SRH Hochschule Heidelberg zur Stiftung Rehabilitation Heidelberg, einer privaten, gemeinnützigen Stiftung und Anbieter von Bildungs- und Gesundheitsleistungen. 1969 als Einrichtung zur beruflichen Rehabilitation von Menschen mit Behinderungen gegründet hat die staatlich anerkannte Hochschule heute ca. 3.100 Studierende und 280 Mitarbeiter (vgl. SRH2016_FSH). Fachliche Schwerpunkte in Lehre und Forschung werden mit den Fakultäten für Wirtschaft, Sozial- und Rechtswissenschaften, Angewandte Psychologie, Information, Medien und Design, Therapiewissenschaften sowie der School of Engineering and Architecture gesetzt. Alle Fakultäten und die Mehrzahl der angegliederten Institute sind auf dem Campus in Wieblingen, einem westlich gelegenen Stadtteil Heidelbergs, beheimatet. Auf dem Campus befinden sich neben der Holding der Stiftung Rehabilitation Heidelberg auch andere Einrichtungen, wie das SRH Kurpfalzkrankenhaus sowie drei SRH-Fachschulen. Die Studierenden der SRH können auf dem Campus eine umfangreiche Infrastruktur mit Bibliothek, Mensa, Cafés, Studierendenwohnheimen und Sporteinrichtungen nutzen (SRH2015_CM). Zur räumlichen und organisatorischen Vernetzung der SRH-Unternehmen auf dem Campus wird derzeit ein Masterplan erarbeitet, der für die SRH u. a. mehr Wohnheimplätze und die räumliche Integration aller Institute der Hochschule auf dem Campus vorsieht.

8.1.1   Feldzugang und Datenerhebung bei der Fallstudie SRH

Bei der Fallstudie SRH war die Verfasserin durch ihre Tätigkeit an der SRH in das soziale Umfeld an der Hochschule integriert, sodass eine aktive teilnehmende Beobachterrolle möglich war. Dadurch konnten für die Forschungsarbeit umfangreiche Daten und somit Erkenntnisse gewonnen werden, die einen tiefen Einblick in Zusammenhänge und Mechanismen von Veränderungsprozessen einer Hochschulorganisation auf allen Ebenen der Lernraumgestaltung geben. Des Weiteren ist mit der Tätigkeit im wissenschaftlichen und praktischen Bereich der Lernraumgestaltung, durch die damit einhergehenden fachlichen wie auch persönlichen Erfahrungen, eine Sensibilität für das Forschungsthema gewährleistet.

Die Verfasserin war 2013–2015 akademische Mitarbeiterin des Forschungsschwerpunktes „Neue Lernräume" an der School of Engineering and Architecture der SRH, bei welcher sie unter anderem an einer hochschulweiten sowie einer fakultätsspezifischen Befragung von Studierenden und Lehrenden zu Anforderungen der Lernraumgestaltung auf dem Campus Heidelberg beteiligt war (vgl. Kirschbaum/Ninnemann 2016). Seit Juli 2015 ist sie Leiterin des Projektes „Lernraum Campus" an der Akademie für Hochschullehre der SRH. Bei diesem Projekt wurden in 2016 und 2017 formelle und informelle Lernräume von vier Fakultäten auf dem Campus Heidelberg mit insgesamt 1.900 Lernarbeitsplätzen geplant, um aktivierendes Lehren und Lernen zu unterstützen (vgl. Ninnemann 2016; SRH2016_GB; SRH2016_WIR). Des Weiteren wurden in dem Projekt mit der Neuausstattung der Hochschule Lernraum-Settings identifiziert, die in dem Forschungsprojekt „Raumausstattung und Lernerfolg" (RAuL) im Studienjahr 2016/17 evaluiert werden (vgl. SRH2016_RAUL). Durch die Tätigkeit an der SRH steht die Verfasserin im Austausch mit Akteuren aller Ebenen der Hochschule, von der Hochschulleitung über die administrativ organisatorischen Abteilungen der Hochschule, den Fakultäten mit den Dekanaten, Studiengangsleitungen sowie den Lehrenden der unterschiedlichen Fachdisziplinen und den Studierenden des Studiengangs Architektur.

Die Datenerhebung fand über den gesamten Zeitraum des Forschungsprojektes statt. Beobachtete Ereignisse und Eindrücke wurden mit Feldnotizen im Forschungstagebuch sowie fotografisch festgehalten. Mit ausgewählten Hochschulakteuren (vgl. Tabelle 1: Übersicht Fallstudien, Datenerhebung und Datenquellen, Seite 116) wurden gegen Ende des Untersuchungszeitraums Gespräche geführt, um die Identifikation und Interpretation von Prozess-Phänomenen der Lernraumgestaltung in diesem Untersuchungsfeld reflektieren zu können.

8.1.2   Lernraumgestaltung „CORE"

Im Jahr 2012 wurde an der SRH das Studienmodell „CORE", Akronym für Competence Oriented Research and Education, eingeführt: „CORE steht dabei für die Besinnung auf das Herzstück der Arbeit einer Hochschule, die in erster Linie für die Studierenden da ist: für die Konzentration auf das Lernen und den Lernerfolg" (Jörg Winterberg, zitiert nach Rózsa 2012: 9). Auf der Basis von Forschungsergebnissen aus der Lehr-Lern-Forschung werden mit CORE aktivierende Lehr- und Lernmethoden an der Hochschule umgesetzt „und die Hochschullehre damit grundlegend verändert" (SRH2016_CP: 2).

Mit der Unterstützung der Lehrenden sollen die Studierenden nach den Prinzipien der Studierendenzentrierung und Eigenverantwortung befähigt werden, selbstständig und praxisorientiert zu lernen, um ihre persönlichen Fähigkeiten und Kompetenzen zu entwickeln. CORE wurde an der Hochschule als ein wichtiges Kriterium zur Bildung eines Alleinstellungsmerkmals in der Hochschullandschaft identifiziert, da durch das Studienmodell die Kultur des Miteinanders aller Akteure an der Hochschule, den Lehrenden, Lernenden, der Verwaltung sowie der Hochschulleitung, neu geordnet und verortet wird (vgl. REK_SRH2016): „Als private Hochschule können Sie sich auf Dauer nicht dadurch abheben, dass Sie immer neue Studienfächer besetzen […] Die kopieren die staatlichen [Hochschulen – Anm. KN] irgendwann. Was sie aber nicht so leicht kopieren können, ist die Kultur" (Jörg Winterberg, zitiert nach Wiarda 2016). Mit dem Ansatz der Studierendenzentrierung und Eigenverantwortung der Studierenden für ihre Lernprozesse ging eine Reform der Studienstruktur an der Hochschule einher, die im Rahmen einer Modellevaluation von Anbeginn an durch externe Experten inhaltlich und organisatorisch geprüft wurde (vgl. Zentrale Evaluations- und Akkreditierungsagentur 2012). Ein zentraler Punkt der Studienstrukturreform an der SRH ist das Aufbrechen der klassischen Semesterorganisation, um Module als „thematische Verbünde von Veranstaltungen im Zeitraum von fünf Wochen" (ebd.: 9) konzipieren zu können. Durch die zeitliche Blockstruktur sollen sich die Studierenden wie auch die Lehrenden auf ein Thema konzentrieren können und damit eine Flexibilisierung von Lehrzeiten, -inhalten und -methoden erreicht werden: „Das Konzept beinhaltet die Möglichkeit von unterschiedlichen Kontaktzeiten und unterschiedlichen Selbstlernzeiten während der Arbeitstage im Verlauf der fünf Wochen, unterschiedliche Lehrformen (z. B. seminaristischer Unterricht und Projektbetreuung) und eine kompetenzorientierte Modulprüfung, welche sich aus Teilprüfungen zusammensetzen kann. In das Konzept einbezogen sind die Förderung von Gruppen- und Projektarbeit sowie die traditionell starken Praxisbezüge, beispielsweise durch Gastreferenten" (ebd.: 10). Das Konzept von CORE wurde 2009 mit der Gründung der Akademie der Hochschullehre entwickelt und 2010 erstmals intern auf der Dekane- und Studiendekanekonferenz vorgestellt, bei welchem es „einen ziemlichen Aufschrei [gab]" (AKFHL_SRH2016: 5). Ein Studiengangsleiter erklärte sich jedoch bereit, das Modell auszuprobieren: „Ach was soll das ganze Gerede? Wir müssen das einfach mal ausprobieren. Ich fange mit meinem Studiengang an! Ich starte im Oktober nach der neuen Struktur" (AKFHL_SRH2016: 5). Dieser Modellstudiengang im Jahr 2011 war ein wesentlicher Meilenstein für die Weiterentwicklung und Verfeinerung des CORE-Modells und Grundlage für die hochschulweite Einführung an der SRH in 2012.

Mit CORE hat sich die Lehr-, Lern- und Arbeitskultur an der SRH auf ganzer Linie verändert. Von den Lehrenden und Lernenden wird zum einem ein starkes Engagement bei der Gestaltung der Lehr- und Lernprozesse gefordert. Auf der anderen Seite ist eine intensive Zusammenarbeit und Abstimmung der Lehrenden bei der Modulkonzeption, Planung und Durchführung notwendig, damit alle Bausteine, Lehrinhalte wie auch Lehrmethoden, zueinanderpassen. Diese Anforderungen an die Lehre entsprechen den Erkenntnissen der Zeitlaststudie aus dem Jahr 2011: „Wir müssen daher ein neues Konzept entwickeln, welches nicht mehr ausschließlich auf einer in Semesterwochenstunden definierten Lehrverpflichtung beruht, sondern auf einer ganzheitlichen Lehrleistung" (Schulmeister/Metzger 2011: 122). Vor diesem Hintergrund werden seit 2015 bei Stellenausschreibungen explizit Hinweise auf das Studienmodell sowie auf das gesuchte Profil gegeben: „Bereitschaft, Lernprozesse aktiv nach dem CORE-Prinzip zu gestalten" (SRH2016_STA). Die mit CORE einhergehende Kultur der engen Zusammenarbeit von Lehrenden und Lernenden sowie die daraus resultierende Anforderungen an das Selbstverständnis der Lehrenden wird in den Vorstellungsgesprächen wie auch Berufungskommissionen geprüft (vgl. SRH2016_SBA). Eine unbefristete Einstellung von Professoren erfolgt mittlerweile erst, wenn diese in den ersten zwei Jahren erfolgreich am Lehrtraining teilgenommen haben (vgl. REK_SRH2016: 2). In den speziell für CORE konzipierten Lehrtrainings werden in einer Gruppe von Lehrenden aus allen Fachrichtungen, jedoch mit mindestens zwei Vertretern einer Fakultät, über mehrere Monate hinweg Veranstaltungen durchgeführt, um die Umsetzung aktivierender Lehr- und Lernmethoden zu trainieren, individuelle Stärken herauszuarbeiten sowie Fragen und Herausforderungen gemeinsam in der Gruppe zu klären.

Aus den Erfahrungen der letzten vier Jahre konnten seitens der Hochschule folgende Faktoren identifiziert werden, um den „Shift from Teaching to Learning" an der Hochschule umsetzen zu können (vgl. SRH2016_WIL; SRH2016_CP):

- Sequenzielles Lernen in der Fünf-Wochen-Blockstruktur mit themenzentrierter Modulorganisation
- Kompetenzorientierte, auf das jeweilige Modul und Lernziel zugeschnittene Lehr- und Lernformate sowie Prüfungsformen mit kontinuierlichen Leistungsnachweisen
- Fokus auf das Lernergebnis und Messungen der Kompetenzentwicklung
- Rollenverständnis der Lehrenden als Lernbegleiter und Organisatoren der Lernprozesse
- Mentoren- und Coachingangebote für Studierende
- Gezielte Schulungs- und Coachingmaßnahmen für Lehrende und Mitarbeiter.

Anhand der genannten Faktoren ist ersichtlich, dass der strategische Change-Management-Prozess zur Implementierung des Studienmodells nach dem Active Learning Approach auch organisatorisch abzubilden ist. Aus diesem Grund wurde in 2009 die Akademie für Hochschullehre ins Leben gerufen (vgl. SRH2016_SBA). Die Akademie war im Vorfeld der Einführung des neuen Studienmodells für die Konzeptionierung sowie die internen Abstimmungs- und auch externen Genehmigungsprozesse verantwortlich. Heute werden hier alle erforderlichen Maßnahmen zur hochschulweiten Unterstützung der Lernenden, Lehrenden und auch Mitarbeiter der Organisation und Verwaltung weiterentwickelt und gebündelt. Das betrifft vielfältige Aufgabenbereiche, wie z. B. die Organisation und Durchführung von Lehrtrainings, Weiterbildungsveranstaltungen und Coaching-Maßnahmen, Netzwerktreffen, Informationsveranstaltungen, die Teilnahme an den Berufungskommissionen, die Dokumentationen von Best-Practice-Beispielen und Fachtagungen sowie auch die räumliche Unterstützung mit der Entwicklung, Umsetzung und Evaluierung von Lernraumkonzepten (vgl. SRH2016_SBA). Die Bedeutung der Einführung des Studienmodells CORE für die SRH und der damit einhergehenden Maßnahmen im Veränderungsprozess zeigt sich am folgenden Faktor. In 2016 wurde als übergeordnete Organisationseinheit die SRH Higher Education eingeführt, um Synergien aller Hochschulen der SRH zusammenführen zu können. Ein erklärtes Ziel dabei ist unter anderem die Umsetzung des Studienmodells CORE an allen anderen Hochschulen. Eine Hochschule in Deutschland sowie die Hochschule in Paraguay sind bereits im Prozess der Implementierung. Seitens der Akademie für Hochschullehre werden derzeit allgemeine Standards und Qualitätskriterien, die mit den unterschiedlichen spezifischen Ausrichtungen der Hochschulen einhergehen, erarbeitet und kommuniziert.

Mit der strategischen Umsetzung des CORE-Prinzips ist für alle Akteure an der Hochschule deutlich spürbar, dass sich mit Veränderungen bei Lehr-, Lern- und Prüfungsmethoden auch die Anforderungen an die Lernumgebung wandeln: „Von Seiten der Lehrenden wurde dabei zunehmend mehr Vielfalt und Nutzungsflexibilität des Mobiliars, eine auf die Fachkultur zugeschnittene Raumausstattung sowie Raum für experimentelles Lernen eingefordert" (Ninnemann 2016: 155). So wurde im Juli 2015 das Projekt „Lernraum Campus" initiiert, um zeitnah notwendige Maßnahmen auf dem Campus herbeizuführen. Im Fokus des Projektes stand primär die Konzeptionierung von formellen Lernraum-Settings, um aktives Lehren und Lernen unterstützen zu können (vgl. ebd.: 155 f.).

Mit dem Beginn des Projektes wurden die Lernräume in den verschiedenen Gebäuden auf dem Campus zunächst aufgenommen und hinsichtlich der Raumgröße in die Kategorien S, M und L unterteilt. Dabei wurde deutlich, dass für eine durchschnittliche Gruppengröße von 36 Studierenden sehr unterschiedliche Raumflächen, von ca. 80 qm bis 120 qm, zur Verfügung stehen. Insbesondere die Feststellung, über teilweise sehr viel Fläche verfügen zu können, eröffnete neue Perspektiven und erlaubte, neben den Standardkonzepten auch unkonventionelle Lernraum-Settings zu konzipieren und umzusetzen (vgl. ebd.: 156). Bauliche Maßnahmen waren für die Anpassung der Räumlichkeiten nicht notwendig, da bereits vor der Einführung des CORE-Prinzips mit den genannten Gruppengrößen gearbeitet wurde. Auch bei der ergänzenden Einrichtung von informellen Lernarbeitsplätzen, vornehmlich an strategischen Punkten wie im Eingangsfoyer oder in Flurbereichen, waren lediglich Maßnahmen, wie z. B. die Erneuerung des

Bodenbelags und der Elektrik, erforderlich, die im Rahmen der Revitalisierung der Gebäude bereits als notwendig erklärt gewesen waren.

In einem zweiten Schritt wurden mit den Fakultäten die Umsetzungen des CORE Studienmodells in den einzelnen Fachdisziplinen und die damit einhergehenden Anforderungen diskutiert. Somit sollte sichergestellt werden, dass die entwickelten Lernraum-Settings der Lehr-Lern-Kultur an der SRH wie auch den einzelnen Fakultäten entsprechen. Darauf aufbauend konnte dann auf Grundlage der definierten Anforderungen, dem Stand der Forschung zu Active und Flexible Learning Environments (Vergleiche 2.3.1 Über formelle Lernräume) sowie Best-Practice-Beispielen ein modulares System an Lernraum-Settings entwickelt werden. In den Konzeptions- und Abstimmungsrunden wurden in einem Kernteam Vertreter der Fakultäten involviert, die aus eigenem Engagement heraus den notwendigen Change-Management-Prozess an der Hochschule unterstützen und das CORE-Prinzip leben (vgl. ebd.: 156). Ein relevantes Kriterium bei der Auswahl des Kernteams waren Lehrerfahrungen mit aktivierenden Lehr-, Lern- und Prüfungsmethoden, um bei der Definition von notwendigen Anforderungen an den Lernraum aus der Praxis argumentieren zu können. Des Weiteren war es prozessunterstützend, dass die ausgewählten Lernraumgestalter eine strategische Leitungsfunktion an der Hochschule besetzen und damit über fakultätsinterne wie auch fakultätsübergreifende Kontakte sowie Entscheidungskompetenz in ihrem disziplinären Umfeld verfügen (vgl. Ninnemann 2016: 156).

Auf Basis der Lernraumkonzepte konnten bereits im September 2015 Kriterien für die Ausschreibung und Auswahl der Neuausstattung festgelegt und begründet werden. In diesem Schritt wurden auch administrative Abteilungen eingebunden, um ein Gleichgewicht zwischen der Vielfalt an Ausstattungsmöglichkeiten und einer effizienten Handhabbarkeit der zukünftigen Lernraum-Settings, wie z. B. bei der Raumbuchung, Reinigung, Instandhaltung und bei Einkaufsprozessen, zu gewährleisten. Die Vorgehensweise beim Auswahl- und Beschaffungsprozess wurde durchgehend mit dem Kernteam abgestimmt und darüber in die Fakultäten hinein kommuniziert. Im Rahmen der Ausschreibung wurde im November 2015 eine Bemusterung durchgeführt, bei welcher 149 Produkte in 12 Produktlosten in den öffentlich zugänglichen Bereichen, wie den Gruppenarbeitsräumen im Foyer und in der Galerie des Hauptgebäudes, auf dem Campus ausgestellt wurden. Während der zweiwöchigen Bemusterung konnten Studierende und Mitarbeiter der Hochschule die ausgestellten Produkte testen und bewerten. Mittels Produktetiketten konnten die Produkte benotet bzw. Hinweise dazu gegeben werden. Die Beurteilungen und Anmerkungen wurden ausgewertet und bei der qualitativen Bewertung zur Vorbereitung der Vergabeempfehlung berücksichtigt (vgl. ebd.: 157). Im Frühjahr 2016 wurde die School of Engineering and Architecture als Modellfakultät zuerst ausgestattet und die dort eingesetzten Produkte durch eine Studierendenbefragung evaluiert. Dabei konnten wichtige Hinweise zur Produktakzeptanz sowie auch hinsichtlich der Unterstützung von aktivierenden Lehr- und Lernmethoden durch die Ausstattung gewonnen werden (vgl. Ninnemann 2016: 158). Bei der Modellfakultät hat sich auch gezeigt, dass bei einer Neuausstattung mit innovativen Lernraum-Settings eine Nachverdichtungsphase einzuplanen ist. Hier wurden in einer zweiten Stufe ergänzendes Mobiliar angeschafft, Produkte ausgetauscht und Settings gemäß den methodischen Anforderungen nachträglich angepasst (vgl. ebd.: 158).

Mit der Neuausstattung der Fakultäten wurden Mitte 2016 fünf Lernraum-Settings identifiziert, bei welchen die Projektmaßnahmen durch das Forschungsprojekt „Raumausstattung und Lernerfolg" (RAuL) im Studienjahr 2016/2017 untersucht werden. Mit dem Projekt RAuL werden die formelle Lernraum-Settings, die auf das Modell der Flexible Learning Environments aufbauen, erforscht und in Bezug zu den vorliegenden amerikanischen Studien gesetzt (ebd.: 160). Mit der Ausrichtung von CORE auf den Lernerfolg der Studierenden sollen die Maßnahmen der Neuausstattung der Lernräume reflektiert werden. Ergebnisse dazu können dann bei zukünftigen Maßnahmen an der SRH wie auch im SRH-Hochschulnetzwerk verwendet werden. Des Weiteren kann mit den Erkenntnissen ein Beitrag für das bestehende Forschungsdesiderat empirischer Erkenntnisse zu Lernraumgestaltungskonzepten zur Unterstützung des Active Learning Approach gewonnen werden (vgl. 2.3.1 Über formelle Lernräume).

8.1.3   Spezifische Merkmale der Fallstudie SRH

Anhand der Ausführungen zum Lernraumgestaltungskonzept an der SRH ist ersichtlich, dass Maßnahmen zur Veränderung der physisch-materiellen Lernraumebene ein Ergebnis von Maßnahmen auf der sozial-interaktiven und organisational-strukturellen Ebene sind. Das bedeutet, dass nach dem Modell der LernRaumOrganisation an der SRH die Lernraumgestaltungsstrategie über die kulturelle Verortung praktiziert wird (vgl. 6.1.3 Zusammenhänge am Modell der LernRaumOrganisation). Mit der Neukonfiguration der Lehr-Lern-Kultur der SRH durch die Einführung des Studienmodells CORE geht als ein Teilprojekt des Change-Management-Prozesses die Neuausstattung der formellen und informellen Lernräume auf dem Campus einher. Mit dem Projekt „Lernraum Campus" werden die Veränderungsprozesse an der Hochschule über materielle Artefakte sichtbar und spürbar. Durch diese neu installierten, räumlichen Strukturen sollen Handlungen zur Umsetzung aktiver Lehr- und Lernprozesse auf der Seite des Interaktions- wie auch auf der Seite des Organisationssystems habitualisiert werden.

Im Folgenden werden Entscheidungsstrategien der Hochschule SRH in den vier Aktionsfeldern des theoretischen Modells der LernRaumOrganisation zusammenfassend dargestellt. Gemäß den zwei Typologien zur Lernraumgestaltungsstrategie am Modell der Lernraumgestaltung werden bei dieser Hochschule, die strategische Maßnahmen und Entscheidungen über die kulturelle Verortung vornimmt, die Felder in der Reihenfolge Bedeutungsfeld, Beziehungsfeld, Aneignungsfeld und Erstellungsfeld beschrieben (vgl. Abbildung 13: Lernraumgestaltungsstrategien am Modell, Seite 95). Dabei werden charakteristische Merkmale der LernRaumOrganisation der SRH in den Aktionsfeldern zusammenfassend dargestellt, um eine Grundlage für die vergleichenden Fallstudienanalyse der SRH mit den anderen untersuchten Hochschulen durchführen zu können.

Bedeutungsfeld Fallstudie SRH

Mit der Konzeption und hochschulweiten Einführung des Studienmodells CORE werden über die Bedeutung und Qualität der Lehre an der Hochschule Maßnahmen ergriffen, um sich im Wettbewerb positionieren zu können (vgl. REK_SRH2016:1). Die Ausrichtung auf studierendenzentrierte und eigenverantwortliche Lernprozesse geht aber nicht nur mit Veränderungen didaktischer Settings in den Lehrveranstaltungen einher, sondern auch mit der Veränderung des Selbstverständnisses der Lehrenden und Lernenden (vgl. REK_SRH2016). Studierendenzentrierung ist an der SRH nicht nur ein Schlagwort in einem Strategiepapier, sondern wird aktiv durch vielfältige Maßnahmen gefördert und gefordert. So werden gezielt Lehrtrainings, Weiterbildungen, Coaching-Maßnahmen und Informationsveranstaltungen angeboten sowie Best-Practice-Modelle von Lehrveranstaltungen kommuniziert, um den Lehrenden je nach Bedarf Unterstützung geben zu können und somit die Umsetzung des Active Learning Approach nach dem Studienmodell CORE in der Praxis sicherzustellen (vgl. SRH2016_SBA). Die Fallstudie SRH zeigt, dass Veränderungen der Lehr- und Lernkultur organisatorische Veränderungsprozesse nach sich ziehen. Vor diesem Hintergrund sind umfangreiche Maßnahmen notwendig, bei welchen auch administrative Bereiche und deren Mitarbeiter zu integrieren sind (vgl. REK_SRH2016: 3). Für die verschiedenen Maßnahmenpakete wurden seitens der Hochschulleitung finanzielle und personelle Ressourcen bereitgestellt, um alle Ebenen der Lernraumgestaltung, physisch-materieller, sozial-interaktiver und organisational-struktureller Art, zusammenführen zu können (vgl. REK_SRH2016: 1). Zentraler Akteur im Change-Management-Prozess ist die Akademie für Hochschullehre (vgl. REK_SRH2016: 2; SRH2016_SBA: 1). In einem interdisziplinären Team der Fachrichtungen Psychologie, Wirtschaft, Sozialwissenschaften, Städtebau und Architektur werden unterschiedlichste Maßnahmen zur Verknüpfung der verschiedenen Ebenen konzipiert, umgesetzt und gesteuert (vgl. SRH2016_SBA).

Mit der inhaltlichen Auseinandersetzung und Konzeptionierung einer Lehr- und Lernkultur zur Umsetzung des „Shift from Teaching to Learning" kann sich die Hochschule bei der Gestaltung der symbolischen Verortung von Lehren und Lernen auf ein unmittelbares Feedback von Akteuren des Interaktionssystems zu fehlenden bzw. notwendigen Maßnahmen einstellen. So wurde durch die Lehrenden, die die Rolle der Lernbegleiter angenommen haben und aktivierendes Lehren und Lernen praktizieren, mit der Einführung des CORE-Prinzips zurückgemeldet, dass die bestehende Ausstattung der Lernräume ein Hindernis zur Durchführung innovativer Lehrveranstaltungen darstellt (vgl. Ninnemann 2016: 155). Diese Rückmeldungen waren Anlass zur Initiierung des Projektes „Lernraum Campus" und Ideengeber für die Entwicklung eines hochschulweiten Lernraumkonzeptes. Unter dem Motto „Wer frontal unterrichtet, hat die Arbeit" (FAK_SRH2016) wurden differenzierte Lernraum-Settings konzipiert, welche die Lehrenden unterstützen, die aktive Lehr- und Lernmethoden in ihren Lehrveranstaltungen einsetzen möchten. Das Projekt wurde zentral in der Akademie für Hochschullehre verortet, um die Verknüpfung aller spezifischen Anforderungen aus den Fakultäten zu ermöglichen und parallel laufende Maßnahmen und Herausforderungen des Change-Management-Prozesses berücksichtigen zu können. Ein entscheidender Faktor für die konsequente Entwicklung und Umsetzungstauglichkeit der verschiedenen Lernraum-Settings war das Fundament der kulturellen Verortung über das Studienmodell CORE (vgl. Ninnemann 2016: 156). Damit einher ging das Wissen um Erfordernisse bei der räumlichen Unterstützung aktivierender Lehr-, Lern- und Prüfungsmethoden. Mit der ergänzenden Analyse von Best-Practice-Beispielen aus dem internationalen Umfeld, der Zusammenführung von Erfahrungen an anderen Hochschulen, der Interaktion mit Experten aus dem Ausland sowie einem Überblick über Forschungsstudien zu Lernraumkonzepten konnten innerhalb kürzester Zeit belastbare Konzepte entwickelt und Entscheidungen zur Realisierung getroffen werden.

Um alle Ebenen der Lernraumgestaltung kommunizieren und diskutieren zu können, werden alle strategischen Maßnahmen des Change-Management-Prozesses von CORE in einem Lenkungskreis verfolgt und damit notwendige Maßnahme im Veränderungsprozess identifiziert. Des Weiteren finden z. B. Klausurtagungen mit allen Mitarbeitern der Hochschule statt, um gemeinsam mit Hochschulakteuren aus dem akademischen wie auch administrativen Bereich Herausforderungen, Ideen und Feedback für notwendige Maßnahmen und Entwicklungsprozesse zur Veränderung der Hochschulkultur zu erhalten und gemeinsam Lösungen erarbeiten zu können (SRH2016_SBA).

Beziehungsfeld Fallstudie SRH

Mit dem Ziel, Lernende als aktive, eigenverantwortliche Gestalter ihrer Lernprozesse zu unterstützen, benötigen die Studierenden nicht nur in informellen Settings Freiräume zum Austausch und zur Zusammenarbeit. Daher steht an der SRH, anders als bei anderen Hochschulen (vgl. 2.3.2 Über informelle Lernräume), die Neugestaltung der formellen Lernräume im Fokus. Mit der Konzeptionierung und Realisierung differenzierter Lernraum-Settings können heute vielfältige Lehr- und Lernmethoden umgesetzt werden, die unterschiedlichste Formen der Kollaboration und Kooperation zwischen den Studierenden und damit selbstständige Lernprozesse unterstützen können.

Mit der konsequenten Umsetzung des Active Learning Approach in formellen Lernprozessen sind die Lehrenden an der SRH in ihrem Selbstverständnis gefordert. Aktives Lehren und Lernen verändert nicht nur die Rolle des Lehrenden in Lehrveranstaltungen, sondern auch das Tätigkeitsbild und die Verantwortungsbereiche der Lehrenden an der Hochschule insgesamt. Durch die verstärkte Interaktion zwischen den Studierenden in den Lehrveranstaltungen sind die Lehrenden verstärkt hinsichtlich ihrer Fähigkeiten zu Konfliktklärung, Mentoring und Coaching der sozialen Aspekte von Lernprozessen gefragt (vgl. FAK_SRH2016: 9). So wird an der SRH eine Politik der offenen Türen gelebt. Das bedeutet, dass die Lehrenden auch außerhalb der Lehrveranstaltungen für die Studierenden zur Verfügung stehen. Die Einführung des Studienmodells CORE hat deutlich gemacht, dass veränderte Rollen der Lehrenden auch Veränderungen bei der Unterstützung dieser Tätigkeiten durch vor- oder nachgelagerte Serviceabteilungen aus dem administrativen Bereich hervorruft. So müssen die Mitarbeiter der Studienberatung und -betreuung, wie auch der Hochschulkommunikation, Prüfungsabteilungen sowie der Planung von Stunden- und Raumplänen die Kernpunkte der Lehr-Lern-Kultur verstehen und bei ihrer täglichen Arbeit sowie in der Kommunikation mit den Studierenden leben. Daher werden neben den genannten Unterstützungsmaßnahmen der Lehrenden an der Hochschule auch aktiv Maßnahmen zur Weiterbildung aller Mitarbeiter durchgeführt (vgl. SRH2016_SBA).

Aneignungsfeld Fallstudie SRH

Im Rahmen einer hochschulweiten Befragung an der SRH wurde von den Studierenden der dringende Bedarf an Lernarbeitsplätzen für Gruppenarbeiten zurückgemeldet (vgl. Kirschbaum/Ninnemann 2016: 199). Für die Studierenden ist die Anbindung informeller Lernräume an Orte ihrer sozialen Anbindung, in der Nähe der Lehrenden ihrer Fakultät, wichtig: „Eine detaillierte Auswertung der Befragung nach Fakultäten zeigt jedoch, dass die Studierenden für Gruppenarbeiten in erster Linie Räumlichkeiten in ihrer Fakultät nutzen. Nur wenn kein räumliches Angebot in der Fakultät vorhanden ist, wird auf die nächstliegenden Gruppenarbeitsräume der Campus-Bibliothek zurückgegriffen" (ebd.: 204). So wurden im laufenden Projekt „Lernraum Campus" auf Nachfrage einer Fakultät, die bereits über flexible Lernraum-Settings verfügte und somit nicht in dem Projekt vorgesehen war, ergänzend informelle Lernarbeitsflächen in dem Fakultätsgebäude direkt vor Ort bei den Lehrenden eingerichtet. Auf dem Campus befinden sich mit der Realisierung der Maßnahmen des Projektes nun in allen Fakultätsgebäuden auf dem Campus informelle Lernräume, die für die Studierenden und auch Lehrenden und Mitarbeiter, aber auch für Besucher, Gäste und Interessenten der Hochschule, frei zugänglich sind. Des Weiteren finden sich Studierendenarbeitsplätze in der Bibliothek, die 24 Stunden an sieben Tagen der Woche geöffnet ist. Eine weitere Voraussetzung für die Integration der Studierenden in die Aktivitäten der Fakultäten wie auch die Förderung der Interaktion zwischen Lehrenden und Lernenden wird durch die Verknüpfung von Lern- und Arbeitsorten innerhalb der Fakultäten gewährleistet. Mit der Verortung von formellen und informellen Lernräumen sowie Büroräumen der Lehrenden und administrativen Mitarbeiter der Fakultäten in räumlicher Nähe ist eine enge Verzahnung der Interaktionen der Akteure von Lehr- und Lernprozessen möglich.

Mit der Einführung des Studienmodells CORE wurde das Prinzip der zentralen Raumbuchung aufgehoben. Die formellen Lernräume sind den jeweiligen Fakultäten zugeordnet, über welche die Raumbuchungen und Raumorganisation für die Lehrveranstaltungen direkt erfolgen. Eine wichtige Anforderung bei der Konzeptionierung der Lernraum-Settings waren die bereits mit der Einführung des CORE-Prinzips vorliegenden

Erkenntnisse, dass die Lehr- und Lernkulturen in den einzelnen Fakultäten an der SRH Hochschule Heidelberg unterschiedlich gelebt und über die Gestaltung der Lernräume auch eingefordert werden (vgl. Ninnemann 2016: 156). Im Rahmen der Konzeptionierung und Umsetzung der Neuausstattung der formellen Lernräume in vier Fakultäten wurden je nach Fakultät unterschiedliche Lernraumkonzepte und Produkte favorisiert. Hier wird auf der Mikroebene ganz anschaulich die Notwendigkeit zur Passung zwischen kultureller Verortung, in diesem Fall der Fachkultur, und symbolischer Verortung mit der Auswahl bestimmter Produkte und Lernraum-Settings deutlich.

Ein weiterer wichtiger Aspekt für die Unterstützung und Verknüpfung von eigenverantwortlichem Lernen und studierendenzentrierten Lehren war die Freigabe der formellen Lernräume als Gruppenarbeitsräume für die Studierenden. Aufgrund der eingeschränkten räumlichen Kapazitäten ist der Ausbau informeller Studierendenarbeitsplätze nur in einigen Gebäuden möglich. So sind die formellen Lernräume während der regulären Öffnungszeiten der Gebäude für die Lernenden frei zugänglich, sofern die Räume nicht für Lehrveranstaltungen genutzt werden. Die technische Ausstattung, wie z. B. Beamer, Smartboards oder auch Whiteboards, können von den Studierenden genutzt werden. Mit der Öffnung der formellen Lernräume für die Nutzung studentischer Gruppenarbeiten außerhalb von Lehrveranstaltungen wurde von den Studierenden in der Befragung „Lernort Campus" die Notwendigkeit benannt, einen Einblick in das Raumbuchungssystem nehmen zu können (vgl. Kirschbaum/Ninnemann 2016: 204). Für die Studierenden standen keine Informationen zur Verfügung, welche Räume zu welchen Zeitpunkten genutzt werden können. Aufgrund dessen wurde im Rahmen des Projektes „Lernraum Campus" angestoßen, alle formellen Lernräume mit einem raumindividuellen QR-Code, der mit dem Raumbuchungssystem verknüpft ist, zu kennzeichnen. Über den QR-Code haben die Studierenden im Raumbuchungssystem Einblick, ob der jeweilige Raum frei ist und welche Alternativen vorliegen. Mit dieser technisch einfach zu realisierenden Lösung können zusätzliche Raumkapazitäten für kurzfristig benötigte Gruppenarbeitsplätze erschlossen werden und die Studierenden somit entsprechend ihrer Anforderungen je nach Bedarf einen Raum auswählen (vgl. Ninnemann 2016: 160).

Beim Stand der Forschung zu formellen Lernräumen wurde darauf hingewiesen, dass Lehrende, die sich nicht mit innovativen, neuen Lernraum-Settings identifizieren können, schlechtere Lernergebnisse bei den Studierenden als in einem klassisch frontalen Lernraum erzielen (vgl. 2.3.2 Über informelle Lernräume). Aufbauend auf diesen Erkenntnissen wurden für interne und externe Lehrende der Modellfakultät Einführungsveranstaltungen angeboten. Hier konnten mit den Lehrenden die Lernraumkonzepte im Zusammenhang mit Lehr-, Lern- und Prüfungsmethoden diskutiert sowie das neue Mobiliar in einem sicheren Rahmen außerhalb von Lehrveranstaltungen und damit die Nutzungsmöglichkeiten der Lernräume ausprobiert werden. Dieses Vorgehen sollte dabei nicht nur einen Beitrag zur Aneignung der neuen Raumausstattung leisten. Wichtig sind hierbei auch die direkten Rückmeldungen der Nutzer hinsichtlich der Ausstattung an die Akademie für Hochschullehre sowie auch die Möglichkeit des fachlichen Austauschs der Lehrenden einer Fakultät untereinander. Des Weiteren kann mit der Überzeugung einer „Early Majority" (Rogers 2003: 283) die Durchdringung von Innovationen weiter vorangetrieben werden. Im Rahmen der Einführungsveranstaltungen wurden an und in den Lernräumen die Nutzungsmöglichkeiten über die Visualisierung der Aufstellmöglichkeiten des Mobiliars vorgestellt. Diese Türbeschilderung wurde von den Lehrenden und auch der Verwaltung der Modellfakultät positiv angenommen, so dass dies bei allen Lernräumen auf dem Campus realisiert werden soll (vgl. Ninnemann 2016: 160). Des Weiteren werden die dabei verwendeten Grundrissskizzen der verschiedenen Bestuhlungspläne im Raumbuchungssystem hinterlegt. Somit haben alle Mitarbeiter, von der Raumbuchung bis hin zur Planung der Lehrveranstaltungen durch die Lehrenden, Informationen über die verschiedenen Angebote und Nutzungsmöglichkeiten in den Lernräumen.

Erstellungsfeld Fallstudie SRH

Mit den Maßnahmen im Projekt „Lernraum Campus" wurden strategische Entscheidungen der Hochschule zur Umsetzung des Studienmodells CORE über die Einbringung und Anordnung von Artefakten materialisiert. Die Neuausstattung der Lernräume auf dem Campus symbolisiert damit nicht nur die Lehr- und Lernkultur der Hochschule, sondern ist auch eine Weichenstellung für die zukünftige Entwicklung und Positionierung der Hochschule auf dem Bildungsmarkt.

Für die Umsetzung innovativer Lernraum-Settings waren an der SRH keine baulichen Maßnahmen notwendig. Mit der Investitionen in die Neuausstattung von vier Fakultäten auf dem Campus, die aktives Lehren und Lernen unterstützen soll, drückt die Hochschule ihre Wertschätzung für die Lernenden und deren Lernerfolg aus. Für die Lehrenden und Mitarbeiter ist dabei aber nicht nur das Ergebnis der Realisierung des Ausstattungskonzeptes, welches ihre Arbeit unterstützen soll, relevant. Hier ist auch der Prozess der Konzeptionierung wie auch der Evaluierung des Projektes „Lernraum Campus" entscheidend. Mit einem transparenten Abstimmungs- und Entscheidungsprozess, der an entscheidenden Meilensteinen in den Fakultäten kommuniziert und reflektiert wurde, wurden alle Akteure eingeladen, sich aktiv bei der Lernraumgestaltung einzubringen (vgl. ebd.: 157 f.).

Bei dem Prozess der Materialisierung des CORE-Prinzips über die neue Lernraumausstattung und Nutzung der Lernräume werden die Herausforderungen des Change-Management-Prozesses deutlich: „Die Identifikation der Hochschulakteure mit den Maßnahmen sowie die Aneignung der Lernraum-Settings durch die Nutzer können dabei als Anzeiger zum Stand von Veränderungsprozessen identifiziert werden" (ebd.: 160).

Für die Fallstudie SRH können folgende spezifische Merkmale der LernRaumOrganisation zusammengefasst werden:

–   Entwicklung und Implementierung einer Lehr- und Lernkultur nach dem „Shift from Teaching to Learning" mit dem Studienmodell CORE als Alleinstellungsmerkmal der Hochschule
–   Hochschulweite Einführung des Active Learning Approach
–   Veränderung von Organisationsprozesen und Organisationsstrukturen an der Hochschule zur Unterstützung des CORE-Prinzips
–   Iterativer Prozess zur Weiterentwicklung des Studienmodells auf allen Lernraumebenen sowie zur Integration des CORE-Prinzips an anderen SRH Hochschulen
–   Hochschulweite Neuausstattung formeller wie auch informeller Lernräume zur Unterstützung des Active Learning Approach
–   Forschungsprojekt zur Evaluierung der Neuausstattung sowie zur Beforschung ausgewählter Lernraum-Settings zum Zusammenhang von Raumausstattung und Kompetenzentwicklung

Betrachtet man die Lernraumgestaltungsstrategie der Hochschule SRH, so ist ersichtlich, dass Maßnahmen zur Veränderung der Lehr- und Lernkultur begonnen worden sind, die bestehende Hochschulkonzepte in Frage stellen. Damit gehen, je nach Perspektive, auch unpopuläre Maßnahmen einher, wie z. B. verpflichtende Lehrtrainings, organisationale Veränderungsprozesse oder auch die inhaltliche und methodische Transparenz zur Planung und Durchführung von Lehrveranstaltungen. Mit der strategischen Ausrichtung der Hochschule werden konsequent der Lernerfolg und damit zentrale Erwartungen der Studierenden an ein Studium fokussiert. Studierendenzentrierung und Eigenverantwortung sind bei der Hochschule SRH nicht nur ein Prinzip der methodischen Ausrichtung von Lehrveranstaltungen, sondern Kernpunkt der hochschulweiten Lehr- und Lernkultur, die sich auch organisatorisch und räumlich abbildet.

8.2   Fallstudie UMU – Umeå University, Schweden

Mit Beginn des 20. Jahrhunderts wurde in Schweden immer wieder die Notwendigkeit einer Universität in Norrland, dem nördlichsten der drei Landesteile Schwedens, diskutiert. Lange war unklar, in welcher Stadt die fünfte Universität Schwedens platziert werden sollte. Die Anstrengungen der Stadt Umeå mit der Einrichtung einer wissenschaftlichen Bibliothek in 1951 war der entscheidende Grundstein für die Entscheidung zur Gründung der Umeå University in 1965 (vgl. UMU_HIS). Hatte die staatliche Universität in den ersten zehn Jahren nach der Gründung ca. 3.000 Studierende, so werden heute an der Universität ca. 31.000 Studierende, inklusive der Studierenden in Distance Learning Programs, ausgebildet. 4.300 Mitarbeiter, davon ca. 2.000 Professoren und wissenschaftliche Mitarbeiter, sind an der Universität tätig. Die Umeå University, im nachfolgenden Text UMU genannt, wurde im Hochschulranking der Times Higher Education (THM) in 2016 in den Top 200 der besten Universitäten Europas aufgeführt (vgl. UMU2016_THE). Wie bei der Fallstudie SRH gibt es keine Semesterstruktur, sondern es wird in Wochen-Blöcken unterrichtet: „Wer in Umeå studiert, muss sich wirklich auf ein anderes Studiensystem einstellen. Im Gegensatz zum deutschen System laufen die Kurse nicht parallel [sic!], sondern nacheinander" (Hörlin 2010: 4). Die UMU hat insgesamt vier Campi. Der Hauptcampus befindet sich im östlichen Stadtgebiet von Umeå. Vormals am Stadtrand gelegen ist der Campus durch die starke wirtschaftliche Entwicklung der Stadt, Umeå war 2014 Europäische Kulturhauptstadt, mittlerweile gut angebunden. Hier sind alle vier Fakultäten, Faculty of Arts and Humanities, Faculty of Medicine, Faculty of Social Sciences, Faculty of Science and Technology, vertreten. Auf dem Campus befinden sich die Universitätsbibliothek, zahlreiche Cafés und Restaurants, eine Buchhandlung, ein Friseur, Copycenter, Sporteinrichtungen und Unterkünfte für Studierende und Gäste. Als Nukleus eines internationalen Kunstzentrums wurde in 2009 der Umeå Arts Campus gegründet, der zentral in der Stadt direkt am Fluss Umeälv liegt. Der Campus beherbergt neben einer staatlichen Kunsteinrichtung, dem Bildmuseet Umeå, die Umeå School of Architecture, das Umeå Institute of Design sowie die Umeå Academy of Fine Arts der Universität. Des Weiteren gibt es zwei Campi für jeweils ca. 500 Studierende in den Städten Örnsköldsvik und Skellefteå, die ca. 100 km nördlich bzw. südlich von Umeå liegen. Aufgrund der hohen Bedeutung von Bildungsangeboten in Form von Fernstudiengängen in Schweden betreibt die Universität mehrere Vertretungen in anderen Städten nördlich von Umeå. Neben der UMU hat noch eine wissenschaftliche Einrichtung, die Schwedische Universität für Agrarwissenschaften, einen Standort in Umeå.

8.2.1 Feldzugang und Datenerhebung bei der Fallstudie UMU

Im April 2015 hatte die Verfasserin die Möglichkeit, Prof. Dr. Isa Jahnke, welche zu dieser Zeit an der UMU forschte, im Rahmen eines Forschungsaufenthaltes zu besuchen. Durch ihre Tätigkeit als Professorin am Department Applied Educational Sciences sowie als wissenschaftliche Leiterin der Forschungsgruppe „ICTML:Digital Didatics" hatte der Kontakt vor Ort eine wichtige Funktion als Türöffner, um „Zugang zu Dingen (Güter, Informationen oder Dienstleistungen) [zu] verschaffen, die ohne diese Unterstützung […] nicht oder nur schwer zu erreichen waren" (Baur/Blasius 2014: 859). Durch die Gespräche und Diskussionen mit den Teammitgliedern der Forschungsgruppe sowie den informellen Gesprächen mit anderen Kollegen in den Fika-Runden, konnten bei dem ersten Aufenthalt in Umeå für die Forschungsarbeit wichtige Kontakte aufgebaut werden. Fika, die schwedische Kaffeepause, hat einen hohen Stellenwert für das soziale Miteinander und war im Rahmen der Forschungsarbeit ein wichtiger Ideen-, Kontakt- und Informationspunkt. So konnte beim zweiten Aufenthalt ein Jahr später, bei welchem Prof. Dr. Isa Jahnke bereits an der University of Missouri tätig und somit nicht mehr vor Ort war, über die Fika der persönliche Kontakt zu Hochschulakteuren aufrecht erhalten bzw. ausgebaut werden. Dies war insbesondere vor dem Hintergrund wichtig, dass auf den Internetseiten der UMU nur einige wenige Informationen zu Maßnahmen bei der Lernraumgestaltung in Form von Pressemeldungen kommuniziert werden (vgl. UMU2015_IFE; UMU2014_MIT; UMU2014_NC; UMU2013_SFL; UMU2012_HB; UMU2012_IIFE). Erst vor Ort mit den entsprechenden Kontakten haben sich Umfang, Ziele und Hintergründe für die hochschulweiten Lernraumprojekte erschlossen. Die reduzierte Kommunikationsstrategie, gerade im Vergleich zur Kommunikation der Lernraumprojekte bei den Hochschulen WUW und GCU, erstaunt umso mehr, als dass die Lernumgebung als ein wichtiges Ziel im Strategiekonzept 2020 der Universität identifiziert wurde: „Creative environments attract students, researchers, teachers and collaborating partners nationally and internationally. We are one of Europe's leading universities with regard to innovative physical and virtual environments" (UMU2012_VAO: 8).

Die Datenerhebung im Feld vor Ort an der UMU fand an zwei Zeitpunkten mit einem Jahr Abstand statt. Der erste Aufenthalt erfolgte vom 20.04.2015 bis 25.04.2015 und der zweite vom 25.04.2016 bis 01.05.2016. Bei dem zweiten Termin wurde, wie bei den Hochschulen WUW und GCU, bei der Planung des Aufenthaltes ein Zeitraum ausgesucht, bei welchem mindestens ein zentraler Wochentag sowie ein Wochenende integriert war, um Unterschiede z. B. bei Nutzung und Zugänglichkeit identifizieren zu können. Beim ersten Aufenthalt wurden die informellen Lernräume auf den zwei Campi in Umeå sowie die im Rahmen des Projektes „Rum för lärande" neu gestalteten, formellen Lernräume in den Gebäuden der Social Sciences und Humanities auf dem Hauptcampus fotografisch aufgenommen. Dabei wurden beobachtete Ereignisse und Eindrücke mit Feldnotizen im Forschungstagebuch festgehalten. Ergänzend zu diesem Feldaufenthalt fand am 25.06.2015 ein Skypegespräch (vgl. PLILE_UMU2015) mit der verantwortlichen Leiterin des Projektes statt, um die Analyse und Interpretation der ersten Daten zu reflektieren. Beim zweiten Feldaufenthalt lag der Fokus der Datenaufnahme auf den formellen Lernräumen des Projektes „Rum för lärande" im Gebäude der Humanities auf dem Hauptcampus (vgl. UMU_CM). Diese waren im September 2014 fertiggestellt worden, sodass mit den zwei Aufenthalten im Abstand eines Jahres untersucht werden konnte, wie die Räumlichkeiten angenommen wurden und welche Veränderungen bei der Aneignung und Nutzung festzustellen sind. Bei dem Aufenthalt im April 2016 hatte die Verfasserin die Möglichkeit, offiziell an einer Teambesprechung des Lernraumprojektes „Rum för lärande" teilzunehmen (vgl. TBILE_UMU2016). Des Weiteren ergaben sich im Laufe der Woche durch die Teilnahme an Fikas spontan zwei Gelegenheiten, mit den in der Besprechung kennengelernten Teammitgliedern einen Rundgang zu den neu gestalteten Lernräumen zu unternehmen. Diese Begegnungen waren enorm wichtig für die Datenerhebung in der Forschungsarbeit, da die Teammitglieder an den zwei Hauptstudien zur Evaluierung der Projektmaßnahmen involviert waren und darüber einen hohen Erkenntnis- und Reflexionsstand haben. Bei den Begehungen konnte die Verfasserin zusammen mit den Forschern den Handlungsraum direkt vor Ort beobachten und analysieren sowie Interpretationen diskutieren (vgl. FOILE_UMU2016; TMILE_UMU2016). Des Weiteren konnte mit einem Teammitglied über persönliche Kontakte auch das HumLab besucht werden, welches als Vorbild zur Verknüpfung von formellen und informellen Lernräumen von den Projektbeteiligten benannt wurde. Die Projektbesprechung wie auch die informellen Gespräche bei den getrennt voneinander erfolgten Begehungen konnten nicht aufgezeichnet werden. Um den Gesprächsverlauf und Erkenntnisse daraus möglichst genau zu memorieren, wurden im unmittelbaren Anschluss direkt vor Ort Gesprächsprotokolle und ergänzendes Fotomaterial erstellt.

8.2.2 Lernraumgestaltung „Rum för lärande"

In Dezember 2012 wurden unmittelbar nach der Veröffentlichung des Strategiepapiers „Umeå University 2020 – Vision and objectives" (UMU2012_VAO) das Lernraumprojekt „Interactive Environments" von der Universitätsleitung genehmigt: „The initiative is based on the university's vision of UMU being one of Europe's leading universities in terms of innovative physical and virtual environments" (UMU2013_SFL). Ziel des Projektes mit einem geschätzten Investitionsvolumen in Höhe von ca. 7,5 Millionen EUR war die Konzeptionierung und Realisierung von formellen und informellen Lernräumen auf dem Campus vor dem Hintergrund der sich verändernden Anforderungen: „Today's students like to be involved, active and experimental in their learning. That requires rooms beyond traditional lecture halls" (Anders Fällström, zitiert nach UMU2012_IIFE). Die gezielte Entwicklung der Lernraumgestaltung ist insbesondere dem Wettbewerb um Studierende geschuldet, die die UMU bisher trotz der Lage weit im Norden Schwedens aufgrund der guten Infrastruktur auf dem Campus gewählt haben (vgl. TMILE_UMU2016). Für die Entwicklung der Lernräume wurden zwei Teilprojekte mit unterschiedlicher Ausrichtung und Projektleitung eingerichtet. Das Projekt „Interactive Focus Environments" konzentriert sich auf die Entwicklung von informellen Lernräumen an drei Standorten und das Projekt „Interactive Learning Environments" auf die Konzeption und Realisierung von formellen Lernräume an zwei Standorten auf dem Hauptcampus (vgl. UMU2015_IFE). Bei der Projektentwicklung und Evaluierung der Lernräume ist finanziell Akademiska Hus, die führende Immobiliengesellschaft für Universitäten und Hochschulen, beteiligt (vgl. PLIFE_UMU2016; PLILE_UMU2015; UMU2014_NC). Der Vermieter der Gebäude an der UMU ist an der Entwicklung innovativer Lernraumkonzepte interessiert, um zukünftige Investments besser planen zu können: „This research is important to us. We have to understand the universities' needs and monitor trends. We can apply the results here in Umeå at our other universities" (David Carlsson, zitiert nach UMU2014_NC). Das Engagement von Akademiska Hus zeigt sich u. a. auch an der Partnerschaft mit der Interessensplattform „Rum för aktivt lärande", welche Informationsmaterialien, Symposien und einen hochschulweiten Wissenstransfer zu Raumkonzepten des Active Learning Approach organisiert.

Die Entwicklung informeller Lernräume an der UMU hat bereits eine lange Tradition und ist für Gäste aufgrund der Menge an Angeboten und der unterschiedlichen Gestaltung beeindruckend. Überall auf dem Hauptcampus, in jedem Gebäude, jeder Etage und fast jedem Flur befinden sich informelle Arbeitsplätze für die Studierenden in solch einer Menge, dass sie aufgrund der Größe des Campusgeländes nicht ohne weiteres mehr zu zählen sind (vgl. FTB4_KN). Der Grund dieser Fülle an Möglichkeiten zum gemeinsamen Arbeiten und Lernen ist eine Entwicklung, die „gradually over a long time" (PLILE_UMU2015) stattgefunden hat und an dem großen Angebot an Fernstudiengängen der Universität liegt. Den Studierenden sollte an den Präsenztagen in Umeå Gelegenheiten zum Arbeiten auf dem Campus gegeben werden. Die Projektleiterin der „Interactive Learning Environments" erinnert sich daran, dass bereits zu der Zeit, als sie zur UMU kam, in den 1980er-Jahren, die Einrichtung dieser Lernumgebungen begann, da die Hochschulleitung daran Interesse bekundete: „It is something that a number of vice chancellors at the university have been interested in to improve the space" (PLILE_ UMU2015: 4). Die Initiativen dazu wurden bottom-up von unterschiedlichen Personen und Bereichen der Universität angestoßen, z. B. direkt aus den Fakultäten und Departments oder anderen Einrichtungen wie z. B. der Bibliothek (vgl. PLILE_UMU2015; UMU2011_FSE). Mit dem Teilprojekt „Interactive Focus Environments" werden drei informelle Lernräume in drei unterschiedlichen Gebäuden auf dem Hauptcampus eingerichtet. Der Unterschied zu den bestehenden informellen Lernräumen auf dem Campus ist eine neue Zielgruppe. Die Focus Environments im MIT- und KBC-Gebäude sowie der medizinischen Fakultät richten sich gleichermaßen an Studierende, Lehrende, Forscher und externe Partner der Universität. Sie sollen als Plattform zum interdisziplinären Austausch und der Visualisierung von Ideen, Entwicklungen und Forschungsprojekten dienen (vgl. UMU2014_MIT; PLIFE_UMU2016): „The interactive environments will give researchers new opportunities to show off research projects and start a dialogue revolving these" (Hansson 2016). Die Interactive Focus Environments werden an zentralen Orten in den genannten Gebäuden untergebracht und können auch für verschiedenste Veranstaltungen genutzt werden (vgl. PLIFE_UMU2016). Die Konzeptionierung der Focus Environments war bei dem Gespräch mit der Projektleitung beim zweiten Aufenthalt in Umeå noch nicht so weit fortgeschritten. Im April 2016 standen lediglich die Standorte fest und es gab erste Entwürfe sowie Konzepte und Vorüberlegungen zur Realisierung mit modernsten Visualisierungstechnologien.

Mit der langen Tradition der Umsetzung informeller Lernräume an der UMU entwickelte sich sukzessive der Gedanke, dass auch die formelle Lernräume weiterentwickelt werden müssen: „It's important to have nice surroundings and very impressive buildings, but often the classrooms are rather conventional and they are difficult to use in more than one way" (PLILE_UMU2015: 7). Aus einer informellen Arbeitsgruppe, die bereits seit mehreren Jahren die Neugestaltung formeller Lernräume diskutierte, wurde das Teilprojekt der „Interactive Learning Environments" mit dem Projektnamen „Rum för lärande", welcher mit „Raum für das Lernen" übersetzt werden kann, gegründet (vgl. PLILE_UMU2015: 9). Die Umsetzung des Active Learning Approach, so hat es sich an der UMU gezeigt, benötigt eine veränderte Lernumgebung: „It must be made easier for teachers to adapt space on the basis of a pedagogic structure instead of being forced to restrict the form of teaching on the basis of the space and use of new technology" (Lisbeth Lundahl, zitiert nach UMU2013_SFL). Vorbild für das Projekt an der UMU ist das Lernraummodell „High Performance Learning Spaces" in der Wallenberg Hall der Stanford University aus dem Jahr 2002 (vgl. UMU2012_IIFE; 2.3.1 Über formelle Lernräume). Dieses Projekt wurde von der schwedischen Wallenberg-Stiftung mit ca. 13 Millionen Euro finanziert. Das war die höchste Fördersumme, die bis dato von der Stiftung vergeben wurde, und die erste finanzielle Förderung der Stiftung, die außerhalb Schwedens getätigt wurde. Das Projekt „Rum för lärande" der UMU, mit dem Ziel der Realisierung und Untersuchung von aktivierenden Lernraumumgebungen, war eines der ersten dieser Art in Schweden (vgl. UMU2012_IIFE). Ein wichtiger Hintergrund für die veränderten Anforderungen an die formellen Lernräume liegt auch an den Veränderungen der Curricula in Schweden: „Over the past 20 years the teaching time at Swedish universities has halved – from an average of 20 hours a week to 8–10 hours. This means that an increasing part of the teaching takes place outside the teaching rooms" (UMU2014_NC). Das bedeutet, dass die Studierenden immer weniger Zeit mit den Lehrenden verbringen und der Anteil selbstständigen Arbeitens stetig zugenommen hat. Das stellt neben der Einführung von aktivierenden Lehr- und Lernmethoden auch die klassische, vortragsorientierte Durchführung von Lehrveranstaltungen in den klassischen Lehrräumen in Frage. Die verbleibende Zeit, in welcher Lehrende und Lernende Kontakt miteinander haben, soll effektiver und mit hoher Qualität für den Austausch untereinander genutzt werden. Somit galt es, mit allen Stakeholdern im Planungsprozess die unterschiedlichen Perspektiven und Anforderungen zu diskutieren: „We had these interviews, questionnaires, workshops, and we also had a workshop where we connected all our students, teachers, faculty, management, also a bit of planning, the people who are planning the buildings architecture, architects, and so on" (PLILE_UMU2015: 9). Wie bei den informellen Lernräumen hat die UMU auch bei der Entwicklung interdisziplinärer, aktivierender Lernräume bereits Erfahrungen auf dem Hauptcampus machen können (UMU2012_IIFE), die als Grundlage für die Konzeptionierung formeller Lernräume, neben den amerikanischen Konzepten zum Active Learning Approach, genutzt werden konnten. Das HumLab ist ein interdisziplinärer Forschungs- und Lernbereich, welcher bereits erfolgreich Büros, studentische Lernarbeitsplätze sowie Präsentations- und Loungebereiche an einem Ort installiert hat und damit Lehrende und Lernende miteinander inhaltlich und räumlich verknüpft (vgl. UMU2014_NC). Mit einem fließenden Raumkonzept werden Ecken und Nischen ausgebildet, um unterschiedliche Lern- und Arbeitsatmosphären zu schaffen. Die Räumlichkeiten sind durch die Büroarbeitsplätze zu den regulären Büroarbeitszeiten belegt. Studierende, die am HumLab eine Projektarbeit durchführen, haben mittels einer Codekarte jederzeit Zugang. Trotz der hochwertigen Geräte vor Ort wurde durch die soziale Kontrolle und Exklusivität einer temporären Mitgliedschaft, in Form einer Projektarbeit, noch nie etwas gestohlen oder beschädigt (vgl. FOILE_UMU2016). Im Rahmen der Evaluierung der neuen Learning Environments wurden die Studierenden auch zu Erfahrungen im HumLab befragt. Die Antworten dazu zeigen die aktivierende Wirkung der Lernraumumgebung: „This was inspiring. This makes me feel like I want to do things" (PLILE_UMU2015: 14).

Die Konzeptionierung und Realisierung der Lernraumgestaltungsmaßnahmen im Projekt „Rum för lärande" erfolgte an zwei Standorten auf dem Hauptcampus. Beide Maßnahmen wurden im Zusammenhang mit der notwendigen Sanierung der Gebäude aus den 1970er-Jahren umgesetzt (vgl. (UMU2012_HB). Beim Projekt im Gebäude der Social Sciences wurden drei reguläre Seminarräume mit einer Kapazität für 30 bzw. 60 Studierende nach dem Konzept der Flexible Learning Environments (vgl. 2.3.1 Über formelle Lernräume) neu ausgestattet und im Sommer 2014 wieder in Betrieb genommen: „The three rooms have different designs, but have a number of features in common: tables with wheels, several large digital screens and a whiteboard or two along the sides" (UMU2014_NC). Die Räume befinden sich in einer Etage mit anderen klassischen Seminarräumen. Im Flur vor den Lehrräumen sind für die Studierenden informelle Lernarbeitsplätze eingerichtet. Die Maßnahmen im Gebäude der Humanities waren umfangreicher, da aufgrund des ausgearbeiteten Konzeptansatzes nicht nur flexibel ausgestattete Lehrräume umgesetzt werden sollten, wie im Social Science Gebäude, sondern ein ganzes Raumensemble für aktives Lehren und Lernen entwickelt wurde: „A number of large classrooms will be removed to create an open learning environment" (UMU2012_HB). Bei diesem Konzept wird ein großer, offener Lernarbeitsbereich, der „Living Room" (vgl. PLILE_UMU2016), von den umgebenden vierzehn Seminar- und Gruppenarbeitsräumen in U-Form umschlossen. Die seitlichen Räume haben Kapazitäten für jeweils ca. 20 Studierende und sind mit mobilen Tischen und Stühlen ausgestattet. Den Seminarräumen vorgelagert liegen auf den langen Seiten vier Boxen für Gruppenarbeiten, die einen lockeren, durchlässigen Gang bilden und dadurch die formellen Lernräume von dem großen Gemeinschaftsbereich visuell abgrenzen. Die Boxen bieten Platz für ca. 6 Personen. An der hinteren Seite der U-Form befindet sich der größte der formellen Lernräume. Mit dem Konzept für aktives Lehren und Lernen werden hier auf ca. 140 qm eine mobile Ausstattung und mehrere Videoscreens für Gruppenarbeiten mit ca. 30 Studierenden angeboten (vgl. PLILE_UMU2015: 8). An der offenen Seite der informellen Lernfläche, mit einem Luftraum über zwei Geschosse, befindet sich hinter einer Glastür eine Cafeteria, die es vorher bereits auch gab und im Zuge der Sanierungsmaßnahmen neu gestaltet worden ist, sowie der Eingang zum Gebäude. Aufgrund der Lage der Cafeteria in dem Zugangsbereich zum Gebäude wie auch im Eingangsbereich des Lernraumensembles ist diese gut besucht (vgl. FOILE_UMU2016: 3).

Mit der Fertigstellung der neuen Lernumgebung im Gebäude der Humanities wurde ein Forschungsprojekt mit mehreren Erhebungen durchgeführt (vgl. TBILE_UMU2016): „Our investment in creative environments also includes examining the learning process in the new premises compared with conventional teaching rooms, and seeing what the results are" (Lisbeth Lundahl, zitiert nach UMU2014_NC). Mit einem qualitativen Zugang über Beobachtungen, Interviews und Diskussionen mit Studierenden und Lehrenden werden seit Ende 2014 die Lernräume für den Active Learning Approach untersucht und mit Veranstaltungen in traditionellen Lehrräumen verglichen: „So, this was a developmental project where the focus was on facilitating, supporting the students learning and we will be able to compare the results on direct sums with the previous groups, exactly the same content, exactly the same teachers, and we will be able to compare that" (PLILE_UMU2015: 7). Mit dem Forschungsprojekt der Projektgruppe „Rum för lärande" kann, wie auch beim Forschungsprojekt „Raumausstattung und Lernerfolg" an der SRH, ein Beitrag zur Generierung neuer Forschungserkenntnisse bei der Lernraumgestaltung zur Unterstützung aktivierender Lehr- und Lernmethoden geleistet werden. In einer Veröffentlichung in der Universitätszeitung wurden bereits erste Ergebnisse präsentiert, die für aktives Lehren und die entsprechende Lernumgebung sprechen. In den begleiteten Lehrveranstaltungen, die mit denselben Lehrenden, demselben Themengebiet und denselben Prüfungsfragen, konnte die Durchfallquote durch aktives Lehren und eine dazu passende Lernraumausstattung reduziert werden: „At Food and Nutrition, the proportion of students who pass the first exam at the Physiology and Metabolism course has increased from 14 to 52 per cent. But our aim is set much higher than that. The dieticians have gone from 48 to 85 per cent" (Bengt Malmros, zitiert nach Wilhelmson 2016).

8.2.3 Spezifische Merkmale der Fallstudie UMU

Anhand der Ausführungen zur Lernraumgestaltungskonzept an der UMU ist ersichtlich, dass Maßnahmen der Gestaltung der physisch-materiellen Lernraumebene nicht mit einem hochschulweiten Veränderungsprozess der sozial-interaktiven und organisational-strukturellen Ebene einhergegangen sind. Das bedeutet, dass nach dem Modell der LernRaumOrganisation an der UMU die Lernraumgestaltungsstrategie über die symbolische Verortung praktiziert wird (vgl. 6.1.3 Zusammenhänge am Modell der LernRaumOrganisation). Über die Veränderung der baulichen Lernumgebung soll die Einführung und Umsetzung des Active Learning Approach in Lehrveranstaltungen unterstützt werden.

Im Folgenden werden Entscheidungsstrategien der Hochschule UMU in den vier Aktionsfeldern des theoretischen Modells der LernRaumOrganisation zusammenfassend dargestellt. Gemäß den zwei Typologien zur Lernraumgestaltungsstrategie am Modell der Lernraumgestaltung werden bei dieser Hochschule, die strategische Maßnahmen und Entscheidungen über die symbolische Verortung vornimmt, die Felder in der Reihenfolge Erstellungsfeld, Aneignungsfeld, Beziehungsfeld und Bedeutungsfeld beschrieben (vgl. Abbildung 13: Lernraumgestaltungsstrategien am Modell, Seite 95). Dabei werden charakteristische Merkmale der LernRaumOrganisation der UMU in den Aktionsfeldern zusammenfassend dargestellt, um eine Grundlage für die vergleichende Fallstudienanalyse der UMU mit den anderen untersuchten Hochschulen durchführen zu können.

Erstellungsfeld Fallstudie UMU

Mit der seit den 1980er-Jahren bestehenden Entwicklung von informellen Lernräumen wurde über einen langen Zeitraum die bauliche Umgebung sukzessive an die veränderten Anforderungen der Studierenden angepasst. Insbesondere die Entwicklung und zunehmende Bedeutung von Distant-Learning-Programmen führte zu einem konsequenten Ausbau der Angebote für informelle Lernräume, sodass auf dem Campus ein umfangreiches Angebot unterschiedlichster Art, Gestaltung und Verortung von Lernarbeitsplätzen für die Studierenden zur Verfügung steht.

Zur Umsetzung der Lernraumgestaltungsmaßnahmen im Projekt „Rum för lärande", die aktives Lehren und Lernen unterstützen sollen, wurden an der UMU keine Neubaumaßnahmen angestrengt. Bei bestehenden Gebäuden wurden, teilweise im Rahmen von Sanierungsmaßnahmen, unterschiedliche formelle Lernraumkonzepte entwickelt und realisiert. Anhand internationaler Entwicklungen an anderen Hochschulen, der Entwicklung neuer Technologien und der damit einhergehenden Erwartungen der Studierenden sowie der sich verändernden Anforderungen vor Ort mit der Halbierung der Lehrzeiten in den letzten zwei Jahrzehnten (vgl. UMU2014_NC), wurde an der Universität erkannt, dass neue didaktische wie auch räumliche Konzepte greifen müssen (vgl. UMU2012_IFEE): „Many universities have again invested in fancy buildings and campuses. It's nice, but often the interior, which is most important, has lagged behind" (Lisbeth Lundahl, zitiert nach Wilhelmson 2016.). Für die UMU ist eine gute Lehr- und Lerninfrastruktur ein wichtiger Aspekt, um Studierende, aber auch hochqualifizierte Lehrende, Forscher und Mitarbeiter gewinnen zu können. Die Lernraumgestaltung erfolgt dabei aber nicht außenwirksam durch die Aufmerksamkeit bekannter internationaler Architekten oder innovativer Gebäudeentwürfe, wie z. B. bei den Hochschulen WUW und GCU. Vielmehr orientiert sich die Umsetzung konsequent an den Anforderungen und Bedürfnissen der Nutzer wie auch gleichermaßen der Hochschule.

Aneignungsfeld Fallstudie UMU

Durch die graduelle Erschließung von Flächen für informelles Lernen über einen langen Zeitraum wurden unterschiedlichste Lernraumkonzepte entwickelt und realisiert. In diverser Gestaltungsart und Ausstattung, passend zum jeweiligen disziplinären, konzeptionellen bzw. räumlichen Kontext, werden differenzierte Nutzungsangebote formuliert. So gibt es fest installierte und flexible Möblierungskonzepte, Lernarbeitsplätze in Fluren, Foyers und Cafés, in kleinen Räumen für zwei bis fünf Personen, in mittleren oder großen Arbeitsräumen, mit und ohne unterschiedlichen Zonierungen, zum stehenden oder sitzenden Arbeiten und Lernen, auf Stühlen, Hockern, Sofas oder Sesseln, in den Gebäuden oder auch im Außenbereich der Campusanlage. Die Studierenden können aufgrund der großen Auswahl je nach Bedarf einen passenden Lernarbeitsplatz finden. Ein Erfolgsfaktor der langjährigen wie auch differenzierten Lernraumgestaltungskonzepte ist die dezentrale Organisationsstruktur. Unterstützt durch die Hochschulleitung wurden und werden aus den Fakultäten bzw. organisatorischen Einheiten heraus Lernraumgestaltungsmaßnahmen angestoßen und durchgeführt.

Alle informellen Lernarbeitsplätze sind hochschulweit zugänglich. Wie an der SRH können die Studierenden auf dem Campus über QR-Codes Einsicht in das Raumbuchungssystem nehmen, um die Belegung von formellen Lernräumen einzusehen bzw. die Buchung von Räumen für Gruppenarbeiten durchzuführen. Zu den regulären Öffnungszeiten können alle informellen wie auch formellen Lernräume, sofern sie nicht für Lehrveranstaltungen gebucht sind, hochschulweit benutzt werden. Auf dem gesamten Campus gibt es keine Informationen, wie z. B. Beschilderungen, zu Geboten oder Verboten zur Nutzung der informellen Lernarbeitsplätze wie auch bei den formellen Lernräumen, außer zur Information der Raumbuchung. Das bedeutet zum einen, dass es keine Einschränkungen zu Nutzung gibt bzw. auf der anderen Seite, dass auf einen angemessenen Umgang der Nutzer vertraut wird. Lediglich im Bibliotheksbereich gibt es abgetrennte Räume, die die Nutzung von Computern und anderen Medien nicht vorsehen, da dort absolutes Stillarbeiten vorgesehen ist.

Nach der Ausstattung des Campus mit zahlreichen informellen Lernräumen wird mit dem Projekt „Rum för lärande" an der UMU erstmals kollaboratives und eigenverantwortliches Lernen in formellen Lernprozessen durch Lernraumgestaltungsmaßnahmen unterstützt. Diese Maßnahmen werden jedoch noch nicht hochschulweit umgesetzt, sondern haben aktuell einen Modellstatus.

Beziehungsfeld Fallstudie UMU

Durch die Integration von formellen und informellen Lernräumen in die Fakultätsgebäude ist eine wichtige Grundlage zur Kommunikation zwischen Studierenden und Lehrenden und damit auch in die Aktivitäten der Fakultäten gewährleistet. Je nach Fakultät und Gebäude sind die informellen und auch formellen Lernräume unterschiedlich gestaltet. Das bedeutet, dass nicht nur über die räumliche Verortung, sondern auch über die spezifische Gestaltung der Lernarbeitsbereiche eine Sozialisierung an die jeweilige Fachdisziplin stattfindet.

Bei der Neugestaltung des Lernraumensembles im Gebäude der Humanities, mit formellen und informellen Lernräumen, kann die Relevanz sozialer Beziehungen zwischen Lehrenden und Lernenden beobachtet werden. Im Zuge der Sanierungsmaßnahmen in dem Gebäude wurden im ersten Obergeschoss neue, helle Aufenthaltsräume für die Mitarbeiter und Lehrenden der Fakultät eingerichtet. Diese waren vorher im Untergeschoss in einem dunklen Raum im Gang untergebracht, sodass die Lehrenden in der Fika überwiegend zur Cafeteria im Erdgeschoss gegangen sind. An diesem Ort konnten somit spontan die Lernenden auf die Lehrenden bei Fragen und Problemen zugehen und Dinge unkompliziert auf informellem Wege klären. Mit der Einrichtung der neuen Aufenthaltsräume kommen kaum noch Lehrende in das Erdgeschoss neben dem neuen Lernraumensemble, sodass dieser informelle Interaktionsbereich nicht mehr gegeben ist. Von den Teammitgliedern des Projektes „Rum for lärande" konnte beobachtet werden, dass die Studierenden der Fakultät die neuen Räumlichkeiten nicht so intensiv nutzen, trotz der Nähe zu unterschiedlichen formellen und informellen Bereichen. Die Studierenden der im Gebäude ansässigen Fakultät sieht man jetzt aber mehr in den informellen Lernflächen in den Gängen des Unter- bzw. ersten Obergeschosses direkt vor den Büros der Lehrenden, da sie hier ihre Ansprechpartner treffen und informell mit ihnen in Kontakt treten können (vgl. FOILE_UMU2016: 2 f.).

Bedeutungsfeld Fallstudie UMU

Dass eine Veränderung der baulichen Umgebung erst durch die Aktivierung der Lehr- und Lernkultur gelebt und entsprechend den Erwartungen genutzt werden kann, wird auch von der Hochschulleitung erkannt: „The easy part is to build the premises, implementing them is the difficult part – to arouse enthusiasm and engage. Therein lies our important challenge at present" (Anders Fällström, zitiert nach Hansson 2016). So wurde von den Lehrenden, die die neuen formellen Lernräume, welche aktives Lehren und Lernen unterstützen sollen, direkt Unterstützung zur Planung und didaktischen Gestaltung von Lehrveranstaltungen eingefordert. Des Weiteren sind sie mit der Nutzung der technischen Ausstattung überfordert und benötigen dabei Unterstützung vom Centre for Educational Development (UPL). So war u. a. eine Erkenntnis bei der Evaluierung des Projektes „Rum for lärande", dass technische Maßnahmen selbsterklärend in der Anwendung sein müssen, da diese sonst, so innovativ sie bei der Nutzung auch sein könnten, aufgrund von Ängsten von Lehrenden und Lernenden nicht genutzt werden (TBILE_UMU2016: 3 f.).

Die personelle Einbindung des UPL in das Projektteam war ein wichtiger Schritt, da sich bei einem studierendenzentrierten Lehrverständnis die Rollen und Handlungen der Lehrenden grundlegend ändern: „Teachers need support in daring to start educating in a new way. That's where the Centre for Educational Development [UPL – Anm. KN] at the University Library will be of importance" (Anders Fällström, zitiert nach Hansson 2016). So werden bei der Projektphase die Lehrenden bei der Vorbereitung der Lehrveranstaltungen, der Durchführung in den neuen, flexiblen Lernräumen und bei der Nachbereitung intensiv vom UPL betreut (vgl. TBILE_UMU2016). Im aktuellen Lehrtraining des UPL finden sich, außer zu Methoden des Problem Based Learnings sowie Seminaren zu Lerntheorien, keine Workshops zu aktivierenden Lehr- und Lernmethoden. Vor diesem Hintergrund bestand im Austausch mit dem Projektteam in April 2016 ein großes Interesse am Studienmodell der SRH, mit welchem aktivierendes Lehren und Lernen bereits hochschulweit in die Regelorganisation eigeführt wurde (vgl. TBILE_UMU2016: 1).

Für die Fallstudie UMU können folgende spezifische Merkmale der LernRaumOrganisation zusammengefasst werden:

–   Tradition der hochschulweiten Entwicklung informeller Lernräume als Bottom-up-Maßnahmen aus den Fakultäten, Instituten und Verwaltungseinheiten

- Dezentrales, umfangreiches Angebot von informellen Lernräumen auf dem gesamten Campusgelände
- Umfangreiche Campusinfrastruktur mit differenzierten Angeboten an Serviceeinrichtungen
- Offenheit für differenzierte Konzepte der Lernraumgestaltung entsprechend den räumlichen, disziplinären und organisationalen Anforderungen der Nutzer
- Adaption von innovativen Lernraumkonzepten an hochschulspezifische Anforderungen und Umsetzung von Flexible Learning Environments
- Forschungsprojekt zur Evaluierung und Beforschung der Flexible Learning Environments
- Realisierung und Evaluierung von Lernumgebungen zur Unterstützung des Active Learning Approach als fundierte Grundlage für zukünftige Entscheidungen und Maßnahmen des hochschulischen Immobilienmanagement

Betrachtet man die Lernraumgestaltungsstrategie der UMU, so ist ersichtlich, dass mit der langen Tradition zur Gestaltung informeller Lernräume die Einbindung formeller Lernräume zur Verbesserung der Lehr- und Lernbedingungen für Studierenden und Lehrende ein logischer Schritt ist. Entgegen der Lernraumgestaltungsstrategie bei der Fallstudie SRH wird an der UMU zunächst die symbolische Verortung zur Unterstützung des Active Learning Approach gewählt. Dabei wird deutlich, dass über diesen Weg zunächst lediglich modellhaft innovative Konzepte auf der physisch-materiellen wie auch sozial-interaktiven Lernraumebene möglich sind, da keine Veränderungen der organisational-strukturellen Ebene integriert sind.

8.3   Fallstudie WUW – Wirtschaftsuniversität Wien, Österreich

Die Wirtschaftsuniversität Wien, im nachfolgenden Text als WUW benannt, wurde 1898 als „Fachhochschule für Export" (WUW_GES) gegründet. 1975 erhielt sie im Zuge der Universitätsneuorganisation in Österreich ihre heutige Bezeichnung „Wirtschaftsuniversität Wien" (vgl. WUW_GES). Die WUW ist mit 22.000 Studierenden und 2.100 Mitarbeitern (vgl. WUW_UEB) eine der größten Wirtschaftsuniversitäten Europas (vgl. WUW_WWU). Die fachlichen Schwerpunkte der WUW zeigen sich an den elf Departments für Finance, Accounting and Statistics, Fremdsprachliche Wirtschaftskommunikation, Informationsverarbeitung und Prozessmanagement, Management, Marketing, Öffentliches Recht und Steuerrecht, Sozioökonomie, Strategy and Innovation, Volkswirtschaft, Welthandel sowie Unternehmensrecht, Arbeits- und Sozialrecht. Die WUW ist in 2016 als eine von drei Wiener Universitäten bzw. eine von 13 Universitäten in Österreich im QS World University Ranking mit mehreren Studiengängen platziert. Die WUW wurde mit fünf Studienfächern aufgenommen, während die Universität Wien mit 24 und die Technische Universität mit acht Studienfächern vertreten sind (vgl. WUW2016_QSR). An der WUW werden aufgrund der Zugangsregelungen im Bachelorstudium große Studierendenzahlen ausgebildet (vgl. WUW2014_EPL: 12).

Vor diesem Hintergrund hat die WUW das „negative Image einer ‚Massenuni'"
(WUW2016_WB: 5). Dem soll durch eine Willkommens- und Feedbackkultur entge-
gengewirkt werden, um „die langfristige Erhöhung der Studienaktivität und damit die
Senkung des Drop-outs" (WUW2016_WB: 5) zu erreichen. Ein weiterer kritischer
Punkt in Bezug auf Lernprozesse an der WUW ist das Verhältnis von ordentlichen Studierenden je Professor. Hier gab es in den letzten Jahren bereits Verbesserungen, aber
das Verhältnis ist immer noch weiter hinter den durchschnittlichen Werten an anderen
Universitäten. Lag im Schnitt die Betreuungszahl an österreichischen Universitäten bei
122, war diese an der WUW in 2011 bei 365 (vgl. Bundesministerium für Wissenschaft,
Forschung und Wirtschaft 2011: 84) und in 2014 noch bei 276 (vgl. Bundesministerium
für Wissenschaft, Forschung und Wirtschaft 2014: 106). Aufgrund der hohen Studierendenzahlen werden an der WUW die Bachelor-Studierenden, welche ca. 80 % der
Studierenden an der WUW ausmachen (vgl. WUW2016_SZ), in großen Lehrveranstaltungen in den Hörsälen des Teaching Centers unterrichtet. Die Überprüfung der Lern-
leistungen erfolgt entsprechend auch in Großveranstaltungen: „Prüfungen an der WU
werden – zumindest in den ersten Semestern – größtenteils in Multiple-Choice-Form
abgehalten" (ÖH WU 2015: 31). Um die Studienbedingungen zu verbessern, wurden in
2014 bereits Studienpläne verändert, um „Großlehrveranstaltungen im ersten Studienjahr der Bachelorprogramme auf kleinere, prüfungsimmanente Lehrveranstaltungen
umzustellen" (WUW2015_WB: 24). Gegen eine hochschulweite Umsetzung von kleineren Gruppen, insbesondere in den Bachelorstudiengängen, sprechen der Betreuungs-
schlüssel Studierende/Professor und auch die strategisches Ziele, die explizit die Durchführung von Großveranstaltungen im Undergraduate-Bereich vorsieht (vgl.
WUW2014_EPL). Lediglich im Graduate- und Executive-Bereich soll aufgrund der
internationalen Orientierung in kleineren Gruppen gearbeitet werden (vgl.
WUW2014_EPL: 12, 22).

8.3.1   Feldzugang und Datenerhebung bei der Fallstudie WUW

Der Neubau des Campus der WUW in 2013 wurde als der „größte Universitätsneubau
Europas und der größte Unibau Österreichs" (WUW2013_IBN) bezeichnet. In 2007
wurde die Generalplanung des Campus in einem europaweiten Wettbewerb und in 2008
die Planung der Einzelgebäude auf dem Campus durch einen internationalen Realisie-
rungswettbewerb ausgelobt (vgl. Leeb 2014: 14 ff.). Der Neubau hatte dabei bereits vor
seiner Fertigstellung schon Schlagzeilen gemacht, „WU Campus mit schräger Architektur" (WUW2013_IBN), und ist heute mit den Gebäudeensembles internationaler Architekturbüros ein Anziehungspunkt in Wien. Wie in der thematischen Einleitung dieser
Forschungsarbeit beschrieben wird dem Campus, auch im Selbstverständnis der WUW
selbst (vgl. WUW_UDZ), durch die Kraft seiner Architektur, das Symbol einer Universität der Zukunft anerkannt: „Das LC [Learning & Library Center – Anm. KN] ist ausgesprochen fotogen und wird der WU mit Sicherheit eine Präsenz in den Medien garan-
tieren" (Kühn 2013). Über die Planungs- und Realisierungsphase des Projektes gibt es

zwei zentrale Publikationen, die Informationen zu Zielen und Hintergründen des Projektes sowie der gestalterischen Konzeption und dem Projektablauf bieten (vgl. Boeckl 2014b; BOA Büro für offensive Aleatorik 2013). Auf der Homepage der WUW werden selbst umfangreiche Informationen über das Campusprojekt sowie die Benutzung der Infrastruktur auf der Homepage kommuniziert (vgl. WUW_AUS; WUW_BURE; WUW_CMP; WUW_CPL; WUW2014_LCM). Somit war bei den Vorbereitungen der Feldaufenthalte ein guter Überblick gegeben, um eine schnelle Orientierung auf dem Gelände zur Datenerhebung zu ermöglichen und grundsätzliche Fragen zum Lernraumangebot, wie z. B. Anzahl und Größe der Lehrräume oder besondere Angebote an Lernräumen etc., bereits im Vorfeld in Erfahrung bringen zu können.

Die Datenerhebung im Feld fand an drei definierten Zeitpunkten statt. Die ersten zwei Datensammlungen erfolgten vor Ort auf dem Campus am 28.04.2014 und am 18.08.2014. Die Datenerhebung beim dritten Termin fand im Sommersemester vom 17.03.2016 bis 21.03.2016 statt. Auch hier wurde wieder, wie bei der Fallstudie UMU, ein Zeitraum ausgesucht, bei dem mindestens ein zentraler Wochentag sowie ein Wochenende integriert war, um Unterschiede, z. B. bei Nutzung und Zugänglichkeit, identifizieren zu können. Bei den ersten zwei Aufenthalten wurden die gesamte Campusanlage besichtigt sowie Ereignisse und Eindrücke mit Feldnotizen im Forschungstagebuch festgehalten. Da zwischen dem ersten und dem dritten Aufenthalt fast zwei Jahre liegen, konnten bei dem dritten Feldaufenthalt Veränderungen auf dem Campus identifiziert und festgehalten werden. Des Weiteren wurden bei diesem Aufenthalt, wie in der Fallstudie GCU, alle Angebote der Infrastrukturen, soweit dies möglich war, von der Verfasserin genutzt und gezielt ausprobiert. Dadurch konnten Daten erhoben werden, die über den Erkenntnisstand der reinen Beobachtung hinausgehen.

An der WUW hatte die Verfasserin die Möglichkeit, beim dritten Aufenthalt zwei Gespräche zu führen und bei einem gemeinsamen Rundgang über den Campus weitere Daten aus einer informellen Perspektive aufzunehmen. Auf einem Kongress in 2015 hatte die Verfasserin die Gelegenheit, einen Mitarbeiter der WUW, der als Professor an einem der Departments tätig ist, kennenzulernen und für ein Gespräch auf dem Campus der WUW zu gewinnen. Des Weiteren hatte die Verfasserin über einen privaten Kontakt in Wien einen an der WUW tätigen Professor kennengelernt, mit welchem ein informelles Gespräch an einem Abend in Wien geführt werden konnte. Dieses wurde als Gesprächsprotokoll unmittelbar noch am gleichen Abend aufgenommen, um die Diskussionspunkte festzuhalten. Über eine offizielle Anfrage konnte ein Gespräch mit dem Vizerektorat für Lehre und Studierende durchgeführt werden. Aufgrund des formellen Charakters wird dieses Gespräch, wie im Kapitel zur methodischen Vorgehensweise beschrieben, nicht bei der Datenauswertung verwendet (vgl. 7.2.2 Artefaktenanalyse).

8.3.2   Lernraumgestaltung „WU Campus"

Mit dem Leitgedanken „Die schönsten Räume gehören nun den Studierenden" (Badelt 2015) wurde im Jahr 2013 der neue Campus der WUW eröffnet. Alle Einrichtungen der Universität sind mit dem Umzug auf den neuen Campus, der nach knapp vier Jahren Bauzeit fertiggestellt worden ist, an einem Ort zusammengeführt worden (vgl. Boeckl 2014b: 156). Dieser liegt zentral im 2. Bezirk zwischen dem Wiener Prater und der Messe Wien und ist damit „eine klare Positionierung der Universität als lebendiger Bestandteil von Stadt und Gesellschaft" (Badelt 2014: 6). „Mit großer Symbolik sollte das Studieren neu gedacht werden, in Organisation, Form und Betrieb" (Boeckl 2014a: 44). Mit dem Projekt WU Campus wurde Raum für 25.000 Studierende mit insgesamt 3.000 Lernarbeitsplätzen für Studierende, inklusive 1.500 Selbststudienplätzen in der nun größten wirtschaftswissenschaftlichen Bibliothek Österreichs, geschaffen (vgl. WUW_SAC; WUW2014_LCM). Hintergrund für den Umzug auf einen neuen Campus lag zum einem am akuten Platzmangel am vorherigen Standort der WUW im Universitätszentrum Althanstraße. Dieser in den 1980er-Jahren errichtete Gebäudekomplex war für 9.000 Studierende ausgelegt, aber bereits mit der Fertigstellung zu klein für die damals 10.000 Studierenden (vgl. Kristan 2014: 13). Der zusätzliche Raumbedarf der stark wachsenden Universität wurde mit der Anmietung von umliegenden Büros und Wohnungen kompensiert (vgl. ebd.: 13). Lernarbeitsflächen der Studierenden mussten in dieser Zeit aufgrund des Platzmangels in Büros und Lehrräume umgewandelt werden, sodass immer weniger Platz zum Lernen für die Studierenden an der WUW zur Verfügung stand.

Ein weiterer Grund für das Projekt WU Campus liegt in der organisatorischen Weiterentwicklung der WUW im Zuge der Universitätsreform im Jahr 2002 (vgl. Badelt 2015). Diese hatte es ermöglicht, als autonom agierende Universität die Neuorganisation der Hochschule zu einer Departmentorganisation umzusetzen (vgl. WUW_UDZ; Badelt 2015). Die Institute, die vormals in vielen räumlichen Einheiten nach dem „Wohnungsprinzip" (Badelt 2015: 5) organisiert waren, werden heute auf dem Campus in den Departmentgebäuden räumlich und inhaltlich zusammengefasst. Durch die Zusammenführung soll interdisziplinäres Arbeiten und eine bessere Vernetzung zwischen den Instituten, Forschungsprojekten und -teams erfolgen (PROF2_WUW2016: 11). Mit der autonomen Selbstverwaltung sollte auch die räumliche Ausbildung des Campusgeländes gemäß der Studienarchitektur mit Bachelor-, Masterstudiengängen sowie Angeboten zum lebenslangen Lernen umgesetzt werden (vgl. WUW2010_RSP; WUW2014_LCM). Die räumliche Gliederung des Campus nach dem Bolognaprinzip dient dabei nicht nur einer effizienten Studienorganisation, sondern unterstützt auch räumlich die strategische Differenzierung der Bildungsangebote, wie im Entwicklungsplan 2014 mit der geplanten Vermarktung der „Submarken [...] WU Undergraduate School, WU Graduate School [und] WU Executive Academy" (WUW2014_EPL: 22) beschrieben.

Auf dem Campus gibt es neben den Forschungs- und Lehrräumen eine umfangreiche Infrastruktur für Studierende und Mitarbeiter. Neben einem Kindergarten und Sporteinrichtungen gibt es auch Einrichtungen, die von Besuchern und Bewohnern der umliegenden Viertel genutzt werden können, wie z. B. Cafés, Restaurants und Bars, eine Bäckerei, ein Lebensmittelladen, die Mensa, einen Buch- und Copyshop sowie verschiedene Eventflächen. Über den interaktiven Campusplan auf der Homepage der WUW können diese Points of Interests, Serviceangebote der WUW oder Räumlichkeiten gezielt nach verschiedenen Kriterien gesucht werden. Auffallend ist, dass die WUW, als einzige Hochschule der fünf Fallanalysen in dieser Arbeit, keine hochschuleigenen Studierendenwohnungen auf dem Campus, trotz des kompletten Neubaus des WU Campus, anbietet. Seit Anfang 2015 wird am Campus der WUW von der Akademikerhilfe ein Studierendenwohnheim betrieben.

Mit Beginn des Projektes WU Campus gab es seitens der WUW Überlegungen, wieder einen zentralen Gebäudekomplex zu errichten (vgl. Eberle 2014: 22). In der Entwurfsphase konnte der Bauherr jedoch überzeugt werden, die Departments in verschiedene Gebäudekomplexe unterzubringen, da „sie überschaubar sind, Identität entwickeln, nicht zuletzt weil die Maßstäblichkeit stimmt" (ebd.: 22). Die Entscheidung gegen einen großen Gebäudekomplex hat sich bereits unmittelbar mit der Fertigstellung bewährt. Aufgrund zusätzlichen Raumbedarfs wurde bereits 2013 ein benachbartes Grundstück erworben und in 2015 das Departmentgebäude D5 eröffnet (vgl. WUW2015_WB). Im Ergebnis einer vorgelagerten Masterplanung wurde ein konzeptionelles Regelwerk für die Campusplanung sowie die Entwicklung der einzelnen Departmentgebäude entworfen (vgl. BOA Büro für offensive Aleatorik 2013). Der Masterplan bot dabei einen stabilen Rahmen, um Spielraum für die Konzeption der Departmentgebäude zu ermöglichen und gleichzeitig das große Ganze des „akademischen Ensembles" (ebd.: 16) im Blick zu behalten. Im Ergebnis steht die architektonische Vielfalt der Gebäude, die von internationalen Architekturbüros konzipiert und gebaut wurden, symbolisch für eine moderne, neue Universität mit den Prinzipien „Diversität und Internationalität" (vgl. Badelt 2015: 4). Während der Planung und Realisierung des WU Campus wurden durch ein externes Büro differenzierte Kommunikationsstrategien entwickelt und realisiert, wie z. B. eine Ausstellung im Architekturzentrum Wien, ein Infopoint und Beschilderungen auf der Baustelle, geführten Baustellentouren sowie einer Internetseite mit Informationen zu Aktivitäten und Veranstaltungen (vgl. BOA Büro für offensive Aleatorik 2013: 64).

Ein wesentlicher Baustein zur Vernetzung der Departmentgebäude untereinander liegt in der Entwicklung einer zentralen Kommunikationsallee quer über den Campus. Dieser Verbindungsweg ist auch nach außen offen und nicht durch Begrenzungen zum Campus abgeschnitten, sodass die Wege auch von externen Besuchern und Bewohnern der umliegenden Viertel zur Durchquerung des Geländes genutzt werden können (vgl. Badelt 2015: 4). Die unterirdischen Tiefgaragen verfügen über keine Aufgänge direkt in die Gebäude, sodass alle Akteure über den Campus laufen und dabei in Kontakt treten kön-

nen (vgl. PROF2_WUW2016: 3). Entlang der Kommunikationsader sind unterschiedlichste Grün-, Spiel-, Sport, Event- und Gastroflächen eingerichtet, die zum Aufenthalt
und Austausch einladen sollen. Mit dem Masterplan für die physische Campusplanung
wird ein Gegenpol zu virtuellen Lernraumangeboten gesetzt; dabei werden bewusst Orte
zum Austausch und zum Lernen inszeniert (vgl. WUW2014_LSP). Wie das Saltire
Centre der Hochschule GCU (siehe 8.4 Fallstudie GCU – Glasgow Caledonian University, Großbrintannien) wird das Library & Learning Center der WUW als Herzstück des
Campus ausgebildet – räumlich an zentraler Stelle auf dem Campus am großen Haupt-
platz, architektonisch mit einer dramatischen Gebäudeeinszenierung sowie inhaltlich mit
der Ausbildung als „One Stop-Shop" (Rau 2014: 59). Im Library & Learning Center ist
neben dem Vizerektorat für Lehre und Studierende ein umfangreiches Angebot für die
Studierenden, mit Studierendenservices, IT-Services, Zentrum für Auslandsstudien, WU
Career Center und der Zentralbibliothek, untergebracht (vgl. WUW2014_LCM; Rau
2014: 56). Im benachbarten Gebäude, dem Teaching Center, werden vornehmlich die
Bachelor-Studierenden beheimatet (WUW_UDZ), die, wie eingangs erwähnt, in großen
Gruppen unterrichtet werden. In den anderen umliegenden Gebäuden sind die Departments in den oberen Etagen untergebracht. Im Erdgeschoss befinden sich jeweils Semi-
nar- und Projekträume sowie offene Lernarbeitsflächen und Studierenden-Lounges.
Diese Räumlichkeiten sind für Lehrveranstaltungen der Masterstudierenden vorgesehen.
Die Executive Academy am westlichen Campuseingang ist für Doktoratsprogramme
und berufsbegleitende Weiterbildungsmaßnahmen entsprechend den Anforderungen an
lebenslangens Lernen konzipiert.

Die Hörsäle, Seminar- und Projekträume sind hochschulweit hinsichtlich ihrer Größen
standardisiert. Die großen Hörsäle mit Kapazitäten für 650, 180 und 120 Personen sind
im Teaching Center untergebracht. Die kleineren Hörsäle für 60 Personen, Seminarräume für 30 Personen und Projekträume L für max. 20 Personen sind im Teaching Center
sowie den Departmentgebäuden platziert (vgl. WUW_AUS). Bereits während der Planung und Dimensionierung der Lehrräume war klar, dass insbesondere zu Semesterbe-
ginn eine hohe Raumnutzungsquote vorliegen wird. Vor diesem Hintergrund wurde hier
zur Entscheidungshilfe mit dem an der Technischen Universität Wien entwickelten
Raumplanungstool „MoreSpace" (vgl. Wiegand 2012: 12 ff.) die zukünftige Raumbele-
gung simuliert (Beltzung Horvath/Nedeljkovic 2013). In den Hörsälen findet man eine
klassische Bestuhlung mit festen Sitzplätzen und Klapptischen. In acht Hörsälen, sechs
davon im Teaching Center und zwei in der Executive Academy, mit einer Kapazität
von 60 Studierenden sind die Tische fest montiert in U-Form ausgerichtet (vgl.
WUW_AUS). Die Seminarräume sind mit flexiblem Mobiliar ausgestattet. Flexibel
heißt hier, dass die Stühle und Tische nicht fest montiert sind. Auf dem Campus sind
ca. 60 % der Sitzplätze in formellen Lernräumen mit fixer Möblierung und Höhenstaffelung sowie ca. 40 % mit nicht fixiertem Mobiliar eingerichtet (vgl. WUW2016_BR).

Mit dem Beginn des Projektes WU Campus wurde in 2007 das Sounding Board ins
Leben gerufen, um die Einbindung relevanter Stakeholder sicherzustellen (vgl.

WUW2007_JB). Bis zum Umzug waren ausgewählte Vertreter der Departments, der Verwaltung wie auch der Studierenden Mitglied im Sounding Board, welches aber kein Entscheidungsgremium nach dem Abstimmungsprinzip war (vgl. Mautner 2014: 39). Des Weiteren wurden an dem alten Standort im Vorfeld Testräume mit der geplanten technischen Ausstattung eingerichtet. Diese konnten von den Mitarbeitern benutzt und bewertet werden, um Erfahrungen bereits im Vorfeld sammeln zu können (vgl. PROF2_WUW2016: 14 f.).

Unmittelbar nach dem Bezug des Campus wurden Anfang 2014 die Neubaumaßnahmen auf dem Campus evaluiert. Da zu dieser Zeit das Sounding Board bereits aufgelöst war, wurde die Untersuchung vom Programm- und Qualitätsmanagement der WUW durchgeführt (vgl. Vettorie/Ledermüller/Zeeh 2014: 4). Ziele waren die Ermittlung der Stakeholderzufriedenheit von Studierenden und Lehrenden mit der Infrastruktur, die Erhebung von zusätzlichen Bedarfen und Änderungswünschen sowie die Bewertung der Raumvergabe- und Lehrplanungsprozesse (vgl. ebd.: 4). Methodisch wurde mit Befragungen von Lehrenden und Lernenden, Workshops in den Departments sowie Beobachtungen gearbeitet (vgl. ebd.: 5). Im Ergebnis wurden bauliche und organisatorische Bereiche für Verbesserungen identifiziert (vgl. ebd.: 49 f.). Bei den baulichen Maßnahmen wurde u. a. an der Ausstattung kritisiert, dass eine größtmögliche Flexibilität wünschenswert ist, um eine „breite Palette von lernendenzentrierten Methoden zu unterstützen" (ebd.: 49). Eine kurzfristige Änderung dieses Bedarfes ist kurzfristig jedoch nicht möglich. Zum einen wurde die gesamte Ausstattung auf einen Schlag angeschafft, sodass nicht zeitlich gestaffelt neues Mobiliar angeschafft und getestet werden kann (vgl. PROF2_WUW: 2). Lediglich bei der Umwidmung von Lernräumen gäbe es dazu Möglichkeiten, wie z. B. bei der Teacher Lounge im Teaching Center bereits erfolgt. Hier wurde das Mobiliar ausgetauscht, so dass die Lounge, die vormals als Rückzugsort und Pausenraum für die Lehrenden im Teaching Center vorgesehen war, nun auch als klassischer Seminarraum genutzt werden kann. Zum anderen kann die Fixbestuhlung (vgl. Vettorie/Ledermüller/Zeeh 2014: 49) nicht zurückgebaut werden, da durch die Höhenstaffelung in den Hörsälen zur Umwidmung auch bauliche Maßnahmen mit hohen Investitionskosten erforderlich sind.

8.3.3   Spezifische Merkmale der Fallstudie WUW

Anhand der Ausführungen zum Lernraumgestaltungskonzept an der WUW ist ersichtlich, dass wie bei der Fallstudie UMU eine Lernraumgestaltungsstrategie über die symbolische Verortung fokussiert wird (vgl. 6.1.3 Zusammenhänge am Modell der LernRaumOrganisation). Mit dem Neubau des WU Campus wurde an bestehenden formellen Lernraumkonzepten mit klassischer Frontalausrichtung festgehalten. Anhand der materiellen Artefakte ist ersichtlich, dass keine Veränderungen der Lehr- und Lernkultur hin zu einem Konzept des Active Learning Approach stattgefunden haben. Mit dem erweiterten Angebot an Lernarbeitsplätzen für die Studierenden wird das selbstständige

Lernen, insbesondere im Hinblick auf das schlechte Betreuungsverhältnis, sowie die Vermarktung der WUW als attraktiver Lernort nach außen unterstützt.

Im Folgenden werden Entscheidungsstrategien der Hochschule WUW in den vier Aktionsfeldern des theoretischen Modells der LernRaumOrganisation zusammenfassend dargestellt. Gemäß den zwei Typologien zur Lernraumgestaltungsstrategie am Modell der Lernraumgestaltung werden bei dieser Hochshchule, wie auch bei der Fallstudie UMU, die Aktionsfelder in der Reihenfolge Erstellungsfeld, Aneignungsfeld, Beziehungsfeld und Bedeutungsfeld beschrieben (vgl. Abbildung 13: Lernraumgestaltungsstrategien am Modell, Seite 95). Dabei werden charakteristische Merkmale der LernRaumOrganisation der WUW in den Aktionsfeldern zusammenfassend dargestellt, um eine Grundlage für die vergleichenden Fallstudienanalyse der WUW mit den anderen untersuchten Hochschulen durchführen zu können.

Erstellungsfeld Fallstudie WUW

Mit dem Neubau des WU Campus konnten mehrere strategische Ziele der WUW symbolisch materialisiert werden. Zum einen galt es, die beengten Raumverhältnisse zu überwinden und alle organisatorischen Einheiten an einem Ort zusammenzuführen. Dabei wurde mit der räumlichen Gliederung und Zonierung auf dem Campus die Chance genutzt, die nach der Universitätsreform eingeführte Departmentstruktur auch durch voneinander abgegrenzte, gestalterisch unterschiedliche Gebäude räumlich abzubilden. Zum anderen kann über die räumliche Gliederung und Organisation des Campus und der Gebäudestrukturen die Vermarktung der in Submarken gegliederten Bildungsangebote von Undergraduate, Graduate und Executive abgebildet werden. Mit der Ausbildung des Library & Learning Centers am zentralen Platz des Campusgeländes sowie der dramatischen Gestaltungssprache des Gebäudes wird eigenverantwortliches Lernen der Studierenden unterstützt und symbolisch in einer baulichen Struktur verankert. Durch die Auswahl und Beauftragung von international bekannten Architekturbüros für die Planung und Realisierung der Campus- und Gebäudearchitektur wird dabei der Anspruch der WUW an Internationalität und Diversität über die Gestaltung des physisch-materiellen Lernraums manifestiert: „Wir wollen zeigen, dass wir etwas Besonderes sind, das soll sich in der Architektur niederschlagen" (Christoph Badelt, zitiert nach derStandard.at 2008). Mit der zeit- und kostengerechten Fertigstellung des neuen Campus hat die WUW darüber hinaus ihre Leistungsfähigkeit präsentieren können. So konnte der Campus, trotz zwischenzeitlicher Verzögerungen wegen zwei Bränden (vgl. PROF2_WUW2016: 8), termingerecht zum Beginn des Wintersemesters 2013 in Betrieb genommen und die kalkulierten Kosten des Großprojektes von ca. 495 Millionen Euro eingehalten werden (vgl. Badelt 2015).

Bei der Planung und Realisierung des WU Campus wurden Erkenntnisse zum Stand der Forschung aus der Perspektive des Lernraums als physischer Raum bei der architektonischen Gestaltung und Raumplanung der Gebäude sowie auch als ganzheitlich zu organisierender Campusraum umgesetzt. So verfügen beispielhaft alle formellen Lernräume auf dem Campus über Tageslicht (vgl. WUW2014_LCM) und berücksichtigen akustische Anforderungen, was als sehr förderlich für die Lernatmosphäre bewertet wird (vgl. Tragatschnig 2014: 128, 130; Vettorie/Ledermüller/Zeeh 2014: 12).

Die Anzahl von ca. 3.000 informellen Lernarbeitsplätzen für die Studierenden auf dem Campus ist ein eindeutiges Signal zur Unterstützung und Anerkennung von Anforderungen der Studierenden an Lernen und den universitären Raum. Die gestalterische Qualität von Architektur und Freiraumplanung auf dem Campus sowie die Berücksichtigung zum Forschungsstand bei der Lernraumgestaltung drücken über die symbolische Verortung ihre Wertschätzung aus: „Hier hat man offensichtlich nicht bei den Studierenden gespart" (Temel 2014: 96). Die Ergebnisse der Befragungen von Studienanfängern in den Bachelor-Programmen zeigen eindrucksvoll, dass mit dem Neubau des WU Campus die bauliche Umgebung mittlerweile eines der drei wichtigsten Kriterien zur Entscheidung für ein Studium an der WUW geworden ist (vgl. Zeeh/Ledermüller 2013a: 17, 2015a: 18). Diese Erkennnisse bestätigen Studien im internationalen Kontext, dass gute Lage und qualitativ hochwertige bauliche Infrastruktur ein Marketinghebel für Hochschulen sind (vgl. Price et al. 2003; Robinson 2013); dies spiegelt sich auch an der Entwicklung von Stararchitektur bei Hochschulen wider (vgl. Marboe 2014: 32; Heathcote 2014). Interessant in diesem Zusammenhang ist die Bewertung der repräsentativen Ausbildung baulicher Artefakte durch die Nutzer: „Von Seite der nichtentscheidungsbefugten NutzerInnen wird der ‚Markenarchitektur' hingegen keine funktionale Bedeutung beigemessen, sondern sogar teilweise unterstellt, dass dieser Fokus auf *Repräsentation* auf Kosten der *Funktionalität* der Arbeitsplätze geht" (Howorka/Joos/Kaltner 2013: 29, Hervorh. im Original).

Aneignungsfeld Fallstudie WUW

An der WUW wird informelles Lernen, wie bei der Hochschule UMU, dezentral auf dem gesamten Campusgelände unterstützt. Neben den Projekträumen, die reservierungspflichtig sind, gibt es im Teaching Center und den Departmentgebäuden frei zugängliche Studierendenarbeitsflächen und in den Departmentgebäuden Studierenden-Lounges als Rückzugsort (vgl. Vettorie/Ledermüller/Zeeh 2014: 11). Unterstützt wird der dezentrale Ansatz auch durch die dezentral verteilte Organisation von Versorgungs- und Serviceeinrichtungen über das gesamte Campusgelände. Die verschiedenen informellen Lernräume auf dem Campus sind zu den jeweiligen Gebäudeöffnungszeiten für Studierende erreichbar. Die Studierenden-Lounges stehen allen Studierenden frei zur Verfügung und können ab 17 Uhr für Veranstaltungen gebucht werden (vgl. ebd.: 27). Die Departmentgebäude sind in den Vorlesungszeiten an den Werktagen, Montag bis Freitag von 7–22 Uhr und samstags von 7–18 Uhr, geöffnet. Die Lesebereiche der Zentralbibliothek sind in der Vorlesungszeit von Montag bis Samstag und in der vorlesungsfreien Zeit von Montag bis Freitag geöffnet. Sonntags haben lediglich zwei gastronomische Einrichtungen, ein Café im Library & Learning Center sowie ein Restaurant in einem der Departmentgebäude, geöffnet. Die dezentralen Bibliotheken für Recht, Sozialwissenschaften und Wirtschaftssprachen, welche in drei Departmentgebäuden untergebracht sind, haben wochentags jeweils nur einige Stunden geöffnet. Die darin liegenden, hoch frequentierten Projekträume sind damit nur eingeschränkt zugänglich. Dies wurde von den Studierenden in der Evaluierung nach der Fertigstellung des Campus kritisiert (vgl. Vettorie/Ledermüller/Zeeh 2014: 18).

Die Größe und Ausstattung der Hörsäle und Seminarräume ist standardisiert, um eine effiziente, hochschulweite Raumnutzung gewährleisten zu können. Neben den klassischen Hörsälen und Seminarräumen und informellen Lernräumen in Zwischenräumen, wie in den Departmentgebäuden und dem Teaching Center in unmittelbarer Nähe zu den formellen Lernräumen, sowie den OpenSpace-Räumen, wie in der zentralen Galerie des Teaching Centers, werden auf dem gesamten Campus verteilt ein besonderer Typus von informellen Lernräumen, die Projekträume, angeboten. Die Departmentgebäude sowie das Teaching Center verfügen insgesamt über 19 Projekträume der Kategorie S für maximal fünf Personen sowie 54 Projekträume der Kategorie M für maximal 10 Personen. Projekträume S und M stehen Lehrenden zur Durchführung von Kleinstlehrveranstaltungen und als BreakOut-Settings sowie den Studierenden als Lernarbeitsplätze zur Verfügung (vgl. WUW_AUS). Die Projekträume können nur bei einer vorherigen Buchung benutzt werden (vgl. WUW_BURE), da die hohe Nutzernachfrage zu „Engpässen bei der Projektraumvergabe" (vgl. Vettorie/Ledermüller/Zeeh 2014: 50) führte. Auf der Internetseite der Hochschule sind öffentlich zugänglich umfangreiche Informationen über die formellen und informellen Lernräume und spezifischen Merkmale zu Größe und Ausstattung hinterlegt. Die Hörsäle, Seminarräume und Projekträume L können nicht von den Studierenden gebucht werden. Das virtuelle Raumbuchungssystem ist online auch über Mobile Devices nutzbar und die jeweiligen Raumbelegungen sind in einem Kalender einsehbar. An allen buchbaren Räumen sind Displays angebracht, die über die Belegungsart und -dauer informieren.

Die Büros der Lehrenden und Mitarbeiter sind in den oberen Geschossen der Departmentgebäude befindlich. Studierende haben zu den Departments keinen Zugang; dieser erfolgt für autorisierte Mitarbeiter mittels einer elektronischen Freischaltung. Auch am alten Standort hatten die Studierenden keinen freien Zugang zu den Instituten, jedoch gab es hier noch nicht die Einrichtung der Frontoffices (vgl. PROF2_WUW2016: 5). Im Eingangsbereich der Departments ist das Frontoffice als Anlaufstelle für die Studierenden eingerichtet, welches „aber nur sehr bedingt besetzt [ist]" (PROF2_WUW2016: 5). Hier werden die Anliegen der Studierenden gebündelt und an die entsprechenden Ansprechpartner weitergeleitet. Ein direkter Kontakt mit den akademischen Mitarbeitern, die in den umliegenden Bereichen in Einzelbüros untergebracht sind, ist nicht schwer ohne Anmeldung und Terminabsprache möglich: „Und das ist eine Frage eben der Betreuungsverhältnisse. Da ist die WU noch immer sehr schlecht. Obwohl sie sich verbessert haben" (PROF2_WUW2016: 6). Mit der Einrichtung der Frontoffices wurde räumlich eine zusätzliche Barriere zwischen die Lehrenden und Lernenden geschaltet:

„Durch die Aufspaltung der Funktionsbereiche und durch die Einführung der Front-offices kommen die Leute nicht mehr zufällig ans Institut. Das hat Vorteile, aber ich habe immer öfter das Gefühl, dass wir dadurch, dass wir die Bereiche voneinander so strikt trennen, auch eine stärkere Trennung in der Begegnung und damit in der Beziehung zwischen Studierenden und Lehrenden aufbauen" (Edeltraud Hanappi-Egger, zitiert nach Tragatschnig 2014: 132) Aus der Perspektive der Lehrenden wird die Trennung positiv bewertet, da damit eine Konzentration auf die Forschungsarbeit möglich ist (vgl. PROF1_WUW2016).

Beziehungsfeld Fallstudie WUW

Im Selbstbildnis sieht sich die WUW als „wissenschaftliche Bildungsinstitution, in der Lehre und Forschung untrennbar verbunden sind" (WUW2014_EPL: 9) „und alles andere [...] darum herum gedacht und gebaut [wird]" (Badelt 2014: 6). Lehre und Forschung wird durch die räumliche Struktur des Teaching Centers sowie der Departmentgebäude repräsentiert. Lernen dagegen wird durch mit dem Library & Learning Center symbolisch verortet. Mit der stringenten Trennung von Lehren und Lernen sowie Arbeiten sind die Studierenden von Aktivitäten in ihrer Fachdisziplin räumlich und organisatorisch getrennt: "Früher haben sich Studierende und Lehrende öfter zufällig getroffen, weil die Bereiche durchmischter waren. Wir haben jetzt eine sehr effiziente Weise, die Lehre zu organisieren, die sich baulich ableitet. Die strikte Trennung von Lehr- und Departmentbereich ist schwer überbrückbar" (Edeltraud Hanappi-Egger, zitiert nach Tragatschnig 2014: 132).

Durch die räumliche Zuordnung der Bachelor-Studierenden zum Teaching Center sowie der Master-Studierenden zu den formellen Lernräumen in den Departmentgebäuden gibt es auch zwischen den Studierenden eines Fachbereiches keine räumlichen Ankerpunkte zur Kommunikation und Kollaboration. Dies hat u. a. zur Folge, dass die informellen Lernraumangebote nicht effizient genutzt werden. So sind die Studierenden-Lounges in den Departmentgebäuden lediglich nur einem Drittel der Bachelorstudierenden bekannt. Die Kenntnis über diese informellen Lernraumangebote könnten eine Entlastung für die begehrten Studierendenarbeitsplätze im Teaching Center sowie Learning & Library Center darstellen (vgl. Vettorie/Ledermüller/Zeeh 2014: 27 f.).

Bedeutungsfeld Fallstudie WUW

Im Entwicklungsplan der WUW wird formuliert, dass „studierendenzentriert, forschungsgeleitet und technologiegestützt [...] eine nachhaltige Kompetenzentwicklung unterstützt werden [soll]" (WUW2014_EPL: 11). Die WUW entscheidet sich, anders als die SRH und UMU, bei der Entwicklung einer Qualitätskultur der Lehre für eine „Umsetzung von Maßnahmen in *kleinen Schritten*" (WUW_QML: 7, Hervorh. im Original), um die Universität nicht zu überfordern. Mit der „Betonung der *Selbstentwicklung*" (WUW_QML: 7, Hervorh. im Original) „werden insbesondere Verfahren zur Selbstevaluierung und -reflexion in das Zentrum gestellt, um im Sinne eines Self-Empowerments das Engagement zur Qualitätssicherung dort zu fördern, wo die entsprechenden Leistungen erbracht werden" (WUW_QML: 7). Das vorsichtige Herantasten der WU Wien an eine Veränderung der Lehr- und Lernkultur spiegelt sich zum einen bei der klassischen, frontal ausgerichteten Konzeptionierung und Umsetzung der formellen Lernräume wider. Mit der strategischen Zielformulierung einer Studierendenzentrierung und Kompetenzorientierung der Hochschule (vgl. WUW2014_EPL: 11) überrascht es, dass keine Lernraum-Settings des Active Learning Approach, welche bereits seit Ende der 1990er-Jahre entwickelt und erforscht werden (vgl. 2.3.1 Über formelle Lernräume), im Projekt WU Campus umgesetzt worden sind. Dass die Forderungen der Nutzer aus der Evaluierungsstudie nach flexiblen Lernraumkonzepten angekommen sind (vgl. Vettorie/Ledermüller/Zeeh 2014: 49), kann man bei der Umgestaltung der Teacher Lounge im 4. Geschoss des Teaching Centers beobachten. Waren hier in 2014 noch die mit dem WU-Logo gebrandeten Softseatings eingesetzt, so standen beim dritten Aufenthalt vor Ort in 2016 Klapptische auf Rollen in dem Raum. Da alle Räumlichkeiten zum gleichen Zeitpunkt ausgestattet worden sind und diese für eine flexiblere Nutzung teilweise noch baulich verändert werden müssten, ist eine Anpassung der Raumkonzepte für aktives Lehren und Lernen kurz- und mittelfristig nicht zu erwarten: „Weil das Problem ist, die Infrastruktur altert dann parallel. D. h. irgendwann ist alles überaltert. Und man muss alles auf einmal erneuern. Es wäre eigentlich besser, wenn man das in Stufen ausbaut und dann hat man auch einen kontinuierlichen Wechsel" (PROF2_WUW: 2).

Aufgrund der hohen Teilnehmerzahlen von Studierenden wird an der WUW auch die technisch-virtuelle Lernraumebene ausgebaut (vgl. WUW2014_EPL: 12). Mit Learn@WU wurde eine eigene Lern-Plattform entwickelt, bei der die Angebote für Studierende und Lehrende aufgrund der Erfahrungen und Rückmeldungen systematisch weiterentwickelt werden (vgl. WUW2016_L4.0). Lehrende finden auf der Plattform mit der Teaching & Learning Academy Good-Practice-Beispiele von Lehrveranstaltungen, Informationen zu Lehr- und Lernmethoden, wie z. B. Inverted Classroom, Informationsmaterialien zur Unterstützung in der Lehre und eine Übersicht mit Lehrpreisen exzellenter und innovativer Lehre aus dem E-Learning-Bereich mit Erläuterungen zu den Lehrkonzepten. (vgl. WUW2015_WB: 26). Auf der Homepage zu Teaching & Learning Services wird der Fokus auf eLearning-Angebote betont: „An der WU werden jährlich eine Vielzahl an Projekten und Initiativen unterstützt, die einen besonderen Mehrwert für eTeaching/eLearning darstellen" (WUW_LLS). Im Gespräch mit den Lehrenden an der WUW wurde positiv vermerkt, dass es viele Informationsveranstaltungen zur Benutzung der neuen Technik auf dem Campus gibt (vgl. PROF1_WUW2016; PROF2_WUW2016). Aber in diesem Zusammenhang wurde auch kritisiert, dass es keine Angebote gibt, wie Technik und Lehrformate didaktisch verknüpft werden können; vor diesem Hintergrund hatte ein Department kurzerhand einen eigenen, externen Experten bestellt (vgl. PROF1_WUW2016: 2).

Für die Fallstudie WUW können folgende spezifische Merkmale der LernRaumOrganisation zusammengefasst werden:

– Campusinfrastruktur mit differenzierten Angeboten an Serviceeinrichtungen
– Umfangreiches Angebot von informellen Lernräumen unterschiedlicher Gestaltung und Nutzungsmöglichkeiten auf dem gesamten Campusgelände
– Von Studierenden und Lehrenden buchbare Projekträume in unterschiedlichen Größen als Break-Out-Spaces in unmittelbarer Nähe zu den formellen Lernräumen
– Standardisierte formelle und informelle Lernraumangebote für eine effiziente Lehr- und Lernorganisation
– Nutzung des technisch-virtuellen Lernraums zur effizienten Organisation des hohen Studierendenaufkommens
– Keine Umsetzung von Active bzw. Flexible Learning Environments zur Unterstützung aktivierender Lehr- und Lernmethoden
– Räumliche und organisatorische Trennung von Lehren, Lernen und Forschen durch eine funktionale Gebäude- und Campusgliederung
– Differenzierung von Studierenden in Undergraduate-, Graduate- und Postgraduate-Bereiche durch eine räumliche Zuordnung in unterschiedlichen Gebäuden
– Auflösung der Lerngemeinschaft von Lernenden und Lehrenden durch die räumliche Zentralisierung von Funktionen im Teaching Center, Library & Learning Center sowie den Departmentgebäuden
– Berücksichtigung von Erkenntnissen zum Stand der Forschung aus disziplinärer Perspektive bei der Gestaltung der baulichen Lernumgebung
– Veränderung der Lehr- und Lernkultur in kleinen Schritten durch Self-Empowerment

Wie bei der Fallstudie UMU wird an der WUW die Lernraumgestaltungsstrategie über die symbolische Verortung gewählt. Dabei zeigen sich mit dem umfangreichen Angebot an informellen Lernräumen sowie Serviceeinrichtungen auf dem gesamten Campusgelände Parallelen zwischen den zwei Hochschulen. Im Detail unterscheidet sich die Hochschule WUW von der UMU durch die zentrale, standardisierte Organisation des Lernraumangebotes sowie die fehlende Umsetzung von Lernraumgestaltungsmaßnahmen, die die Umsetzung des Active Learning Approach unterstützen. Des Weiteren wurden, im Gegensatz zur Hochschule UMU, die Maßnahmen der formellen und informellen Lernraumgestaltungsmaßnahmen in einem durch die Projektstruktur zum Neubau des WU Campus definierten Zeitraum konzipiert und realisiert.

8.4   Fallstudie GCU – Glasgow Caledonian University, Großbritannien

Die Glasgow Caledonian University, im folgenden Text mit GCU abgekürzt, ist eine staatliche Universität in Schottland. Diese wurde 1993 über den Zusammenschluss des Glasgow Polytechnic und des The Queens College, dessen Ursprünge bis auf das Jahr 1875 zurückgehen, begründet (vgl. GCU_ATHU). Mit ca. 17.000 Studierenden und

1.500 Mitarbeitern ist sie eine der vier größten Hochschulen in Schottland. Die GCU hat neben dem Standort Glasgow noch einen Campus in London, an welchem auschließlich postgraduale Studiengänge angeboten werden, und seit 2014 einen Campus in New York, welcher aber noch keine Lizenz der amerikanischen Behörden zur Erteilung von Hochschulabschlüssen hat (vgl. Hutcheon 2016). An der GCU Glasgow werden drei fachliche Schwerpunkte in den Academic Schools für Engineering and Built Environment, Business and Society sowie Health and Life Sciences gebildet. Des Weiteren bestehen strategische Partnerschaften mit Colleges in Oman, Bangladesh und Mauritius. Neben der GCU gibt es noch zwei weitere Universitäten in Glasgow. Im Hochschulranking der Universitäten in Großbritannien liegen in 2016 die Glasgow University mit Platz 11 und die University of Strathclyde mit Platz 47 vor der GCU, die auf Platz 63 rangiert (vgl. GCU2016_THE). Der Campus der GCU liegt mitten in Glasgow und verfügt über eine gute Infrastruktur mit der zentral gelegenen Bibliothek sowie einer Vielzahl an Cafés und Verpflegungseinrichtungen, einem Fitnesscenter und Studierendenwohnheimen auf dem Campusgelände (vgl. GCU2014_CM).

8.4.1   Feldzugang und Datenerhebung bei der Fallstudie GCU

Wer sich für innovative Lernraumprojekte an Hochschulen interessiert und Informationen dazu sucht, kommt an der GCU nicht vorbei. Im Stand der Forschung wurde die Bedeutung der Learning Center, und damit der Wiederbelebung der Bibliotheken im Zusammenhang mit der Digitalisierung, aufgeführt (vgl. 2.3.2 Über informelle Lernräume). Dabei wurde dargelegt, dass die Neukonzeptionierung der Bibliotheken sich den verändernden Anforderungen an Hochschulen durch die Integration neuer Infrastrukturen zu stellen hat. Darunter fallen zum einen die Zentralisierung der Studierendenservices, Angebote zur Lernunterstützung sowie die Bereitstellung von informellen Studierendenarbeitsplätzen zur selbstständigen Arbeit in Gruppen oder zum Selbststudium. Der Prototyp der Learning Center in Großbritannien ist dabei das Saltire Centre der GCU (vgl. Cox 2011: 198; Jamieson 2009: 22). Über dieses Learning Center finden sich mittlerweile in zahlreichen Publikationen Informationen und Bildmaterial (vgl. JISC 2006; Radcliffe 2009; Cox 2011; Pool/Wheal 2011; DINI 2013; Jamieson 2009; Watson/Anderson/Strachan 2006; Blane 2006). Im Zusammenhang mit dem Saltire Centre steht seit 2010 das hochschulweite Lernraumprojekt „Heart of the Campus", welches in 2016 fertiggestellt sein sollte. Auf den dafür eigens eingerichteten Internetseiten (vgl. GCU2016_CF; GCU2016_CFB) wurden öffentlich zugänglich umfangreiche Informationen zum Abruf bereitgestellt, wie z. B. zum Masterplan (vgl. GCU2010_MP), zur Projektstruktur (vgl. GCU_PS; GCU_SHM), zu den Meilensteinen (vgl. GCU2014_TL) und über die Ergebnisse der Befragungen von Studierenden und Mitarbeitern der GCU (vgl. GCU2012_FI; GCU2013_PLS). Des Weiteren konnten sich Interessierte auf dem Projekt-Blog (vgl. GCU2016_CFB) jederzeit über aktuelle Umbaumaßnahmen informieren sowie über Videoanimationen die geplanten Maßnahmen mit einem 3D-Fly-Through anschauen (vgl. GCU2015_FTH1; GCU2016_FTH2). Die

Kommunikation der geplanten und realisierten Maßnahmen im Projekt „Heart of the Campus" war über die Aufbereitung, Inhalte und Umfang der Informationen auf den Internetseiten (GCU2016_CF; GCU2016_CFB) im Vergleich zu den anderen untersuchten Hochschulen einmalig. Mit dieser Fülle an Informationen konnte im Vorfeld bereits ein guter Überblick über die, zum Zeitpunkt des Feldzugangs noch laufenden, Maßnahmen verschafft werden, um eine zielgerichtete Planung der Datenerhebung zu ermöglichen.

Die Datenerhebung im Feld vor Ort an der GCU fand im Wintersemester vom 27.11.2015 bis 02.12.2015 auf dem Campus in Glasgow statt. Wichtig bei der Planung der Datenaufnahme war wie bei den Hochschulen UMU und WUW ein Aufenthalt, welcher mindestens einen zentralen Wochentag sowie ein Wochenende inkludiert, um eventuelle Nutzungsunterschiede aufnehmen zu können. Im Mittelpunkt der Datenaufnahmen stand die Beobachtung der Hochschulakteure und Artefakte im Saltire Centre, der angrenzenden Räumlichkeiten und Gebäude, die im Projekt „Heart of the Campus" geplant und sich beim Feldaufenthalt teilweise noch im Bau befanden, sowie die gesamte Campusanlage. Bei der Datenaufnahme wurden Erlebnisse, Ereignisse und Eindrücke mit Feldnotizen im Forschungstagebuch sowie mittels Fotoaufnahmen dokumentiert. Auch der Besuch der benachbarten Universitäten, University of Glasgow sowie Strathclyde University wurden im Forschungstagebuch und fotografisch festgehalten. Ursprünglich aus persönlichem Interesse besucht, konnten dabei wichtige Daten für die Analyse der GCU gesammelt werden.

Da sich im Verlauf der Forschungsarbeit keine Möglichkeiten für informelle Kontakte zu Akteuren der GCU ergeben haben, wurden keine ergänzenden Gespräche durchgeführt. Dies begründet sich aus den Ausführungen der Artefaktenanalyse zur Relevanz von Informationen aus informellen Quellen bei der Untersuchung vo Hochschulen in dieser Forschungsarbeit (vgl. 7.2.2 Artefaktenanalyse).

8.4.2   Lernraumgestaltung „Heart of the Campus"

Die Glasgow Caledonian University sagt von sich selbst, dass sie über die besten Lernumgebungen in Großbritannien verfügt (vgl. GCU_ATHU). Der Kern dieser Einschätzung liegt in der Entwicklung des Saltire Centre an der GCU, der als Prototyp für einen neuen Typus von Bibliothek, der als Information Commons oder auch Learning Center bezeichnet wird. Der konzeptionelle Ausgangspunkt für die Idee des Saltire Centre liegt im Betrieb eines Learning Cafés im alten Bibliotheksgebäude der GCU im Jahr 2001. Im Erdgeschoss des alten Bibliotheksgebäudes eingerichtet, wurde hier erstmals in Großbritannien „the idea of informal, IT-rich learning environments" (Blane 2006) an einem Ort umgesetzt. „The deliberate mix of refreshments, social activities and IT makes this a relaxing and friendly place where conversation and social interaction are seen as an essential part of learning" (JISC 2006: 5). Der Erfolg des Learning Cafés war die Grundlage für die Konzeptionierung des neuen Bibliotheksgebäudes, dem Saltire

Center (vgl. GCU2006_JISC) und dem darauf folgenden hochschulweiten Lernraumprojekt „Heart of the Campus", welches die Entwicklung eines attraktiven Campuskonzeptes vorantreiben soll (vgl. GCU201_MP).

Der Neubau des Saltire Centre auf dem Campus der GCU wurde von dem international tätigen Architekturbüro BDP, welches auch über einen Bürositz in Glasgow verfügt, geplant und in der Zeit von 2003 bis 2006 begleitet (vgl. GCU2006_JISC). SALTIRE steht dabei als Akronym für „a building that provides *S*ervices for our students, *A*ctive approaches to *L*earning and *T*eaching, a 21st century way of managing our *I*nformation, the repository of our *R*esearch collections, and *E*ngaging our students" (GCU2006_JISC, Hervorh. im Original). Die Investitionskosten für den Neubau betrugen ca. 19 Millionen Euro sowie für die Ausstattung inklusive der EDV ca. 1,8 Millionen Euro (vgl. GCU2006_JISC). Im Entwicklungs- und Planungsprozess des Projektes waren verschiedenste Stakeholder, Mitarbeiter, Studierende sowie Architekten und Designer integriert (vgl. GCU2006_JISC). Als zentraler Hub auf dem Campus werden hier, wie auch bei der WUW, alle Studierendenservices als „onestop shop" (Jamieson 2009; GCU2006_JISC) an einem Ort gebündelt. Der Charakter des Lernraumkonzeptes basiert aber nicht nur auf dem Gedanken der Zusammenführung und Zentralisierung von Services. Die grundlegende Idee des Saltire Centre ist die der Interaktion einer Gemeinschaft von Studierenden und Mitarbeitern der GCU, die als „co-learners" (JISC 2006: 24) aktiviert werden sollen (vgl. auch GCU2006_JISC).

Das Saltire Centre liegt im Zentrum des Campus der GCU und ist räumlich mit den angrenzenden Fakultätsgebäuden über Schleusen verknüpft. Der Weg vom südlichen Campuseingang führt geradewegs auf die die zentrale Halle des Saltire Centres zu, die einen Luftraum über die fünf Geschosse mit den Lesesälen der Bibliothek spannt. In dem Open Space sind die Beratungsplätze der Studierendenservices, ein Learning Café sowie verschiedene Lernarbeitsplätze für die Studierenden untergebracht. Die Ausstattung reicht von einfachen Tischen und Stühlen über verschieden gestaltete, abgeschirmte Lerninseln bis hin zu Soft-Seatings und Couchtischen. Die Einrichtung ist flexibel und kann den verschiedenen Nutzungen der Halle gemäß aufgestellt werden. Bei dem Aufenthalt vor Ort im November 2015 fand an einem Tag z. B. eine Informationsveranstaltung von und für Studierende zum Thema Studieren im Ausland statt. In diesem Fall konnte für Präsentationsflächen und Besprechungsbereiche Platz gemacht werden. In der Halle ist an jedem Ort über Bodentanks bzw. Steckdosen in den Ausstattungsgegenständen die Versorgung mit Strom sowie über WLAN der Internetzugang gewährleistet. Über einen zentralen Erschließungskern in der Halle sind über kurze Stege in den einzelnen Geschossen die „more conventional ‚library' spaces" (Watson/Anderson/Strachan 2006) verbunden. Die Bibliotheksgeschosse sind dem Selbststudium, allein oder in Gruppen, vorbehalten. Durch eine differenzierte Ausstattung, Gestaltung und der Anordnung des Mobiliars sollen die Nutzer erkennen, welche Aktivitäten auf den verschiedenen Geschossen stattfinden (vgl. JISC 2006: 24). In den unteren Geschossen werden Raumangebote für Gruppenarbeiten und gemeinschaftliche Interaktio-

nen und in den oberen Ebenen ruhigere Bereiche für Aktivitäten, die Rückzugsmöglich-
keiten bedürfen, angeboten. Insgesamt werden im Saltire Centre 1.200 Lernarbeitsplät-
ze, 350 Computerarbeitsplätze, 100 Laptops zum Ausleihen und 600 Plätze im Learning
Café angeboten (vgl. GCU2006_JISC; GCU2016_CTG). Das Saltire Centre ist in der
Woche durchgehend geöffnet, Montag bis Freitag von 7–23 Uhr sowie Samstag und
Sonntag von 9–18 Uhr.

Bereits mit Beginn der Inbetriebnahme des Saltire Centre wurde der Lärm in der zentralen Halle kritisiert (vgl. Watson/Anderson/Strachan 2006). Auf Widerstand der Nutzer
traf auch die Entscheidung, keine „study carrels" (ebd.), kleine buchbare Räume in der
Bibliothek zum Selbststudium, in dem neuen Gebäude anzubieten. Der Wunsch nach
mehr bzw. der Wiederherstellung von Rückzugsbereichen steht dabei im Gegensatz zu
den Anforderungen nach mehr Gruppenarbeitsplätzen. Hier kommt die Raumzonierung
im Saltire Centre mit dem Open-Space-Konzept, in der großen, zentralen Halle wie
auch in den konventionellen Bibliotheksgeschossen, an die Grenzen ihrer Nutzbarkeit:
„large open-plan centres in which both learning and teaching take place – still presents
challenges in management of sound, heat and student activity" (JISC 2006: 5).

Trotz der Lärmbelastung und den fehlenden Rückzugsmöglichkeiten zum Selbststudium
ist das Saltire Centre von den Studierenden stark frequentiert (vgl. Watson/Ander-
son/Strachan 2006). Dies ist aber auch vor dem Hintergrund zu sehen, dass auf dem
Campusgelände neben dem Saltire Centre keine weiteren informellen Lernarbeitsplätze,
die es vormals gab (vgl. Jamieson 2009: 23), mehr zu finden sind. Jamieson (2009)
kritisiert in diesem Zusammenhang, dass durch ein zentrales Learning Center die Hochschule die Kontrolle nicht nur über formellen Lernprozesse, durch eine Hoheit über
Stundenpläne und Lehrräume, sondern auch über informelle Lernprozesse übernimmt:
„There is a critical irony in a situation where students are expected to assume greater
responsibility for their own learning while having fewer choices about where and how
they will interact with their peers outside the classroom" (ebd.: 23).

Auf Basis der Erfahrung im Saltire Centre wurde das Campus-Projekt „Heart of the
Campus" initiiert. In einem Masterplan, der von dem lokalen Büro Page Park Architects
erarbeitet wurde, wurden 2010 Ziele, Meilensteine und Investitionskosten von ca. 54
Millionen Euro für die weiteren Entwicklungen auf dem Campus Glasgow festgelegt
(vgl. GCU2010_MP). Dabei wurden Maßnahmen definiert, die die zentrale Rolle des
Saltire Center weiter stärken (vgl. GCU2010_MP: 12). Ein zentrales Anliegen des aktu-
ellen Lernraumprojektes „Heart of the Campus" ist es, die Aufenthaltsqualität im Saltire
Centre zu verbessern. Die „Mall" (GCU2006_JISC: 4) mit den Studierendenservices
soll aus dem offenen Erdgeschoss des Saltire Centre im ersten Stock des benachbarten
Gebäudes untergebracht werden, um die hohe Lärmbelastung zu reduzieren. Mit mehr
Flächen in den angrenzenden Gebäuden für informelles Lernen und für Veranstaltungen
soll die von den Studierenden kritisierte hohe Nutzungsintensität im Saltire Centre (vgl.
Jamieson 2009) reduziert werden: „[To] reduce pressure on the Saltire so that its role as
a library and learning resource can be revitalised" (GCU2010_MP: 4).

In der Planungsphase des Projektes „Heart of the Campus" wurden Befragungen zum notwendigen Maßnahmenumfang sowie Gestaltungsfragen durchgeführt. In formalen Interviews wurden Mitte 2012 insgesamt 19 Schlüsselpersonen der GCU, wie die Universitätsleitung, die Dekane der Fakultäten sowie Mitglieder der Projektarbeitsgruppe, befragt (vgl. GCU2012_FI; GCU_SHM). Auf Basis dieser Interviews sowie informeller Interviews mit Studierenden und Mitarbeitern wurden in der Zeit von Ende 2012 bis Anfang 2013 mehrere, hochschulweite Online-Befragungsrunden zu den sieben identifizierten, zentralen Themenblöcken, „Entrance, Landscape, Learning Spaces, Technology, Catering, Communication, Identity/Community" (GCU2013_PLS), durchgeführt. Auf Basis dieser Ergebnisse wurden in der ersten Realisierungsphase Mitte 2014 die angrenzenden Gebäude, George Moore und Hamish Wood (vgl. GCU2014_CM), durch großzügige Durchgänge und Öffnungen an das Saltire Centre angeschlossen und die Grünflächen als zusätzlicher informeller Lernraum ertüchtigt. Im George-Moore-Gebäude wurden parallel dazu das Erdgeschoss sowie das erste Obergeschoss saniert. Bis Mai 2015 sollten hier die Dining Hall im Erdgeschoss sowie die Außenanlagen fertiggestellt werden (GCU2014_TL). In der zweiten Projektphase war geplant, die Räumlichkeiten der Studierendenservices im ersten Obergeschoss des George-Moore-Gebäudes sowie die Überarbeitung des Erdgeschosses des Saltire Centres, mit neuem Bodenbelag und neuer Ausstattung, bis August 2015 fertigzustellen. Zeitgleich sollten die Arbeiten im Hamish-Wood-Gebäude beginnen, die bis Anfang 2016 fertiggestellt sein sollten. Zusätzliche Flächen für informelle und formelle Lernräume in diesem Gebäude sollen das Saltire Center zu einem ruhigeren Ort zum Studieren verwandeln (vgl. GCU_KPF). Die dem Campuseingang zugewandte Gebäudeseite des Hamish-Wood-Gebäudes erhält einen gläsernen Vorbau, der als „highly visible point" (GCU2016_FTH2) als Tor zum Campus fungieren soll. Als „multifunctional space" werden die Flächen im Erdgeschoss dieses Gebäudes Räumlichkeiten für Konferenzen, Events, Vorlesungen und Prüfungen bieten. Neben einem großen Hörsaal entstehen Seminarräume und „breakout spaces" (GCU2016_FTH2) sowie einem Café für Studierende, Mitarbeiter und Besucher. Bei dem Feldaufenthalt Ende 2015 waren die Maßnahmen der ersten Projektphase abgeschlossen. Die Maßnahmen der zweiten Projektphase waren teilweise in Verzug. Die Räumlichkeiten des Studierendenservices standen Ende November 2015 kurz vor der Fertigstellung. Die Maßnahmen im Saltire Centre hatten, anders als im Hamish-Wood-Gebäude, noch nicht begonnen.

Das Projekt „Heart of the Campus" wird von einer externen Agentur begleitet, die sich auf partizipative, nutzerzentrierte Projektentwicklungen spezialisiert hat. Diese hat unter anderem die Befragungen konzipiert, durchgeführt und ausgewertet (vgl. GCU_SHM; GCU_KPF). Durch diese externe Unterstützung ist das Projekt bei den Nutzern im Vorfeld bereits präsent. Des Weiteren werden durch umfangreiche Kommunikationsmaßnahmen, Beschilderung und Informationen auf dem Campus, die Webseite GCU Campus Future, der Caledonianblog sowie 3D-Fly-Through-Animationen umfangreiche und aktuelle Informationen zur Verfügung gestellt.

Mit der Konzeptionierung und Realisierung des Saltire Center hat die GCU ein Modell der Learning Center entwickelt, welches Lösungen zur Verknüpfung von IKT und informellen Lernprozessen bieten soll. Im Zusammenhang mit der Entwicklung innovativer Lernumgebungen für die neue Ausrichtung von Bibliotheken ist das Saltire Centre hochschulintern als auch hochschulübergreifend populär und wird als Good-Practice Beispiel bei vergleichbaren Projekten herangezogen. Bei dem darauf aufbauenden, weiterführenden Projekt „Heart of the Campus" zeigt sich, dass das Konzept den veränderten Anforderungen angepasst werden muss und damit nach zehn Jahren bereits einer räumlichen Modifikation unterliegt. Aus diesen Erkenntnissen zur Veränderung der räumlichen Typologie des Learning Centers an der GCU können wichtige Erfahrungen für andere Projekte in diesem Umfeld gewonnen werden.

8.4.3   Spezifische Merkmale der Fallstudie GCU

Mit dem Projekt „Heart of the Campus" der Glasgow Caledonian University wird die bauliche Erweiterung des zentralen Lernraumkonzeptes vorangetrieben und weiterentwickelt, welche vor mehr als 15 Jahren mit einem Lerncafé seinen Ursprung fand. Ausgehend von diesem informellen Lernraum konnten mit der konzentrischen Ausweitung bei der Entwicklung des Saltire Centres Erkenntnisse und Erfahrungen zur baulichen und inhaltlichen Ausgestaltung von informellen Lernräumen in einem immer größer werdenden Maßstab gewonnen werden. Anhand der Ausführungen zum Lernraumgestaltungskonzept an der GCU ist ersichtlich, dass, wie bei den Fallstudien UMU und WUW, eine Lernraumgestaltungsstrategie über die symbolische Verortung fokussiert wird (vgl. 6.1.3 Zusammenhänge am Modell der LernRaumOrganisation).

Im Folgenden werden Entscheidungsstrategien der Hochschule GCU in den vier Feldern des theoretischen Modells der LernRaumOrganisation zusammengefasst. Gemäß den zwei Typologien zur Lernraumgestaltungsstrategie am Modell der Lernraumgestaltung werden bei dieser Hochschule, die mit der Initiierung eines Lernraumprojektes strategische Maßnahmen und Entscheidungen über die symbolische Verortung vornimmt, die Felder in der Reihenfolge Erstellungsfeld, Aneignungsfeld, Beziehungsfeld und Bedeutungsfeld beschrieben (vgl. Abbildung 13: Lernraumgestaltungsstrategien am Modell, Seite 95). Dabei werden charakteristische Merkmale der LernRaumOrganisation der GCU in den Aktionsfeldern zusammenfassend dargestellt, um eine Grundlage für die vergleichenden Fallstudienanalyse der GCU mit den anderen untersuchten Hochschulen durchführen zu können.

Erstellungsfeld Fallstudie GCU

Die Wertschätzung der Hochschule für die Erwartungen und Anforderungen der Studierenden wird an der Unterstützung eigenverantwortlicher Lernprozesse durch den konsequenten Auf- und Ausbau der informellen Lernräume deutlich. Durch die konzentrische Erweiterung des zentralen, informellen Lernraumangebotes auf dem Campus der GCU, von der Café- über die Bibliotheks- bis hin zur Campusgestaltung, konnte ein immer größerer Erfahrungsraum für die Studierenden erschlossen und von der Hochschule reflektiert werden. Aufgrund der aufmerksamen Beobachtung von Nutzerverhalten bei der Gründung des Learning Cafés wie auch bei der Entwicklung und Inbetriebnahme des Saltire Centre wurden im Verlauf Erfahrungen bei der Umsetzung informeller Lernräume gewonnen. Diese Erkenntnisse und auch die Rückmeldungen der Nutzer bei Befragungen waren eine Grundlage für die Weiterentwicklung des Campuskonzeptes, sodass die Hochschulakteure direkt und indirekt Lernraumgestalter waren und sind.

Die Berücksichtigung der Nutzeranforderungen zeigt sich bei den geplanten Maßnahmen zur Weiterentwicklung der informellen Lernräume auf dem Campus. Im Saltire Centre wurde die Lärmbelästigung durch die intensive Nutzungsfrequenz sowie die differenzierten, eng miteinander verknüpften Servicebereiche im Saltire Centre von den Studierenden beklagt. Das Projekt „Heart of the Campus" hat diese Herausforderungen bei der Weiterentwicklung berücksichtigt. Mit der räumlichen Einbindung von Flächen in den umliegenden Gebäuden wird das Saltire Centre entlastet. Die Studierendenservices ziehen in einen der erweiterten Bereiche des angrenzenden Gebäudes und bleiben durch die engere Anbindung über zusätzliche Durchgänge zum Saltire Centre trotzdem zentral und gut erreichbar für alle Belange der Studierenden erhalten. Des Weiteren werden in den benachbarten Gebäuden zusätzliche Flächen für informelles Lernen angeboten. Mit der Ertüchtigung der Flächen geht die Sanierung der umliegenden Gebäude einher.

Die positive Resonanz auf die Entwicklung und Realisierung des Saltire Centre belegt, dass mit der Neubaumaßnahme eine nach außen repräsentative Lernumgebung für Studierende, Mitarbeiter, Gäste und Besucher geschaffen werden konnte. Dabei wurde aber nicht nur eine Repräsentanz des physisch-materiellen, sondern auch des sozial-interaktiven Raums kreiert. Das Saltire Centre hat sich zu einem pulsierenden Herzstück und sozialen Treffpunkt auf dem Campus des GCU entwickelt, was sich auch im Projekttitel der aktuellen Campusentwicklung „Heart of the Campus" widerspiegelt. Durch die aktuellen baulichen Maßnahmen zur Neustrukturierung der Raumangebote für informelles Lernen, am und um den zentralen Kern der Bibliothek, wird das Konzept verstärkt.

Aneignungsfeld Fallstudie GCU

Wie bei den Fallstudien SRH, UMU und WUW sowie beim Stand der Forschung benannt (vgl. 2.3 Lernraumgestaltung aus transdisziplinärer Handlungsperspektive), zeigt sich auch bei der GCU durch die intensive Nutzungsfrequenz des Saltire Centres der Bedarf an informellen Lernräumen. Im Saltire Centre wurde versucht, vielseitige Nutzungsangebote, wie Studierendenservices, Lernarbeitsplätze für Einzel- oder Gruppenarbeiten, Bibliotheks- und Computerarbeitsplätze sowie Verpflegungseinrichtungen, unter einem Dach anzubieten. Mit der Erweiterung des Flächenangebotes unter Beibehaltung der bewährten Nutzungsangebote bzw. erweiterten Angeboten, wie z. B. einem Restaurant, Veranstaltungsräumen, formellen Lernräumen und Break-out-Spaces, werden die Anforderungen zur besseren Organisation der Raum- und Nutzungsangebote erfüllt und der pulsierende Charakter des Ortes gestärkt. Im Gegensatz zu anderen Einrichtungen in Glasgow, wie der University of Glasgow und Strathclyde University, ist die Bibliothek der GCU für alle Studierenden, Besucher und Gäste ohne Einschränkungen jederzeit zugänglich. An den anderen Universitäten in Glasgow war ohne Zugangsberechtigungskarte eine Nutzung bzw. Besichtigung nicht möglich.

Mit der Realisierung des Saltire Centres wurde eine richtungsweisende Entscheidung zur Gestaltung des Lernraums Hochschule getroffen. Durch den mitten auf dem Campus liegenden Neubau der Bibliothek sind informelle Lernprozesse der Studierenden zentral verortet, anders als bei den Hochschulen SRH, UMU und WUW. Das bietet auf der einen Seite die Chance, differenzierte Nutzungen zusammenzuführen. Auf der anderen Seite ist mit der Stärkung eines zentralen Ortes zu beobachten, dass andere Orte auf dem Campus abgewertet werden, was z. B. an der teilweise bescheidenen Ausstattung der formellen Lernräume in den Fakultäten deutlich wird. Des Weiteren gibt es durch fehlende, dezentrale Raumangebote für informelle Lernprozesse keine räumlichen Anknüpfungspunkte für die Studierenden in ihren Fakultäten, in der Nähe der Lehrenden bzw. in der Nähe der formellen Lernräume. Vor diesem Hintergrund ist die Erweiterung der Flächen und die Angliederung weiterer Nutzungen rund um das zentrale Herzstück ein wichtiger Schritt, um differenzierte Orte auf dem Campus verstärkt miteinander verknüpfen zu können. Ein erster Schritt wurde im Rahmen des Projektes „Heart of the Campus" unternommen, indem die angegliederten Gebäude an das Saltire Centre angebunden werden. Durch die Errichtung eines repräsentativen Pavillons an der Spitze des Charles-Moore-Gebäudes wird ein zusätzliches Entree geschaffen, welches perspektivisch auch als Verknüpfungshub zu wiederum anderen Gebäuden und Einrichtungen auf dem Campus dienen kann. Mit dem Ausbau einer netzwerkartigen Struktur könnte campusübergreifend eine räumliche Verbindung erreicht werden, um insbesondere auch die formellen Lernräume, die Arbeitsorte der Lehrenden und die Fakultäten in das Konzept der Interaktion bei Lernprozessen einbinden zu können. Mit dem zentralen Lernraumangebot des Saltire Centres, das organisatorisch der Bibliothek zugeordnet ist, wird derzeit lediglich die Lerngemeinschaft der Studierenden, durch die räumlichen Voraussetzungen für Kollaboration und Kommunikation, unterstützt.

Im Herzstück selbst werden unterschiedliche Lernraumarrangements für unterschiedliche Anforderungen an Ausstattung und Nutzungsmöglichkeiten angeboten. Da diese zentral in unmittelbarer Umgebung voneinander liegen, können innerhalb kürzester Zeit unterschiedlichste Settings von den Studierenden genutzt werden. Über die Gestaltung der Ausstattung sowie die Lage in den Geschossen sollen Nutzungsunterschiede angezeigt werden. So befinden sich in den unteren Geschossen die Bereiche für kommunikatives Lernen in Gruppen, während in den oberen Geschossen eher stilles Einzelarbeiten angeboten werden soll; auf den vier Ebenen wird zwischen Group/Social Study, Group

Study, Very Quiet Study und Silent Study unterschieden. In diesem Zusammenhang ist es auffallend, dass die Klassifizierung von Arbeitsmöglichkeiten über Beschilderungen als Gebote und Verbote in allen Geschossen, Aufzügen sowie Zugängen angebracht sind.

Beziehungsfeld Fallstudie GCU

Durch die räumliche Zentralisierung studentischer Aktivitäten wird eine Trennung zwischen informellen und formellen Lernprozessen und damit von Lernen und Lehren bzw. Studierenden und Lehrenden materialisiert. Mit der Entscheidung, die informellen Lernprozesse zentral zu verorten, wird die Notwendigkeit der Einbindung der Studierenden in die Fakultäten nicht berücksichtigt. Dies ist insbesondere dahingehend kritisch zu sehen, da mit der „Strategy for Learning" auf die Bedeutung des Student-Engagement-Konzeptes verwiesen wird (vgl. GCU2015_SFL: 6). Mit dem aktuellen Projekt „Heart of the Campus" und der Erweiterung der informellen Lernräume in den umliegenden Gebäuden erfährt die Lernraumgestaltung jedoch eine Neukonzeption. Aktuell werden erstmals die neuen informellen Lernräume mit neu gestalteten formellen Lernraumflächen verknüpft (vgl. GCU2016_FTH2).

Bedeutungsfeld Fallstudie GCU

Mit der Entwicklung der Lernraumkonzepte des Learning Cafés und des Saltire Centres stand die Unterstützung informeller Lernprozesse im Vordergrund. In den formalen Interviews zur begleitenden Planung der Maßnahmen im Rahmen des Lernraumprojektes „Heart of the Campus" wurden zum ersten Mal konzeptionell auch formelle Lernprozesse angeschnitten. Die erste Frage zum Themengebiet „Learning Spaces" in den Interviews war: „Should there be an underlying pedagogic strategy behind the design of new learning spaces in HoC? [Heart of the Campus – Anm. KN]" (GCU2012_FI: 11). 45 % der interviewten Personen stimmten zu. 55 % beantworteten die Frage nicht, da diese Personen nicht Teil des akademischen Personals mit Lehrverantwortung waren und somit nicht in der Lage waren, die Frage zu beantworten (vgl. GCU2012_FI: 11).

Im unmittelbaren zeitlichen Zusammenhang zu den Befragungen zur Weiterentwicklung des Campus wurde in 2013 das Programm „Strategy for Learning 2015–2020" (GCU2015_SFL), welches 2015 überarbeitet wurde, herausgegeben. Mit einem transformativen Ansatz soll an der GCU Lernen gefördert werden, welches „active, collaborative, authentic and challenging" (GCU2015_SFL: 9) ist. Im zentralen Department GCU LEAD, Akronym für Learning Enhancement and Academic Development, wurde dazu die Initiative „Accelerate" ins Leben gerufen: „Accelerate specifically supports staff to enhance their teaching and assessment, and student learning support practice and to gain professional recognition" (GCU2015_CHS: 2). Das Programm ist in vier verschiedene Phasen gegliedert, um den unterschiedlichen Anforderungen und Zielen der Lehrenden wie auch den verschiedenen Themen bei Lehr- und Lernmethoden und ihrem Einsatz in der Praxis entsprechen zu können (vgl. GCU2016_ACC; GCU2015_CHS). Die Teilnahme ist für Mitarbeiter vor folgendem Hintergrund kostenlos: „The University expects all teaching staff to be recognised and qualified as professional teachers and this programme will support you to achieve this" (GCU_PGC).

Bei der GCU zeigt sich, dass eine neue strategische Ausrichtung der Lehr- und Lernkultur mit einer studierendenzentrierten Ausrichtung mit einem Veränderungsprozess, der an konkrete Maßnahmen anzudocken ist, einhergeht. An der GCU werden dabei, anders als bei der Fallstudie SRH, keine Veränderungen der Organisationsstrukturen in Betracht gezogen. In dem Strategiepapier zur Veränderung der Lehr- und Lernkultur an der GCU wurden acht Aspekte identifiziert, die den Veränderungsprozess unterstützen sollen (vgl. GCU2015_SFL: 22 f.). Zum einen müssen alle Mitarbeiter z. B. durch Weiterbildungsmaßnahmen befähigt werden, professionell die strategische Neuausrichtung leben zu können. Studierende sind als Partner zu betrachten, um eigenständiges Lernen und das Engagement der Studierenden unterstützen zu können. Damit einhergehend ist das Unterstützungs- und Karriereprogramm für Studierende über den gesamten Ausbildungszyklus auszubauen. Des Weiteren ist die digitale Entwicklung als Unterstützung für Lernprozesse zu forcieren. Dies steht auch vor der Anforderung, das Ausbildungssystem so aufzustellen, dass differenzierte Bildungsangebote, wie z. B. Fernstudiengänge oder berufsbegleitendes Lernen, formuliert werden können. Regelmäßige Evaluierungen der Maßnahmen zur Verbesserung von Lehr- und Lernprozessen sind notwendig, um Erkenntnisse zur weiteren Entwicklung und den Ausbau von Maßnahmen gewinnen zu können. Über gezielte Partnerschaften und Kollaborationen sollen neue Impulse für die Entwicklung der Curricula gewonnen sowie reibungslose Übergänge von der Schule zur Hochschule sowie in die Berufswelt mit dem Ende des Studiums gewährleistet werden. Des Weiteren ist als einer der acht „Enablers" (GCU2015_SFL: 22) bei der Umsetzung der Ziele des Visionspapieres „Strategy for Learning" der Bereich „Campus Development" (GCU2015_SFL: 14) identifiziert worden. Bei diesem Punkt wird die für die GCU passende Entwicklung physischer und virtueller Lernräume fokussiert, um im Wettbewerb der Hochschulen bestehen zu können. Dabei wird explizit die Bedeutung der physischen Umgebung bei der Erreichung der Ziele der Lernstrategie betont: „redesigning the layout of lecture theatres and seminar rooms to suit more activity-focused sessions with students and allow for the use of different technologies and the creation of more informal ‚social‘ learning spaces to encourage interaction" (GCU2015_SFL: 23). Auch vor diesem Hintergrund werden mit dem Projekt „Heart of the Campus" erstmalig formelle Lernprozesse berücksichtigt. So werden formelle Lernräume in das Hamish-Wood-Gebäude neben informellen Lernräumen, break-out-Bereichen und Konferenzräumen integriert. Mit der Veränderung der Lehr- und Lernkultur durch das Strategiepapier (vgl. GCU2015_SFL) sowie die konkreten Maßnahmenpakete zur Förderung und Unterstützung der Lehrqualität für soziales Lernen und die Unterstützung von Interaktion kann die Integration formeller Lernräume bei den aktuellen Lernraumgestaltungsmaßnahmen ein Initiator für die Integration des Active Learning Approach werden.

Für die GCU können folgende spezifische Merkmale der LernRaumOrganisation zusammengefasst werden:

- Entwicklung und Realisierung des Prototyps der Learning Center mit einem zentralisierten Angebot informeller Studierendenarbeitsplätze als „Heart oft he Campus"
- Konzentrische Weiterentwicklung des Konzeptes „Heart of the Campus" mit der Integration umliegender Flächen, Gebäude und Services im Campusentwicklungsplan
- Campusinfrastruktur mit differenzierten Angeboten an Serviceeinrichtungen
- Räumliche und organisatorische Trennung von Lehren, Lernen und Forschen durch die Zentralisierung von Funktionen im Saltire Centre sowie in den umliegenden Fakultätsgebäuden
- Erstmals Zusammenführung informeller und formeller Lernräume bei den aktuellen Erweiterungsmaßnahmen im Rahmen des Campuskonzeptes
- Keine Umsetzung von Active bzw. Flexible Learning Environments zur Unterstützung aktivierender Lehr- und Lernmethoden
- Strategiekonzept der Hochschule zur Veränderung der Lehr- und Lernkultur

Wie bei den Fallstudien UMU und WUW wird an der GCU die Lernraumgestaltungsstrategie über die symbolische Verortung gewählt. Dabei zeigt sich an der GCU auch der Fokus auf die Gestaltung von informellen Lernräumen. Im Unterschied zu den anderen Hochschulen werden diese jedoch zentral auf dem Campus organisiert. Die aktuellen Entwicklungen deuten hierbei jedoch ein Auflösen dieses Konzeptes an. Um die Bibliothek zu entlasten, werden in den angrenzenden Gebäuden zusätzliche Flächen für informelle Lernprozesse aktiviert. In diesem Zusammenhang wurden erstmals formelle Lernräume bei informellen Lernraumkonzepten integriert.

8.5   Fallstudie MIN – Minerva Schools at KGI, USA

In 2011 wurde das Minerva Project mit dem Ziel gegründet, das Selbstverständnis von Hochschulen zu reformieren (vgl. MIN2012_BMC; Roush 2014; Krueger 2016): „Students are realizing that institutions can't just sit on their brands that they've built over decades or centuries and deliver the same ineffective experience" (Ben Nelson, zitiert nach Jackson 2016). Für die Entwicklung einer Bildungseinrichtung für das 21. Jahrhundert konnte Ben Nelson, ehemaliger Geschäftsführer von Snapfish und Gründer von Minerva Project, insgesamt 95 Millionen Dollar Risikokapital gewinnen (vgl. O'Connell 2016). Im Juli 2013 wurde Minerva Schools at KGI als ein Gemeinschaftsprojekt zwischen dem Minerva Project und dem Keck Graduate Institute (KGI), einem Mitglied des Claremont-University-Konsortiums, gegründet. Mit dieser Partnerschaft wurden die notwendigen Akkreditierungen erhalten, um das vierjährige Undergraduate Program in den fünf disziplinären Ausrichtungen Arts & Humanities, Computational Sciences, Natural Sciences, Social Sciences and Business anbieten zu können (vgl. MIN_FYC). Im September 2014 konnte der erste Jahrgang mit 19 Studierenden starten, dem in 2015 bereits 111 Studierende folgten (vgl. MIN2014_HFC; MIN2015_WIC). Seit Ende 2015 besteht exklusiv für Minerva-Studierende die Möglichkeit, parallel ein Masterprogramm in Applied Arts and Sciences zu absolvieren, sodass innerhalb von vier Jahren zwei Abschlüsse erreicht werden können (vgl. MIN2015_MP). Minerva Schools at KGI hat, Stand Oktober 2016, 55 Mitarbeiter, davon 31 Professoren und Lehrbeauftragte sowie fünf Dekane (vgl. MIN2016_PMS). Zu den aktuellen Studierendenzahlen liegen keine offiziellen Informationen vor. Das Minerva Project hat seinen Hauptsitz in San Francisco. Die Studierenden leben und lernen gemeinsam während des Studiums weltweit in verschiedenen Städten. Formelle Lernprozesse werden über das eigens entwickelte virtuelle Active Learning Forum™ (ALF), welches aktives Lehren und Lernen unterstützt, organisiert. Durch die Nutzung der Online-Plattform ALF kann von überall auf der Welt unterrichtet werden (vgl. O'Connell 2016), sodass die Lehrenden sich entsprechend ihren persönlichen Präferenzen weltweit verorten können.

8.5.1   Feldzugang und Datenerhebung bei der Fallstudie MIN

Im September 2014, mit dem Start des ersten Jahrgangs an der Minerva Schools at KGI, wurde erstmals im deutschsprachigen Raum über die „Mobile Uni" (Bockxmeer 2014) und die „Akademischen Nomaden" (Drösser 2014) berichtet. In den USA wurde das „radical concept in higher education" (MIN2014_HFC) in den vergangenen Jahren in verschiedenen Medien diskutiert (vgl. Wood 2014; Roush 2014; O'Brien 2014; National Public Radio 2014; Fang/May 2015; Cava 2015; O'Connell 2016; Nisen 2016; Jackson 2016; Krueger 2016). In Deutschland hat Minerva, trotz der Eröffnung der ersten Auslandsvertretung in Berlin im September 2016, bisher nicht diese Aufmerksamkeit erhalten (vgl. Stuflesser 2015; Klesmann 2016). Mit der Neuinterpretation der Lernraumgestaltung Hochschule aus einer technologieorientierten Perspektive war Minerva von Anfang an ein spannender Untersuchungsgegenstand für diese Forschungsarbeit, da die Hochschule MIN weder eine klassische Campus-Universität noch Online-Universität repräsentiert. Die räumliche Organisation der Lerngemeinschaften von Studierenden und Lehrenden zeigt dabei Parallelen zur Entstehung der Universitäten im Mittelalter.

Trotz mehrmaliger schriftlicher und telefonischer Anfragen, und auch anfänglichem Interesse seitens des Europa-Managements, wurden Gespräche im Rahmen der Forschungsarbeit abgelehnt. Der Gründungsdekan der Minverva Schools at KGI, Stephen Kosslyn, begründete dies in einer E-Mail Anfang 2016 mit eigenen Forschungsaktivitäten im gleichen Themengebiet. Trotz der Absage für einen Feldaufenthalt am Hauptsitz des Minerva Projects wie auch im Studierendenhaus der Minerva Schools at KGI in San

Francisco und dem damit fehlenden, direkten Austausch mit den Hochschulakteuren wurde von der Verfasserin an der Fallstudie festgehalten. Die Gründe dazu liegen zum einen an dem innovativen Lernraumgestaltungskonzept mit der hochschulweiten Umsetzung des Active Learning Approach und der damit einhergehenden Zusammenführung der physisch-materiellen wie auch technisch-virtuellen Lernraumebene. Der andere Grund liegt in der Lernraumgestaltungsstrategie über die kulturelle Verortung, die zuerst den sozial-interaktiven und organisational-strukturellen Raum definiert und danach die dafür erforderlichen Infrastrukturen in Form des physisch-materiellen wie auch des technisch-virtuellen Raums entwickelt. Bei der Hochschule SRH wurde mit der Entwicklung und Implementierung des Studienmodells CORE auch die Lernraumgestaltungsstrategie über die kulturelle Verortung gewählt. Durch die vollständige Integration der Verfasserin im sozialen Feld der Hochschule SRH konnten hier Erfahrungen und Erkenntnisse über einen langen Zeitraum gewonnen werden, welche Herausforderungen mit der Umsetzung eines neuen Studienmodells einhergehen. Somit sind die Voraussetzungen gegeben, Daten und Spuren von Minerva dem Forschungsgegenstand entsprechend gezielt aufzunehmen sowie analysieren und interpretieren zu können. Mit der Untersuchung der Fallstudie MIN konnte der methodischen Forderung nach kontrastierenden Fällen entsprochen und damit ein umfängliches Bild zu innovativen Lernraumgestaltungsmaßnahmen an Hochschulen gewährleistet werden (vgl. 7.1.1 Grounded Theory).

Von Oktober 2014 bis November 2016 wurden die Entwicklungen von Minerva auf der Homepage und den Social-Media-Kanälen, wie Facebook, Twitter, Instagram und Youtube, sowie mit der Recherche von Pressemitteilungen, Berichten und Veranstaltungen von und über Minerva verfolgt. Dabei lag der Fokus auf der Identifikation und Untersuchung forschungsrelevanter Artefakte in Form von Objekten, wie z. B. Bildmaterialien, Präsentationen, Vorträgen und Videos. Relevante Artefakte wurden dokumentiert bzw. Ereignisse und Eindrücke von Spuren im Forschungstagebuch festgehalten und im Verlauf des Forschungsprozesses parallel zu den anderen Fallstudien analysiert und interpretiert. Ergänzend dazu fand am 08.04.2016 ein Skypegespräch mit einem Journalisten statt, der über Kontakte zu Minerva verfügt und seine persönlichen Eindrücke über das Projekt vermitteln konnte. Dieses Gespräch konnte nicht aufgezeichnet werden; es wurde jedoch unmittelbar im Anschluss protokolliert (vgl. JRN_MIN2016).

8.5.2   Lernraumgestaltung „Higher Education for the 21st Century"

Mit der Gründung des Minerva Projects wurde ein privatwirtschaftliches Unternehmen gegründet, welches der Ideengeber und Dienstleister für die Minerva Schools at KGI ist. Minerva Projects besitzt die Urheberrechte am Minerva-Konzept sowie der in diesem Zusammenhang entwickelten Technologien (vgl. Jackson 2016). Die Hochschule Minerva Schools at KGI selbst ist jetzt gemeinnützig ausgerichtet. Noch in 2015 wurde Minerva Schools als gewinnbringendes Unternehmen in der Presse beschrieben: „But in the end, the school is a company aiming for a profit. Just to break even, 7,000 students will need to enroll" (Asimov 2015). In einem Artikel in 2016 dagegen wird die gemeinnützige Ausrichtung der Minerva Schools at KGI betont: „A previous version of this post incorrectly described Minerva as a for-profit college. It is a non-profit undergraduate program" (Jackson 2016). Mit dem Minerva Institute for Research and Scholarship werden finanzielle Unterstützungsleistungen für die Studierenden organisiert sowie die Forschungsaktivitäten der Minerva-Fakultäten administrativ unterstützt (vgl. MIN_IRS; Asimov 2015). Das Institut beherbergt auch die Minerva Academy, die ein Forum für einen offenen Austausch von Ideen und innovativen Praktiken in der Hochschulausbildung anbietet. Die Minerva Academy hat derzeit 14 Mitglieder, die unter anderem den „Minerva Prize" (MIN_IRS) verleihen. In 2014 wurde dieser Preis in Höhe von 500.000 Dollar erstmals für außerordentliche Leistungen bei Innovationen, Qualität und Wirkung in der Lehre vergeben (vgl. MIN_IRS).

Im Selbstverständnis eines humanistischen Liberal Arts College sollen bei Minerva die besten und engagiertesten Studierenden der Welt mit erschwinglichen Ausbildungskosten Zugang zu einer qualitativ hochwertigen, akademischen Ausbildung erhalten (vgl. MIN2013_AT; MIN2012_BMC). Die Auswahl der Studierenden erfolgt nicht über die amerikanischen Standardtests, wie dem Scholastic Assessment Test (SAT) und dem American College Test (ACT), sondern über ein eigens von Minerva entwickeltes Verfahren. Bei diesem sollen Kernkompetenzen wie analytische und kreative Fähigkeiten geprüft werden können (vgl. MIN2016_AMA). Bei der Hochschule MIN gibt es keine Aufnahmequoten hinsichtlich Nationalität, Geschlecht oder sozioökonomischem Hintergrund bzw. eine Beschränkung der Aufnahmekapazitäten. Alle Interessenten, die den Anforderungen von Minerva entsprechen, werden aufgenommen. Dies wird durch eine flexible räumliche und organisatorische Infrastruktur gewährleistet, die auf Campusanlagen verzichtet und stattdessen externe Infrastrukturen integriert und nutzt (vgl. MIN2016_AMA). Im Jahr vor dem Start des ersten Studienjahres in 2014 erhielt Minerva 2464 Bewerbungen aus 96 verschiedenen Ländern weltweit. Davon bestanden lediglich 69 Interessenten das Auswahlverfahren. Mit einer Acceptance Rate von 2,8 % in 2014 bzw. 1,9 % in 2015 liegt Minerva unter denen der Harvard University mit 5,2 % bzw Stanford University mit 4,69 % im Jahr 2016 (vgl. Jackson 2016). 75 % der Studierenden kommen nicht aus den Vereinigten Staaten von Amerika (vgl. MIN2015_WIC). Der Anteil internationaler Studierender bei den Ivy League's liegt bei 10 bis 15 % (vgl. Jackson 2016). Die jährlichen Gebühren inklusive Unterkunft betragen aktuell 24.450 Dollar (vgl. MIN2016_TF). Das entspricht weniger als der Hälfte der Studiengebühren an der Harvard University mit ca. 66.900 Dollar (vgl. Jackson 2016).

Ein wesentlicher Grund für die niedrigeren Studiengebühren, im Vergleich zu Elite-Hochschulen, liegt darin, dass kein Campus mit den entsprechenden Infrastrukturen wie Lehrräumen, Veranstaltungsräumen, Laboreinrichtungen, Bibliothek, Cafés oder Sporteinrichtungen vorgehalten wird (vgl. Kosslyn 2015): „‚Lab class is a waste,' said Nelson, the son of a lab scientist. He advises getting an internship to do lab work. Libraries? ‚They have access to libraries in the great cities they live in.' Athletics? ‚Join a gym.'" (Ben Nelson, zitiert nach Asimov 2015). Alle Lehrveranstaltungen werden ausschließlich online über das ALF durchgeführt. Für Literatur-Recherchen besteht ein Online-Zugang für die Studierenden zur Claremont Library (vgl. MIN2016_SBN). Minerva ist dabei aber keine klassische Online-Universität, bei welcher die Studierenden an verschiedensten Orten verstreut leben, lernen und arbeiten. Im gesamten Studium wohnen die Studierenden zusammen in Studierendenhäusern in insgesamt sechs verschiedenen Städten der Welt. Ein Studienjahrgang zieht gemeinsam nach dem ersten Studienjahr in San Fransisco im zweiten Jahr nach Berlin und Buenos Aires, nach Bangalore und Seoul im darauf folgenden Jahr und verbringt das Abschlussjahr in London (vgl. MIN2016_YDS). Ursprünglich war Istanbul noch im letzten Studienjahr mit London geplant, was aber aufgrund der politischen Ereignisse im Jahr 2016 nicht mehr vorgesehen ist. Dies steht auch vor dem Hintergrund, dass die Studierenden auf keinem abgegrenzten Campus, sondern mitten in der Stadt leben und auch durch gemeinnützige Projekte und Arbeit vor Ort eingebunden werden sollen: „Through participation in recreational, cultural, and community activities, residential life lets you experience each city as a local citizen. Together with your classmates in each residence hall, you will explore diverse cultures, discover new interests, and forge enduring relationships" (vgl. MIN_RL).

Hochschulinstitutionen in den USA beobachten das neue Hochschulkonzept und hinterfragen z. B. die fehlende Infrastruktur wie Labors und Bibliotheken (vgl. Asimov 2015; O'Brien 2014). Aber auch das Konzept der engen Verknüpfung von Lebens- und Lernraum wird kritisch gesehen, so wie z. B. von Eric Mazur, Harvard-Professor für Physik und ehemaliger Kollege des Gründungsdekans der Minerva Schools at KGI, der seit 1990 den Active Learning Approach in Harvard lebt und für diese Leistungen den Minerva Prize for Advancement in Higher Education erhalten hat (vgl. O'Brien 2014; Lambert 2012; MIN_IRS): „My main worry is the fact that their entire or a huge part of their experience is in a dorm room. Why force – people are sitting in two neighboring rooms to participate with a wall between them and not actually physically bring them together" (Eric Mazur, zitiert nach O'Brien 2014). In einem anderen Artikel wird zusammengefasst, dass Minerva nicht das Konzept für jeden Studierenden und jedes Curriculum ist; auf der anderen Seite aber wird konstatiert, dass Veränderung im tertiären Bildungsbereich notwendig sind: „It may take a brash start-up that's aiming high to fix what's wrong with higher education" (O'Brien 2014).

8.5.3   Spezifische Merkmale der Fallstudie MIN

Bei der Hochschule MIN wird wie bei der Fallstudie SRH eine Lernraumgestaltungsstrategie über die kulturelle Verortung praktiziert wird (vgl. 6.1.3 Zusammenhänge am Modell der LernRaumOrganisation). Mit der Neugründung der Hochschule wird ein neues Hochschulkonzept realisiert, das Antworten und Lösungen für die bestehenden

Herausforderungen an Hochschulen geben soll. Bei der Hochschule MIN werden, anders als bei den untersuchten Fallstudien in dieser Forschungsarbeit und auch bei Hochschulen im Allgemeinen, die physisch-materielle und die technisch-virtuelle Lernraumebene in einer bisher noch nicht gedachten Art und Weise miteinander verknüpft, sodass Lernen und Raum neu kodiert wird.

Im Folgenden werden Entscheidungsstrategien der Hochschule MIN in den vier Aktionsfeldern des theoretischen Modells der LernRaumOrganisation zusammenfassend dargestellt. Gemäß den zwei Typologien zur Lernraumgestaltungsstrategie am Modell der Lernraumgestaltung werden bei dieser Fallstudie, die strategische Maßnahmen und Entscheidungen über die Kulturelle Verortung vornimmt, die Felder in der Reihenfolge Bedeutungsfeld, Beziehungsfeld, Aneignungsfeld und Erstellungsfeld beschrieben (vgl. Abbildung 13: Lernraumgestaltungsstrategien am Modell, Seite 95). Dabei werden charakteristische Merkmale der LernRaumOrganisation der MIN in den Aktionsfeldern zusammenfassend dargestellt, um eine Grundlage für die vergleichenden Fallstudienanalyse der MIN mit den anderen untersuchten Hochschulen durchführen zu können.

Bedeutungsfeld Fallstudie MIN

Das Minerva Project hat es sich zur Aufgabe gemacht, das Lehren und Lernen an Hochschulen konsequent an den Anforderungen des 21. Jahrhunderts auszurichten. In dem Artikel „Higher Ed Has Failed Students – Here's How We Plan to Fix It" (Kosslyn 2015) identifiziert Kosslyn, ehemaliger Professor der Psychologe und Neurowissenschaftler in Stanford und Harvard sowie Gründungsdekan der MIN, folgende Aspekte des tertiären Bildungswesens, die es zu reformieren gilt:

–   Studierende werden nicht darauf vorbereitet, erfolgreich im Berufsleben zu sein.
–   Die Studienkosten sind teilweise so hoch, dass sich Studierende verschulden oder arbeiten bzw. beides gleichzeitig tun müssen.
–   Viele Studierende beenden das Studium nicht bzw. nehmen nicht mehr an den Lehrveranstaltungen teil.

Minerva hat sich in Anbetracht dieser Defizite das Ziel gesetzt, den Lernerfolg der Studierenden konsequent in allen Bereichen zu fokussieren: „From the beginning, Minerva was designed with the student at its center" (Stephen Kosslyn, zitiert nach MIN2014_HFC). Bei Minerva werden keine passiv orientierten Vorlesungen gehalten, bei welchen die Studierenden die Rolle von Rezipienten innehaben. Alle Veranstaltungen werden nach dem „Socratic ideal" (Roush 2014) in kleinen, seminarähnlichen Gruppen mit maximal 20 Studierenden durchgeführt, bei welchem die Studierenden durch Fragen herausgefordert und aktiviert werden. Entsprechend dem Active Learning Approach liegt dabei der Fokus auf verschiedenen didaktischen Methoden, wie z. B. Diskussionen, Debatten, Umfragen, Rollenspielen, Quizes, Simulationen, Gruppenarbeiten und Gruppenpräsentationen (vgl. MIN_ACP; MIN2015_WIC; MIN2015_ALF; Kosslyn 2015).

Bei Hochschule Minerva wurde erkannt, dass die Veränderung der Lehr- und Lernkultur nicht nur mit der Modifikation methodischer Designs einhergeht, sondern ein fundamentaler Prozess ist, der die gesamte Hochschulorganisation betrifft und grundlegend verändert. So wurde mit der Gründung des Minerva Projects bewusst entschieden, das Konzept nicht innerhalb einer bestehenden Bildungsinstitution zu implementieren, wie z. B. bei der Hochschule SRH in Heidelberg. „Minerva was built from scratch by a few people according to a clear set of guiding principles about how higher education should ideally function" (Krueger 2016: 66). Damit gingen Entscheidungen zur Organisation von Lehrveranstaltungen bzw. den Anforderungen an die Lehrenden einher, die, wie an der Hochschule SRH, nicht den gängigen Vorstellungen entsprechen. Lehrende bei Minerva haben z. B. keine Tenure-Track-Professur, sondern erhalten Aktienanteile am Unternehmen (vgl. Asimov 2015; O'Brien 2014; Wood 2014). Das bedeutet, dass ihr Einkommen unmittelbar an ihre Leistungen und damit auch mit dem Erfolg der Bildungseinrichtung verknüpft ist. Des Weiteren sind alle Lehrveranstaltung bei Minerva thematisch und inhaltlich durchstrukturiert sowie eng miteinander verknüpft, um das Curriculum zu optimieren und die Effektivität der Ausbildung zu gewährleisten (vgl. O'Brien 2014): „The problem with the traditional university is that there is no glue. Whatever happens in the course is whatever the professor wants. And whatever the professor wants has no idea what other professors have done with those students" (Ben Nelson, zitiert nach ebd.). Dies ist insbesondere auch vor dem Hintergrund notwendig, dass die Lehrenden nicht zusammen an einem Ort mit ihren Kollegen arbeiten bzw. vor Ort bei den Studierenden sind, um sich abstimmen zu können. Um die Möglichkeiten verschiedener Lehr- und Lernmethoden im virtuellen Forum optimal nutzen zu können, werden die Lehrenden intensiv trainiert (vgl. Wood 2014). Des Weiteren werden die Lehrenden auf das Minerva-Konzept sowie ihre Rolle als Lernbegleiter mit Trainings vorbereitet (vgl. O'Connell 2016).

Nach der Philosophie von Minerva werden keine Informationen vermittelt und auswendig gelernte Fakten und Konzepte abgefragt (vgl. MIN_PP), denn heutzutage sind Informationen überall und leicht zugänglich (vgl. Lambert 2012: 27). Des Weiteren werden keine Einführungskurse angeboten, sondern die Studierenden aufgefordert, bei MOOCs, wie z. B. Coursera und edX, oder Informationsplattformen, wie z. B. der Khan Academy, die passenden Angebote zu nutzen: „The reason we can get away with the pedagogical model we have is because MOOCs exist. The MOOCs will eventually make lectures obsolete" (Ben Nelson, zitiert nach Wood 2014). Das bedeutet auch, dass die Studierenden aus sich selbst heraus Motivation und Engagement mitbringen müssen (vgl. O'Connell 2016), um den Anforderungen von Minverva zu entsprechen: „You have to be curious because it is not all served to you on a platter" (The PIE News 2016). Im Curriculum von Minerva steht deshalb die Vermittlung der vier Kernkompetenzen *„critical thinking, creative thinking, effective communication, and effective interaction"* (MIN_PP, Hervorh. im Original) im Mittelpunkt. Im ersten Studienjahr werden vier grundlegende Kurse mit den Themen „Formal Analysis, Empirical Analysis, Multimodal Communication, Complex Systems" (MIN_FYC) durchgeführt, um die Studierenden bei der individuellen Entwicklung der Kernkompetenzen zu unterstützten (vgl. Wood 2014). Erst in den folgenden drei Jahren wird thematisch und inhaltlich in einem der gewählten Hauptfächer studiert.

Mit dem Konzept des „radical flipped classroom" (Kosslyn 2015) wird bei Minerva die Entwicklung der Kernkompetenzen über aktives Lehren und Lernen vorangetrieben. Radikaler Ansatz bedeutet dabei, dass nicht nur die Informationsgewinnung durch die Studierenden vorbereitet wird, sondern auch Informationsverarbeitung mit der Anwendung und Verknüpfung der Informationen durch Übungen in der Verantwortung der Studierenden steht, anders als beim klassischen Flipped-Classroom-Modell. Die dadurch gewonnene Zeit kann für aktives, kollaboratives Lernen und damit zur Entwicklung von persönlichen Fähigkeiten und Fertigkeiten, die über Kernkompetenzen definiert werden, genutzt werden (vgl. ebd.). Mit der Entwicklung der Online-Plattform ALF wird die Anwendung der verschiedenen Methoden aktiv unterstützt. Mit der virtuellen Organisation von formellen Lernprozessen können sich die Studierenden und Lehrenden von jedem Ort der Welt aus treffen, soweit eine Breitbandinternetverbindung vorliegt (vgl. MIN_ALF). Mit der geografischen Flexibilität können auch Lehrende gewonnen werden, die z. B. aus privaten Gründen nicht an einem der Standorte der Hochschule MIN verortet sein können (vgl. O'Connell 2016; Wood 2014).

Bisher liegen noch keine Studien zur Evaluierung des Minerva-Modells vor, da die Gründung und Inbetriebnahme erst vor kurzem erfolgt ist und noch nicht die erste Studierendenkohorte ihren Studienabschluss, welcher für das Jahr 2019 terminiert ist, erreicht hat. Aufgrund der strikten, auf didaktische wie aber auch ökonomische Ziele ausgelegten Ausrichtung der Bildungsinstitution ist davon auszugehen, dass innerhalb von Minerva Evaluierungen der Maßnahmen erfolgen. Dafür spricht z. B. das Engagement Minerva Academy mit der Kollaboration von Experten aus dem Bereich Higher Education sowie die Fokussierung der Forschungsaktivitäten bei Minerva. Der Fokus auf die Lehre wird hier in Bezug zur Forschung sichtbar, da es keine akademischen Mitarbeiter gibt, die nur forschend tätig sind (vgl. Asimov 2015; O'Connell 2016). Trotzdem soll Forschung unterstützt werden, indem die Mitarbeiter bei den damit einhergehenden administrativen und organisatorischen Aufgaben, z. B. bei der Beantragung von Drittmitteln, durch das Minerva Institute for Research and Scholarship entlastet werden (vgl. MIN_IRS). Mit der genauen Definition von Forschungsschwerpunkten in den Bereichen Higher Education und Computational Sciences werden gezielt Kapazitäten und Ressourcen geplant, die wiederum der Weiterentwicklung des Minerva-Konzeptes zugutekommen können.

Die Hochschule MIN kann zur Kommunikation des Studien-Modells nicht auf physisch-materielle Artefakte der symbolischen Verortung zurückgreifen. MIN kommuniziert vor diesem Hintergrund auf verschiedenen Kanälen. Zum einen über eine intensive Präsenz in den sozialen Medien wie auch in der Presse, was durch die Radikalität und Innovationskraft des Minerva-Studienmodells, die günstigen Studierendenkosten sowie die Zulassungsbedingungen und Aufnahmequoten begünstigt wird.

Beziehungsfeld Fallstudie MIN

Im Gegensatz zu den klassischen Online-Universitäten, die als Fernstudienangebote konzipiert sind, setzt Minerva bewusst, wie bei der Entstehung der mittelalterlichen Universitäten, auf die Kraft der Gemeinschaft zwischen den Studierenden. Alle Lernenden wohnen, arbeiten und lernen zusammen in von MIN angemieteten Studierendenunterkünften unter einem Dach. Dadurch partizipieren sie neben den formellen Lernprozessen auch von der Integration der informellen Lernprozesse durch die Verortung im physisch-materiellen Lernraum. Durch die Verortung an unterschiedlichen internationalen Standorten werden gemeinsam Erfahrungen gemacht, die die Bindung zwischen den Studierenden auf allen Ebenen fördern soll.

Beim Minerva-Modell finden Lehrveranstaltungen im technisch-virtuellen Raum statt. Daher ist die Gestaltung aktivierenden Lehren und Lernens mit diesem Medium eine zentrale Voraussetzung. Mit dem ALF wurde ein technisches Hilfsmittel entwickelt, um Lehren und Lernen nach diesem Prinzip unterstützen zu können. Die virtuelle Lernplattform erscheint auf den ersten Blick wie ein Google Hangout, welches aber durch zusätzliche Funktionen aktives Lernen unterstützt. Bei einer Lehrveranstaltung sind durchgehend alle Gesichter der Teilnehmer live auf dem Bildschirm zu sehen (vgl. MIN2015_ALF). Das bedeutet, dass sich keiner in einer der hinteren Reihen, wie in einem klassischen Lehrraum, verstecken kann: „The seminars are really intense. You're on the spot" (Zoey Haar, zitiert nach Asimov 2015). Farbcodes zeigen den Partizipationsgrad der Studierenden an, um alle in der Lehrveranstaltung aktivieren zu können (vgl. MIN2015_ALF; Fang/May 2015). Die Lehrenden sind angehalten, keine Monologe zu führen: „Professors are prohibited from droning on for more than five minutes and have a timer to stop them if they become too enamored of their own voice" (Asimov 2015). Im Forum können jederzeit während der Veranstaltungen Daten zu den Aktivitäten der Studierenden abgefragt werden, wer wie lange gesprochen, etwas geschrieben oder sich elektronisch gemeldet hat (vgl. O'Brien 2014). Das sind Informationen, die in physischen Lernumgebungen nicht zur Verfügung stehen: „And this is the magic" (Jonathan Katzman, zitiert nach Fang/May 2015). Alle Online-Veranstaltungen werden aufgezeichnet, um individuelle Leistungsdaten der Studierenden zur Partizipation in den einzelnen Veranstaltungen wie auch der Gesamtperformance über einen längeren Zeitraum evaluieren und permanent Feedback geben zu können (vgl. MIN_ACP; Asimov 2015). Im Gegenzug bewerten alle Studierenden die 90-minütigen Online-Veranstaltungen. Prüfungen sind im Curriculum vor dem Hintergrund der permanenten Lernerfolgsevaluierung nicht vorgesehen (vgl. Asimov 2015).

Durch die Entwicklung des ALF sind Lehrende und Studierende weltweit miteinander verknüpft. Dabei fehlt aber, so wird auch von den Lehrenden der MIN festgestellt, der spontane Kontakt: „The one thing she misses from her years as an on-campus academic in Maine: Passing students in the hallways. ‚You have to make a little more an effort', she says. ‚You have to actually make the connections happen'" (Megan Gahl, zitiert nach O'Connell 2016). Aus diesem Grund finden regelmäßig offizielle Veranstaltungen statt, bei denen sich die Studierenden wie auch die Lehrenden und Mitarbeiter treffen. So wird jährlich das Quinquatria, ein Fest der Antike zu Ehren der Göttin Minerva, oder auch die Zeremonie zur Aufnahme neuer Studierender an verschiedenen Orten in San Fransicsco gefeiert. In der Foundation Week werden die neuen Studierenden untereinander wie auch mit den Lehrenden bekannt gemacht, indem verschiedenen Aktivitäten überall in der Stadt stattfinden.

Trotz der Benennung der fünf Fachdisziplinen, die einen *undergraduate*- bzw. *graduate*-Abschluss anbieten, konnten im Rahmen der Forschungsarbeit keine Indizien für eine disziplinäre Lernraumorganisation identifiziert werden. Das kann zum einen an den bisher geringen Studierendenzahlen liegen. So wird es sich bei Veränderungen in diesem Bereich zeigen, ob die Studierenden einer Fakultät oder aber interdisziplinär eines Studienjahres unter einem Dach leben und lernen werden (vgl. JRN_MIN2016). Zum aktuellen Zeitpunkt ist jedoch nicht ersichtlich, ob die interdisziplinäre Verknüpfung auf der Ebene des gemeinsamen Lebens- und Lernraums bewusst als Konzept gelebt und gefördert wird oder ob dies aus der Ressourcenoptimierung durch die bisher kleinen Studierendenkohorten in den Studienjahren resultiert.

Dagegen wird die Einbindung der Studierenden in die Organisation der MIN als Möglichkeit zur Entwicklung der definierten Kernkompetenzen bewusst genutzt. Damit soll das Engagement der Studierenden gefördert werden, da dies als integraler Bestandteil des Minerva-Konzeptes angesehen wird (vgl. MIN2016_VF). Zum Beispiel sind einige Studierende Mitglieder in den regionalen Teams, die für die Organisation von Studierendenangelegenheiten verantwortlich sind. Für ihre Rolle als Ansprechpartner für andere Studierende bzw. zum Aufbau der Studierendengemeinschaft werden sie professionell trainiert. So erhalten sie erste Berufserfahrungen und sind gleichzeitig ein wichtiger Bestandteil der Lerngemeinschaft in den regionalen Vertretungen (vgl. MIN_RL). Ein anderes Beispiel ist das vom ersten Studierendenjahrgang entwickelte Projekt „Catalyst". Minerva unterstützt diese Aktivitäten, bei welchen die Studierenden durch die Initiierung eigener Projekte Innovationen für den Bereich Higher Education reflektieren bzw. selbst entwickeln. Des Weiteren sind die Studierenden intensiv in den Aufbau von Minerva integriert, z. B. über Praktika im Headquarter des Minerva Projects sowie vor Ort beim Aufbau der neuen Standorte (vgl. MIN2016_AF; Asimov 2015; The PIE News 2016). Der Modellstudienjahrgang, welcher im gesamten Studium keine Studiengebühren bezahlen musste (vgl. MIN2014_HFC), ist aktiv bei Kommunikationsmaßnahmen, z. B. Teilnahme bei Presseterminen, Informationsveranstaltungen und Marketingmaßnahmen sowie der Weiterentwicklung der virtuellen Lernplattform eingebunden (vgl. Lambert 2012; MIN2015ALF; Fang/May 2015; MIN2016_VF; The PIE News 2016).

Aneignungsfeld Fallstudie MIN

Eine wichtige Voraussetzung für das Gelingen des Minerva-Konzeptes ist das Vorhandensein externer Infrastrukturen und Ressourcen. Das sind zum einen, wie beschrieben, z. B. MOOCs und virtuelle Datenbanken zur Informationsgewinnung: „If a course can be effectively delivered via a lecture, we will not offer it" (Ben Nelson, zitiert nach Parr 2013). Neben der eigenen Lern-Plattform werden auch andere Kommunikationsmedien, wie z. B. Skype, Slack oder Facebook genutzt, damit die Studierenden mit den Lehrenden den Austausch pflegen können (O'Connell 2016). Die Städte, in denen die Studierenden im Laufe ihres Studiums leben, bieten die notwendige Infrastrukturen für die Studierendengruppen, wie z. B. kulturelle, kommunale, wissenschaftliche, aber auch medizinische Einrichtungen. Gleichzeitig werden zentrale Standorte gewählt, die im sozialen Umfeld genügend Sicherheit bieten (vgl. MIN_RL). Mit der Verortung der Studierendenunterkünfte in internationalen Hotspots steht den Studierenden die gesamte Infrastruktur des städtischen Umfelds zur Verfügung. Die Studierenden werden über Kontakte und das Engagement in den lokalen Kommunen, wie z. B. in Berlin über das Flüchtlinghilfsprojekt „Sharehaus Refugio" (vgl. MIN2016_CTE), ermutigt, die Angebote vor Ort zu nutzen und aktiv zu erleben.

Anders als bei den anderen untersuchten Hochschulen in dieser Arbeit werden gezielt externe Informationsressourcen genutzt und damit eigene Kapazitäten und Kosten gespart. Der freie Zugang zu Informationen über Online-Anbieter, wie z. B. MOOCs und Plattformen mit Lehr- und Lernmaterialien, ermöglichen es der Hochschule MIN somit, sich in ihrem Curriculum auf die individuelle Entwicklung der Studierenden zu konzentrieren (vgl. Wood 2014). Bei der Organisation des Lebens- und Lernraums der Studierenden wird die Nähe zum Konzept der Universität des Mittelalters deutlich. So verfügten die Universitäten des Mittelalters auch über keine eigenen Gebäude (vgl. 2.1.1 Über die Bedeutung der Lerngemeinschaft). Die Kollegien, Unterkünfte der Studierenden, entwickelten sich dabei zum Zentrum des Lernens wie auch des Lehrens, sodass Lebens- und Lernraum so eng wie nie wieder miteinander verknüpft waren (vgl. 2.1.2 Lebensraum als Lernraum). Bei Minerva haben die Studierendenhäuser die gleiche soziale Funktion: „Residence halls become the hub of your educational, cultural, and social experiences" (MIN_RL). Die Studierenden bilden dabei eine enge Gemeinschaft von Lernenden, die sich gegenseitig unterstützen und fördern sollen. Durch die Verortung des informellen Lernens in die Studierendenunterkünfte und des formellen Lernens in den virtuellen Lernraum sind ganz klar die Verantwortlichkeiten für die Orte verteilt. Die Studierenden werden dazu angehalten, sich nicht auf ihren engsten privaten Bereich zurückzuziehen, sondern durch die Übernahme von Aufgaben, die im Zusammenhang mit der Organisation der Studierendenunterkünfte und auch des sozialen Miteinanders an diesen Orten stehen, Verantwortung für die Gestaltung der Orte im physisch-materiellen, sozial-interaktiven und auch organisational-strukturellen Raum zu übernehmen.

Mit der Organisation der informellen Lernprozesse im privaten Umfeld des Studieren-
denwohnens sowie der formellen Lernprozesse im ALF zeigt sich die Minerva-
Lerngemeinschaft nach außen als ein geschlossenes System. Dieses ist als Aussenste-
hender durch die physischen und virtuellen Barrieren, wie der privaten Eingangstür
bzw. dem passwortgeschützten Bereich, nicht ohne Genehmigung einsehbar. Das ist
nicht nur im Zusammenhang mit der Datengewinnung in diesem Forschungsprojekt
relevant, sondern auch für potentielle Studierende und Lehrende. Diese können im Vorfeld aus einer eigenen Perspektive nur eingeschränkt die Oganisationsstrukturen hinterfragen, da sie dabei auf die Informationen und Zugänge seitens der Hochschule ange-
wiesen sind. Das bedeutet, dass dadurch Informationen bewusst gefiltert oder zurückge-
halten werden können, da eigene, unabhängige Recherchen, wie für diese Forschungsarbeit an den anderen Fallstudien durchgeführt, nicht ohne Weiteres durchführbar sind.

Erstellungsfeld Fallstudie MIN

Mit dem Fokus der Verortung des physisch-materiellen Lernraums im privaten Umfeld
der Studierendenunterkünfte können Stressoren der baulichen Umgebung für den Lern-,
aber auch Lehrprozess umgangen werden. So können die Lernenden und Lehrenden je
nach persönlicher Präferenz eigene, für sie passende Lernorte auswählen und diese ggf.
gestalten. Dabei können je nach Befinden, die entsprechenden räumlichen Parameter,
wie Licht, Luft, Temperatur und Akustik, individuell justiert bzw. über die Auswahl
kontrolliert werden. Dies ist in gemeinschaftlich genutzten Lernräumen auf dem Campus nicht möglich und aufgrund der fehlenden Kontrolle der Akteure über die Faktoren
des architektonischen Raums ein die Lernprozesse beeinflussender Hygienefaktor (vgl.
2.2.2 Zur Bedeutung von Umweltkontrolle).

Lernen wird jedoch nicht nur durch den physisch-materiellen oder technisch-virtuellen,
sondern auch durch den sozial-interaktiven und organisational-strukturellen Raum unterstützt bzw. behindert. Das bedeutet, dass eine Wertschätzung für die Studierenden
nicht nur über die Qualität der baulichen und technischen Infrastrukturen ausgedrückt
wird: „But ultimately, learning is a social experience. Harvard is Harvard not because of
the buildings, not because of the professors, but because of the students interacting with
one another" (Kurt Mazur, zitiert nach Lambert 2012: 27). Minerva stellt konsequent
die Lernenden und damit die Interaktion zwischen ihnen bzw. den Studierenden und
Lehrenden in den Mittelpunkt des Interesses und der Erwartungen. So werden Lernraumgestaltungsmaßnahmen bei Minerva darauf ausgerichtet, Lernprozesse zu unterstützen, indem der Austausch und die Bildung von Lerngemeinschaften unterstützt
werden. Dies gelingt durch das gemeinsame Zusammenleben in den Studierendenhäusern in verschiedenen Städten weltweit, aber insbesondere auch durch die Gestaltung
der formellen Lernprozesse durch den Active Learning Approach. Dieser bezieht sich
aber nicht nur darauf, unterschiedliche aktivierende Lehr- und Lernmethoden einzusetzen, sondern das Selbstverständnis der Hochschule wie auch der Hochschulakteure
ganzheitlich zu leben und zu gestalten.

Mit der Wertschätzung für die Interaktion einer Lerngemeinschaft repräsentiert sich Minerva nicht über Artefakte der symbolischen Verortung. Wie bei der Entstehung der Universitäten im Mittelalter wird der universitäre Raum über die Gestaltung und Leuchtkraft der sozialen Verortung, mit dem Selbstverständnis und Habitus der handelnden Akteure, bestimmt. Über die konsequente Gestaltung und Entwicklung dieses Lernraums kann über die Dauer der Zeit durch die Bildung einer Gemeinschaft ein Empfehlungsmarketing aufgebaut werden, dass der Institution immer wieder Studierende zuführt. Mit dem Verzicht auf repräsentative, materielle Artefakte bliebe, wenn Minerva es nicht schafft, die Leuchtkraft des Lernraums über die sozialen Beziehungen aufzuspannen, nichts übrig: „If Minerva fails, it will lay off its staff and sell its office furniture and never be heard from again" (Wood 2014). Die Entwicklung der Lernplattform ist daher trotz oder gar wegen seiner Innovationskraft nicht als repräsentatives Artefakt zu benennen, da es lediglich als Hilfsmittel für die Konstitution einer globalen Lerngemeinschaft ist. Ohne die Interaktion und Handlungen der Akteure ist es eine leere Hülle, die durch die immanent funktionale Konfiguration nicht für andere Handlungen genutzt werden kann.

Diese Bestimmtheit der technisch-virtuellen Raumebene mit der spezifischen Lernplattform, der physisch-materiellen Raumebene mit der Aktivierung des Lebensraums als Lernraum, der sozial-interaktiven Raumebene mit der konsequenten Ausrichtung der Lernprozesse auf die Entwicklung persönlicher Fähigkeiten sowie der organisational-strukturellen Raumebene mit der zielgerichteten Umsetzung des Active Learning Approach repräsentiert eine klare Haltung zum Selbstverständnis der Hochschule.

Für die Fallstudie MIN können folgende spezifische Merkmale der LernRaumOrganisation zusammengefasst werden:

– Entwicklung der kulturellen und darauf aufbauen der symbolischen Verortung als Alleinstellungsmerkmal der Hochschule
– Hochschulweite Umsetzung des Active Learning Approach
– Neukodierung von Lernen und Raum durch die Verknüpfung der sozial-interaktiven, organisational-strukturellen, physisch-materiellen und technisch-virtuellen Raumebenen
– Reduzierung von Ausbildungskosten durch die Konzentration auf notwendige bauliche Infrastrukturen
– Einbindung der Hochschulakteure in die städtischen Kommunen der jeweiligen Standorte
– Überregionale Gewinnung und Einsatz von Lehrenden
– Flexibilität bei sich verändernden Studierendenzahlen durch die organisatorischen und räumlichen Strukturen

Betrachtet man die Lernraumgestaltungsstrategie der Fallstudie MIN, so ist ersichtlich, dass zur Veränderung der Lehr- und Lernkultur neue Organisationsstrukturen einzuführen sind, welche bestehende Hochschulkonzepte in Frage stellen. Hier bestätigen sich die Erkenntnisse aus dem theoretischen Teil dieser Arbeit mit dem Hochschulmanagment als dritter Pädagogen. Mit dem Selbstverständnis und dem Bekenntnis zum Active Learning Approach der Hochschulleitung werden grundsätzliche Rahmenbedingungen und damit Voraussetzungen für eine erfolgreiche Umsetzung des Paradigmenwechsels gesetzt.

8.6   Zusammenführung Erkenntnisebene I

In diesem Kapitel wurden die hochschulweiten Lernraumgestaltungsmaßnahmen der fünf ausgewählten Hochschulen vorgestellt. Da die Hochschulen entsprechend den methodischen Anforderungen der Kontrastierung (vgl. 7.1.1 Grounded Theory) hinsichtlich räumlicher und organisatorischer Maßnahmen der Lernraumgestaltung unterschiedlich charakterisiert sind, wurden die Konzepte und Maßnahmen der Lernraumgestaltung der Fallstudien zunächst einzeln analysiert. Mit dieser Vorgehensweise konnten charakteristische Merkmale der Lernraumgestaltungsmaßnahmen bei den untersuchten Hochschulen herausgearbeitet und anhand der Aktionsfelder dargestellt werden.

Aufgrund der Datenanalyse und deskriptiven Beschreibungen der Fallstudien in diesem Kapitel kann auf der Erkenntnisebene I die Innovationspyramide der Lernraumgestaltung (vgl. 6.2 Innovationspyramide der Lernraumgestaltung) weiterentwickelt werden. Die auf Basis zum Stand der Forschung sowie den theoretischen Erkenntnissen heraus identifizierten zwei Innovationsstufen der Bedürfnisebene – mit der Differenzierung von formellen und informellen Lernräumen – sowie der Bewusstseinsebene – mit der Zusammenführung von formellen und informellen Lernräumen – können weiter ausdifferenziert werden. Die Innovationspyramide der Lernraumgestaltung verfügt nun nach den empirischen Untersuchungen und den damit einhergehenden Erkenntnissen insgesamt über vier Innovationsebenen (siehe Abbildung 17).

Die Bedürfnisebene wird um ein zweites Innovationsniveau, die Verknüpfung von formellen und informellen Lernräumen erweitert. Dabei soll angezeigt werden, dass bei der konzeptionellen Differenzierung von formellen und informellen Lernräumen zwei unterschiedliche Ausprägungen festgestellt werden konnten. Bei der untersten Innovationsstufe greift die strikte räumliche Trennung von formellen und informellen Lernräumen. Auf der nächsthöheren Innovationsstufe wird inhaltlich auch zwischen diesen beiden Lernraumtypen unterschieden; diese werden jedoch durch eine räumliche Nähe zueinander stärker miteinander verknüpft.

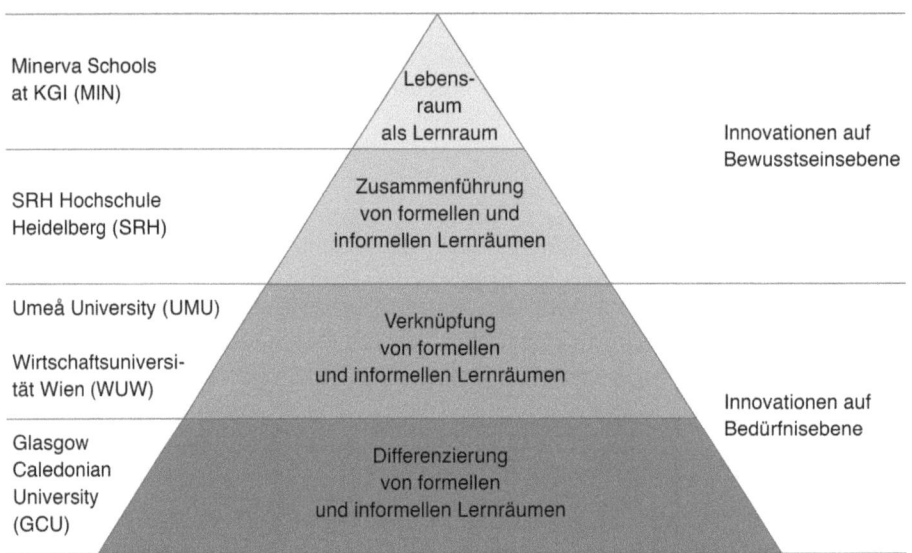

Abbildung 17: Erweiterung Innovationspyramide der Lernraumgestaltung

Die Bewusstseinsebene wird auch um eine weitere Innovationsstufe erweitert. Neben der Zusammenführung von formellen und informellen Lernräumen wird auf der obersten Innovationsstufe die Kategorie des Lebensraums als Lernraum eingeführt. Wird bei der darunter liegenden Innovationsstufe der Bewusstseinsebene konzeptionell nicht mehr zwischen formellen und informellen Lernräumen unterschieden, so werden hier Lernprozesse in den Lebensalltag integriert. Die Formulierung *Lebensraum als Lernraum* setzt sich dabei bewusst vom bereits vielfach diskutierten Lernraum Campus als Lebensraum ab (vgl. Bachmann 2014: 102; Royal Academy of Engineering 2015: 45). Hier gilt es, eine andere Perspektive einzunehmen, die die Lernenden und ihr Umfeld und nicht die Bildungsinstitution in den Mittelpunkt stellt. Das bedeutet, dass der Lernraum Hochschule nicht durch zusätzliche Infrastrukturen als Lebensraum ausgebaut wird, sondern der alltägliche Lebensraum der Studierenden und Lehrenden, mit der gezielten Nutzung von lokalen, regionalen und überregionalen Angeboten, als Lernraum aktiviert wird.

Die Eingliederung der Hochschulen in die Innovationsstufen kann wie folgt begründet werden. Bei der Fallstudie GCU wird mit dem ausschließlich zentral organisierten Raumangebot für informelle Lernprozesse, als Herzstück des Campus, eine klare Trennung von formellen und informellen Lernräumen und damit der Trennung von Lehren und Lernen umgesetzt. Deshalb wird die Hochschule GCU auf der unteren Innovationsstufe der Bedürfnisebene eingegliedert.

Die Hochschulen UMU und WUW sind auf der darüber liegenden Innovationsstufe „Verknüpfung von formellen und informellen Lernräumen" auf der Bedürfnisebene eingeordnet. Hintergrund dafür ist die dezentrale Organisation der informellen Lernräume, anders als bei der GCU, auf dem gesamten Campusgelände. Das bedeutet, dass neben den formellen Lernräumen die informellen Lernräume als Break-out-Spaces für Gruppenarbeiten in Lehrveranstaltungen genutzt werden können bzw. die Studierenden in der Nähe der Lehrveranstaltungen Lernarbeitsplatzangebote zur Nutzung vorfinden.

Die Maßnahmen der Lernraumgestaltung der SRH werden auf der unteren Innovationsstufe der Bewusstseinsebene eingruppiert. Wie bei den Hochschulen UMU und WUW sind hier die informellen Lernräume dezentral organisiert. Der Aspekt der Zusammenführung von formellen und informellen Lernräumen wird durch die hochschulweite Neugestaltung der formellen Lernräume zur Unterstützung des Active Learning Approach umgesetzt. Das bedeutet, dass der klassische, formelle Lernraum mit einer fixen, frontalen Ausrichtung zu einem Lernraum modifiziert wird, bei dem unterschiedlichste didaktische Methoden und Aktivitäten formeller und informeller Lernenprozesse angewendet und zusammengeführt werden können.

Die Hochschule MIN wird auf der höchsten Innovationsstufe verortet. Dies ist im radikalen Raumkonzept zur Integration von Lernprozessen in den Lebensraum begründet. Mit der Entwicklung des ALF und der damit einhergehenden Philosophie eines Lernstatt Lehrkonzeptes gibt es keine klassisch formellen Lernräume des physischmateriellen wie auch des technisch-virtuellen Raums. Durch die Aktivierung des Lebensraums der Studierenden sowie der städtischen Infrastrukturen wachsen Leben und Lernen auf der Mikro-, Meso- und Makroebene zusammen und werden individuell, entsprechend der persönlichen Anforderungen, verortet.

Die ausführliche Beschreibung der fallspezifischen Lernraumgestaltungsmaßnahmen in diesem Kapitel ist für die Erläuterungen auf den folgenden Erkenntnisstufen II, III und IV (siehe Kapitel 9, 10, 11) relevant. Bei den vergleichenden Fallstudienanalysen kann somit frei von ergänzenden Erläuterungen der Fokus auf die Beschreibung von Phänomenen und die Argumentation der Thesen gelegt werden.

9 Analyse von Lernraumgestaltungsstrategien – Erkenntnisebene II

„We only think when confronted with a problem."
John Dewey (1859–1952)

In diesem Kapitel werden auf Basis der Erkenntnisebene I die Lernraumgestaltungsstrategien nach dem Modell der LernRaumOrganisation (vgl. 6.1.3 Zusammenhänge am Modell der LernRaumOrganisation) fallübergreifend untersucht. Dabei wird die Matrix zur Synopsis der Fallstudienanalyse angewendet, deren Entwicklung bei der methodischen Vorgehensweise dargelegt wurde (vgl. 7.4 Verfahren zur Synopsis der Fallstudien). Mit der Analysematrix können bei der Untersuchung der Hochschulen anhand differenzierter Kriterien Phänomene bei Lernraumgestaltungsmaßnahmen identifiziert werden. Auf Basis dieser sowie der damit einhergehenden Bedingungen werden Thesen im Kontext der erkenntnisleitenden Fragestellung abgeleitet und begründet.

9.1 Kulturelle Verortung als Innovationsindikator

Mit der Synopsis der Fallstudien können die bei der theoretischen Entwicklung des Modells der LernRaumOrganisation identifizierten Strategien der Lernraumgestaltung über die kulturelle Verortung bzw. über die symbolische Verortung auf Basis der empirischen Daten bestätigt werden (vgl. 6.1.3 Zusammenhänge am Modell der LernRaumOrganisation).

Bei den Fallstudien SRH und MIN steht die Entwicklung einer hochschulweiten Lehr- und Lernkultur nach dem Active Learning Approach als strategischer Nukleus der Gestaltung des Lernraums Hochschule. Bei den Fallstudien UMU, WUW und GCU dagegen steht die hochschulweite Konzeption und Umsetzung materieller bzw. technischer Artefakte der symbolischen Verortung im Fokus der Lernraumgestaltung (siehe Abbildung 18).

In der Darstellung zur vergleichenden Analyse der Fallstudien (siehe Tabelle 4: Synopsis Fallstudienanalyse zu Lernraumgestaltungsstrategien, Seite 187) sind die hochschulspezifischen Handlungsphänomene zusammenfassend aufgeführt. Auf Basis der vergleichenden Analyse werden Thesen zu unterstützenden bzw. behindernden Maßnahmen zur Integration von Innovationen der Lernraumgestaltung abgeleitet und auf Basis der Daten der Fallstudienanalyse begründet.

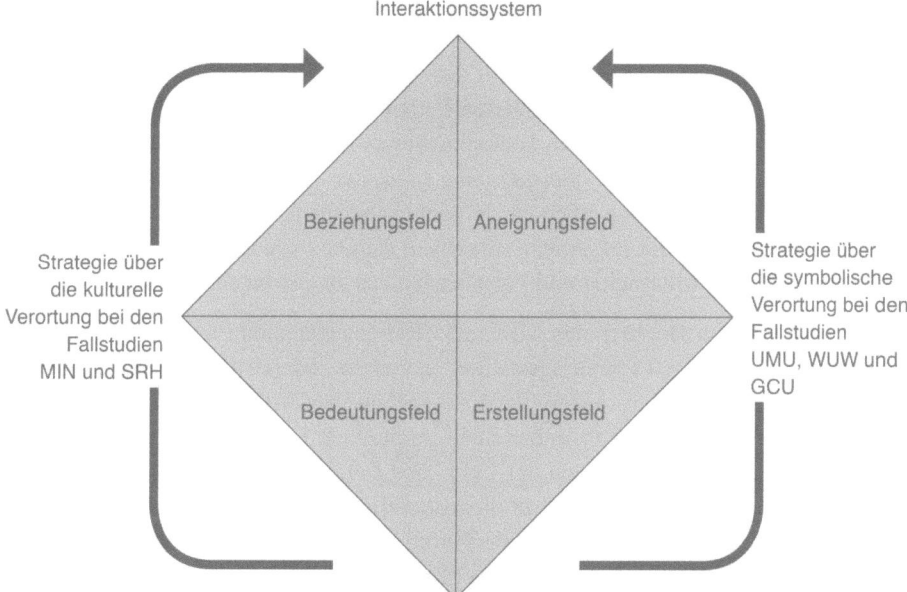

Abbildung 18: Fallstudienanalyse zu Lernraumgestaltungsstrategien

9.1.1 Impulsgeber hochschulweiter Lernraumgestaltungsmaßnahmen

Bei der vergleichenden Analyse der Fallstudien konnten zwei Impulsgeber für die hochschulweite Konzeption und Umsetzung innovativer Maßnahmen der Lernraumgestaltung identifiziert und dabei zwei Thesen aufgestellt werden.

These 1: Hochschulen, die für sich direkt ein kompetitives Umfeld identifizieren, fokussieren innovative Maßnahmen der Lernraumgestaltung.

Bei der Identifizierung von konkurrierenden Hochschulen liegt der Fokus der Fallstudien UMU, WUW und GCU, mit der Lernraumgestaltungsstrategie über die symbolische Verortung, auf der Entwicklung materieller Artefakte. Dies zeigt sich exemplarisch am Blogeintrag zum Campusprojekt an der GCU: „Now, our vibrant city centre campus has been enriched with state-of-the-art facilities that will allow us to retain our competitive position against other higher education institutions" (GCU2016_CFB). So finden sich bei den Fallstudien WUW und GCU direkt vor der Haustür leistungsstarke Hochschulen mit der Universität Wien und der Technischen Universität Wien bzw. der Glasgow University und der University of Strathclyde, die um Studierende vor Ort konkurrieren. Festzustellen ist, dass im Kontext lokal identifizierter Mitbewerber, wie bei den Hochschulen WUW und GCU, repräsentative Neubaumaßnahmen zur Außendarstellung durchgeführt werden. Der Impuls zu Lernraumgestaltungsmaßnahmen bei der Hochschule UMU dagegen resultiert aus dem Angebot von Distant-Learning-Programmen und dem damit einhergehenden Wettbewerb mit Fernstudienangeboten anderer Hochschulen. In diesem Kontext gab es nicht die Notwendigkeit für Neubaumaßnahmen; vielmehr galt es, informelle Lernräume auf dem gesamten Campusgelände einzurichten, um den Fernstudierenden bei Präsenzphasen Lernarbeitsplätze zur Verfügung stellen zu können. Des Weiteren wird mit den hochschulweiten Maßnahmen der Lernraumgestaltung, aufgrund der entlegenen geografischen Lage der Hochschule, eine strategische Positionierung verfolgt. Hoch oben im Norden Schwedens gilt es, im Umfeld einer infrastrukturarmen Gegend mit einem attraktiven Campus sowie Lehr- und Lernraumangebot Studierende, Mitarbeiter und Forscher für sich zu gewinnen.

Bei den zwei anderen Hochschulen MIN und SRH dagegen sind die Auslöser zu innovativen Maßnahmen der Lernraumgestaltung aus einer anderen Perspektive heraus zu betrachten. Die Entwicklung materieller bzw. technischer Artefakte der symbolischen Verortung stehen bei diesen Fallstudien nicht im direkten Fokus, sondern sind das Produkt grundlegender Veränderungen der Lehr- und Lernkultur der Hochschule, die mit der Lernraumgestaltungsstrategie über die kulturelle Verortung einhergehen. Als privatwirtschaftlich organisierte Hochschule gilt es, an der SRH mit dem Studienmodell CORE ein Alleinstellungsmerkmal im Wettbewerb mit öffentlichen Hochschulen zu entwickeln. Um auch als überregionaler Bildungsanbieter agieren zu können, betont die SRH eine enge Kooperation mit den anderen neun Hochschulen im Netzwerk der übergeordneten Organisationseinheit SRH Higher Education. Die Hochschule MIN dagegen positioniert sich selbstbewusst als Elite-Universität des 21. Jahrhunderts und sucht damit den direkten Wettbewerb mit führenden Universitäten. Anhand der Namenswahl ist erkennbar, dass Minerva dabei keine lokale Verankerung in einer Stadt sucht, sondern sich als Global-Player begreift. Mit der Kritik zur Leistungsfähigkeit des tertiären Bildungssektors fokussiert die Hochschule MIN eine radikale Reform der Hochschulausbildung und positioniert sich mit dem Alleinstellungsmerkmal eines Bildungsanbieters, der Lösungen für aktuelle und zukünftige Herausforderungen in unserer Gesellschaft anbieten kann. Beide Hochschulen visieren die Neujustierung der kulturellen Verortung über die hochschulweite Umsetzung des Active Learning Approach mit einer integrativen Lernraumgestaltung auf der organisational-strukturellen, der sozial-interaktiven, der physisch-materiellen sowie, bei der Fallstudie MIN, der technisch-virtuellen Raumebene an.

Tabelle 4: Synopsis Fallstudienanalyse zu Lernraumgestaltungsstrategien

| | Innovationspyramide der Lernraumgestaltung | Lernraumgestaltungsstrategien der LernRaumOrganisation | Impulse für Maßnahmen der Lernraumgestaltung | | Verständnis über Auswirkungen strategischer Entscheidung | | | | | Katalysatoren für eine Lernraumgestaltungsstrategie über die kulturelle Verortung | | |
			Gründung der Hochschule	Wettbewerbsumfeld	Problemidentifikation	Offenheit für Maßnahmen der Lernraumgestaltung	Anwendung wissenschaftlicher Erkenntnisse	Alleinstellungsmerkmal	Prozess der Lernraumgestaltung	Anzahl Studierende	Hochschul-Typ	Perspektive der Lernraumgestaltung
MIN	Lebensraum als Lernraum	Lernraumgestaltungsstrategie über die kulturelle Verortung	2011	Anschluss an Elite-Universitäten	Innovation Awareness – Innovationspotenzial auf der Bewusstseinsebene	Hochschulweit organisatorische und räumliche Unterstützung des Active Learning Approach	Berücksichtigung Stand der Lehr- und Lernforschung sowie Stand der Forschung zur baulichen Lernumgebung	Lernraumgestaltung über die Entwicklung einer hochschulübergreifenden Lehr- und Lernkultur sowie materielle und technische Artefakte	< 4 Jahre	< 3.000	Privatwirtschaftliche Hochschulorganisation	Externe Herausforderungen an Hochschulen
SRH	Zusammenführung von formellen und informellen Lernräumen		1969	Überregionale Bildungsangebote öffentlicher Hochschulen								
UMU	Verknüpfung von formellen und informellen Lernräumen	Lernraumgestaltungsstrategie über die symbolische Verortung	1965	Bildungsangebot in infrastrukturarmer Umgebung		Projektbezogen räumliche Unterstützung des Active Learning Approach durch Veränderung der formellen Lernräume			> 30 Jahre	≈ 31.000	Öffentliche Hochschulorganisation	Interne Anforderungen und Bedürfnisse der Hochschule
WUW			1898 (1975)	Leistungsstarke Hochschulen im direkten lokalen Umfeld	Innovation Needs – Innovationspotenzial auf der Bedürfnisebene	Räumliche Unterstützung der Interaktion von Studierenden durch Auf- und Ausbau informeller Lernräume	Berücksichtigung Stand der Forschung zur baulichen Lernumgebung	Lernraumgestaltung über materielle und technische Artefakte	< 6 Jahre	≈ 22.000		
GCU	Differenzierung formeller und informeller Lernräume		1993 (1875)						> 15 Jahre	≈ 17.000		

Der zweite Impuls für hochschulweite Maßnahmen innovativer Lernraumgestaltung ist in der Geschichte der Hochschulen selbst verankert.

These 2: Hochschulen jüngeren Entstehungsdatums zeigen das Potential, als Innovatoren hochschulweiter Lernraumgestaltungsmaßnahmen agieren zu können.

Wie beim Stand der Forschung aufgeführt, gibt es bereits viele Hochschulen, die innovative Lernraumgestaltungsmaßnahmen der physisch-materiellen wie auch technisch-virtuellen Raumebene konzipiert und realisiert haben. Für die Auswahl einer Hochschule als Fallstudie in dieser Forschungsarbeit war die Planung und Durchführung eines strategischen Lernraumgestaltungskonzeptes als *hochschulweite* Maßnahme eine grundlegende Voraussetzung (vgl. 7.3 Kriterien zur Auswahl und Analyse der Fallstudien). Bei der Recherche nach poteztiellen Hochschulen wurde deutlich, dass nur einige wenige Hochschulen diesem Auswahlkriterium entsprechen. Auffallend ist, dass die für diese Arbeit ausfindig gemachten Hochschulen jung sind, wenn man die Entstehungszeit der Universitäten vor mehr als 800 Jahren im Allgemeinen bzw. konkret vor Ort der Fallstudien, wie z.B. der Universität Wien mit der Gründung im Jahr 1365, der Universität Heidelberg in 1386 oder der Glasgow University in 1451, betrachtet. Die Hochschulen SRH, UMU und GCU sind in der zweiten Hälfte des 20. Jahrhunderts und die WUW Ende des 19. Jahrhunderts gegründet worden; wobei bei der GCU auch Spuren bis in das 19. Jahrhundert zurückverfolgt werden können. Die Hochschule MIN ist mit der Gründung in 2011 die jüngste Fallstudie.

Den Fallstudien dieser Forschungsarbeit ist gemeinsam, dass sie entsprechend ihrer strategischen Ausrichtungen Innovatoren spezifischer Lernraumgestaltungsmaßnahmen sind. Die SRH setzt im deutschsprachigen Raum erstmalig hochschulweit den Active Learning Approach und damit einhergehend notwendige Konzepte der Flexible Learning Environments um. Die UMU fokussiert bereits seit mehr als 30 Jahren die Umsetzung informeller Lernräume auf dem gesamten Campus; im europäischen Kontext wird die Bedeutung informeller Lernräume an Hochschulen erst seit Anfang des 21. Jahrhunderts weitläufig diskutiert und bei Lernraumgestaltungsmaßnahmen berücksichtigt. Die GCU hat vor dem Hintergrund der zunehmenden Bedeutung informeller Lernräume den Prototyp der Learning Center entwickelt. Der Campus der WUW ist der größte, europäische Universitätsneubau der jüngeren Geschichte, bei welchem Erkenntnisse zum Stand der Forschung aus disziplinärer Umweltperspektive sowie informeller Lernräume baulich umgesetzt worden sind. Die Hochschule MIN steht als jüngste Fallstudie für ein radikales Konzept der Lernraumgestaltung auf allen vier Raumebenen dar. Mit dem Focus der hochschulweiten Umsetzung des Active Learning Approach werden organisatorische Strukturen entwickelt, bei welchen die pyhsische und virtuelle Lernraumumgebung durch die Integration des Lebensraums verschmelzen und damit ein neues Selbstverständnis von Hochschulen im 21. Jahrhundert formuliert wird.

Die Fallstudienanalyse belegt, dass ein hochschulweites Konzept der Lernraumgestaltung als ein strategisches Instrument zur Bildung eines Alleinstellungsmerkmals und damit aktiv zur Profilbildung eingesetzt werden kann, wenn Hochschulen nicht auf eine historische Tradition ihrer Organisation zurückgreifen können.

9.1.2 Verständnis über Auswirkungen strategischer Entscheidungen

Verknüpft man die zwei Typologien der Lernraumgestaltungsstrategien mit der Einstufung der untersuchten Hochschulen in der Innovationspyramide, sind anhand der vergleichenden Darstellung die Auswirkungen strategischer Entscheidungen bei Maßnahmen der Lernraumgestaltung darstellbar.

> **These 3:** Die Strategie der Lernraumgestaltung über die symbolische Verortung generiert ein niedrigeres Innovationspotential auf der Ebene von Bedürfnissen.

Wie im Stand der Forschung bereits thematisiert und bei der Fallstudienanalyse auf der Erkenntnisebene I dargestellt, besteht an Hochschulen im Allgemeinen ein grundlegender Bedarf an informellen Lernraumangeboten zur Unterstützung der Kollaboration und Kommunikation zwischen den Studierenden. Diese Bedürfnisse wurden bei den Hochschulen SRH, UMU, WUW und GCU durch Befragungen und Beobachtungen der Lernenden erkannt und entsprechende Maßnahmen eingeleitet. Bei den Hochschulen UMU, WUW und GCU wurden, anders als bei der SRH, informelle Lernarbeitsplätze zusätzlich zu formellen Lernräumen eingerichtet. Das bedeutet, dass bei der Lernraumgestaltungsstrategie über die symbolische Verortung formelle Lernraumkonzepte hinsichtlich erweiterter Nutzungsmöglichkeiten nicht überprüft bzw. hinterfragt worden sind. Den Bedürfnissen nach Lernarbeitsplätzen für Studierende kann somit nur über zusätzliche Flächen entsprochen werden. Dies wird, wie bei WUW und GCU, entweder durch Neubaumaßnahmen oder, wie bei UMU, durch die Aktivierung von Zwischenräumen auf dem Campusgelände erreicht.

Hier offenbart sich die Bedeutung zur Berücksichtigung formeller Lernräume bei der Neukonzeption von Lernraumgestaltungsmaßnahmen deutlich (vgl. 4.3.3 Zur Bedeutung formeller Lernräume), um Potentiale bestehender baulicher Infrastrukturen nutzen zu können. Die Untersuchungen der SRH und MIN zeigen, dass bei einer Lernraumgestaltungsstrategie über die Veränderung der Lehr- und Lernkultur Voraussetzungen zu Maßnahmen der Lernraumgestaltung geschaffen werden können, die neue Perspektiven zur Nutzung der baulichen Lernumgebungen anbieten.

> **These 4:** Die Strategie der Lernraumgestaltung über die kulturelle Verortung schafft Voraussetzungen für ein hohes Innovationspotential auf der Bewusstseinsebene.

Mit der strategischen Initiierung der Lernraumgestaltung über die kulturelle Verortung werden bei beiden Hochschulen SRH und MIN formelle und informelle Lernprozesse konzeptionell als Einheit gedacht und räumlich umgesetzt. Mit der Neuausstattung der formellen Lernräume zur Unterstützung des Active Learning Approach können an der SRH verschiedenste Lehr- und Lernmethoden, je nach Anforderungen und Bedürfnissen der Nutzer, eingesetzt werden und dabei auch informelle Settings bei formellen Lernprozessen integriert werden. Des Weiteren werden die formellen Lernräume, aufgrund des begrenzten Angebotes an zusätzlichen Flächen, auch als informelle Lernarbeitsplätze von den Studierenden genutzt, sofern diese nicht für Lehrveranstaltungen reserviert sind. Mit der konzeptionellen und organisatorischen Öffnung der formellen Lernräume an der SRH wird der Unterschied zwischen der Innovationsstufe „Verknüpfung von formellen und informellen Lernräumen" und der nächsthöheren Stufe der „Zusammen-führung von formellen und informellen Lernräumen" deutlich (vgl. Tabelle 4, Seite 187).

Bei der Hochschule MIN ist mit der Verortung der Interaktion von Studierenden und Lehrenden im virtuellen Raum auf der eigens entwickelten Lernplattform sowie der Aktivierung der Studierendenunterkünfte für informelle Lernprozesse ein ganz neues Bewusstsein für Maßnahmen bei der Lernraumgestaltung erkennbar. Räumlich wird hier über die Nutzung der technisch-virtuellen und der physisch-materiellen Raumebene zwischen formellen und informellen Lernprozessen unterschieden. Konzeptionell greift bei der Hochschule MIN durch die stringente Anwendung des studierendenzentrierten Active Learning Approach aber diese Trennung argumentativ nicht mehr. Mit dem radikalen Blended-Learning-Konzept werden auf Rezeption angelegte Lehrveranstal-tungsmethoden durch die Architektur der virtuellen Lernplattform ausgeschlossen. Des Weiteren sind die Studierenden angehalten, externe Infrastrukturen zur Informations-gewinnung, wie z. B. Massive Open Online Courses und virtuelle Lehrplattformen, zu nutzen, da kein klassisches Grundlagenwissen mehr vermittelt wird. Der dafür notwen-dige Raum zur Kollaboration und Kommunikation unter den Studierenden sowie zur Erschließung externer Informationsquellen wird durch die gemeinsamen Unterkünfte aller Studierenden räumlich und organisatorisch unterstützt. Durch die Sicherstellung integrativer Maßnahmen der Lernraumgestaltung auf allen Ebenen können mit den Impulsen der kulturellen Verortung neue Konzepte bei der symbolischen Verortung entwickelt werden. So wird mit dem Verzicht auf Investitionen in die bauliche Umge-bung eines Campus, der Aktivierung von Studierendenunterkünften als Lernorte sowie der Entwicklung einer virtuellen Lernplattform, die nicht als Ablage für Dokumente, wie z. B. für Übungs- und Prüfungsaufgaben, dient, sondern für kollaborativ interakti-ves Lernen genutzt wird, Lernen und Raum neu gedacht.

Die Differenzierung der Innovationskraft von Lernraumgestaltungsmaßnahmen über die Wahl der Lernraumgestaltungsstrategie (vgl. Thesen 3 und 4) impliziert, dass der Erfolg einer räumlichen Umsetzung des Paradigmenwechsels maßgeblich über die Wahl der Lernraumgestaltungsstrategie entschieden wird.

> **These 5:** Die strategische Lernraumgestaltung über die kulturelle Verortung ist Vo-raussetzung für eine hochschulweite, räumliche Übersetzung des Paradigmenwech-sels „From Teaching to Learning".

Bei den zwei Hochschulen SRH und MIN besteht das Bewusstsein bei Maßnahmen der Lernraumgestaltung, formelle Lernprozesse zu integrieren und damit die hochschulweite Umsetzung des Active Learning Approach zu unterstützen. Die Fallstudie UMU zeigt, dass bei Lernraumgestaltungsmaßnahmen über die symbolische Verortung auch räumliche Konzepte zur Unterstützung von aktivem Lehren und Lernen umgesetzt werden können. Diese sind bisher jedoch lediglich projektbezogen als Modell in einem abgegrenzten Organisationsbereich realisiert worden. Bei Gesprächen mit dem Team des Projektes „Rum för lärande" an der UMU waren diese sehr interessiert daran zu erfahren, durch welche organisatorischen Maßnahmen und Prozesse an der SRH eine hochschulweite Umsetzung des Paradigmenwechsels unterstützt wird. So ist auf Arbeitsebene an der SRH und UMU ein weiterer Austausch von Forschungsergebnissen sowie zu Erfahrungen aus dem Change-Management-Prozess an der SRH geplant. Bei dem Projekt „Rum för lärande" an der UMU sind die räumlichen und organisatorischen Voraussetzungen für eine Umsetzung des Active Learning Approach an der UMU mit der Untersuchung und Evaluierung der durchgeführten Maßnahmen bereits ermittelt worden. Und auch von der Hochschulleitung wurde die Notwendigkeit zur Veränderung der Lehr- und Lernkultur erkannt: „The easy part is to build the premises, implementing them is the difficult part – to arouse enthusiasm and engage. Therein lies our important challenge at present" (Anders Fällström, zitiert nach Hansson 2016). Mit der langen Tradition für Maßnahmen der Lernraumgestaltung an der UMU ist erkennbar, dass nicht nur die Attraktivität der baulichen und technischen Infrastrukturen, sondern insbesondere auch der sozial-interaktiven und organisational-strukturellen Lernraumebenen von Bedeutung ist. Vor diesem Hintergrund kann eine weitere These zur Anwendung der Lernraumgestaltungsstrategien abgeleitet werden.

These 6: Die Lernraumgestaltungsstrategie über die kulturelle Verortung sichert die Bildung eines Alleinstellungsmerkmals im Wettbewerb der Hochschulen um Studierende ab.

Die ausgewählten Hochschulen in dieser Forschungsarbeit stehen für Innovatoren spezifischer Maßnahmen der Lernraumgestaltung zur Unterstützung von Lernprozessen der Studierenden. Aktuelle Entwicklungen belegen, dass auch andere Hochschulen das Potential und die Notwendigkeit hochschulweiter Maßnahmen der Lernraumgestaltung erkennen und entsprechende Maßnahmen einleiten. So wie derzeit aktuell im direkten Umfeld der Hochschule GCU. Eine der ältesten Universitäten Schottlands, die Glasgow University, wird in den nächsten zehn Jahren mehr als eine Milliarde Euro in die Erweiterung des Campusgeländes und den Ausbau von Lernräumen investieren (vgl. Walker 2016). Vergleicht man die Investitionen in den Neubau des Campus der WUW, die fast die gleiche Anzahl an Studierenden hat, so wird an der Glasgow University doppelt so viel in die Lernraumgestaltung investiert. Betrachtet man sich die geplanten Maßnahmen, welche den Anforderungen der Universität für die nächsten 100 bis 200 Jahre entsprechen sollen (vgl. ebd.), so finden sich Anleihen an Lernraumgestaltungsmaßnahmen der Fallstudien: „Traditional lecture halls are set to be replaced with interactive technological hubs and the facility will include a state of the art learning and teaching centre and a research and innovation base" (ebd.). Es überrascht keineswegs, dass gerade in Glasgow Investitionen in die Gestaltung von hochschulischen Lernräumen vorgenommen werden. Die GCU hat durch die Weiterentwicklung des Campusgeländes und die Entwicklung des Prototyps der Learning Center eine enorme Aufmerksamkeit in der Öffentlichkeit gewinnen können. Dieses Beispiel demonstriert aber auch die Problematik von Investitionen in bauliche Maßnahmen zur Ausbildung eines Alleinstellungsmerkmals der Hochschulen. Zum einen können Anstrengungen in diesem Bereich jederzeit durch finanzielles Engagement von anderen Hochschulen übertroffen werden. Zum anderen unterliegen bauliche Maßnahmen auch einem Alterungsprozess, wie der derzeitige Sanierungsstau von Hochschulgebäuden in Deutschland in Milliardenhöhe zeigt. Das bedeutet, dass heute die Innovatoren baulicher Lernraumgestaltungsmaßnahmen morgen bereits von anderen Hochschulen überholt werden können; insbesondere da diese von den Herausforderungen und Erfolgsfaktoren der Innovationspioniere zu lernen vermögen.

Mit der Neugestaltung der sozial-interaktiven und organisational-strukturellen Lernraumebene über die kulturelle Verortung werden bei den Hochschulen SRH und MIN dagegen Investitionen integrativ auf allen Lernraumebenen getätigt, die nicht ohne Weiteres von Mitbewerbern auf dem Bildungsmarkt kopiert werden können. Und insbesondere das Beispiel des Urheberstreits zu Lehrmaterialien an der WUW mit einem Start-up-Unternehmen als Bildungsanbieter auf der Ebene des technisch-virtuellen Lernraums (vgl. 1.1 Thematische Einführung Lernraumgestaltung Hochschule) belegt, dass eine Neujustierung der Hochschulkultur mit dem Fokus auf Lernprozesse notwendig ist: „‚Jahrhundertelang hat sich die höhere Bildung nicht verändert […] jetzt kommt der Wandel.‘ Die Onlinerevolution werde zu einer Entwicklung führen, die nur wenige Institutionen überlebten, glaubt er. In 50 Jahren werde die Hälfte des akademischen Marktes von zehn Institutionen abgedeckt" (Sebastian Thrun, zitiert nach Drösser/Heuser 2013).

Mit der Strategie zur Veränderung der Lehr- und Lernkultur können aber nicht nur langfristig ein Alleinstellungsmerkmal und Lernraumgestaltungsmaßnahmen mit einem höheren Innovationspotential entwickelt werden. Die vergleichende Fallstudienanalyse hat noch einen anderen Aspekt zutage geführt, der für die Lernraumgestaltungsstrategie über die Entwicklung der Lehr- und Lernkultur spricht.

These 7: Bei der strategischen Lernraumgestaltung über die kulturelle Verortung können Maßnahmen mit hohem Innovationspotential in einem kürzeren Zeitraum konzipiert und realisiert werden.

Betrachtet man den zeitlichen Prozess zur hochschulweiten Konzeption und Umsetzung der Lernraumgestaltungsmaßnahmen bei den Hochschulen SRH und MIN, so wird deutlich, dass der Weg über die Gestaltung der kulturellen Verortung gut investierte Zeit für die Konzeption und Umsetzung innovativer Lernraumgestaltungsmaßnahmen ist. Wie bereits erläutert, ist hierbei die Gestaltung materieller bzw. technischer Artefakte ein Ergebnis der Veränderung der sozial-interaktiven und organisational-strukturellen

Lernraumebenen. Durch diese Vorgehensweise können gezielt Maßnahmen der physisch-materiellen wie auch technisch-virtuellen Raumebene abgeleitet werden, die zum konzipierten sozialen und organisationalen Kontext passen.

So wurden innerhalb von zwei Jahren an der SRH formelle Lernräume mit 1.300 Lernarbeitsplätzen nach den Anforderungen für aktivierendes Lehren und Lernen fakultätsübergreifend konzipiert, mit allen Organisationseinheiten abgestimmt, benötigte Produkte über eine Ausschreibung ausgewählt sowie sukzessive die Realisierung in den Fakultäten durchgeführt. Auch bei der Hochschule MIN konnte innerhalb kürzester Zeit das strategische Lernraumkonzept, von der Gründung des Minerva Projects in 2011 bis zur Aufnahme des Modellstudienjahrs im Studienjahr 2014/15, umgesetzt werden.

Die Hochschulen UMU und GCU dagegen zeigen, dass bei einem Fokus auf die Gestaltung materieller Artefakte der symbolischen Verortung erst nach einem Vorlauf von mehr als einem Jahrzehnt die Gestaltung von formellen Lernräumen zur Unterstützung des Active Learning Approach konzipiert wird. So werden bei der Hochschule GCU mit der Erweiterung des „Heart of the Campus" erstmals überhaupt formelle Lernräume mit flexibel anzuwendender Ausstattung eingerichtet. Und an der UMU wurde nach mehr als 30 Jahren an Lernraumgestaltungserfahrungen ein Lernraumensemble konzipiert und realisiert, welches die Umsetzung des Active Learning Approach in formellen Lernräumen unterstützen kann. Diese Maßnahmen sind aber bei weitem noch nicht auf der Innovationsebene wie bei den Hochschulen SRH und MIN, da diese bisher lediglich modellhaft auf einem organisatorisch und räumlich abgegrenzten Bereich beschränkt sind.

9.1.3   Katalysatoren für die Strategie über die kulturelle Verortung

Vor dem Hintergrund der positiven Effekte für die Integration von Maßnahmen der Lernraumgestaltung mit einem hohen Innovationspotential über die Veränderung der Lehr- und Lernkultur ist zu hinterfragen, welche grundlegenden Bedingungen Hochschulen zur Strategie der Lernraumgestaltung über die kulturelle Verortung motivieren können. Dabei konnten bei der vergleichenden Fallstudienanalyse zwei Thesen abgeleitet werden.

These 8: Durch die aktive Auseinandersetzung mit Herausforderungen des direkten und indirekten gesellschaftlichen Umfelds können Hochschulen ein höheres Innovationspotential bei Lernraumgestaltungsmaßnahmen entwickeln.

Die untersuchten Fallstudien, welche die Neukonzeptionierung der Lehr- und Lernkultur an Hochschulen als eine Möglichkeit zur Problemlösung von Herausforderungen identifizieren, haben innovative Konzepte der Lernraumgestaltung auf der Ebene der kulturellen und symbolischen Verortung entwickeln können, wie bei den Fallstudien SRH und MIN. So setzen beide Hochschulen mit der hochschulweiten Umsetzung des Active Learning Approach konsequent auf Erfahrungen der Lehr- und Lernforschung zur Unterstützung des Lernerfolgs der Studierenden (vgl. 3.2.1 Studierendenzentrierung). MIN argumentiert mit der Neugründung der Hochschule, dass die bestehenden Ausbildungskonzepte im tertiären Bildungsbereich den bestehenden Anforderungen der Wissensgesellschaft im 21. Jahrhundert und damit den Anforderungen der Studierenden nicht mehr entsprechen, was sich u. a. in der fehlenden Vorbereitung auf die Anforderungen im Berufsleben, den hohen Ausbildungskosten und hohen Abbruchraten äußert (vgl. Kosslyn 2015). Bei der Hochschule MIN konnten von Anbeginn an grundlegende Eckpfeiler einer neuen Lehr- und Lernkultur definiert und diese konsequent umgesetzt werden, da nicht auf ‚das-war-schon-immer-so-Prozesse' referenziert werden kann: "Right now we are top down, we are very principled in a way you can't do anywhere else" (Stephen Kosslyn, zitiert nach Krueger 2016: 66).

Die Hochschulen MIN und SRH zeigen anschaulich, dass die Umsetzung von Lernraumgestaltungsmaßnahmen mit einem hohen Innovationspotential nicht nur auf die formellen Lernräume begrenzt ist, sondern integrativ auf allen Lernraumebenen, inklusive der sozial-interaktiven und organisational-strukturellen Ebene, stattfindet. Hierbei kristallisiert sich eine weitere Voraussetzung heraus, die ein wichtiges Kriterium für die Entscheidung der Lernraumgestaltungsstrategie über die kulturelle Verortung ist.

These 9: Wandlungsfähigkeit und Anpassungsfähigkeit der Hochschulorganisation sind grundlegende Voraussetzungen zur Umsetzung von hohen Innovationspotentialen der Lernraumgestaltung.

Bei den Hochschulen SRH und MIN deutet sich an, dass durch die privatwirtschaftliche Ausrichtung der SRH und MIN ein größerer Spielraum für Veränderungen besteht. So konnten an der SRH mit der Einführung des Studienmodells CORE die Semesterstruktur in eine Blockstruktur überführt werden. Durch die Einführung fünfwöchiger Blockveranstaltungen werden Studienleistungen thematisch zentriert in kürzeren Abständen überprüft, um Bulimilernen zu verhindern. Und bei der Hochschule MIN werden überhaupt keine Prüfungen mehr durchgeführt, da mit der Nutzung der virtuellen Plattform für aktives Lehren und Lernen jederzeit der Leistungsstand für Lehrende und Lernende ersichtlich ist und damit Feedback gegeben werden kann.

Des Weiteren besteht an den Hochschulen SRH und MIN eine Flexibilität bei der Gestaltung von Strukturen auf der organisational-strukturellen Raumebene, wie z. B. zur Definition von Voraussetzungen zur Berufung bzw. Einstellung, der Vertragsgestaltung bis hin zu Bezahlungsmodalitäten von Lehrenden. So wird im Berufungs- bzw. Einstellungsverfahren der SRH explizit die Bereitschaft für aktives Lehren und Lernen abgefragt und geprüft. Eine Vertragsverlängerung für Professoren erfolgt nur mit dem erfolgreichen Abschluss eines spezifischen Lehrtrainings zur Implementierung von CORE in der Lehrpraxis. Die Lehrenden der Hochschule MIN werden erfolgsorientiert über Aktienanteile des Minerva Projects angebunden und stehen damit, anders als beim üblichen Tenure-Track-System, in der direkten Verantwortung für ihre Arbeit mit den Studierenden. Dies bestätigt die Thesen von Russell L. Ackoff, einem amerikanischen

Architekten und Wegbereiter des systemischen Denkens, zu notwendigen Reformen im Bildungswesen (vgl. Ackoff/Greenberg 2008). Um die Lernprozesse der Studierenden in den Mittelpunkt stellen zu können, ist zum einem die staatliche Finanzierung zu überdenken: „Subsidized institutions are more interested in the source of their funds than they are in the people they serve. So they're not responsive to the needs of consumers, they're only responsive to the donors" (Russell L. Ackoff, zitiert nach Detrick 2002). Zum anderen gilt es, das Tenure-Track-Modell aufzuheben: „Many of these people get secure and retire intellectually at middle age; they stop thinking. So to answer your question, we must get rid of subsidy and tenure if we're going to get these institutions to change and improve the learning process" (Russell L. Ackoff, zitiert nach ebd.).

9.2   Zusammenführung Erkenntnisebene II

Auf der Erkenntnisebene II konnten Unterschiede hinsichtlich der Innovationskraft von Lernraumgestaltungsmaßnahmen bei der Anwendung der Lernraumgestaltungsstrategien über die kulturelle bzw. symbolische Verortung identifiziert werden.

Bei einer Lernraumgestaltungsstrategie über die kulturelle Verortung können Lernraumgestaltungsmaßnahmen mit einem höheren Innovationspotential in einem kürzeren Zeitraum umgesetzt werden. Über die Gestaltung der kulturellen Verortung wird zunächst die Lehr- und Lernkultur definiert, um dann aufbauend auf Anforderungen und Erwartungen eine passende Umgebung bzw. Nutzungskultur über die Gestaltung der symbolischen Verortung umsetzen zu können.

Bei den Untersuchungen wird deutlich, dass für die Wahl der Lernraumgestaltungsstrategie über die kulturelle Verortung entsprechende Voraussetzungen auf der organisational-strukturellen Raumebene gewährleistet sein müssen. Hier bestätigt sich empirisch die Bedeutung des Hochschulmanagements als dritter Pädagoge. Für eine hochschulweite, räumliche Umsetzung des „Shift from Teaching to Learning" ist als eine grundlegende Voraussetzung das Bewusstsein für die Notwendigkeit von Veränderungen an Hochschulen erforderlich.

Auf Basis dieser Voraussetzung werden an den Hochschulen strategische Entscheidungen bei Maßnahmen der Lernraumgestaltung getroffen, die die Integration von Innovationen bei der Lernraumgestaltung unterstützen bzw. behindern. Vor diesem Hintergrund werden im nächsten Kapitel auf der Erkenntnisebene III die Entscheidungsstrategien der Fallstudien untersucht und Thesen für die Beantwortung der erkenntnisleitenden Fragestellung aus den Daten heraus induziert.

10 Analyse von Entscheidungsstrategien – Erkenntnisebene III

„Wenn der Wind der Veränderung weht, bauen die einen Windmühlen und die anderen Mauern." Chinesisches Sprichwort

In diesem Kapitel werden die Entscheidungsstrategien der Fallstudien in den Aktionsfeldern des Modells der LernRaumOrganisation vergleichend untersucht. Das Modell stellt dabei mit den Feldern Bedeutungsfeld, Beziehungsfeld, Aneignungsfeld und Erstellungsfeld ein Werkzeug dar, das eine Analyse von Maßnahmen der Lernraumgestaltung aus verschiedenen Perspektiven gewährleistet. Zur fallübergreifenden Untersuchung der Entscheidungsstrategien des Modells wird die Matrix zur Synopsis der Fallstudienanalyse (vgl. 7.4 Verfahren zur Synopsis der Fallstudien) angewendet. Auf der Erkenntnisebene II wurde die Bedeutung der Lernraumgestaltungsstrategie über die kulturelle Verortung herausgearbeitet. Daher werden auf der Erkenntnisebene III gemäß dem Fokus zur Integration von Innovationen bei der Lernraumgestaltung zunächst die Aktionsfelder der kulturellen Verortung, mit dem Bedeutungsfeld und dem Beziehungsfeld, und dann die der Aktionsfelder der symbolischen Verortung, mit dem Aneignungsfeld und dem Erstellungsfeld, untersucht. Wie auf der Erkenntnisebene II werden in diesem Kapitel anhand der bei den untersuchten Hochschulen identifizierten Phänomene Thesen zur Integration von Innovationen bei Maßnahmen der Lernraumgestaltung abgeleitet und begründet.

10.1 Lernerfolg als strategische Entscheidung im Bedeutungsfeld

Mit der vergleichenden Fallstudienanalyse konnten im Bedeutungsfeld des Modells der LernRaumOrganisation als Differenzierungskriterium für Lernraumgestaltungsmaßnahmen der Fokus auf Lernerfolg als Voraussetzung für ein höheres Innovationspotential und der Fokus Studierendenzufriedenheit als ein Indikator für ein niedrigeres Innovationspotential identifiziert werden (siehe Abbildung 19).

Wie bei der Entwicklung und Erweiterung der Innovationspyramide der Lernraumgestaltung beschrieben, ist das Angebot von informellen Lernarbeitsplätzen ein dringendes Anliegen von Studierenden an Hochschulen (vgl. 6.2 Innovationspyramide der Lernraumgestaltung; 8.6 Zusammenführung Erkenntnisebene I). Bei den Fallstudien erfüllen alle ausgewählten Hochschulen das Kriterium eines umfangreichen Angebots von informellen Lernräumen. Bei den Hochschulen UMU, WUW und GCU liegt mit der Lernraumgestaltung über die symbolische Verortung der Fokus auf dem Auf- und Ausbau von studentischen Lernarbeitsplätzen (vgl. These 3). Bei diesen Hochschulen können Bemühungen zur Evaluierung der Studierendenzufriedenheit über die Erfüllung der Bedürfnisebene der Lernraumgestaltung registriert werden. So nehmen die Hochschulen UMU und GCU regelmäßig an dem Hochschulranking International Student Barometer teil. Dabei wird von ca. 150 Hochschulen weltweit die Zufriedenheit internationaler

Studierenden zu verschiedenen Kategorien abgefragt. Die Hochschule UMU wurde in 2015 als beste europäische Hochschule in der Gesamtwertung gerankt. Des Weiteren erhielt UMU die die besten Bewertungen aller Hochschulen weltweit, u. a. für die Campusanlagen und die Campusgebäude (vgl. UMU2015_ISB). Die Hochschule GCU wurde 2013 in diesem Ranking als zweitbeste Hochschule in Großbritannien bewertet (vgl. GCU2014_KF: 2). Des Weiteren wird bei der Hochschule GCU ein „outstanding student experience" (GCU2015_SFL: 1) als strategisches Ziel in der „Strategy for Learning 2015–2020" verabschiedet (vgl. GCU2015_SFL). Vorbereitend dazu wurde in 2013 ein Rahmenplan „Student Experience Framework 2013–2017" (vgl. GCU2013_SEF) erarbeitet, zu dem die Bedürfnisse der Studierenden abgefragt wurden: „Listening to what students are telling us about their GCU experience has been an important aspect of the Framework" (GCU2013_SEF). An der Hochschule WUW werden mit dem „WU Student Panel Monitoring" (WUW_SPM) regelmäßig interne Befragungen zur Studierendenzufriedenheit hinsichtlich Studiensituation und Serviceangeboten der Hochschule sowie der Campusanlagen bei Bachelor- und Masterstudierenden sowie Absolventen der Wirtschaftsuniversität Wien durchgeführt (vgl. Zeeh/Ledermüller 2015b, 2015a, 2014, 2013b, 2013a).

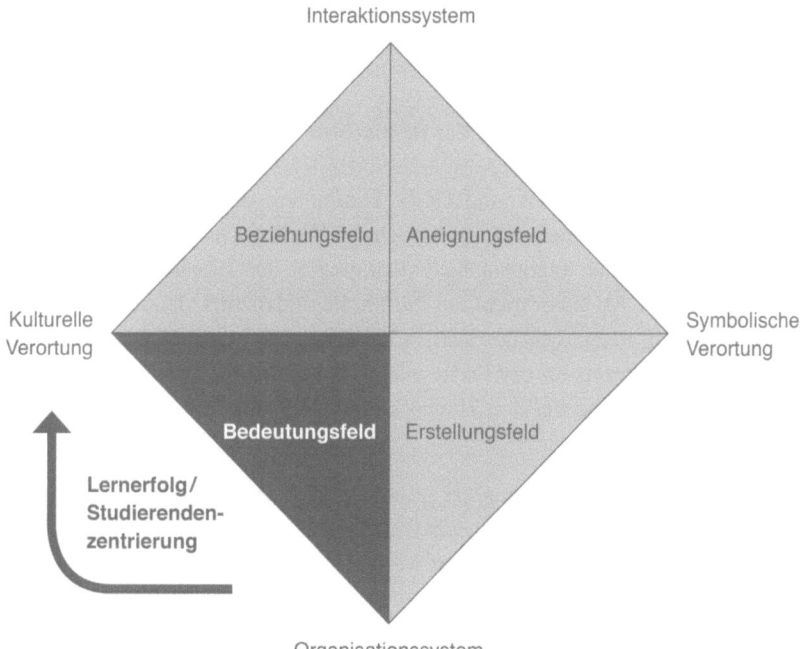

Abbildung 19: Fallstudienanalyse im Bedeutungsfeld

Wie auf der Erkenntnisebene II ermittelt liegt bei den anderen zwei Hochschulen der SRH und MIN der Fokus der Lernraumgestaltung auf der hochschulweiten Umsetzung und räumlichen Unterstützung des Active Learning Approach. Bei der Fallstudienanalyse wurde festgestellt, dass bei dieser Zielsetzung nicht mehr zwischen formellen und informellen Lernräumen differenziert wird, sondern diese zusammengeführt werden (vgl. These 4). Bei der Lernraumgestaltungsstrategie über die kulturelle Verortung wird der Lernerfolg der Studierenden, der im engen Zusammenhang mit dem Active Learning Approach steht, bei Maßnahmen der Lernraumgestaltung fokussiert (vgl. These 8). Dabei wird aber nicht, wie bei den Hochschulen UMU, WUW und GCU, auf der Bedürfnisebene der Innovationspyramide die Studierendenzufriedenheit vernachlässigt. So ist an der SRH die Studierendenzufriedenheit eines von sechs strategische Kernkriterien der Hochschule, welche im Zusammenhang der Einführung des CORE-Studienmodells als Leistungsversprechen formuliert und durch einen Lenkungskreis der SRH überwacht und gesteuert wird (vgl. REK_SRH2016: 3).

Mit den zwei identifizierten Phänomenen, dem Lernerfolg auf der Bewusstseinsebene und der Studierendenzufriedenheit auf der Bedürfnisebene, zeigen sich im Bedeutungsfeld des Modells der LernRaumOrganisation spezifische Handlungsstrategien der Fallstudien. Bei der vergleichenden Analyse der untersuchten Hochschulen konnten drei bestimmende Eigenschaften ermittelt werden, die im Zusammenhäng mit den Phänomenen stehen (siehe Tabelle 5: Synopsis Fallstudienanalyse zu Strategien im Bedeutungsfeld, Seite 199). Anhand dieser Erkenntnisse werden in den nächsten drei Abschnitten mit der Darstellung dieser Eigenschaften als Kontext der Phänomene Thesen abgeleitet und begründet.

10.1.1   Veränderungsbereitschaft der Hochschule

Die Hochschulen UMU, WUW und GCU wurden vor dem Hintergrund der Planung und Umsetzung von informellen Lernräumen der Bedürfnisebene der Innovationspyramide zugeordnet. Bei der Synopsis der Fallstudien in der Tabelle 5 wird deutlich, dass bei der Hochschule UMU aber nicht nur die Studierendenzufriedenheit über die Berücksichtigung von Anforderungen der Lernenden fokussiert wird. Mit dem Projekt „Rum för lärande" wird erstmals an der UMU auch der Lernerfolg über die Veränderung der formellen Lernräume, wie bei den Hochschulen SRH und MIN auf der Bewusstseinsebene, berücksichtigt.

> **These 10:** Mit der Befriedigung der grundlegenden Bedürfnisse der Lernraumgestaltung und der Veränderungsbereitschaft der Hochschule können Maßnahmen auf einer höheren Innovationsstufe initiiert werden.

Mit der langen Tradition der Lernraumgestaltung an der schwedischen Hochschule von mehr als dreißig Jahren wurden auf dem gesamten Campusgelände in den verschiedensten Organisationsbereichen umfangreiche Maßnahmen für informelle Lernraumangebote durchgeführt. Dies spiegelt sich in den aktuellen Rankings zur Studierendenzufriedenheit im internationalen Vergleich wider und äußert sich auch beim Selbstverständnis als führende Hochschule im Bereich physischer und virtueller Lernumgebungen.

Tabelle 5: Synopsis Fallstudienanalyse zu Strategien im Bedeutungsfeld

Innovationspyramide der Lernraumgestaltung	Bedeutungsfeld der LernRaum-Organisation	Veränderungsbereitschaft — Zusammenhang von Lehren und Lernen	Belastungsfähigkeit des Hochschulmanagements — Veränderung der symbolischen Verortung	Anpassung der Hochschulorganisation	Veränderungen der Hochschulkultur	Kompetenzentwicklung innovationsgetriebener Lernraumgestaltung — Unterstützungsmaßnahmen für innovative Lehr- und Lernkonzepte	Methoden zur Konzeption der Lernraumgestaltung	Evaluierung v. Lernraumgestaltungsmaßnahmen
MIN — Lebensraum als Lernraum	**Lernerfolg als Grundlage der Entscheidungsstrategie für Lernraumgestaltungsmaßnahmen**	Konzeptionelle und räumliche Verzahnung von Lehren und Lernen	Einbindung der Lernraumgestaltung der symbolischen Verortung in einen hochschulweiten Change-Management-Prozess zur Veränderung der Hochschulkultur	Neukonzeption bzw. Veränderung der gesamten Hochschulorganisation mit der Prüfung von bestehenden Prozessen und Strukturen	Strategie der kritischen Auseinandersetzung zwischen Lehrenden, Lernenden und Hochschule bei Lernraumgestaltungsmaßnahmen	Gezielte Unterstützung der Lehrenden durch methodische Trainings und Coachingmaßnahmen	Hochschulübergreifende Konzepte und Maßnahmenpläne der kulturellen Verortung als Grundlage zur Lernraumkonzeption der symbolischen Verortung	Keine Angaben/ Informationen dazu bekannt
SRH — Zusammenführung von formellen und informellen Lernräumen								Forschungsprojekt Raumausstattung und Lernerfolg/ Evaluierung der Maßnahmen durch Nutzerbefragungen (POE)
UMU — Verknüpfung von formellen und informellen Lernräumen	**Studierendenzufriedenheit und projektbezogen Lernerfolg**	Modellhaft konzeptionelle und räumliche Verzahnung von Lehren und Lernen	Projektgebundenes Experiment zur Veränderung der Lehr- und Lernkultur über die Lernraumgestaltung der symbolischen Verortung			Begleitende Coachings der Lehrenden im Projekt/hochschulübergreifendes Weiterbildungsprogramm für Lehrende	Vorbereitung von Maßnahmen von Lernraumgestaltungsmaßnahmen der symbolischen Verortung durch Befragungen, Beobachtungen und Analyse von Best-Practice-Beispielen (UNA)	
WUW	**Studierendenzufriedenheit als Grundlage der Entscheidungsstrategie für Lernraumgestaltungsmaßnahmen**	Räumliche Verzahnung von Lehren und Lernen	Unterstützung der Lernkultur über die Lernraumgestaltung der symbolischen Verortung; Fortbestand der Lehrkultur durch bestehende Lernraumkonzepte	Sicherstellung der Lehrkultur über Maßnahmen der Qualitätsverbesserung	Strategie der friedlichen Koexistenz von Lehrenden, Lernenden und Hochschule bei Lernraumgestaltungsmaßnahmen	Qualitätssicherung Lehre durch Self Empowerment		
GCU — Differenzierung formeller und informeller Lernräume		Konzeptionelle und räumliche Differenzierung von Lehren und Lernen				Hochschulübergreifendes methodisches Weiterbildungsprogramm für Lehrende		Evaluierung der Maßnahmen durch Nutzerbefragungen (POE)

An der UMU zeigt sich, dass eine Sättigung zur Integration von Innovationen über die Gestaltung informeller Lernräume erreicht und die Bedürfnisse der Studierenden somit grundlegend zufrieden gestellt sind. Auf diesem Erfolg ruhen sich die Akteure an der UMU jedoch nicht aus, sondern entwickeln ein Bewusstsein dafür, dass darüber hinaus Maßnahmen der Lernraumgestaltung notwendig sind, um Lehr- und Lernprozesse zu verbessern. Mit der Initiierung und Finanzierung des Projekts „Rum för lärande" ist bei der UMU eine Bereitschaft für Veränderungen an dieser Hochschule sichtbar. So werden hier erstmals Konzepte zur Verzahnung von informellen und formellen Lernräumen realisiert, die den Active Learning Approach und damit den Lernerfolg der Studierenden räumlich unterstützen. Mit diesen Maßnahmen wird von der UMU aktiv der erste Schritt auf die Bewusstseinsebene der Innovationspyramide genommen, mit welchem Möglichkeiten zur Integration von Innovationen auf einem höheren Niveau gewonnen werden können.

Mit dieser Handlungsstrategie unterscheidet sich die Hochschule UMU von den anderen zwei Hochschulen der Bedürfnisebene. Bei der WUW und GCU sind bisher keine räumlichen Maßnahmen zur Integration des Active Learning Approach erkennbar. Dabei manifestieren sich bei beiden Hochschulen erste Indizien für die Notwendigkeit zur Veränderungsbereitschaft des Hochschulmanagements. So wurde bei der GCU im Rahmen der Masterplanung „Heart of the Campus" zum ersten Mal die Notwendigkeit eines pädagogischen Konzeptes hinterfragt. Und bei der Evaluierung des neugebauten Campus der Hochschule WUW konnte als eines der baulichen Problemfelder ermittelt werden, dass Raumausstattungskonzepte mit hoher Flexibilität zur Unterstützung lernendenzentrierter Lehre seitens der Akteure des Interaktionssystems benötigt werden.

Die vergleichende Fallstudienanalyse belegen, dass die mit dem Fokus der Studierendenzentrierung einhergehenden Maßnahmen zum Auf- und Ausbau von informellen Lernarbeitsplätzen lediglich den Anfang von hochschulweiten Lernraumgestaltungsmaßnahmen auf der untersten Ebene der Innovationspyramide darstellen. Sind diese Bedürfnisse erfüllt, kann mit der Offenheit der Hochschule für Veränderungen ein Bewusstsein für weitere Maßnahmen auf einem höheren Innovationsniveau erlangt werden. Aus dieser Perspektive heraus könnte argumentiert werden, dass nicht die Lernraumgestaltungsstrategie der kulturellen Verortung verfolgt werden muss, um Lernraumgestaltungsmaßnahmen mit hohem Innovationspotential realisieren zu können. Hier gilt es jedoch zu berücksichtigen, dass der Prozess über die symbolische Verortung mehr zeitliche, personelle, finanzielle und räumliche Ressourcen in Anspruch nimmt. Bei einer Priorisierung zur Gestaltung der Lehr- und Lernkultur werden, so bestätigen es die Fallstudien SRH und MIN, von Anbeginn an formelle und informelle Lernräume zusammengeführt und darauf aufbauend gezielt Konzepte entwickelt und umgesetzt (vgl. These 7). Bei den Hochschulen UMU, WUW und GCU werden dagegen zunächst nur die informellen Lernräume entsprechend den Anforderungen zum eigenverantwortlichen, aktiven Lernen entwickelt, ohne dabei eine Integration der formellen Lernräume zu berücksichtigen.

10.1.2 Belastungsfähigkeit des Hochschulmanagements

Mit der Analyse der Hochschulen SRH und MIN ist ersichtlich, dass die Implementierung des Active Learning Approach nicht nur auf die Veränderung didaktischer Methoden in formellen Lernsettings reduziert werden kann. So steht bei Maßnahmen der Lernraumgestaltung mit einem hohen Innovationspotential die gesamte Hochschulorganisation mit allen Akteuren auf dem Prüfstand.

These 11: Lernraumgestaltungsmaßnahmen mit hohem Innovationspotential bedürfen der Überprüfung und Anpassung von Organisationstrukturen und übergeordneten Organisationsprozessen.

Bei der Hochschule SRH wurden mit der Implementierung des neuen Studienmodells CORE für eine Umsetzung des Active Learning Approach umfangreiche organisatorische Maßnahmen eingeleitet:

– Modifizierung der Semester- in eine Blockstruktur
– Anpassung der Curricula auf eine themenzentrierte Modulorganisation
– Umsetzung von engen Abstimmungsprozessen von Lehrenden bei der Konzeption, Planung und Durchführung von Modulen
– Anpassung der Prüfungszyklen und -organisation an die Blockstruktur
– Neudefinition der Einstellungsvoraussetzungen sowie Weiterbildungsmaßnahmen und -ziele für Lehrende und administrative Mitarbeiter
– Installation der Akademie für Hochschullehre als ständiges Mitglied der Berufungskommission
– Anpassung der Gremienkultur mit der inhaltlichen, strategischen und auch methodischen Einbindung des CORE-Prinzips

Viele Maßnahmen zur Umorganisation von Strukturen und Prozessen wurden mit der Einführung des neuen Studienmodells umgesetzt; andere zur Neuorganisation von Strukturen an der SRH haben sich auch erst im Verlauf des Veränderungsprozesses als notwendig erwiesen, wie z. B. die verpflichtende Teilnahme der hauptamtlichen Lehrenden an der internen, hochschuldidaktischen Fortbildung zur Entfristung.

Anhand der aufgeführten Maßnahmen ist ersichtlich, dass zur Umsetzung dieser Maßnahmen der Rückhalt durch die Hochschulleitung, Dekane der Fakultäten sowie der Führungskräfte der administrativen Abteilungen sichergestellt sein muss. Vor diesem Hintergrund ist die Akademie der Hochschullehre als ständiges Mitglied in den Leitungskreises aufgenommen worden. So kann gewährleistet werden, dass der Fokus Lernerfolg mit der Umsetzung des Active Learning Approach als ein strategisches Themengebiet vertreten und bei Bedarf unterstützt werden kann. Diese Vorgehensweise der SRH geht mit Forschungserkenntnissen zur Etablierung einer unterstützenden Lehr- und Lernkultur einher: „A supportive teaching culture includes a highly symbolic appreciation of academic teaching from the top of the organization (e.g. the rector, the vice-president, etc.) [...] Furthermore, it means to increase the commitment to discuss new teaching methods with colleagues, and to build an atmosphere in which speaking about teaching is the accepted norm" (Wilkesmann 2013: 298).

Aufgrund des Bewusstseins über den Umfang der mit dem Studienkonzept von Minerva einhergehenden notwendigen Veränderungen klassischer Organisationsstrukturen und -prozesse wurde bei der Hochschule MIN ganz bewusst die Neugründung einer Hochschule geplant. Mit dieser Vorgehensweise konnte das Konzept konsequent umgesetzt und weiterentwickelt werden. Dies unterscheidet die Hochschule MIN von der SRH, die in einer bestehenden Organisationsstruktur die hochschulweite Veränderung der Lehr- und Lernkultur zu implementieren hat.

> **These 12:** Maßnahmen mit einem hohen Innovationspotential der Lernraumgestaltung sind durch einen begleitenden Change-Management-Prozess zu flankieren.

Wie bei der theoretischen Entwicklung des Modells der LernRaumOrganisation beschrieben wurde, geht mit der Studierendenzentrierung ein hohes Maß an Engagement von Lehrenden und auch Lernenden einher (vgl. 3.2 Herausforderungen des Paradigmenwechsels). Die Erfahrung, dass dies für die Studierenden ungewohnt ist, wird nicht nur an der SRH gemacht (vgl. AKFHL_SRH2016: 20), sondern auch vom Gründungsdekan der Hochschule MIN bestätigt: „Students often prefer a traditional lecture format to active learning because lectures are easy" (Kosslyn 2015). Und auch von anderen Lehrenden, wie dem Harvard-Professor Eric Mazur, der seit mehr als 20 Jahren aktives Lehren und Lernen lebt, wird diese Erfahrung mit den Studierenden beschrieben, wenn diese aktiv in das Unterrichtsgeschehen eingebunden werden sollen: „I'm asking them questions. They'd much rather sit there and listen and take notes" (Eric Mazur, zitiert nach Lambert 2012: 27).

Die Einführung des Studienmodells CORE an der SRH zeigt, dass mit der grundlegenden Veränderung der Lehr- und Lernkultur durch den „Shift from Teaching to Learning" ein Veränderungsprozess in Gang gesetzt wird, der intensiv zu begleiten ist. Im Rahmen des Veränderungsprozesses an der SRH werden u. a. externe Experten für Vorträge und Workshops eingebunden, um über aktuelle Entwicklungen im internationalen Kontext von Hochschulen zu informieren und diese zu diskutieren. Des Weiteren werden bei verschiedenen Veranstaltungsreihen Good-Practice-Beispiele aus Lehre und Forschung vorgestellt und im Rahmen der jährlichen Klausurtagungen an der Hochschule aktuelle Fragestellungen und Themen im Rahmen des Kulturwandels an der SRH thematisiert. Des Weiteren werden Interessenten und Studienanfänger bereits im Vorfeld über das CORE-Prinzip und die Anwendung aktivierender Lehr- und Lernmethoden an der SRH informiert. Der Change-Management-Prozess wird an der SRH durch die Akademie für Hochschullehre sichergestellt. Bei der Arbeit der Akademie hat sich gezeigt, dass der Veränderungsprozess hochschulweit zu planen und zu gewährleisten ist, da alle Bereiche, wie Lehre, Forschung, Verwaltung und Leitung, zu involvieren sind. Maßnahmen in diesem Prozess können aber nicht linear geplant und durchgeführt werden, da jeder Hochschulakteur, jede Fakultät oder administrative Abteilung ein individuelles Tempo und Bedürfnis von Unterstützungsleistungen bei der Umstellung von Prozessen hat. So ist der Prozess von vornherein durch die Bereitstellung entsprechender personeller und zeitlicher Ressourcen abzusichern.

10.1.3 Kompetenzentwicklung innovativer Lernraumgestaltung

Die Analyse der Fallstudien UMU, WUW und GCU mit der Lernraumgestaltungsstrategie über die symbolische Verortung zeigt, dass trotz eines umfassenden Stands der Forschung und Best-Practice-Beispielen zu informellen Lernräumen, hochschulintern Verfahren zur Erkenntnisgewinnung eingesetzt werden Bei den Fallstudien wurden im Vorfeld der Planung und Umsetzung von Lernraumgestaltungskonzepten Befragungen und Nutzerbeobachtungen durchgeführt, um für die Hochschule individuell passende Maßnahmen entwickeln zu können. So wurden an der WUW Modell-Lernräume eingerichtet, um bei der technischen Ausstattung die Anforderungen bei Lehrveranstaltungen vorab testen zu können. Bei der GCU wurden im Rahmen der Campusplanung Befragungen und Interviews mit verschiedenen Hochschulakteuren vorgenommen und an der UMU Lehrende und Lernende in den Entwicklungsprozess beim Projekt „Rum för lärande" eingebunden. Dies entspricht den Forderungen im Lernraumdiskurs zu partizipativen Planungsprozessen unter der Einbindung zukünftiger Nutzer, obwohl bereits Risiken bei dieser Vorgehensweise, z. B. durch fehlende Kompetenzen zu Fragestellungen oder Befragungsinstrumenten, bekannt sind (vgl. 5.2.2 Beteiligungsprozesse).

In diesem Zusammenhang ist interessant, dass bei den Fallstudien SRH und MIN, die eine Lernraumgestaltungsstrategie über die kulturelle Verortung verfolgen, keine Nutzerbeteiligungsverfahren im Prozess der Konzeptionierung von Maßnahmen der Lernraumgestaltung auf der symbolischen Verortung, mit der Umsetzung materieller oder technischer Artefakte, über die Aufnahme von Anforderungen und Bedürfnissen eingebunden wurden. Daraus kann folgende These abgeleitet werden.

These 13: Bei der Konzeption von Lernraumgestaltungsmaßnahmen mit hohem Innovationspotential sind durch die strategische Priorisierung der Lehr- und Lernkultur gesonderte Nutzerbeteiligungsverfahren obsolet.

Mit der Lernraumgestaltungsstrategie über die kulturelle Verortung, als Voraussetzung für Maßnahmen mit hohem Innovationspotential (vgl. These 4), liegt die Konzeption der sozial-interaktiven und organisational-strukturellen Raumebene grundlegend im Fokus. So stehen die Akteure der Hochschule von Anfang an in einem engen Dialog, der organisch aus dem Veränderungsprozess selbst heraus emergiert und nicht durch künstliche, partizipative Beteiligungsverfahren initiiert werden muss.

Bei der Untersuchung der SRH und MIN wird deutlich, dass die Lernraumgestaltung auf der physisch-materiellen und technisch-virtuellen Raumebene letztendlich das Produkt eines integrativen Entwicklungs- und Veränderungsprozesses zur Etablierung einer aktivierenden Lehr- und Lernkultur ist: „Ein entscheidender Faktor für die konsequente

Entwicklung und Umsetzungstauglichkeit der verschiedenen Lernraum-Settings war das gemeinsame Fundament des Studienmodells CORE und damit das Wissen um Erfordernisse bei der räumlichen Unterstützung aktivierender Lehr-, Lern- und Prüfungsmethoden" (Ninnemann 2016: 156). Diese Vorgehensweise in der Konzeptionsphase schließt, so zeigt es sich bei den Fallstudien SRH und MIN, nicht aus, Nutzer bei der Planung und Umsetzung gezielt zu integrieren. So wurden an der SRH die Studierenden, Lehrenden und Mitarbeiter der Hochschule in den Vergabeprozess der Neuausstattung über die Bewertung der Bemusterung sowie bei der Evaluierung der Modellfakultät eingebunden. Und bei der Hochschule MIN wurden die Studierenden des Modellstudienjahrgangs bei der Weiterentwicklung der virtuellen Lernplattform integriert.

So konnte bei der Untersuchung der Fallstudie SRH festgestellt werden, dass bei der Lernraumgestaltungsstrategie über die kulturelle Verortung Veränderungen auf der sozial-interaktiven wie auch organisational-strukturellen Raumebene bereits implementiert sind, bevor diese durch materielle oder technische Artefakte festgeschrieben werden. Das bedeutet, dass im Vorfeld von Investitionsmaßnahmen auf physisch-materieller bzw. technisch-virtueller Raumebene bereits en passant Erfahrungen und Erkenntnisse zu Anforderungen bei der Gestaltung der baulichen und technischen Artefakte gewonnen werden können. In diesem Zusammenhang kann die folgende These abgeleitet werden.

These 14: Mit der Beobachtung der Handlungen von Akteuren aus einer ganzheitlichen Perspektive der LernRaumOrganisation können Maßnahmen der Lernraumgestaltung mit einem hohen Innovationspotential abgeleitet werden.

Nutzerbeobachtungen, wie z. B. an der WUW mit der Installation von Testräumen vor dem Neubau des WU Campus, werden mittlerweile als ein gängiges Instrument bei der Planung von Lernraumgestaltungsmaßnahmen eingesetzt (vgl. Bachmann 2014: 93; Gothe/Pfadenhauer 2010: 33; Brandt 2014b: 67). Dabei können bestehende Lernraumsituationen auf der Ebene des physisch-materiellen oder technisch-virtuellen Lernraums untersucht werden. Bei der Untersuchung der SRH sowie auch der GCU ist erkennbar, dass Konzepte der Lernraumgestaltung mit einem hohen Innovationspotential mit der Nutzerbeobachtung aus einer ganzheitlichen Raumbetrachtung, also mit der Berücksichtigung der sozial-interaktiven und organisational-strukturellen wie auch des physisch-materiellen und technisch-virtuellen Raumebene, generiert werden.

Der an der GCU entwickelte Prototyp der Learning Center, der die Bibliotheken in das 21. Jahrhundert geführt hat, findet seinen Ursprung in einem kleinen Learning Café in der alten Bibliothek an der GCU. Hier wurde mit neuen Ideen im sozial-interaktiven Raum zur Unterstützung von kollaborativem Lernen und integrierter Services sowie in der Verknüpfung des physisch-materiellen mit dem technisch-virtuellen Lernraum unter der Nutzung verschiedener IKT experimentiert. In diesem natürlichen und dabei doch experimentellen Umfeld konnte unter Berücksichtigung der verschiedenen Raumebenen das Konzept der Learning Centers entwickelt und auf die Organisationsstruktur einer

Hochschulbibliothek skaliert werden. Und an der SRH wurde mit der Einführung des neuen Studienmodells von den Lehrenden zurückgemeldet, dass die bestehende Ausstattung die Umsetzung aktivierender Lehr- und Lernmethoden behindert. Über einen Zeitraum von drei Jahren konnten Erfahrungen gesammelt und diskutiert werden, welche räumlichen Anforderungen mit dem neuen Studienmodell einhergehen. So konnte mit der Initiierung des Projektes „Lernraum Campus" auf bestehende Erkenntnisse aus der Beobachtung der Lehr- und Lernprozesse aufgesetzt werden.

Bei der vergleichenden Analyse der Fallstudien wird deutlich, dass nicht nur im Vorfeld zur Planung, sondern auch nach der Realisierung von Lernraumgestaltungsmaßnahmen Untersuchungen stattfinden. Bei den Hochschulen SRH, UMU, WUW und GCU wurden Maßnahmen der Lernraumgestaltung durch Post Occupancy Evaluationen (POE) begleitet. Dabei konnten Hinweise für notwendige Nachbesserungsmaßnahmen und auch Verbesserungsmaßnahmen für zukünftige Projekte gewonnen werden. So wurde der neue Campus der WUW unmittelbar nach der Inbetriebnahme evaluiert. Mittels der Ergebnisse konnten bauliche und organisatorische Problemfelder ermittelt und Verbesserungsmaßnahmen, soweit dies möglich war, eingeleitet werden. Und auch an der GCU wurden die Nutzer zur Umsetzung des Saltire Centres befragt. Die dabei gewonnenen Erkenntnisse, wie z. B. die hohe Lärmbelästigung durch die dichten Service- und Nutzungsangebote, konnten bei der Weiterentwicklung des Campuskonzeptes ihre Berücksichtigung finden.

Bei den Hochschulen SRH und MIN wurden bei der Lernraumgestaltungsstrategie über die kulturelle Verortung materielle und technische Artefakte konzipiert, die die Umsetzung des Active Learning Approach unterstützen. Dabei wurde keine Verbesserung oder Adaption bestehender Lernraumkonzepte der symbolischen Verortung verfolgt, sondern neue Lösungswege auf der Bewusstseinsebene innovativer Lernraumgestaltungsmaßnahmen vorgenommen. Vor diesem Hintergrund ist bei der SRH, wie auch modellhaft bei der UMU, ersichtlich, dass Maßnahmen auf einer hohen Innovationsstufe nicht allein durch Evaluierungsmaßnahmen der physisch-materiellen oder technisch-virtuellen Raumebene untersucht werden können.

These 15: Maßnahmen der Lernraumgestaltung mit hohem Innovationspotential sind durch Forschungsprojekte aus einer integrativen Perspektive abzusichern.

Bei der vergleichenden Analyse der Fallstudien zeigt sich, dass Lernraumgestaltungsmaßnahmen mit einem hohen Innovationspotential durch begleitende Studien zu flankieren sind, die nicht ausschließlich die symbolische Verortung untersuchen, sondern auch die sozial-interaktive Ebene der kulturellen Verortung integrieren.

So werden an der SRH mit dem Forschungsprojekt „Raumausstattung und Lernerfolg" diese zwei Raumebenen verknüpft, um ausgewählte Lernraumsettings hinsichtlich ihres Einflusses auf die Kompetenzentwicklung zu untersuchen. Und auch bei der UMU werden, wie bei der SRH, nach der Inbetriebnahme des neugestalteten Lernraumensembles, nicht nur Nutzungsmöglichkeiten und Zufriedenheit bei Lernenden und Lehrenden evaluiert. So wurden auch qualitative Erhebungen durchgeführt, um die Wirkung der baulichen Lernumgebung auf den Lernerfolg zu untersuchen. Mit der konzeptionellen Aufstellung der MIN ist davon auszugehen, dass das Minerva-Konzept auch wissenschaftlich begleitet wird; so begründete der Gründungsdekans Kosslyn jedenfalls die Absage für einen Informationsaustausch in diesem Forschungsprojekt.

10.1.4   Zusammenfassung Erkenntnisebene III im Bedeutungsfeld

Eine wesentliche Erkenntnis strategischer Entscheidungen im Bedeutungsfeld ist, dass bei einer Umsetzung des Active Learning Approach nicht nur Maßnahmen auf der sozial-interaktiven Lernraumebene, durch den Einsatz aktivierender Lehr- und Lernmethoden, sondern auch auf der organisational-strukturellen Ebene erforderlich sind.

Dabei ist ersichtlich, dass die Ausrichtung auf den Lernerfolg der Studierenden durch die Hochschule gezielt durch organisatorische Maßnahmen fokussiert und mit entsprechenden Maßnahmen zu begleiten ist. So kann, wie bereits auch auf der Erkenntnisebene II, die Bedeutung des Hochschulmanagements als dritter Pädagoge festgestellt werden. Im Bedeutungsfeld manifestiert sich dabei die Aufgabe des Hochschulmanagments als Moderator und Treiber von Veränderungsprozessen.

Im folgenden Abschnitt werden die strategischen Entscheidungen im Beziehungsfeld bei der vergleichenden Fallstudienanalyse untersucht. Dabei wird Lernen als sozialer Prozess zur Unterstützung von Lernerfolg und die damit einhergehenden Anforderungen zur Interaktion der Hochschulakteure analysiert.

10.2   Kohäsion als strategische Entscheidung im Beziehungsfeld

Mit der vergleichenden Fallstudienanalyse konnte im Beziehungsfeld des Modells der LernRaumOrganisation als Differenzierungskriterium für Lernraumgestaltungsmaßnahmen der Fokus zur Kohäsion von Lerngemeinschaften und der Fokus zur Segregation von Lerngemeinschaften identifiziert werden (siehe Abbildung 20). Diese Phänomene stehen, anders als im Bedeutungsfeld, nicht für die Bewusstseins- bzw. Bedürfnisebene von Lernraumgestaltungsmaßnahmen.

Wie bereits zum Stand der Forschung aus historischer wie auch transdisziplinärer Perspektive sowie bei der Entwicklung des Modells der LernRaumOrganisation zum Lehren und Lernen beschrieben wurde, ist die Bildung von Lerngemeinschaften ein wichtiges Kriterium zur Unterstützung von Lernprozessen und damit von Lernerfolg. „Gemeinschaften sind immer auch, wahrscheinlich sogar *vor allem* Kultur-Werte-Produzenten und somit – zumindest ‚verdeckt' – ‚Bildungs-Anstalten'" (Hitzler 2010: 7, Hervorh. im Original).

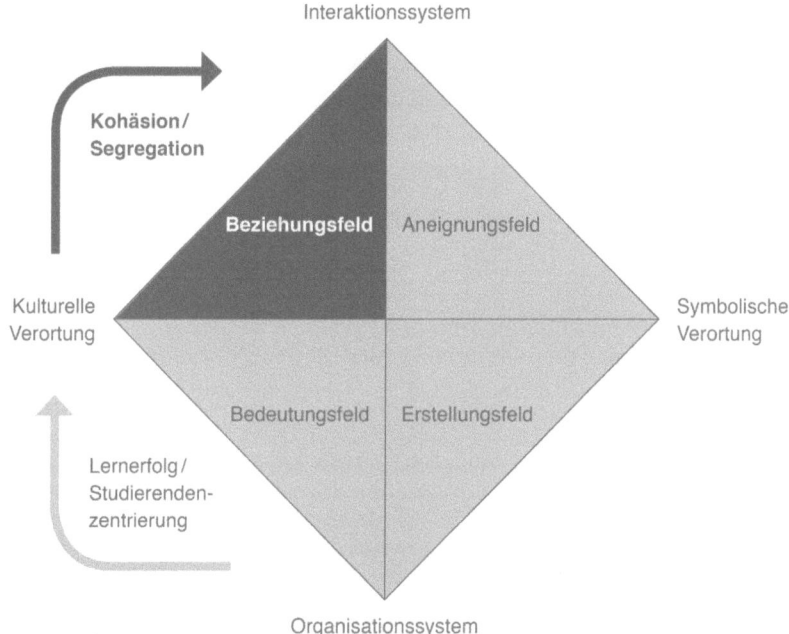

Abbildung 20: Fallstudienanalyse im Beziehungsfeld

Kohäsive Lerngemeinschaften werden nach dem Konzept der „Communities of Practice" (Wenger 1998) als Personengruppen definiert, „die inhaltlich durch ein gemeinsames Interesse, eine gemeinsame Tätigkeit oder ein gemeinsames Bestreben sowie durch soziale Beziehungen und gemeinsame Werte miteinander verbunden sind" (Henschel 2001: 49). Communities of Practice können in einer Organisation aus Akteuren unterschiedlichster Hierarchiestufen gebildet werden (vgl. ebd.: 48): „The primary focus of this theory is on learning as a social participation" (Wenger 1998: 4). Dieser Ansatz war, wie beim Stand der Forschung aus historischer Perspektive gezeigt, eine wesentliche Voraussetzung für die Entstehung der Universitäten vor mehr als 800 Jahren (vgl. 2.1.1 Über die Bedeutung der Lerngemeinschaft).

Für die Abgrenzung von Kohäsion und Segregation bei der Bildung einer Lerngemeinschaft greift die Unterscheidung zwischen inhaltlich-konzeptioneller und räumlich-organisatorischer Ursächlichkeit zur Bildung der Lerngemeinschaft. Kohäsive Lerngemeinschaften wachsen aus gemeinsamen Interessen und Werten zusammen, was sich an Hochschulen z. B. an der Bedeutung der Fachkultur manifestiert (vgl. Gothe/Pfadenhauer 2010: 100; Bachmann et al. 2014: 42,46,49; Dippelhofer-Stiem 1996: 392; Löw 2006: 99; Wegner/Nückles 2013: 17; Löw 2006: 99). Die Segregation von Lerngemeinschaften entsteht aufgrund räumlich und zeitlich gebundener Veranstaltungen und Aktivitäten, wie z. B. mit der temporären Gruppenbildung über die Nutzung von informellen Lernarbeitsplätzen bzw. die Belegung von Lehrveranstaltungen an Hochschulen. Die

Differenzierung von Lerngemeinschaften bildet damit das konzeptionelle Negativ der Communities of Practice mit dem Fokus sozialer Partizipation bei Lernprozessen: „Participation here refers not just to local events of engagement in certain activities with certain people, but to a more encompassing process of being active participants in the *practise* of social communities and constructing *identities* in relation to these communities. (Wenger 1998: 4, Hervorh. im Original).

Bei der vergleichenden Analyse der Fallstudien konnten auf den Innovationsebenen der Lernraumgestaltung unterschiedliche Konzepte zur Bildung von Lerngemeinschaft identifiziert werden. Bei den zwei Hochschulen WUW und GCU kann mit den Maßnahmen zum Ausbau von informellen Lernräumen festgestellt werden, dass hier von einer disziplinären Integration der Studierenden Abstand genommen wird. Das impliziert, dass die Bildung einer Gemeinschaft auf die Studierenden reduziert wird, welche nicht die Lehrenden inkludiert. Im Ergebnis wird die konzeptionelle Trennung von Lehren und Lernen verstärkt und damit die Ausdifferenzierung von Lerngemeinschaften unterstützt.

Bei den Hochschulen SRH und UMU werden die informellen Lernarbeitsplätze der Studierenden in Fakultäten, Institute und Projekte räumlich integriert. Hier kann das Konzept kohäsiver Lerngemeinschaften mit der Kollaboration von Studierenden und Lehrenden gelebt werden. Die Bedeutung einer engen räumlichen Anbindung der Studierenden an die Lehrenden bestätigt sich bereits beim Stand der Forschung (vgl. 2.3.3 Über den Lernraum Campus). Verstärkt wird dies durch die Einführung des Active Learning Approach, hochschulweite an der SRH und projektbezogen an der UMU, durch den Fokus der Interaktion von Studierenden und Lehrenden in formellen Lernsettings. An der MIN ist keine disziplinäre Anbindung der Studierenden erkennbar. Dazu fehlen die Infrastrukturen eines Campus mit Fakultäts-, Instituts- oder Departmentgebäuden. Durch die räumliche Organisation der informellen Lernprozesse in den Studierendenwohnheimen sowie die formellen Lernprozesse im virtuellen Raum des ALF wird bei der MIN nicht die Verbindung zu Fachdisziplinen, sondern die personelle Anbindung zur Bildung von kohäsiven Lerngemeinschaften gepflegt.

Mit den zwei identifizierten Phänomenen, der Kohäsion und der Segregation von Lerngemeinschaften, zeigen sich im Beziehungsfeld des Modells der LernRaumOrganisation spezifische Handlungsstrategien der Fallstudien. Bei der vergleichenden Analyse der untersuchten Hochschulen konnten drei bestimmende Eigenschaften ermittelt werden, die im Zusammenhäng mit den identifizierten Phänomenen stehen (siehe Tabelle 6: Synopsis Fallstudienanalyse zu Strategien im Beziehungsfeld, Seite 209). Anhand dieser Erkenntnisse werden in den nächsten drei Abschnitten, mit der Darstellung dieser Eigenschaften als Kontext der Phänomene, Thesen abgeleitet und begründet.

Tabelle 6: Synopsis Fallstudienanalyse zu Strategien im Beziehungsfeld

Innovationspyramide der Lernraumgestaltung	Beziehungsfeld der Lern-RaumOrganisation	Selbstverständnis der Interaktion in informellen Lernsettings			Unterstützung der Kollaboration in formellen Lernsettings			Anpassung von Infrastrukturangeboten
		Interaktionsmöglichkeiten	Kommunikationsmöglichkeiten	Differenzierung Studierende	Intensität von Interaktionen der Lehre	Unterstützung zur Bildung Gemeinschaft	Methodische Unterstützungsmaßnahmen	Campuskonzept
MIN Lebensraum als Lernraum	**Kohäsion von Lerngemeinschaften als Grundlage der Entscheidungsstrategie für Lernraumgestaltungsmaßnahmen**	Bildung kohäsiver Lerngemeinschaften mit der personellen Zuordnung von Lernräumen	Einschränkung spontaner Austauschmöglichkeiten zwischen Studierenden und Lehrenden durch virtuelle Kommunikation mit weltweiter Verortung von Lernen und Lehrenden	Keine räumliche Trennung zwischen Bachelor- und Masterstudierenden	Hochschulübergreifender Fokus Active Learning Approach	Lehrveranstaltungen mit max. 19 bzw. 36 Studierenden	Begleitende Maßnahmen zur Unterstützung der Lehrenden bei der Nutzung von Lernraum-Settings des Active Learning Approach	Stadt als Campus - fehlende Infrastruktur als gezielte Aufforderung zur Nutzung externer Infrastrukturen und Kollaboration mit lokalen Communities
SRH Zusammenführung von formellen und informellen Lernräumen		Bildung kohäsiver Lerngemeinschaften durch räumliche Verankerung formeller und informeller Lernprozesse in Fakultäten, Instituten und Projekten	Unterstützung der Kommunikation durch die räumliche Verknüpfung von Lernräumen der Studierenden mit Arbeitsräumen der Lehrenden (open-door-policy)					
UMU Verknüpfung von formellen und informellen Lernräumen					Projektbezogener Fokus Active Learning Approach	Projektbezogene Limitierung der Studierendengruppen mit max. 30 Studierenden		
WUW	**Segregation von Lerngemeinschaften als Grundlage der Entscheidungsstrategie für Lernraumgestaltungsmaßnahmen**	Differenzierung von Lerngemeinschaften durch räumliche und organisatorische Zentralisierung formeller und informeller Lernprozesse	Einschränkung der Austauschmöglichkeiten durch die funktionale und räumliche Abgrenzung von informellen Lernräumen der Studierenden und Arbeitsräumen der Lehrenden	räumliche Trennung zwischen Bachelor- und Masterstudierenden	Fokus Effizienz der Lehre zur Bewältigung der hohen Studierendenzahlen	Lehrveranstaltungsgröße mit bis zu 200 Studierenden	Schulungen zur Einführung in Lehrtechnologien	Campus als Stadt – Fehlende Impulse zur Verknüpfung mit dem lokalen, städtischen Umfeld aufgrund umfangreicher Infrastrukturen
GCU Differenzierung formeller und informeller Lernräume				Keine räumliche Trennung zwischen Bachelor- und Masterstudierenden	Fokus Student Learning Experience mit klassischen Lernraumsettings		Mehrstufiges Weiterbildungsangebot für Lehrende	

10.2.1 Selbstverständnis der Interaktion in informellen Lernsettings

Bei der vergleichenden Untersuchung der Fallstudien konnte festgestellt werden, dass bei Lernraumgestaltungsmaßnahmen auf der Bedürfnisebene der Hochschulen UMU, WUW und GCU kohäsive wie auch differente Lerngemeinschaften vorzufinden sind. Daraus lässt sich schließen, dass die Maßnahmen der Lernraumgestaltung nicht die Ursache für unterschiedliche Entwicklung bei der Bildung von Lerngemeinschaften sind, sondern das Selbstverständnis der Hochschulen und ihrer Akteure selbst für das Konzept der Lerngemeinschaft ausschlaggebend ist.

> **These 16:** Der Fokus auf die Bildung kohäsiver Lerngemeinschaften ist Voraussetzung für Maßnahmen der Lernraumgestaltung mit hohem Innovationspotential.

Diese These lässt sich sehr anschaulich an den Fallstudien UMU und WUW erklären. Beide Hochschulen sind bei der Innovationspyramide der Lernraumgestaltung auf der Bedürfnisebene mit der Charakterisierung „Verknüpfung von formellen und informellen Lernräumen" klassifiziert. An beiden Hochschulen werden informelle Lernräume dezentral auf dem gesamten Campusgelände angeboten und durch zahlreiche Serviceangebote ergänzt.

An der WUW sind die informellen Lernräume nicht in die Departments integriert, obwohl sich diese sich in unmittelbarer Nähe befinden. Informelle Lernarbeitsplätze befinden sich im Erdgeschoss der Departmentgebäude abseits der Büroarbeitsplätze der Lehrenden. Die Mitarbeiterbüros liegen in den oberen Geschossen und sind nur über eine Schließanlage für zugangsberechtigte Mitarbeiter zugänglich. An der Organisation der Lern- und Arbeitsplätze von Studierenden und Lehrenden wird an der WUW deutlich, dass allein eine räumliche Nähe nicht ausreichend zur Bildung einer kohäsiven Lerngemeinschaft ist, sondern das damit auch das Selbstverständnis der Hochschule und die Kultur des miteinander Lernens und Arbeitens verbunden ist.

Dass die Bildung kohäsiver Lerngemeinschaften nicht das Ergebnis von Lernraumgestaltungsmaßnahmen, sondern die Voraussetzung für ein hohes Innovationspotential ist, belegt die Fallstudie UMU. Hier sind die dezentral organisierten, informellen Lernräume eng an die Fachdisziplinen gebunden und ermöglichen räumliche Nähe von Studierenden und Lehrenden. Dass dies ein wichtiges Kriterium für die Studierenden ist, wird bei den Maßnahmen im Projekt „Rum för lärande" ersichtlich. Mit den Umbaumaßnahmen wurden die Arbeitsplätze der Lehrenden der Fakultät in das untere bzw. obere Geschoss verlegt, um Platz für das Ensemble von formellen und informellen Lernräumen zu schaffen. Dabei wurde festgestellt, dass die Studierenden, die der Fakultät angehören, die informelle Selbstlernzeit nicht im bei Studierenden beliebten Living Room des neuen Lernraumangebotes nutzen. Stattdessen eignen sie sich die unattraktiven Lernarbeitsplätze im Untergeschoss an, um eine räumliche Nähe zu ihren betreuenden Lehrkräften herzustellen. Damit fordern sie den spontanen Austausch und somit die Kohäsion von Lerngemeinschaft heraus (vgl. FOILE_UMU2016: 3).

Durch die enge Verknüpfung der informellen Lernarbeitsplätze mit disziplinär gebundenen Infrastrukturen auf dem gesamten Campus ist eine Anpassung von Aktivitäten gemäß den wechselnden Anforderungen von Studierenden oder auch Lehrenden an der UMU jederzeit möglich. Das Verständnis einer Lerngemeinschaft, die Studierende wie Lehrende gleichermaßen einbindet, wie es als grundlegendes Selbstverständnis an der UMU zu erleben ist, ist Voraussetzung für die Umsetzung des Active Learning Approach. So ist es eine logische Konsequenz, dass mit dem Projekt „Rum för lärande" der Active Learning Approach räumlich unterstützt wird.

Bei der vergleichenden Fallstudienanalyse wird deutlich, dass den Studierenden durch die aktuellen Entwicklungen, mit der Entwicklung der Learning Center bzw. der Aktivierung von Zwischenräumen, Platz an den Hochschulen gewährt wird. Dies entspricht den Erkenntnissen zum Stand der Forschung aus transdisziplinärer Perspektive: „Studierende sind Angehörige der Universität und sollten nicht als Gäste betrachtet werden. Als Teil der Organisation sollten ihnen Räume zur Verfügung gestellt werden, die sie selbst gestalten und verwalten können" (Bachmann et al. 2014: 44). In diesem Zusammenhang ist zu erkennen, dass mit dem Fokus auf die Entwicklung informeller Lernräume auf der Bedürfnisebene die Bedeutung der Eigenverantwortung der Studierenden für ihre Lernprozesse überinterpretiert wird. Dies führt wie an der WUW und GCU zu räumlichen Strukturen, die die Studierenden als Gemeinschaft von anderen Hochschulakteuren, insbesondere den Lehrenden, isolieren. Im Zusammenhang mit notwendigen Maßnahmen zur Unterstützung von Eigenverantwortung der Studierenden (vgl. 3.2.2 Eigenverantwortung) zeigt es sich, dass die räumliche und organisatorische Differenzierung von Lernen und Lehren, Lernenden und Lehrenden und damit informellen und formellen Lernräumen kontraproduktiv für die Bildung kohäsiver Lerngemeinschaften und damit für den Lernerfolg der Studierenden ist. Bei den Hochschulen SRH und MIN ist mit der hochschulweiten Umsetzung des Active Learning Approach auf der Bewusstseinsebene die Bildung kohäsiver Lerngemeinschaften von Studierenden und Lehrenden Grundvoraussetzung für Maßnahmen auf allen Lernraumebenen. Dies wird über die Stufen der Innovationspyramide mit der Zusammenführung von formellen und informellen Lernräumen bzw. dem Lebensraum als Lernraum abgebildet.

Bei den Hochschulen SRH und UMU stellt sich die Bildung kohäsiver Lerngemeinschaften über die disziplinäre Anbindung dar. Bei der Hochschule MIN und auch bei der UMU, die den Active Learning Approach hochschulweit bzw. projektgebunden unterstützen, zeigen sich aber auch Entwicklungen, die über die Bildung kohäsiver Lerngemeinschaften fachübergreifende Strukturen herausbilden. Dies ist, gerade an forschungsstarken Hochschulen, ein wichtiges Kriterium, welches aber nicht allein über räumliche Strukturen lösbar ist, wie die Analyse der WUW belegt. Hier sollen mit der Ausbildung der Departmentgebäude Grundlagen für eine optimale Zusammenarbeit der Institute unterstützt werden: „Man kooperiert nicht mit den Leuten, mit denen man zufällig im Nachbarzimmer sitzt. Sondern man kooperiert mit Leuten, die man für Projekte braucht" (PROF2_WUW2016: 11). Vor diesem Hintergrund kann folgende These im Zusammenhang mit der Unterscheidung zu Kohäsion und Differenzierung bei der Bildung von Lerngemeinschaften abgeleitet werden:

These 17: Mit dem Fokus kohäsiver Lerngemeinschaften können über Lernraumgestaltungsmaßnahmen mit hohem Innovationspotential interdisziplinäre Strukturen unterstützt werden.

Am Beispiel des HumLab an der UMU, einem interdisziplinären Laboratorium der Faculty of Arts, zeigt sich eine transdisziplinäre Verknüpfung von Lernen, Forschen und Arbeiten, die mit einer kohäsiven Lerngemeinschaft einhergeht. Im HumLab sind Lernarbeitsplätze für Studierende direkt in den Büro- und Arbeitsräumen der Mitarbeiter integriert. Studierende, die an einem Studienprojekt teilnehmen, erhalten eine Schließkarte und haben auch außerhalb der offiziellen Öffnungszeiten Zugang zur Infrastruktur mit Lernarbeitsplätzen, Lounge-Bereichen sowie der technischen Ausstattung mit Präsentationsraum und PC-Arbeitsplätzen mit spezieller Software (vgl. FOILE_UMU2016: 3 f.).

Bei der Hochschule MIN werden über die Aktivierung des privaten Raums, mit den Studierendenunterkünften, als informelle Lernräume, kohäsive Lerngemeinschaften mit interdisziplinärem Background erschlossen. Die Studierenden eines Studienjahres, und nicht eines Studiengangs, reisen im Verlauf ihres Studiums an unterschiedliche Orte und wohnen dort als Gruppe zusammen in den Studierendenunterkünften. Anstelle der Vermittlung von Grundlagenwissen werden räumliche Strukturen für eine interdisziplinäre Zusammenarbeit von Lerngemeinschaften geschaffen.

10.2.2 Unterstützung der Kollaboration in formellen Lernsettings

Mit der vergleichenden Analyse kann bei den Fallstudien mit der Lernraumgestaltungsstrategie über die symbolische Verortung festgestellt werden, dass bei formellen Lernprozessen unterschiedlichste Gruppengrößen, mit kleineren Seminargruppen bis hin zu Veranstaltungen mit bis zu mehreren Hundert Studierenden durchgeführt werden. Dies hat Auswirkungen auf die Qualität der Lehrveranstaltungen: „With up to 200 people in the room, you are usually expected just to listen and take notes whilst the lecturer speaks, rather than ask questions or have a discussion" (GCU_CMPL). In diesem Punkt unterscheiden sich die Fallstudien, die aktive Lehr- und Lernprozesse unterstützen.

These 18: Bei Maßnahmen der Lernraumgestaltung mit hohem Innovationspotential werden formelle Lernprozesse als Quality Time fokussiert.

Bei den Fallstudien SRH, MIN und UMU, mit der hochschulweiten bzw. projektgebundenen Umsetzung des Active Learning Approach, sind die Gruppengrößen für formelle Lernprozesse durchgehend beschränkt. Damit soll die Kommunikation und Kollaboration zwischen den Lehrenden und Studierenden in der Gruppe unterstützt werden, welches das Selbstverständnis von Lernen als sozialen Prozess widerspiegelt. So sind an der MIN mit der Anwendung aktivierender Lehr- und Lernmethoden im virtuellen Lernraum des ALF größere Gruppen auch nicht handhabbar: "Fully active learning means that 100 % of students must be engaged at least 75 % of the time" (Ben Nelson, zitiert nach Bisoux 2016). Durch die intensiven formellen Lernprozesse im ALF, bei welchem die Aktivitäten aller Beteiligten aufgezeichnet, ausgewertet und gesammelt werden können, kann mit den kleinen Gruppen eine durchgängige Lernperformanz permanent überprüft werden. Daher kann bei der Hochschule MIN auf Prüfungen verzichtet und stattdessen der Lernprozess an sich bewertet werden.

Bei Maßnahmen der Lernraumgestaltung mit hohem Innovationspotential steht konsequent die Effizienz der Lernprozesse im Vordergrund und nicht die Effizienz der Organisation von Lernprozessen. Dies wird durch die guten Betreuungsquoten an der SRH und MIN begünstigt. Aber genau an diesem Punkt hat ein Umdenken bei der UMU eingesetzt, welches zur Durchführung des Projektes „Rum för lärande" geführt hat. Durch die wachsende Anzahl von Studierenden an der Hochschule, die sinkende staatliche Förderung sowie die technischen Möglichkeiten durch die Einführung von IKT sind die Zeiten für die direkte Interaktion von Studierenden und Lehrenden in den letzten Jahren sukzessive rückläufig. So gilt es, an der UMU, mit mehr als 30.000 Studierenden, organisatorische und räumliche Konzepte zu entwickeln, die die Reduzierung von Lehrveranstaltungszeiten auffangen. Hier zeigt sich, dass der Fokus auf Quality Time nicht als Nice-to-have-Feature betrachtet werden kann. Es besteht Handlungsbedarf, Lernraum-Modelle zu entwickeln, um qualitativ den Anforderungen zur Organisation von größeren Studierendenanzahlen entsprechen zu können.

Eine Verbesserung der Qualität von Lehrveranstaltungen über die enge Kollaboration von Studierenden und Lehrenden kann aber nicht nur über die Gruppengrößen reguliert werden. Bei Studien zur räumlichen Unterstützung des Active Learning Approach wurde festgestellt, dass die Einstellung der Lehrenden zu einem aktiven Lehrstil wie auch die Sicherheit bei der Nutzung von Active und Flexible Learning Environments mit dem Lernerfolg der Studierenden korreliert (vgl. 2.3.1 Über formelle Lernräume). Aus diesem Grund wird die Durchführung methodischer wie auch technischer Trainings im Vorfeld der Nutzung von Lernumgebungen, die aktives Lehren und Lernen unterstützen sollen, empfohlen (vgl. Alexander et al. 2008: 3). So wurden an der SRH mit der Neugestaltung der Modellfakultät Einführungsveranstaltungen für die Lehrenden durchgeführt: „Hier konnten mit den Lehrenden die Lernraumkonzepte im Zusammenhang mit Lehr-, Lern- und Prüfungsmethoden diskutiert sowie das neue Mobiliar dazu in einem sicheren Rahmen außerhalb von Lehrveranstaltungen ausprobiert werden" (Ninnemann 2016: 158).

Und auch bei der UMU wird die Bedeutung zur Unterstützung der Lehrenden bei der räumlichen und konzeptionellen Umsetzung des Active Learning Approach deutlich: „She [teacher in the study program – Anm. KN] admits that she was anxious before her first class in the new environment. ‚It felt like going out on a jetty with a blindfold and jump in. It's scary to give the students control" (Åsa Tieva, zitiert nach Wilhelmson 2016). So wurden von den Lehrenden im Projektverlauf die Unterstützung bei der methodisch-didaktischen Vorbereitung der Lehrveranstaltungen sowie auch Hilfestellungen bei der Buchung der Räume und Nutzung der technischen Ausstattung gefordert. Vor diesem Hintergrund war im Projekt ein Vertreter des UPL vor Ort in den Lernräumen des Active Learning Approach als methodischer und technischer Ansprechpartner installiert. Und auch bei der MIN zeigt sich, dass insbesondere bei der Integration neuer Technologien, die Lehrenden methodisch und technisch im realen Lernraumkontext des ALF zu schulen sind.

Wie bei den Thesen zur Belastungsfähigkeit der Hochschulorganisation bereits erläutert (vgl. 10.1.2 Belastungsfähigkeit des Hochschulmanagements) bedarf die hochschulweite Umsetzung des Active Learning Approach nicht nur methodischer, sondern auch organisationaler Veränderungen. In diesem Zusammenhang wird die folgende These aufgestellt:

> **These 19:** Die Umsetzung von Lernraumgestaltungsmaßnahmen mit einem hohen Innovationspotential fordert die enge Verknüpfung der sozial-interaktiven und organisational-strukturellen Lernraumebenen.

Im Zusammenhang mit den Lehrtrainings wird an der SRH bei Fortbildungsveranstaltungen auch die organisational-strukturelle Raumebene eingebunden. So wird der Grundlagenkurs zur Einführung in das Studienmodell CORE nicht nur für Lehrende, sondern auch administrative Mitarbeiter durchgeführt. Dabei werden Aspekte diskutiert, inwiefern studierendenzentriertes und eigenverantwortliches Lernen organisatorische Prozesse der Studienorganisation beeinflussen bzw. verändern und wie die Studierenden unterstützt werden können. Des Weiteren ist im Grundlagenkurs „Der Kern von CORE", welcher über die wissenschaftlichen Hintergründe des neuen Studienmodells sowie die organisatorische Umsetzung informiert, für eine Fragestunde immer ein Vertreter der Hochschulleitung eingeladen. Auf der einen Seite kann darüber die Bedeutung der Lehr- und Lernkultur für die SRH und die damit einhergehenden Anforderungen an alle Mitarbeiter seitens der Hochschulleitung kommuniziert werden. Auf der anderen Seite gibt es den Raum für Fragen und Diskussionen und der damit einhergehenden Wertschätzung für die Lehrenden und Mitarbeiter der SRH.

10.2.3   Chancen der Anpassung von Infrastrukturangeboten

Die vergleichende Analyse der Fallstudien legt dar, dass auf der Mikroebene interaktiver Lehr- und Lernhandlungen der Fokus kohäsiver Lerngemeinschaften eine grundlegende Voraussetzung zur Lernraumgestaltung mit hohem Innovationspotential ist. Auf der Makroebene kehrt sich dieser Prozess um. Hier kann über Maßnahmen der Lernraumgestaltung Einfluss auf die Bildung kohäsiver Lerngemeinschaften genommen werden.

> **These 20:** Mit der Dezentralisierung von Campusanlagen kann die Bildung kohäsiver Lerngemeinschaften unterstützt werden.

Die unterstützende Wirkung dezentraler Strukturen der Makroebene auf die Bildung gleichgesinnter Lerngemeinschaften wird bei den Hochschulen UMU und GCU deutlich. Bei der UMU wurde ein Kulturcampus mitten im Zentrum der Stadt gegründet. Hier wird über den thematischen Zusammenhang den künstlerisch-kreativen Studiengängen eine Heimat jenseits des Hauptcampus angeboten. Dabei präsentiert sich die UMU nicht nur als kulturelles Zentrum, sondern bündelt Akteure mit gleichen Interessensstellungen. Bei der GCU werden auf dem Campus London lediglich postgraduale Studiengänge, auch berufsbegleitend, angeboten, sodass sich hier eine eigene Community mit einem höheren Bildungsabschluss und Berufserfahrungen versammeln kann.

Die Fallstudien belegen, dass zur Bildung kohäsiver Lerngemeinschaften über die Bildung dezentraler Strukturen auf der Makroebene die Dependancen gezielt eine konzeptionelle Ausrichtung benötigen, wie z. B. bei der disziplinären Orientierung oder Studienabschluss bzw. Bildungsbiographie. Die gegenteilige Wirkung einer ungeplanten, dezentralen Verortung zeigt sich bei den Herausforderungen an der WUW vor dem Neubau des WU Campus, bei welchem aufgrund der Raumnot räumlich verstreut in verschiedenen Gebäuden Räumlichkeiten und Etagen angemietet wurden (vgl. PROF1_WUW2016).

Bei der Fallstudie MIN ist ersichtlich, dass eine Dezentralisierung der Lernumgebung auf der Makroebene nicht immer mit einem Campuskonzept verknüpft sein muss. Im Gegenteil kann mit der Auflösung von Campusinfrastrukturen die Bildung interdisziplinärer Lerngemeinschaften unterstützt werden – als differenziertes Konzept zur disziplinär organisierten Lerngemeinschaft auf dem Kulturcampus bei der Fallstudie UMU.

> **These 21:** Mit der Auflösung des Campuskonzeptes hin zu einer wechselnden Verortung von Lernprozessen können Voraussetzungen zur Bildung kohäsiver Lerngemeinschaft mit interdisziplinärem Background erschlossen werden.

Die Hochschule MIN verfügt über keine herkömmlichen Campusanlagen. Mit der Etablierung der Studierendenunterkünfte als soziale Hubs auf der physisch-materiellen Lernraumebene werden weltweit differenzierte Orte aktiviert, die auf das Zusammenleben, Lernen und Arbeiten ausgerichtet sind. Das bedeutet, dass Studierende der unterschiedlichen Fachdisziplinen unter einem Dach interagieren. Des Weiteren werden durch die fehlende Campusinfrastruktur Anreize gesetzt, externe Infrastrukturen zu nutzen und dabei in die Interaktion mit lokalen Communities und praxisorientierten Projekten zu treten. Hier bestätigen sich wieder Analogien zur Entstehung der Universitäten im Mittelalter, die auch über keine räumlich zentralen Campusstrukturen verfügten, sondern sich organisch entsprechend der Bedeutung ihrer disziplinären Fakultäten in das städtische Gefüge einfügten: „Die frühen Universitäten sind über zahlreiche Orte verstreut, in das soziale Leben der Stadt integriert und beweglich" (Friese/Wagner 1993: 13). So werden die Studierenden bei der MIN gemäß dem Konzept von Service Learning bei lokalen Projekten integriert, wie z. B. in Berlin in einem Flüchtlingshilfsprojekt. Da die Lehrenden an ihren Wohnorten weltweit leben und von dort aus arbeiten, sind hier

Strukturen der virtuellen Zusammenarbeit wichtig. Das bedeutet, dass mit der Auflösung des Campuskonzeptes mit baulichen Infrastrukturen eine verstärkte Verknüpfung
von physisch-materieller und technisch-virtueller Lernraumebene einhergeht.

10.2.4 Zusammenfassung Erkenntnisebene III im Beziehungsfeld

Zusammenfassend kann im Beziehungsfeld konstatiert werden, dass mit der strategischen Entscheidung von Hochschulen zur Unterstützung kohäsiver Lerngemeinschaften
eine grundlegende Voraussetzung für Lernraumgestaltungsmaßnahmen mit hohem
Innovationspotential gelegt wird. Hier zeigen sich Parallelen zur Entstehung der Universität als Lerngemeinschaft von Studierenden und Lehrenden.

Das bedeutet, dass über Erwartungen, Werte und Normen der Akteure der sozialen
Systeme an Hochschulen ein Grundstein für die Innovationskraft der Hochschule bei
der Lernraumgestaltung gelegt werden kann. Hier liegt es in der Verantwortung des
Hochschulmanagements als dritter Pädagoge, Unterstützung für notwendige Veränderungsprozesse auf dem Organisations- wie auch Interaktionssystem zu leisten und damit
die Bildung interessengesteuerter Gemeinschaften zu unterstützen.

Im folgenden Abschnitt werden die strategischen Entscheidungen im Aneignungsfeld,
unter der Berücksichtigung der Relevanz zur Bildung von Lerngemeinschaften, bei der
vergleichenden Fallstudienanalyse untersucht.

10.3 Souveränität als strategische Entscheidung im Aneignungsfeld

Bei der vergleichenden Fallstudienanalyse konnte im Aneignungsfeld des Modells der
LernRaumOrganisation als Differenzierungskriterium für Lernraumgestaltungsmaßnahmen der Fokus zur Souveränität bzw. zur Standardisierung identifiziert werden (siehe Abbildung 21). Diese Phänomene stehen, wie im Beziehungsfeld, nicht für die Be-
wusstseins- bzw. Bedürfnisebene von Lernraumgestaltungsmaßnahmen.

Im vorherigen Kapitel zu Entscheidungsstrategien im Beziehungsfeld wurde das Phänomen kohäsiver Lerngemeinschaften als Innovationstreiber von Lernraumgestaltungsmaßnahmen herausgearbeitet. Mit der Bedeutung von Lerngemeinschaften wird, als
spezifisches Charakteristikum von Hochschulen, immer wieder auf die Dualität der
Bedeutung der Hochschule als Ganzes und die Bedeutung der Fachdisziplinen hingewiesen (vgl. Krzywinski 2013: 157). Dies zeigt sich an den Herausforderungen bei der
Lernraumgestaltung nicht nur bei der Geschichte der Universitäten, sondern auch bei
Fragen für zukünftige Entwicklungsmaßnahmen (vgl. 5.2 Herausforderungen des Managements von Hochschulen): „Wie können also sowohl Fachkulturen wie auch interdisziplinärer Austausch gefördert werden? Ergibt sich ein Fachdiskurs am ehesten in
facheigenen Lernräumen? Wie organisiert sich eine Fachgemeinschaft überhaupt räumlich?" (Bachmann 2014: 109).

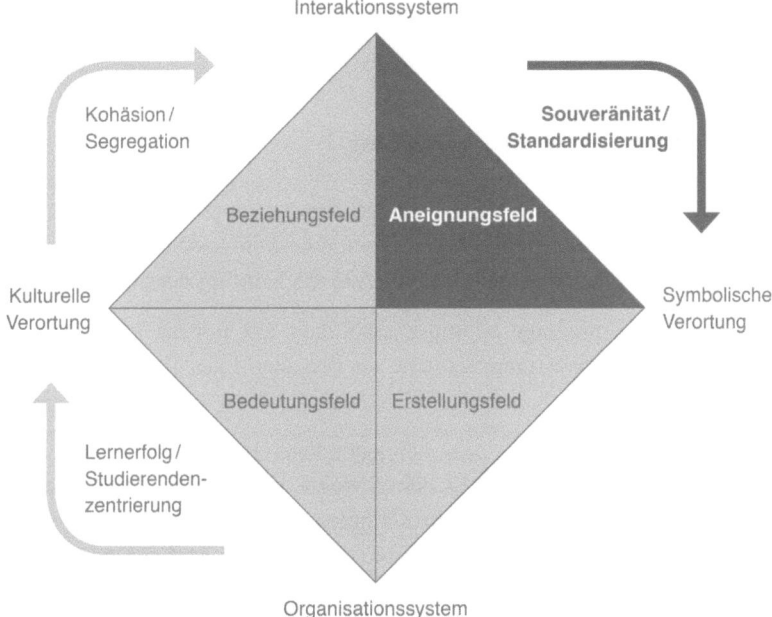

Abbildung 21: Fallstudienanalyse im Aneignungsfeld

Mit der vergleichenden Untersuchung der Fallstudien konnten zwei Konzepte der Lernraumgestaltung identifiziert werden, die Einfluss auf die Gestaltung von Lernprozessen
durch die Hochschulakteure nehmen. Bei Maßnahmen der Lernraumgestaltung mit
einem höheren Innovationspotential greift das Konzept der Souveränität, bei einem
niedrigeren Innovationspotential das Konzept der Standardisierung. Unter dem Konzept
der Souveränität im Aneignungsfeld wird die Möglichkeit der Hochschulakteure zur
Selbstbestimmung über die Gestaltung der Lernräume, d. h. der Verfügbarkeit, der Ausstattung sowie der Zugangs-, Auswahl- und Nutzungsmöglichkeiten, definiert (vgl.
4.3.1 Erstellungsfeld und Aneignungsfeld). Das bedeutet, dass die Verantwortung der
Lernraumgestaltung dezentral bei den Organisationseinheiten der Hochschulen liegt und
damit Lernprozesse effizient, entsprechend den spezifischen Anforderungen von Lerngemeinschaften, unterstützt werden können. Beim Konzept der Standardisierung dagegen ist die zentrale Organisation der Lernraumgestaltung das Ziel. Der Hintergrund liegt
in der Notwendigkeit zur effizienten, hochschulweiten Nutzung und Organisation von
Lernräumen.

Mit den zwei identifizierten Phänomenen, dem Konzept der Souveränität und der Standardisierung von Lernraumgestaltungsmaßnahmen, zeigen sich im Aneignungsfeld des
Modells der LernRaumOrganisation spezifische Handlungsstrategien der Fallstudien.
Bei der vergleichenden Analyse der untersuchten Hochschulen konnten drei bestimmende Eigenschaften ermittelt werden, die im Zusammenhäng mit den identifizierten

Phänomenen stehen (siehe Tabelle 7: Synopsis Fallstudienanalyse zu Strategien im Aneignungsfeld, Seite 219). Anhand dieser Erkenntnisse werden in den nächsten drei Abschnitten, mit der Darstellung dieser Eigenschaften als Kontext der Phänomene, Thesen abgeleitet und begründet.

10.3.1   Dezentralität der Lernraumgestaltung

Bei der vergleichenden Analyse der Fallstudien im Aneignungsfeld konnte festgestellt werden, dass über die Dezentralität von Lernraumgestaltungsmaßnahmen, die die Bildung kohäsiver Lerngemeinschaften unterstützen, das Konzept der Souveränität greift.

> **These 22:** Bei Lernraumgestaltungsmaßnahmen mit hohem Innovationspotential sind räumliche Verantwortungsbereiche an Personen bzw. Personengruppen angebunden.

Bei der Hochschule MIN ist eine personengebundene Organisation von formellen und informellen Lernräumen sichtbar. Mit dem virtuellen ALF hat jeder Lehrende seinen eigenen Bereich, den er eigenverantwortlich nutzen und bespielen kann. Und auch die informellen Lernräume sind personell angebunden. Mit der Aktivierung der Studierendenunterkünfte liegt der Verantwortungsbereich zur Nutzung und Gestaltung bei den Studierenden. An der SRH dagegen sind formelle und informelle Lernräume der physisch-materiellen Raumebene organisatorisch den Fakultäten zugeordnet. Das bedeutet, dass die Raumhoheit und damit Verantwortung über die Nutzung und Gestaltung bei den Fakultäten liegt.

Voraussetzung für dezentrale Verantwortungsbereiche bei Lernraumgestaltungsmaßnahmen bedarf, so belegen es die Fallstudien SRH und MIN, einer zentralen Koordination und professionellen Unterstützung. Damit kann gewährleistet werden, dass Lernraumkonzepte nicht auf subjektspezifischen Wünschen und Anforderungen einzeln handelnder Akteure basieren, sondern Erkenntnisse zum Stand der Forschung sowie hochschulstrategischer Ziele mit der Gestaltung der Lehr- und Lernkultur berücksichtigt werden können.

So gibt es bei der UMU eine eingespielte Kommunikations- und Entscheidungskette, um Bedarfe zu Lernraumgestaltungsmaßnahmen bottom-up einzubringen und top-down steuern zu können. Dies wird an den zahlreichen Maßnahmen auf dem Campus deutlich, bei welchen die Gestaltung informeller Lernräume räumlich dezentral in und an den Fakultäten bzw. Organisationseinheiten, wie z. B. der Bibliothek, angebunden ist. Im Unterschied zur SRH sind die formellen Lernräume dagegen hochschulweit zugeordnet. Wie bei den Fallstudien WUW und GCU können die Lehrenden an der Hochschule auf das gesamte Raumkontingent über die entsprechenden Raumbuchungssysteme zugreifen.

Tabelle 7: Synopsis Fallstudienanalyse zu Strategien im Aneignungsfeld

Innovationspyramide der Lernraumgestaltung		Aneignungsfeld der Lern-RaumOrganisation	Dezentralität der Lernraumgestaltung		Affordanzen der Lernraumgestaltung		Abgrenzung von Nutzungsmöglichkeiten		
			Anbindung an Personen bzw. Personengruppen	Auswahlmöglichkeiten Lernräume	Informationen zur Nutzung der Lernräume	Zielgruppe der Lernraumgestaltung	Zugangsmöglichkeiten Lernräume	Raumorganisation	Ausstattungsangebote
Lebensraum als Lernraum	MIN		Intensivierung der disziplinären wie auch interdisziplinären Anbindung an kohäsive Lerngemeinschaften durch Aktivierung des Lebensraums des Lernraum	Räumliche Nutzungszuordnung für formelle und informelle Lernprozesse im physischen und virtuellen Raum	Nutzung Lernräume entsprechend organisatorischen, technischen und sozialen Regeln		Exklusive Lernräume durch räumliche und organisatorische Zugangsbeschränkung	Individuelle Raumorganisation	Differenzierte, flexible Ausstattung
Zusammenführung von formellen und informellen Lernräumen	SRH	Souveränität als Grundlage der Entscheidungsstrategie für Lernraumgestaltungsmaßnahmen	Dezentrale, fakultätsspezifische Raumangebote zur Verknüpfung von formellen und informellen Lernprozesse in den Fachkulturen zur Unterstützung kohäsiver Lerngemeinschaften	Freigabe formeller Lernräume als Lernarbeitsplätze für Studierende im disziplinären Kontext	Benutzung selbsterklärend durch soziale Regeln, Visualisierung mit Bestuhlungsplänen bzw. Displays sowie Einsicht in das Raumbuchungssystem über QR-Codes	Bestimmtheit der Lernräume mit Berücksichtigung spezieller Anforderungen durch dezentrale Lernraumgestaltung	Lernräume außerhalb von Lehrveranstaltungen jederzeit frei zugänglich, keine Reservierungspflicht für informelle Lernräume	Dezentrale Raumzuordnung und -buchung zur Stärkung des disziplinären Selbstverständnisses	
Verknüpfung von formellen und informellen Lernräumen	UMU		Zentrale und dezentrale Raumangebote für formelle und informelle Lernprozesse ohne räumliche und organisatorische Integration in Fachkulturen	Eindeutigkeit hochschulübergreifende Raum- und Nutzungsstandards			Lernräume außerhalb von Lehrveranstaltungen jederzeit frei zugänglich, Reservierungspflicht für ausgewählte informelle Lernräume		Differenzierte Ausstattung
	WUW	Standardisierung als Grundlage der Entscheidungsstrategie für Lernraumgestaltungsmaßnahmen		Vielfältige Nutzungs- und Serviceangebote unter einem Dach durch die Zentralisierung des informellen Lernraums		Unbestimmtheit der Lernräume durch fehlende Berücksichtigung spezieller Anforderungen durch zentrale Lernraumgestaltung	Informelle Lernräume jederzeit frei zugänglich, teilweise Reservierungspflicht für ausgewählte informelle Lernräume	Zentrale Raumzuordnung und -buchung zur Optimierung der Nutzungskapazitäten der Lernraumangebote	Standardisierte Raum- und Ausstattungsstandards zur effizienten Raumorganisation
Differenzierung formeller und informelle Lernräumer	GCU		Zentralisierung von Raumangeboten für informelle Lernprozesse zu Lasten der Qualität und Nutzungsmöglichkeiten formeller Lernräume		Informations-, Verbots- und Gebotsbeschilderung im „Heart of the Campus"		Informelle Lernräume jederzeit für jedermann frei zugänglich, ohne Reservierungspflicht		

Bei den Hochschulen WUW und GCU zeigt sich das Konzept der Standardisierung von formellen und informellen Lernräumen, welches mit der räumlichen und organisatorischen Trennung von Lehren und Lernen einhergeht: „Was das Lernen angeht, funktioniert das LC [Learning Center – KN] sehr gut komplementär zum Teaching Center. In dem einen Gebäude ist selbstgesteuertes Lernen möglich, im anderen angeleitetes Lernen" (Rau 2014: 60). Wenn Lernprozesse nicht disziplinär angebunden sind, kann daher folgende These aufgestellt werden.

These 23: Die Entkopplung der Lernorte von Fachkulturen führt zu standardisierten Lernraumkonzepten mit einem niedrigeren Innovationspotential der Lernraumgestaltung.

An der WUW wurde mit dem Neubau des Campusgeländes die Chance genutzt, die Organisation der formellen und informellen Lernräume effizient zu organisieren. So sind die Arbeitsplätze in den formellen und informellen Lernräumen, anders als an der UMU, nicht nur zahlenmäßig erfasst, sondern auch verschiedenen Kategorien zugeteilt. Die Ausstattung ist dabei in den formellen und auch informellen Lernräumen harmonisiert, um eine reibungslose, hochschulweite Nutzung zu gewährleisten. Die Dezentralisierung der Studierendenarbeitsplätze ist an der WUW nicht mit der Integration in die Fakultäten verbunden. Durch die Zentralisierung der formellen Lernprozesse im Teaching Center bzw. im Erdgeschoss der Departmentgebäude und den zurückgezogenen, weil nicht frei zugänglichen Büroarbeitsplätzen der Mitarbeiter, findet kein spontaner Austausch zwischen den Lehrenden und Lernenden und damit der Bildung kohäsiver Lerngemeinschaften statt.

An der GCU werden durch das zentrale Angebot eines disziplinär übergreifenden Lernraums die informellen von den formellen Lernprozessen entkoppelt. Das bedeutet, dass es im Umfeld der formellen Lernräume keine Aufenthaltsbereiche für die Lernenden bzw. Break-Out-Spaces für die Lehrenden angeboten werden können. Dies schränkt die Bildung von Lerngemeinschaften unter den Studierenden wie auch zwischen den Lernenden und Lehrenden ein. Des Weiteren zeigt sich aktuell mit der Forcierung des Auf- und Ausbaus „Heart of the Campus" als zentrales Aushängeschild der Hochschule ein großer Unterschied zwischen der Qualität der informellen und formellen Lernräume (vgl. beispielhaft GCU2015_FD (77) und (99)). Mit der erstmaligen Integration von formellen Lernräumen bei der Erweiterung des informellen Hubs der GCU besteht die Möglichkeit, dass dieses Manko sukzessive abgebaut wird. Erstaunlich dabei ist jedoch, dass durch die zentrale Projektstruktur sowie die organisatorische Zugehörigkeit des Projektes zur Bibliothek keine Lehrenden oder Fakultätsvertreter im Kernteam vertreten sind. Lediglich über die Teilnahme an den Online-Befragungen bestand für die zukünftigen Nutzer die Möglichkeit, sich an dem Konzeptionsprozess zu beteiligen.

10.3.2 Nutzungsszenarien der Lernraumgestaltung

Mit der Zentralisierung des informellen Lernraums am Saltire Centre der GCU wird ein gemeinsamer Raum für eine disziplinübergreifende, stark heterogene Gruppe von Studierenden bespielt. Interessant ist, dass im Saltire Centre auf jeder Etage mehrfach Beschilderungen mit Informationen, Geboten und Verboten zur Nutzungsweise der verschiedenen Räumlichkeiten angebracht sind. Bei der Untersuchung der Hochschule kann festgestellt werden, dass zu viele unterschiedliche Nutzungsszenarien unter einem Dach miteinander verknüpft werden. Diese führen zu Konflikten der Raumnutzungen, da für die Nutzer keine Eindeutigkeit der Nutzungszuordnung erkennbar ist. 15 Jahre nach Bezug des Saltire Centre wird mit den aktuellen Maßnahmen zur Erweiterung des Herzstücks der Bibliothek der Raum zurückgegeben und damit der Bereich beruhigt. Die Serviceangebote ziehen in benachbarte Gebäudeflächen ein und es werden weitere informelle Flächen für gemeinschaftliches Lernen und Arbeiten in den Nachbargebäuden angeboten. Am Saltire Centre, welches als Prototyp des Learning Center gilt, wird deutlich, dass für Lernraumkonzepte mit neuen Nutzungsszenarien Möglichkeiten der Anpassung gegeben sein müssen. In diesem Zusammenhang kann folgende These abgeleitet werden.

These 24: Die Aneignung von innovativen Lernraumgestaltungsmaßnahmen bedarf der Möglichkeiten zur Nachsteuerung von Nutzungsszenarien.

Ein zweiter Grund für die Notwendigkeit der Beschilderung im Saltire Center der GCU wird im Vergleich mit den anderen Fallstudien deutlich. Durch die konsequente Zentralisierung der informellen Studierendenarbeitsplätze und der damit einhergehenden disziplinären Abkopplung wird der informelle Lernraum zu einem sozial unbestimmten Ort. Verstärkt durch die zusätzlichen Nutzungsangebote können Nutzer hier weder auf bekannte Handlungsprozesse zurückgreifen noch durch Regeln und Normen sozialisiert werden.

These 25: Mit der Anbindung von Lernraumgestaltungsmaßnahmen an Personen bzw. Personengruppen greifen Regeln und Normen des jeweiligen sozialen Kontextes, so dass der Regulierungsbedarf von Geboten und Verboten reduziert werden kann.

Beim dezentralen Lernraumangebot für informelle Lernprozesse an der SRH und der UMU greifen die jeweiligen Regeln der angrenzenden Fakultäten bzw. Organisationseinheiten. Dies zeigt sich an der UMU auch gestalterisch sehr differenziert, da die informellen Lernräume genau aus den umliegenden Fachbereichen und Abteilungen heraus, gemäß den Bedürfnissen, konzipiert und realisiert worden sind. Bei der Hochschule MIN wird durch die Aktivierung des Lebensraums als Lernraum eine besonders enge Anbindung deutlich. Hier greifen soziale Regeln des Miteinanders bei Lernen, Leben und Arbeiten in bzw. aus dem privaten Bereich.

An der WUW werden Regeln und Normen der Nutzung durch die ausgeprägte Standardisierung von Raumangeboten, die für die jeweilie Nutzung steht und auch kommuniziert wird, durchgesetzt. Das Konzept der Standardisierung kann sich dabei jedoch kontraproduktiv auf die Bildung kohäsiver Lerngemeinschaften und die Umsetzung von Lernraumgestaltungsmaßnahmen auf einem höheren Innovationsniveau auswirken (vgl. These 23).

10.3.3   Abgrenzung von Nutzungsmöglichkeiten

Bei den Hochschulen SRH und MIN, mit formellen und informellen Lernräumen, sowie bei der UMU, mit informellen Lernräumen, zeigt sich, dass die Zuordnung an Personen bzw. Personengruppen und die damit verbundene Gestaltungsfreiheit ein Merkmal für Lernraumgestaltungsmaßnahmen mit hohem Innovationspotential sind.

These 26: Bei Maßnahmen mit hohem Innovationspotential wird eine nutzergebundene Gestaltungsfreiheit der Lernraumgestaltung fokussiert.

An der SRH sind die formellen und informellen Lernräume organisatorisch den Fakultäten unterstellt. Dies hat sich in der Konzeption und Umsetzung der hochschulweiten Neuausstattung niedergeschlagen. Hierbei wurde ersichtlich, dass jede Fakultät aktives Lehren und Lernen entsprechend der disziplinären Ausrichtung interpretiert und vor diesem Hintergrund unterschiedliche Anforderungen an die Ausstattung der Lernräume gestellt wurden (vgl. Ninnemann 2016: 156). Dies ist nicht fallspezifisch, da Studien hinsichtlich der Sozialisierung eines lernendenzentrierten Lehrstils je nach Fachdisziplin Unterschiede aufzeigen. So haben Lehrende der Ingenieurswissenschaften eher einen lehrendenzentrierten Lehrstil und Lehrende der Sozial- und Wirtschaftswissenschaften einen studierendenzentrierten Lehrstil, der aber weniger markant als bei den Sprach- und Kulturwissenschaften ist (vgl. Wilkesmann 2012: 13).

Bei der UMU wird die dezentrale Gestaltungsfreiheit durch die Hochschulleitung unterstützt. Hier werden informelle Lernarbeitsplätze der Studierenden seit den 1980er Jahren kontinuierlich aus den Aktivitäten und Anforderungen der akademischen Bereiche, wie Fakultäten, Departments oder Instituten, wie auch administrativen Organisationseinheiten, wie der Bibliothek, heraus konzipiert und realisiert. Dabei gibt es weder zentrale Vorgaben noch einheitliche Standards zu Ausstattung und Größe. Gemäß den jeweiligen Nutzeranforderungen und baulichen Gegebenheiten wurden flexibel gestalterisch unterschiedliche Lernarbeitsplätze für Studierende sowie informelle Kommunikationsbereiche für die Lehrenden eingerichtet.

10.3.4   Zusammenfassung Erkenntnisebene III im Aneignungsfeld

Bei den strategischen Entscheidungen im Aneignungsfeld des Modells der LernRaum-Organisation wird die Bedeutung zur Unterstützung der Bildung kohäsiver Lerngemeinschaften auf der physisch-materiellen Raumebene deutlich. Dabei greifen aber nicht ästhetische, technische oder konstruktive Gestaltungsaspekte der physischen Lernumgebung, sondern organisationale Gestaltungsaspekte, die die Nutzung und Aneignung der formellen und informellen Lernräume unterstützen.

Hier bestätigt sich die Bedeutung des Hochschulmanagements als dritter Pädagoge und Wegbereiter zur Umsetzung von Nutzungskonzepten, die von den Akteuren entsprechend den bestehenden und durch die Ausbildung differenzierter, dynamischer Lerngemeinschaften je nach Anforderungen variiert werden können. Das bedeutet, dass das Organisationssystem Verantwortung über die Nutzungsgestaltung an Akteure des Interaktionssystems abgibt, um Lernprozesse und damit den Lernerfolg der Studierenden unterstützen zu können. Aufgabe des Hochschulmanagements ist hierbei die übergeordnete Steuerung der Lernraumgestaltungsmaßnahmen, indem Leitplanken, z. B. über die strategische Ausrichtung der Lehr- und Lernkultur, gesetzt werden.

Im folgenden Abschnitt werden für die Fallstudienanalyse in den Aktionsfeldern des Modells der LernRaumOrganisation abschließend die strategischen Entscheidungen im Erstellungsfeld untersucht.

10.4   Suffizienz als strategische Entscheidung im Erstellungsfeld

Mit der vergleichenden Fallstudienanalyse konnte im Erstellungsfeld des Modells der LernRaumOrganisation als Differenzierungskriterium für Lernraumgestaltungsmaßnahmen das Konzept der Suffizienz bzw. Kontingenz identifiziert werden (siehe Abbildung 22). Diese Phänomene stehen, wie bei den Entscheidungsstrategien im Beziehungsfeld und Aneignungsfeld, nicht für die Bewusstseins- bzw. Bedürfnisebene von Lernraumgestaltungsmaßnahmen.

Wie einleitend in dieser Forschungsarbeit thematisiert, wird im Lernraumdiskurs immer wieder die Zukunftsfähigkeit von Lernraumgestaltungsmaßnahmen hinterfragt. Bei der vergleichenden Analyse der Fallstudien konnten in diesem Zusammenhang unterschiedliche Entwicklungen bei Investitionskonzepten festgestellt werden.

Auf der einen Seite steht das Konzept der Kontingenz. Dabei werden Hochschulen zusammengefasst, die bei der Konzeption von Lernraumgestaltungsmaßnahmen über die Auswahl von Möglichkeiten Entscheidungen treffen, die aber auch durch alternative Konzepte darstellbar gewesen wären. Hier greift das Verständnis der Kontingenz von Luhmann: „Kontingent ist etwas, was weder notwendig ist noch unmöglich ist; was also so, wie es ist (war, sein wird), sein kann, aber auch anders möglich ist" (Luhmann 1984: 152). So werden bei den Hochschulen SRH, UMU, WUW und GCU bei Veränderungen von Anforderungen an informelle und formelle Lernprozesse entweder bestehende Infrastrukturen, Ausstattungs- und Nutzungskonzepte angepasst oder durch Neubaumaßnahmen Flächen und Campusinfrastrukturen sukzessive erweitert.

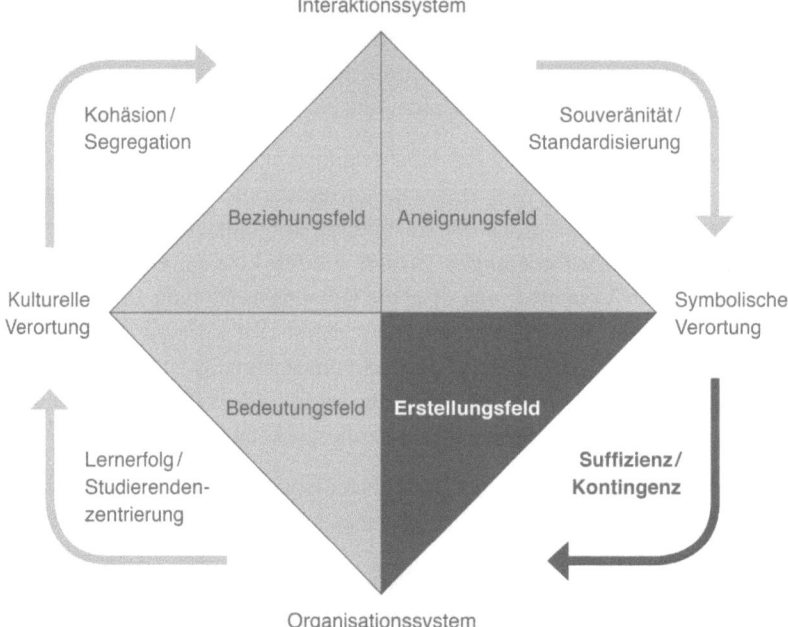

Abbildung 22: Fallstudienanalyse im Erstellungsfeld

Auf der anderen Seite werden mit dem Konzept der Suffizienz Maßnahmen der Lern-raumgestaltung zusammengefasst, bei denen grundlegend die Notwendigkeit materieller und technischer Infrastrukturen im Kontext von Lernen auf den Prüfstand gestellt wer-den. Dabei können disruptive Innovationen generiert werden, um Konzepte von Lernen und Raum neu zu kodieren. So wie bei der MIN, die weder das Konzept einer klassi-schen Hochschule mit Campusinfrastruktur noch das Konzept einer klassischen Online-Hochschule verfolgt. Mit der Entwicklung des Minerva-Konzeptes wurden vor dem Hintergrund des Ziels einer konsequenten Reduktion von Studienkosten bei einer Ver-besserung des Bildungsangebotes von Hochschulen bestehende Konzepte auf allen Lernraumebenen hinterfragt. Mit dieser Perspektive setzt die Hochschule MIN über die stringente Verknüpfung der vier Raumebenen ein neuartiges Modell im tertiären Bil-dungsbereich um.

Mit den zwei identifizierten Phänomenen, dem Konzept der Suffizienz und der Kontin-genz von Lernraumgestaltungsmaßnahmen, zeigen sich im Erstellungsfeld des Modells der LernRaumOrganisation spezifische Handlungsstrategien der Fallstudien. Bei der vergleichenden Analyse der untersuchten Hochschulen konnten drei bestimmende Ei-genschaften ermittelt werden, die im Zusammenhäng mit den identifizierten Phänome-nen stehen (siehe Tabelle 8: Synopsis Fallstudienanalyse zu Strategien im Erstellungs-feld, Seite 226). Anhand dieser Erkenntnisse werden in den nächsten drei Abschnitten, mit der Darstellung dieser Eigenschaften als Kontext der Phänomene, Thesen abgeleitet und begründet.

10.4.1   Investitionsschwerpunkte der Lernraumgestaltung

Die Analyse der Hochschulen SRH und MIN belegt, dass mit der Lernraumgestaltungsstrategie über die kulturelle Verortung immer auch Veränderungen der symbolischen Verortung einhergehen. Bei den Lernraumgestaltungsmaßnahmen auf hohem Innovationsniveau kann festgestellt werden, dass dabei keine Umbau- oder Neubaumaßnahmen erfolgen. Vielmehr wird der Bereich der handlungsorientierten Layer der Ausstattung und Raumplanung genutzt, um den Active Learning Approach unterstützen zu können.

> **These 27:** Für eine langfristige Etablierung des Paradigmenwechsels „From Teaching to Learning" ist die Eindeutigkeit von Lernraumgestaltungsmaßnahmen auf der symbolischen Verortung erforderlich.

Bei der SRH ist mit der Unterstützung des Active Learning Approach durch das Konzept der Flexible Learning Environments eine gemäßigte räumliche Übersetzung des Paradigmenwechsels erreicht. Mit den materiellen Artefakten können jedoch keine eindeutigen Signale zur Umsetzung aktivierender Lehr- und Lernmethoden umgesetzt werden. Dies äußert sich daran, dass von den Fakultäten die Möglichkeit zur frontalen Aufstellung des Mobiliars gewährleistet werden sollte. Je nach Fakultät ist anhand der präferierten Aufstellung des Mobiliars die Durchdringung des Active Learning Approach erkennbar. So wird in einigen Fakultäten von den Lehrenden und auch den Studierenden das flexible Mobiliar gerne wieder frontal ausgerichtet, während in anderen Disziplinen die Nutzung des Mobiliars für die Anwendung aktiver Lehr- und Lernmethoden spricht. Aufgrund der Flexibilität des Mobiliars gibt es eine weite Interpretationsmöglichkeit zur Nutzung – je nach den persönlichen bzw. disziplinären Präferenzen für einen Lehrstil. Die Anwendung flexibler Ausstattung kann daher für einen kulturellen Übergangsprozess eingesetzt werden. Mit dieser Ausstattung sind grundsätzlich der lehrenden- wie auch der studierendenzentrierte Lehrstil durchführbar. Den für Innovationen aufgeschlossenen Lehrenden werden damit die Möglichkeiten zur Anwendung aktivierender Methoden eingeräumt: „Wer frontal unterrichten will, hat die Arbeit". Angesichts dieser Tatsachen ist die SRH als ein kontingentes Konzept der Lernraumgestaltung einzustufen.

Mit der Untersuchung der Fallstudien wird deutlich, dass eine konsequente Umsetzung des Paradigmenwechsels nicht nur mit Veränderungsprozessen der kulturellen Verortung sondern auch der symbolischen Verortung einhergehen muss. Analog des symbolischen Artefakts des Hörsaals aus der Welt der lehrendenzentrierten Lehrstils gilt es, Lernraumgestaltungskonzepte zu entwickeln und umzusetzen, die symbolisch die Welt des lernendenzentrierten Lehrstils materialisieren.

Tabelle 8: Synopsis Fallstudienanalyse zu Strategien im Erstellungsfeld

Innovationspyramide der Lernraumgestaltung	Erstellungsfeld der LernRaumOrganisation	Investitionsschwerpunkte der Lernraumgestaltung		Prüfung der Effizienz von baulichen und technischen Infrastrukturmaßnahmen				Neudefinition von Repräsentanzen der Hochschule	
		Leitsatz der Lernraumgestaltung	Maßnahmen der Lernraumgestaltung	Maßnahmen auf der Ebene des physisch-materiellen Lernraums		Maßnahmen auf der Ebene des technisch-virtuellen Lernraums		Symbolische Artefakte	Kommunikations-maßnahmen
MIN Lebensraum als Lernraum	**Suffizienz als Grundlage der Entscheidungsstrategie für Lernraumgestaltungsmaßnahmen**	„The world is our classroom"	Investitionen in technisch-virtuellen Lernraum zur Umsetzung des Active Learning Approach	Anmietung und Ausstattung von Studierendenunterkünften	Reduktion baulicher Infrastruktur durch Investitionen in Lebensraum	Entwicklung des ALF als virtuelle Lehr- und Lernplattform; Verknüpfung der physischen und virtuellen Raumebenen	Keine Investitionen in technische Lernraumausstattung durch BYOD notwendig	Verzicht auf materielle Artefakte der Repräsentanz; Kollaboration und Kommunikation durch hochschulweite Aktivitäten im virtuellen Raum sowie an Standorten weltweit	Vermittlung der Lehr- und Lernkultur der neugegründeten Hochschule durch umfangreiche Pressearbeit und Präsenz in sozialen Medien
SRH Zusammenführung von formellen und informellen Lernräumen	**Kontingenz als Grundlage der Entscheidungsstrategie für Lernraumgestaltungsmaßnahmen**	„Wer frontal unterrichtet, hat die Arbeit"	Investitionen in physisch-materiellen Lernraum zur Umsetzung des Active Learning Approach	Neuausstattung von Fakultäten	Ertüchtigung baulicher Infrastruktur	Erweiterung des physisch-materiellen Lernraums durch IKT		Aktives Lehren und Lernen durch Raumausstattung sichtbar und direkt erlebbar	Vermittlung der Lehr- und Lernkultur in bestehender Hochschulorganisation durch interne Kommunikationsmaßnahmen
UMU Verknüpfung von formellen und informellen Lernräumen		„Rum för lärande" – Raum zum Lernen		Sanierung und Neuausstattung von Fakultätsgebäuden			Investitionen in technische Lernraumausstattung, z. B. Präsentationstechnik, notwendig		
WUW		„Der beste Platz für die Studierenden"	Investitionen in physisch-materiellen Lernraum	Neubau Universitätscampus	Erweiterung baulicher Infrastruktur	Erweiterung des physisch-materiellen Lernraums durch IKT sowie Entwicklung einer eigener Lernplattformen zur effizienten Organisation von Lernprozessen		Campus- und Gebäudearchitektur international bzw. lokal bekannter Architekturbüros als Symbol für die Leistungsfähigkeit der Hochschule	Umfangreiche externe Kommunikationsmaßnahmen der Architekturvermittlung zu Projektkonzept, Meilensteinen, Zeitplan und Ergebnissen
GCU Differenzierung formeller und informeller Lernräume		„Heart of the Campus"		Neubau und Erweiterung der Bibliothek als „Heart of the Campus"					

An den Forderungen für ein unspezifisches Ausstattungskonzept der formellen Lern-räume, welches beiden Welten entsprechen soll, zeigt sich an der SRH bereits im Klei-nen, nämlich auf dem Gebäude-Layer Stuff, anschaulich die Herausforderungen für das strategische Konzept der Suffizienz. Bei diesem entstehen durch die Hinterfragung von bestehenden Lernraumangeboten auf allen Gebäude-Layern Konflikte, da Entscheidun-gen hier nicht nur kurzfristig, sondern bei baulichen Maßnahmen auch langfristig wir-ken. Diese Herausforderungen rühren aus der Bedeutung materieller Artefakte: „Ein Hörsaal ist nicht bloß ein Raum, sondern hat Geschichte und wird Symbol" (Beltzung Horvath/Nedeljkovic 2013). So konnte das Konzept der Suffizienz nur bei der Fallstu-die MIN identifiziert werden. Wie bereits bei der These 11 beschrieben, wurde mit dem Ziel einer grundlegenden Veränderung der kulturellen Verortung die Neugründung der Hochschule einem Veränderungsprozess in einer bestehenden Organisationsstruktur vorgezogen. Mit der Entscheidung zur Neugründung konnten somit konzeptionell, ohne organisatorische und räumliche Kompromisse, Lernen und Raum neu gestaltet werden.

Mit der Bestimmtheit von Gestaltungsmaßnahmen der symbolischen Verortung wird deutlich, dass bei Maßnahmen der Lernraumgestaltung mit hohem Innovationspotential Entscheidungen für Investitionsschwerpunkte gelegt werden.

> **These 28:** Mit der Priorisierung von Investitionsschwerpunkten entweder zugunsten des physisch-materiellen oder des technisch-virtuellen Lernraums können durch die Einschränkung von Ressourcen Maßnahmen mit hohem Innovationspotential initi-iert werden.

Bei der Untersuchung der Fallstudien hat sich gezeigt, dass eine Einschränkung von Ressourcen, mit der Priorisierung eines Investitionsschwerpunktes entweder auf der physisch-materiellen oder der technisch-virtuellen Raumebene, Potentiale der Lern-raumgestaltung auf diesen Ebenen produktiv und kreativ genutzt werden. Dabei wird gerade durch die Konzentration von Maßnahmen auf einer Ebene der symbolischen Verortung ein Bewusstsein für die Verknüpfung der physischen und virtuellen Welt entwickelt; denn mit der Beschränkung der Investitionsmöglichkeiten können Grenzen und Möglichkeiten der Veortung ausgelotet und kreativ interpretiert werden. Vorausset-zung dafür ist jedoch, dass Lernraumgestaltung als integrativer Prozess verstanden und gelebt wird, der alle vier Raumebenen, der physisch-materiellen, technisch-virtuellen, sozial-interaktiven und organisational-strukturellen Welt, zusammenführt.

An der SRH galt es, zunächst alle zur Verfügung stehenden Ressourcen zur Veranke-rung der Neuausrichtung der Lehr- und Lernkultur sowie der damit einhergehenden symbolischen Verortung des Active Learning Approach einzusetzen. Mit der hoch-schulweiten Umsetzung des Studienmodells CORE sowie der Neuausstattung der Fa-kultäten zur Unterstützung des Active Learning Approach sind Grundlagen erarbeitet worden, um in einem nächsten Schritt die technisch-virtuelle Raumebene integrieren zu können. Mit der Schaffung eines neuen Vizerektorats für Studium und Weiterbildung wurde dieses Themengebiet strategisch an der Hochschule in 2016 verankert. Diese

Entwicklungen stehen auch unmittelbar im Zusammenhang mit dem stärkeren Verbund und dem Ausbau der Kooperationen der SRH-Hochschulen, um vorhandene Synergien nutzen bzw. ausbauen zu können.

Bei der Hochschule MIN lag der Investitionsschwerpunkt, anders als bei der Fallstudie SRH, auf der technisch-virtuellen Raumebene. Mit der Entwicklung einer virtuellen Lernplattform, die den Active Learning Approach unterstützt, können Lernprozesse gemäß dem Leitsatz „The world is our classroom" weltweit verortet werden. Mit der Aktivierung der Studierendenhäuser sowie des städtischen Umfelds, in dem die Studierenden leben, arbeiten und lernen, wird die physisch-materielle Ebene, ohne weitere Investitionskosten, integriert. Dies steht nicht nur vor dem Hintergrund der Flexibilisierung und Reichweite von Studienangeboten und der Skalierung von Studierendenzahlen. Mit dem Modell der Hochschule MIN können Kosten der Hochschulausbildung reduziert und Lernprozesse, durch die Berücksichtigung von Erkenntnissen aus der Lehr- und Lernforschung und dem Fokus auf den Lernerfolg der Studierenden, unterstützt werden.

10.4.2   Prüfung der Effizienz von Infrastrukturmaßnahmen

Im vorherigen Abschnitt wurde bereits dargestellt, dass bei den Fallstudien mit Lernraumgestaltungsmaßnahmen auf hohem Innovationsniveau keine baulichen Maßnahmen erfolgt sind. Die vergleichende Fallstudienanalyse dieser Forschungsarbeit macht deutlich, dass bei Neubaumaßnahmen Lernraumgestaltungskonzepte zur Unterstützung von Lernprozessen umgesetzt werden, sofern dies explizit als strategisches Ziel formuliert wird (vgl. 10.1 Lernerfolg als strategische Entscheidung im Bedeutungsfeld). In diesem Zusammenhang muss aber das Ergebnis von Neubaumaßnahmen differenzierter betrachtet werden.

These 29: Neubaumaßnahmen größeren Maßstabs gehen mit einem niedrigen Innovationspotential von Lernraumgestaltungsmaßnahmen einher.

Diese These wird beim Campusneubau der Hochschule WUW deutlich. Ein wesentlicher Grund für ein niedrigeres Innovationspotential liegt darin begründet, dass hier viele unterschiedliche Interessen über die Gestaltung materieller Artefakte berücksichtigt werden sollten. So war ein Ziel der Hochschule, die Departmentstruktur räumlich abzubilden und alle Organisationseinheiten räumlich zusammenzuführen. Des Weiteren galt es, durch eine repräsentative, internationale Architektursprache den Campusneubau als Aushängeschild zur Darstellung der Hochschulausrichtung und Leistungskraft der Hochschule zu nutzen. Lehr- und Lernprozesse sollten organisatorisch und räumlich so strukturiert werden, dass aufgrund der hohen Studierendenzahlen und des Betreuungsverhältnisses eine effiziente Durchführung von Lehrveranstaltungen und Einzelarbeiten der Studierenden gewährleistet ist. Und mit der Differenzierung der Studierenden entsprechend dem Bologna-Modell gilt es, die Submarken der WUW für Bildungsangebote im Undergraduate-, Graduate- und Executive-Bereich abzubilden. Bei dieser Fülle an strategischen Zielen der Hochschule überrascht es nicht, dass bei der Gestaltung der formellen Lernräume bewährte Konzepte, mit Vorlesungs- und Seminarräumen, realisiert wurden. Interessant dabei ist, dass es für Lernraumkonzepte, welche eine studierendenzentrierte Lehre unterstützen, durchaus ein Bedarf vorhanden ist. Dies hat sich bei den Rückmeldungen zur Evaluierung des Campus-Neubaus unmittelbar nach der Fertigstellung in 2013 gezeigt. Aufgrund der baulichen Ausführung der Hörsäle mit fester Bestuhlung auf einem Gefälle werden hier aus Gründen der damit einhergehenden Kosten in absehbarer Zeit jedoch hochschulweit keine Veränderungen möglich sein.

An der GCU bestätigt sich, dass mit dem Neubau des Saltire Centre, zur Zentralisierung informeller Lernarbeitsplätze, Chancen zur Unterstützung von Lernprozessen verpasst wurden. Durch die Investitionen an einem Ort auf dem Campus können zum einen formelle und informelle Lernräume nicht verknüpft werden, zum anderen steigt die Diskrepanz der Qualität der Lernraumangebote im Umfeld des Saltire Centres und den dezentralen Bereichen der Fakultäten, die nicht im Rampenlicht zur Repräsentation der Hochschule stehen (vgl. These 23).

Bei den Fallstudien SRH, MIN und UMU wurde festgestellt, dass die räumliche Umsetzung des Active Learning Approach durch bestehende, bauliche Infrastrukturen unterstützt werden kann. Dabei kann folgende These aufgestellt werden:

These 30: Eine hochschulweite Umsetzung des „Shift from Teaching to Learning" profitiert von bestehenden baulichen Infrastrukturen, die von den Hochschulakteuren interpretiert und bespielt werden können.

An der UMU ist bei der Entwicklung des interdisziplinären Forschungslabor HumLab ersichtlich, dass es einer gestalterisch offenen, graduell wachsenden Umgebung bedarf, um sich zu einem Hub sozialer Lernprozesse entwickeln zu können. Im Untergeschoss gelegen, ohne natürliche Belichtung und Belüftung, wurde nicht allein durch gestalterische Maßnahmen, sondern insbesondere durch Maßnahmen zur Aktivierung des Handlungsraums, wie bei der These 17 beschrieben, ein Ort der Kollaboration und transdisziplinären Kommunikation geschaffen (vgl. UMU2016_FD (141–152); UMU2015_FD (55–70). Hier greift der Garagen-Effekt als „Erfinderinnen- und Erfinder- und Experimentierraum, der Überlebensraum für Noch-Unausgegorenes, der *Off-Space* verrückter Einfälle, die sich dann – erstaunlicherweise – oft als erfolgreich erweisen" (Franke/Haude/Noennig 2012: 83, Hervorh. im Original).

Das Projekt „Rum för lärande" an der UMU konnte im Rahmen von Sanierungsmaßnahmen die neuen Raumkonzepte zur Unterstützung des Active Learning Approaches in die bestehende Gebäudestruktur implementieren. Und auch an der SRH waren bei der Neuausstattung der formellen Lernräume zur Unterstützung des Active Learning Approach keine Neubaumaßnahmen erforderlich. Im Gegenteil konnte sich beim Projekt „Lernraum Campus", genau wie an der UMU mit dem Projekt „Rum för lärande", die handelnden Akteure auf die Anforderungen zur Umsetzung aktivierender Lehr- und

Lernmethoden konzentrieren. Somit lag der Fokus der Projekte in der Steuerung der Komplexität des Lernraums auf der sozial-interaktiven und organisational-strukturellen Ebene und nicht, wie bei Neubaumaßnahmen notwendig, auf der physisch-materiellen Ebene zur Erstellung baulicher Infrastrukturen.

Bei der Hochschule MIN werden mit dem Konzept „The world is our classroom" keine baulichen Infrastrukturen für formelle Lernprozesse beansprucht. Um unabhängig von Orten und Infrastrukturen sowie damit einhergehenden Investitions- und Betriebskosten zu sein, wurde die Lernumgebung der technisch-virtuellen Lernraumebene neu gestaltet. Auf der physisch-materiellen Lernraumebene werden Raumkonzepte wie der der Studierendenunterkünfte genutzt, um auf bekanntem Terrain, unter bekannten Regeln und Normen ein passendes Umfeld für soziale Lernprozesse zu schaffen. Mit der dabei einhergehenden Aktivierung des Lebensraums als Lernraum wird noch ein ganz anderer Aspekt der Lernraumgestaltung optimiert.

> **These 31:** Durch die Aktivierung des Lebensraums als Lernraum können mit der Kontrolle über die Verortung von Lernprozessen individuelle Bedürfnisse an die Lernumgebung befriedigt werden.

Beim Stand der Forschung aus disziplinärer Perspektive wurde die Bedeutung der Kontrolle von Umwelteinflüssen bei baulichen Lernumgebungen beschrieben (vgl. 2.2.2 Zur Bedeutung von Umweltkontrolle). Indem die Hochschule MIN das private Umfeld für informelle und auch formelle Lernprozesse aktiviert, wird den Studierenden die Kontrolle über Standortfaktoren und somit über Umweltstressoren gegeben. Das bedeutet, dass zum einen bei informellen, aber auch bei formellen Lernprozessen die Studierenden einen Ort, das eigene Zimmer, einen Platz im Café oder die örtliche Bibliothek aussuchen können, der ihren persönlichen Bedürfnissen entspricht. Dies ist insofern relevant, als dass mit der Nutzung virtueller Lernräume die Akteure trotzdem im physisch-materiellen Raum verortet sind: „Gerade die Aussperrung der physisch-materiellen Welt aus dem virtuellen Raum macht die Lernenden, die sich dort aufhalten, *im physischen Raum störbar und verletzlich.* Ihre Konzentration wird im virtuellen Raum beansprucht; und so fehlt es an Aufmerksamkeit für das Geschehen im physischen Raum; oder umgekehrt" (Sesink 2014: 38, Hervorh. im Original). Bei der HIS-Studie „Orte des Selbststudiums" bestätigt sich die Bedeutung des privaten Raums als Lernraum, welches sich unter anderem durch den Faktor „Bessere Arbeitsbedingungen/Ausstattung zu Hause" (Vogel/Woisch 2013: 48) begründet.

10.4.3 Neudefinition von Repräsentanzen der Hochschule

Die Fallstudien WUW und GCU belegen, dass die bauliche Umgebung bei der Markenbildung und Repräsentation der Leistungskraft eine Hochschule wesentlich unterstützt. Der Instandhaltungsrückstau bestehender hochschulischer Infrastrukturen zeigt aber auch die Konsequenzen bei Investitionen auf der physisch-materiellen Raumebene.

Kann die Qualität der Gebäudeinfrastrukturen nicht aufrecht gehalten werden, tritt eine gegenteilige Wirkung ein: „When deciding which universities to study at, just over one third of students (36 %) said they rejected certain institutions because of the quality of their buildings, facilities or physical environment" (Robinson 2013: 15).

Mit der Untersuchung der MIN manifestiert sich, dass mit den Möglichkeiten moderner IKT auf der technisch-virtuellen Lernraumebene der Handlungsraum in den Fokus rückt. Mit der Neuordnung des Sozialraums als Folge der Entwicklung virtueller Lernräume wird die Möglichkeiten zum Aufbrechen institutionalisierter, starrer Raumstrukturen sowie die Notwendigkeit zur Reorganisation von Lernräumen auf der physisch-materiellen Ebene deutlich. Dabei kann folgende These aufgestellt werden.

These 32: Lernraumgestaltungsmaßnahmen mit hohem Innovationspotential werden bei dem Konzept der Suffizienz durch neue symbolische Artefakte des universitären Handlungsraums repräsentiert.

So konzipiert die Hochschule MIN Lernraumkonzepte, die nicht auf die klassische Symbolik baulicher Infrastrukturen von Hochschulen mit Fakultätsgebäuden, Vorlesungs- und Seminarräumen oder universitären Sportanlagen abzielen, um Präsenz zeigen zu können. Der Ansatz dabei ist die Stärkung des Handlungsraums der Lerngemeinschaft der Studierenden und Lehrenden. Dies geschieht zum einen über die Aktivierung der Studierendenunterkünfte als Lernorte, was konzeptionell eine Anleihe aus der Zeit der Entstehung der Universitäten darstellt (vgl. 2.1 Lernraumgestaltung aus historischer Perspektive) Als diese keine eigenen Gebäude hatten, wurden, wie heute bei der MIN, Lernaktivitäten bewusst im städtischen Umfeld verankert, Zeremonien an besonderen Orten durchgeführt und Symbole wie Kleidung oder Schriften genutzt (vgl. Bildmaterial Social Media MIN_Facebook_1–8). So werden bei der Hochschule MIN die Studierenden durch die räumliche Organisation der formellen und informellen Lernprozesse in kommunale Projekte vor Ort eingebunden. Durch diese Maßnahmen konnten zum einen eine Bindung der Lerngemeinschaft nach innen, zum anderen die Lerngemeinschaft nach außen als Handlungsraum auf der sozial-interaktiven Lernraumebene repräsentiert werden.

Diese Erkenntnis ist auch bei anderen Hochschulen, wie z. B. der Zürcher Hochschule der Künste, angelangt. Mit dem Umzug der Hochschule in das Toni-Areal, einer ehemaligen Molkerei, manifestiert sich nicht nur die räumliche Anpassung von Hochschulen an ihr Umfeld, wie bereits bei der Entstehung von Universitäten dargelegt. Beim Hochschultag in 2013 thematisiert der Rektor Thomas D. Meier auch die Bedeutung des universitären Handlungsraums: „Die Identität als ‚soft power' wird nicht mehr allein durch die ‚hard power' des Gebäudes geprägt, sondern durch das, was innerhalb der gebauten Struktur geschieht. Die Flexibilität, nicht zuletzt die kulturelle, wird dadurch grösser; Veränderungen, auch in der Ausstrahlung, sind einfacher zu realisieren" (Meyer 2013).

Bei der MIN wird deutlich, dass der Fokus auf den Handlungsraum umfangreiche Kommunikationsmaßnahmen erfordert, um die Lernraumgestaltungsmaßnahmen auf der sozial-interaktiven Raumebene vermitteln zu können. So arbeitet die Hochschule MIN aktiv mit PR- und Pressearbeit. Des Weiteren werden über Vorträge und Präsentationen in der Scientific Community Hintergründe und Lösungen des Minerva-Konzepts vorgestellt und begründet. Und die Zielgruppe der Studierenden zu erreichen, werden verschiedenste Social-Media-Kanäle genutzt.

Bei der Fallstudienanalyse der SRH und UMU wird erkenntlich, dass mit der Aktivierung des Handlungsraums über den Active Learning Approach hochschulintern neue Kommunikationswege erschlossen werden müssen. Da hier nicht die Gestaltung spektakulärer Hochschularchitektur, sondern die Gestaltung der sozial-interaktiven Raumebene der Hochschulakteure im Mittelpunkt des Interesses steht (vgl. These 30), gilt es, über die Vermittlung der Lehr- und Lernkultur die Aneignung von Lernraumgestaltungsmaßnahmen mit hohem Innovationspotential zu unterstützen.

These 33: Mit dem Fokus des Lernraums als Handlungsraum sind durchgängig Kommunikationsprozesse innerhalb der Hochschule sicherzustellen.

Bei den Hochschulen WUW und GCU, die konzeptionell auf die Repräsentanz architektonischer Artefakte vertrauen, wurden im Projektverlauf umfangreiche Kommunikationsmaßnahmen, mit Pressearbeit, Internetpräsenzen, Visualisierungen, Baustellenführungen und Baustelleninformationen, nach innen und nach außen durchgeführt. Intern wurde während der Planung und Realisierung an der WUW das Sounding Board installiert, welches verschiedenen Stakeholder der Hochschule eingebunden hat. Somit wurde der Projektprozess auch hochschulintern kommuniziert. Das Sounding Board wurde jedoch unmittelbar mit der Fertigstellung aufgelöst, so dass es nicht mehr die Evaluierung der Neubaumaßnahmen unmittelbar nach Bezug des WU Campus begleiten konnte. An dieser Stelle gehen Informationen zu Entscheidungsprozessen aus dem Planungs- und Realisierungsprozess durch den abrupten Abbruch dieses Kommunikationskanals verloren. Des Weiteren gibt es hier keinen Anschluss an Experten, die mit den Kenntnissen zu den bestehenden Konzepten für zukünftige Maßnahmen der Lernraumgestaltung als Ansprechpartner zur Verfügung stehen.

Dies gestaltet sich bei den Hochschulen SRH und UMU, mit der modellhaften Umsetzung des Active Learning Approach, aufgrund des Fokus des Lernraums als Handlungsraum anders. Die Konzeptionierung, Einführung und Begleitung des Change-Management-Prozesses des Studienmodells CORE sowie auch das damit einhergehende Projekt zur Neuausstattung der Lernräume wird an der SRH durch die Akademie für Hochschullehre federführend geleitet. Mit dem Projekt „Lernraum Campus" wurde unter der Leitung der Akademie ein Kernteam mit Vertretern der Fakultäten gebildet, das zum einen aktiv den Entwicklungs- und Realisierungsprozess gestaltet hat und zum anderen für die Kommunikation in den Fakultäten verantwortlich war. Die Evaluierung der Maßnahmen wie auch die Durchführung des Forschungsprojektes RAuL liegt im

Verantwortungsbereich der Akademie, sodass hier eine konstante Betreuung und Kommunikation der Maßnahmen gewährleistet ist sowie Ansprechpartner bei zukünftigen Maßnahmen greifbar sind. An der UMU ist die dezentrale Initiierung, Planung und Durchführung von Lernraumgestaltungsmaßnahmen über mehrere Jahrzehnte organisatorisch verankert, sodass interne Kommunikationswege bereits erschlossen sind und im Alltag iterativer Lernraumgestaltungsprozessen gelebt werden können (vgl. These 26).

10.4.4 Zusammenfassung Erkenntnisebene III im Erstellungsfeld

Bei den strategischen Entscheidungen im Erstellungsfeld des Modells der LernRaum-Organisation zeigen sich mit den Konzepten der Suffizienz und Kontingenz die Herausforderungen bei der Umsetzung innovativer Lernraumgestaltungskonzepte.

Lediglich bei der MIN wurden nicht nur bestehende Raumkonzepte der kulturellen Verortung, sondern insbesondere auch der symbolischen Verortung hinterfragt und neu konzipiert. Diese kompromisslose Stringenz ist aber bisher nur bei der Neugründung der Hochschule MIN und der damit einhergehenden Unabhängigkeit von bestehenden Strukturen sichtbar geworden. An der Fallstudie SRH wird deutlich, dass mit der Veränderung der kulturellen Verortung in einer bestehenden Organisation Anpassungsmaßnahmen auf der symbolischen Verortung als Übergangsprozess gestaltet werden müssen, um die Akzeptanz des Veränderungsprozesses nicht zu gefährden. Die nachhaltige Umsetzung des Active Learning Approach bedarf aber einer eindeutigen Ausbildung von Artefakten als materielle Symbole der lernendenzentrierten Lehre.

In Anbetracht der aktuellen und zukünftigen Herausforderungen ist hier Handlungsbedarf seitens der Hochschule gegeben. Das bedeutet, dass sich das Hochschulmanagement in seiner Rolle als dritter Pädagoge und damit als Wegbereiter für den Wandel sehen und einbringen muss.

10.5 Zusammenführung Erkenntnisebene III

In den letzten vier Abschnitten wurden die Entscheidungsstrategien der Fallstudien im Bedeutungsfeld, im Beziehungsfeld, im Aneignungsfeld und im Erstellungsfeld vergleichend untersucht.

Die identifizierten Phänomene bei den Fallstudien sowie deren Zuordnung zum Innovationspotenzial auf höherer oder niedrigerer Ebene sollen als wertungsfreie Darstellung verstanden werden. Im Gegenteil zeigen die entsprechend der Innovationsebenen identifizierten Dichotomien Möglichkeiten zur Gestaltung des Lernraums Hochschule auf: „So gibt es in den Universitäten seit je – heute mit erneuter Intensität – den Kampf zwischen Bildungsidealen und Ausbildungsbedürfnissen, zwischen Eliteförderung und Massenbildung, zwischen Lehre und Forschung, zwischen institutionellen Imperativen und organisatorischer Effizienz" (Dauss/Rehberg 2009: 110). Dieser hochschulische

Diskurs wirkt sich auch bei den Entscheidungsstrategien der Hochschulen zu Lernraumgestaltungsmaßnahmen aus. Denn der Lernraum inkludiert nicht nur den physisch-materiellen und technisch-virtuellen, sondern insbesondere auch den sozial-interaktiven und organisational-strukturellen Raum.

Da aber mit der Gestaltung materieller und technischer Artefakte soziale Tatsachen über die Fassung von Handlungen in Strukturen geschaffen werden, die wiederum Handlungen der Akteure beeinflussen, gilt es, Investitionsmaßnahmen in den Lernraum Hochschule wohlüberlegt vorzubereiten. Hierbei erfordert es ein Verständnis zur Gestaltung und Veränderung auf der organisational-strukturellen Lernraumebene. So wurde in den Zusammenfassungen der Erkenntnisebene III auf den Aktionsfeldern immer wieder die Bedeutung des Hochschulmanagements als dritter Pädagoge und damit Gestalter von Lernprozessen betont. Vor diesem Hintergrund werden im folgenden Kapitel die Aushandlungsprozesse von Lernraumgestaltungsmaßnahmen an den Fallstudien untersucht und Erkenntnisse auf der Erkenntnisebene IV zusammengeführt.

11 Analyse von Prozesstypologien – Erkenntnisebene IV

„Das Geheimnis des Erfolgs? Anders sein als die anderen."
Woody Allen (*1952)

In diesem Kapitel werden die Fallstudien nach den im Modell der LernRaumOrganisation innewohnenden Aushandlungsprozessen der Passung und Abgrenzung untersucht. Beim Prozess der Passung werden Erkenntnisse zu Innovationsaspekten der Lernraumgestaltung im Spannungsfeld der kulturellen und symbolischen Verortung betrachtet. Mit dem Prozess der Abgrenzung werden Erkenntnisse zu Innovationsaspekten der Lernraumgestaltung im Spannungsfeld von Organisations- und Interaktionssystem analysiert.

Mit dieser Vorgehensweise können die Ergebnisse der Erkenntnisebenen II und III verdichtet werden, um entsprechend der erkenntnisleitenden Forschungsfrage Thesen zur Integration von Innovationen bei der Lernraumgestaltung identifizieren zu können. Zur fallübergreifenden Untersuchung der Entscheidungsstrategien des Modells wird die erweiterte Matrix zur Synopsis der Fallstudienanalyse (vgl. 7.4 Verfahren zur Synopsis der Fallstudien) angewendet.

11.1 Identifikation als Aushandlungsprozess der Passung

Bei der vergleichenden Analyse der Fallstudien konnte beim Aushandlungsprozess der Passung das Konzept der Identifikation bzw. Identität identifiziert werden (siehe Abbildung 23).

Mit dem Konzept der Identifikation können Prozesse an den ausgewählten Hochschulen zusammengefasst werden, die darauf abzielen, dass sich die Hochschulakteure mit den Lernraumgestaltungsmaßnahmen und der sich daraus entwickelnden Lernraumumgebung identifizieren können. Bei den Hochschulen MIN, SRH und UMU werden im Zusammenhang mit dem Fokus zur räumlichen Unterstützung des Active Learning Approach Maßnahmen priorisiert, die in Zusammenhang mit der Veränderung von sozialen Handlungen stehen und damit den Lehrenden und Lernenden Möglichkeiten geben, die Lernraumumgebung selbst als Akteure zu gestalten.

Mit dem Konzept der Identität werden Maßnahmen der Lernraumgestaltung aus der Perspektive der Hochschule als Organisation vorgenommen, die zur Repräsentation und Markenbildung genutzt werden. So wird bei den Hochschulen WUW und GCU durch die Ausbildung repräsentativer Neubaumaßnahmen die Außendarstellung der Hochschule als Lernraum fokussiert.

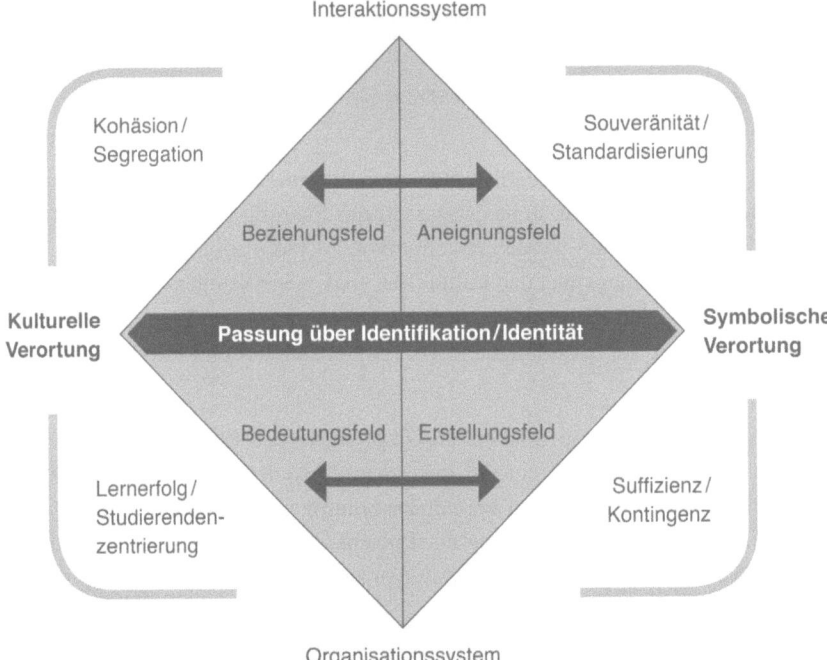

Abbildung 23: Fallstudienanalyse zur Passung

Mit den Phänomenen der Identifikation und der Identität wurden zwei relevante Prozesstypologien ermittelt, die Einfluss auf das Innovationspotential von Lernraumgestaltungsmaßnahmen haben. Bei der vergleichenden Analyse der Fallstudien konnten dabei drei Eigenschaften bestimmt werden, die im Zusammenhäng mit den identifizierten Phänomenen stehen (siehe Tabelle 9: Synopsis Fallstudienanalyse zu Strategien der Passung, Seite 237). Anhand dieser Erkenntnisse werden in den nächsten drei Abschnitten, mit der Darstellung dieser Eigenschaften als Kontext der Phänomene sowie der Zusammenführung der Erkenntnisebenen II und III Thesen abgeleitet und begründet.

Tabelle 9: Synopsis Fallstudienanalyse zu Strategien der Passung

Systematik der Passung

Lernraumstrategie	Aspekte des Interaktionssystems	Aspekte des Organisationssystems
kulturelle Verortung — symbolische Verortung	Bewusstseinsebene — Bedürfnisebene	Suffizienz — Kontingenz
	Kohäsion — Differenzierung	Lernerfolg — Projektbezogener Lernerfolg — Studierendenzufriedenheit
	Souveränität — Standardisierung	

Innovationspyramide der Lernraumgestaltung	Strategie der Passung beim Modell der Lern-RaumOrganisation	Der Weg ist das Ziel — Konzeptionsprozesse der Lernraumgestaltung	Der Weg ist das Ziel — Entwicklungsprozesse der Lernraumgestaltung	Lernraumgestaltung als Indikator für Veränderungsprozesse — Veränderung der symbolischen Verortung	Lernraumgestaltung als Indikator für Veränderungsprozesse — Veränderung der kulturellen Verortung
MIN Lebensraum als Lernraum	Lernraumgestaltung als Mittel der Identifikation mit der Hochschule	Gradueller Entwicklungsprozess der Lernraumgestaltung entsprechend den dezentralen Anforderungen	Weiterentwicklung der kulturellen und symbolischen Verortung über strategische Veränderungsprozesse	Hochschulweiter Masterplan zur Veränderung der Lehr- und Lernkultur als Basis für Konzepte der symbolischen Verortung	Hochschulweite Anpassungen von Strukturen und Prozessen durch Neugründung bzw. Change-Management-Prozesse als Folge von Veränderung der Lehr- und Lernkultur
SRH Zusammenführung von formellen und informellen Lernräumen					
UMU Verknüpfung von formellen und informellen Lernräumen			Weiterentwicklung der symbolischen Verortung über Bedarfe aus den dezentralen Einheiten	Gestaltung der symbolischen Verortung über dezentrale Anforderungen an Lehr- und Lernkultur aus den organisatorischen Einheiten der Hochschule heraus	Keine automatische Veränderung der Lehr- und Lernkultur durch Neugestaltung von Lernräumen als Active Learning Environments
WUW	Lernraumgestaltung als Mittel der Identität der Hochschule	Planung und Realisierung des gesamten Campuskonzeptes in einem begrenzten Zeitraum	Erosion der zentral initiierten Konzepte der symbolischen Verortung durch Veränderungen von Nutzungszuordnungen und -möglichkeiten	Konsolidierung bestehender Lehr- und Lernkultur über hochschulweiten Masterplan zur Gestaltung der symbolischen Verortung	
GCU Differenzierung formeller und informeller Lernräume		Konzentrischer Planungsprozess der Lernraumgestaltung um das Herzstück der Hochschule			Nachfrage nach pädagogischen Konzepten und formellen Lernraumsettings zur Unterstützung einer studierendenzentrierten Lehre

11.1.1   Systematik der Passung

Mit der Zusammenführung der Phänomene der Erkenntnisebenen II und III bei der Synopsis der Fallstudienanalyse fällt die Hochschule UMU auf, die auf der Bedürfniss-ebene der Innovationspyramide eingruppiert ist (vgl. Tabelle 9). Obwohl hier die Lern-raumgestaltungsstrategie der symbolischen Verortung verfolgt wird, zeigen sich mit den Konzepten der Kohäsion und Souveränität Entscheidungsstrategien, die für Lernraum-gestaltungsmaßnahmen mit einem hohen Innovationspotential auf der Bewusstseinsebe-ne stehen. Die UMU ist die einzige Hochschule der untersuchten Fallstudien mit der Lernraumgestaltungsstrategie über die symbolische Verortung, die, wenn auch modell-haft, eine räumliche Umsetzung des Active Learning Approach begonnen hat. Vor die-sem Hintergrund wird zur Systematik der Passung folgende These aufgestellt.

These 34: Die Konzepte der Kohäsion und Souveränität sind Voraussetzungen für eine räumliche Umsetzung des Active Learning Approach an Hochschulen.

Wie bei der theoretischen Entwicklung des Modells der LernRaumOrganisation be-schrieben, geht der Paradigmenwechsel mit einem veränderten Selbstverständnis von Lehrenden und Lernenden einher. Mit dem Konzept der Kohäsion im Beziehungsfeld wird durch den Fokus auf Lerngemeinschaften, die Studierende wie Lehrende einbezie-hen, ein wichtiger Grundstein zur grundlegenden Veränderung der Lehr- und Lernkultur und somit der kulturellen Verortung gelegt. Damit einher geht bei der Fallstudie UMU auch die räumliche und organisatorische Gestaltung der Lernraumumgebung. Mit dem Konzept der Souveränität können aus den dezentralen Einheiten der Hochschule Maß-nahmen passend, gemäß den Anforderungen aus dem jeweiligen sozialen Kontext he-raus, konzipiert und umgesetzt werden. Diese Vorgehensweise unterscheidet die UMU von denen der Fallstudien WUW und GCU, bei denen aus einer zentralen Perspektive heraus Lehr- und Lernprozesse hochschulweit initiiert werden.

Eine der Grundlagen für die Entwicklungen der Konzepte der Kohäsion wie auch der Souveränität liegen bei der UMU in der langen Tradition für Lernraumgestaltungsmaß-nahmen von informellen Lernprozessen. Das bedeutet, dass hier die Akteure des Inter-aktions- wie auch des Organisationssystems sich den Veränderungen Stück für Stück anpassen konnten „Well, I think that is something that has happened gradually over a long time and I mean, it's not just part of this latest project" (PLILE_UMU2015: 4). Bei den Gesprächen mit den Projektbeteiligten an der UMU war die graduelle Entwicklung von Lernraumgestaltungsmaßnahmen ein immer wiederkehrendes Thema. Dies wird im folgenden Abschnitt auch anhand der anderen Fallstudien erläutert.

11.1.2   Der Weg ist das Ziel

In dem Gespräch mit der Leitung des Projektes „Rum för lärande" der Hochschule UMU wurde „gradually" (PLILE_UMU2015: 4) als Invivo-Kode für Maßnahmen der

Lernraumgestaltung mit Innovationscharakter identifiziert. Das heißt, dass mit den vielen Jahren der Konzeption und Planung von informellen Lernräumen Erfahrungen gesammelt werden konnten, die nun auch in die räumliche Übersetzung des Active Learning Approach einfließen können.

These 35: Zur Durchsetzung von Lernraumgestaltungsmaßnahmen mit hohem Innovationspotential ist ein gradueller Prozess der Lernraumgestaltung notwendig.

Bei den Hochschulen SRH und MIN wurden mit der Lernraumgestaltungsstrategie über die kulturelle Verortung die grundlegenden sozialen und organisationalen Voraussetzungen zur Umsetzung des Active Learning Approach durch einen graduellen Prozess gelegt. Mit dem Modellstudiengang an der SRH und dem Modellstudienjahrgang bei der MIN konnten wichtige Erfahrungen zur Umsetzung des Konzeptes der Lehr- und Lernkultur gewonnen und notwendige Anpassungen kurzfristig vorgenommen werden.

Auf Basis der dabei gewonnenen Erkenntnisse konnte bei der SRH die Neuausstattung der formellen Lernräume gezielt geplant und realisiert werden (vgl. These 13). Zu Beginn des Projektes „Lernraum Campus" war beabsichtigt, alle Fakultäten auf einmal neu auszustatten. Im Zuge des Abstimmungsprozesses mit den Fakultäten kristallisierte sich jedoch heraus, dass je nach disziplinärer Interpretation des Active Learning Approach unterschiedliche Konzepte erforderlich waren (vgl. These 26). So wurde auch bei der Veränderung der symbolischen Verortung, zur räumlichen Unterstützung aktivierender Lehr- und Lernmethoden durch materielle Artefakte, der Plan geändert und eine schrittweise Umsetzung der Neuausstattung aus dem Projekt heraus mit der Hochschulleitung vereinbart. Vor diesem Hintergrund wurden zunächst an der Modellfakultät die neuen Konzepte der formellen Lernräume umgesetzt. Mit der Evaluierung dieser konnten wiederum Erkenntnisse zur Neuausstattung der folgenden Fakultäten gewonnen werden. Bei der Hochschule MIN galt es nicht, einen Veränderungsprozess innerhalb bestehender Strukturen durchzusetzen, sondern aus dem Stand ein auf allen Lernraumebenen neuartiges Hochschulkonzept umzusetzen. Mit der Einführung eines Modellstudienjahrs konnten Erfahrungen gesammelt und Anpassungen durchgeführt werden, indem die Studierenden bei der Weiterentwicklung des ALF integriert wurden.

Durch die Grundlage einer zielgerichteten Gestaltung der Lehr- und Lernkultur hat der graduelle Prozess der Entwicklung von Lernraumgestaltungsmaßnahmen an der SRH und MIN einen kürzeren Zeithorizont als beim nicht zentral konzipierten Entwicklungsprozess an der UMU.

11.1.3   Lernraumgestaltung als Indikator für Veränderungsprozesse

Wie bereits beim Stand der Forschung ausgeführt, existiert die Vorstellung, dass die Lernumgebung Veränderungsprozesse der Lehr- und Lernkultur initiieren kann (vgl. 2.2.1 Lernraum der physisch-materiellen Welt). Diese wurde vor mehr als zehn Jahren von Oblinger mit „Space as a Change Agent" (Oblinger 2006a) umschrieben. Im Ergebnis der vergleichenden Fallanalyse dieser Forschungsarbeit muss diese Aussage differenzierter betrachtet werden. Werden, wie bei den informellen Lernräumen, grundlegende Bedürfnisse erfüllt, so kann die physisch-materielle bzw. technisch-virtuelle Raumebene Veränderungen der sozial-interaktiven Ebene unterstützen. Auf der Innovationsebene des Bewusstseins stellt sich bei der Neugestaltung von formellen Lernräumen nach dem Active Learning Approach jedoch ein ganz anderes Bild dar. Die UMU demonstriert, und das belegt auch die Sonderstellung in der Übersicht zur Synopsis der Fallstudien (vgl. Tabelle 9), dass allein die Gestaltung der physisch-materiellen Lernraumebene zur Unterstützung des Active Learning Approach nicht den Lehrstil der Lehrenden bzw. den Lernstil der Studierenden verändern kann.

These 36: Herausforderungen bei der Umsetzung von Lernraumgestaltungsmaßnahmen auf der Ebene der symbolischen Verortung zeigen Konflikte bei der Gestaltung der kulturellen Verortung an.

So war mit der Fertigstellung des Lernraumensembles im Projekt „Rum för lärande" schnell klar, dass mit der Neuausstattung der formellen Lernräume auch unterstützende Maßnahmen der Lehrenden und Lernenden erforderlich sind. Auf der Bewusstseinsebene agiert der physisch-materielle bzw. technisch-virtuelle Lernraum somit nicht als Change Agent, sondern als Change Indicator. Das bedeutet, dass die Lehr- und Lernkultur an der UMU noch nicht soweit ausgereift ist, um Lernraum-Settings des Active Learning Approach aus dem Stand heraus bespielen zu können. An diesem Punkt können die Grenzen der Maßnahmen der Lernraumgestaltung über die symbolische Verortung dargelegt werden. Die hochschulweite Umsetzung des Paradigmenwechsel benötigt zwingend eine hochschulweite Veränderung der Lehr- und Lernkultur (vgl. These 5). Bei der SRH, mit der Lernraumgestaltungsstrategie über die kulturelle Verortung, war die Neuausstattung der formellen Lernräume somit ein Anzeiger für den Grad der Umsetzung des Veränderungsprozesses: „Im Projekt Lernraum Campus wurden Herausforderungen im Change-Management-Prozess zur Einführung aktivierender Lehr-, Lern- und Prüfungsmethoden bereits während der Konzeptionsphase sichtbar und insbesondere mit der Realisierung der erforderlichen Maßnahmen greifbar" (Ninnemann 2016: 160). So gilt der Kompromiss zur Einführung der neuen, flexiblen Lernraum-Settings, dass in jedem formellen Lernraum auch eine frontale Aufstellung des neuen Mobiliars möglich sein muss (vgl. These 27), als Beleg dafür, dass sich die hochschulweite Umsetzung des Active Learning Approach noch in einem Transitionsprozess befindet. Dies gestaltet sich bei der Fallstudie MIN anders. Durch die Neugründung der Hochschule konnten hier von Anfang an Maßnahmen auf allen vier Lernraumebenen, der kulturellen wie der symbolischen Verortung, durchgesetzt werden, die die hochschulweite Umsetzung des Active Learning Approach unterstützen.

Bei der vergleichenden Fallstudienanalyse konnte festgestellt werden, dass es bei der Integration von Innovationen der Lernraumgestaltung auf allen vier Raumebenen, der physisch-materiellen, technisch-virtuellen, sozial-interaktiven und organisational-strukturellen Ebene, grundsätzlich der Steuerung und Moderation seitens des Organisationssystems bedarf.

These 37: Für ein höheres Innovationspotential der Lernraumgestaltung sind Veränderungen der kulturellen Verortung durch einen zentralen Masterplan zu steuern.

Es zeigt sich, dass das Hochschulmanagement, mit dem Selbstverständnis als dritter Pädagoge, die entscheidende Rolle für eine erfolgreiche Konzeption und Integration von Innovationen bei der Lernraumgestaltung einnimmt. Das bedeutet, dass Veränderungen der kulturellen Verortung durch einen zentralen Masterplan einzusteuern sind. Dieser ist jedoch nicht nur auf abstrakter, strategischer Ebene zu definieren, sondern muss durch konkrete Maßnahmen beschrieben und somit mit Leben gefüllt werden (vgl. These 11). Über diese Vorgehensweise ist zum einen die nachhaltige Umsetzung von Innovationen abzusichern. Und zum anderen kann nur über die zentrale Fragestellung, was die Hochschule unter „Lernen" versteht, eine integrative Perspektive der Lernraumgestaltung entwickelt werden. Die vergleichen Untersuchung der Fallstudien hat am Beispiel der Fallstudie UMU gezeigt, dass die Umsetzung eines Modellprojektes zur räumlichen Unterstützung des Active Learning Approach nicht einfach skaliert werden kann. Das Modell der LernRaumOrganisation demonstriert anhand der dargestellten Zusammenhänge, dass damit alle Lernraumebenen betroffen sind.

Die vergleichende Fallstudienanalyse belegt aber auch, dass das Konzept eines Masterplans wiederum nicht bei Maßnahmen auf der Ebene symbolischer Verortung greift.

These 38: Für ein höheres Innovationspotential der Lernraumgestaltung sind Veränderungen der symbolischen Verortung dezentral einzusteuern.

Die Fallstudien SRH, MIN und UMU machen deutlich, dass den Lernenden wie auch Lehrenden Gestaltungsfreiheit und damit Souveränität über die Nutzung und Aneignung der physisch-materiellen wie auch technisch-virtuellen Raumebene gegeben werden muss, um ein höheres Innovationspotential realisieren zu können. Mit dem Konzept der Souveränität kann die Bildung kohäsiver Lerngemeinschaften und damit Lernen als sozialer Prozess (vgl. 3.1 Lernen in sozialen Kontexten) unterstützt werden. Bei den Hochschulen WUW und GCU wurde mit einer übergreifenden Masterplanung zur Gestaltung von Lernräumen auf der symbolischen Verortung das Konzept der Standardisierung durchgesetzt. Dabei wurden Voraussetzungen für eine effiziente Organisation von Lehr- und Lernprozesse geschaffen. Disziplinäre bzw. personelle Anforderungen und Bedürfnisse an Lernräume konnten bei dieser Perspektive der Lernraumgestaltung nicht durchgesetzt werden. Wie bei den Erläuterungen der These 22 beschrieben, ist es jedoch notwendig, dass das Hochschulmanagement dezentrale Maßnahmen der symbolischen Verortung durch eine Strategie der kulturellen Verortung (vgl. These 37) steuern muss, um Lernraumgestaltungsmaßnahmen top-down-bottom-up auf allen Ebenen verknüpfen zu können. Hier zeigt sich beim Aushandlungsprozess der Passung die Bedeutung der Berücksichtigung von Differenzen des Interaktions- und Organisationssystems.

Dies wird im folgenden Abschnitt mit der vergleichenden Fallstudienanalyse zur Untersuchung des Prozesses der Abgrenzung dargestellt.

11.2 Prozessmanagement als Aushandlungsprozess der Abgrenzung

In diesem Abschnitt wird der Aushandlungsprozess der Abgrenzung zwischen Interaktionssystem und Organisationssystem untersucht. Bei der vergleichenden Analyse der Fallstudien konnte beim Aushandlungsprozess der Abgrenzung als Differenzierungskriterium von Maßnahmen der Lernraumgestaltung das Konzept der Prozessmanagementpraxis bzw. das Konzept der Projektmanagementpraxis identifiziert werden (siehe Abbildung 24).

Bei den Fallstudien WUW und GCU wurden Maßnahmen der Lernraumgestaltung im Rahmen des Campusneubaus bzw. des Auf- und Ausbaus des Campuszentrums als Projekt geplant und durchgeführt. Mit einer Projektmanagementpraxis gehen Vorgaben zu Maßnahmen, Terminen, Kosten und Qualitäten einher. Mit der Festlegung dieser Rahmenbedingungen sind Veränderungen im Planungs- und Realisierungsprozess kaum mehr möglich. Daher wird bei schulischen Neubaumaßnahmen z. B. die Notwendigkeit einer Bedarfsplanung über die Leistungsphase Null eingefordert, um über Nutzerbeteiligungen die verschiedenen Interessen berücksichtigen zu können (vgl. Montag Stiftung 2015; Hubeli 2012).

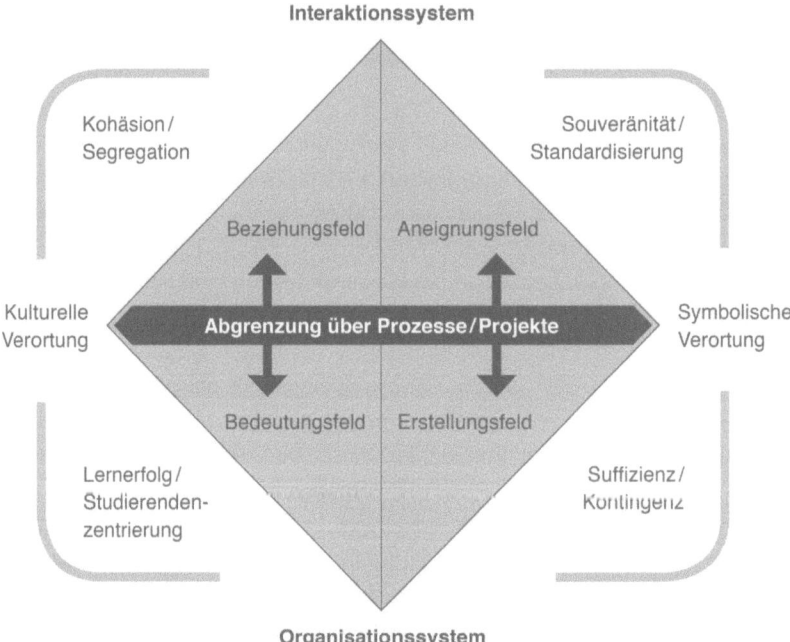

Abbildung 24: Fallstudienanalyse zur Abgrenzung

Die Prozesse der Abgrenzung zwischen den sozialen Systemen finden aber nicht nur im Rahmen von Neubaumaßnahmen statt. Bei der Identifikation des Aneignungsfelds wurde dargelegt, dass mit der Inbesitznahme von Lernräumen der eigentliche Gestaltungsprozess der Aushandlung zwischen den Hochschulakteuren erst beginnt (vgl. 4.2.1 Zur Differenzierung von Handlungsfeldern an Orten).

Der Prozess zur Veränderung der physisch-materiellen Lernraumebene durch den Einfluss der sozial-interaktiven und auch organisational-strukturellen Raumebene mit der Aneignung der Lernraumumgebung durch Lehrende und Lernende bildet sich bei der WUW bereits unmittelbar nach der Fertigstellung ab. So wurden aus der Perspektive des Interaktionssystems die Studierenden-Lounges im Departmentgebäude D4 in einen Seminarraum umgewandelt (vgl. WUW2014-08_FD (87); WUW2016_FD (104)) und in der Lehrenden-Lounge im Teaching Center die Lounge-Möbel durch Seminarmöblierung ersetzt (vgl. WUW2014-04_FD (18); WUW2016_FD (51–52)). Von den Lehrenden werden Besprechungsräume in den oberen Geschossen der Departments, die eigentlich für die Studierenden gesperrt sind, als Seminarräume „illegal" (WUW2016_PROF2: 23) umfunktioniert: „Das buchen wir dann einfach" (ebd.: 23). Und aus der Perspektive des Organisationssystems zeigen sich auch Veränderungen auf dem Campus der WUW an. Das Konzept der strikten räumlichen Zuteilung der Departments in eigene Gebäude erodiert bereits: „Und es gibt dann noch Institute in dem D5-Gebäude. Weil die Räume im Department [D1-Gebäude – Anm. KN] schon zu klein waren" (PROF2_WUW2016: 4). Diese Prozesse finden ihren Ursprung in den Veränderungsprozessen auf der Makroebene der Hochschule: „Und wenn man sich mal anschaut, wie sich Universitäten in den letzten 30 Jahren verändert haben, oder in den letzten zehn Jahren, dann würde ich sagen, wenn man denselben Wandel, dasselbe in Zukunft stattfindet, dann stimmt die Struktur, die nächste Struktur schon nicht mehr" (PROF2_WUW2016: 35). Dass die Aushandlungsprozesse der Abgrenzung kein fallspezifisches Phänomen an der WUW sind, wurde bereits bei der Entwicklung des Modells der LernRaumOrganisation dargelegt (vgl. 5.2 Herausforderungen des Managements von Hochschulen).

Bei Fallstudien mit hohem Innovationspotential wurde dagegen eine Prozessmanagementpraxis bei der Umsetzung von Lernraumgestaltungsmaßnahmen festgestellt. Dabei werden Konzeption, Planung und Umsetzung von Lernraumgestaltungsmaßnahmen organisatorisch in die Hochschulstruktur eingebettet, sodass der restriktive Projektcharakter mit der Begrenzung von Ressourcen aufgelöst werden kann. Dabei übernehmen Lehrende die Initiative wie auch die Verantwortung der Implementierung von Maßnahmen und stellen durch ihre Position in organisatorischen Verantwortungsbereichen die integrative Umsetzung von Lernraumgestaltungsmaßnahmen auf allen Raumebenen sicher. Dass dies der Weg für die Umsetzung von Lernraumgestaltungsmaßnahmen auf der Bewusstseinsebene ist, wird mit der Untersuchung der Fallstudie UMU deutlich. Hier wurde vom Team des Projektes „Rum för lärande" die zeitliche Begrenzung des Projektes als Herausforderung für eine nachhaltige Implementierung und Nutzung der

Flexible Learning Environments thematisiert. Im Rahmen der mit dem Projekt einhergehenden Forschungsstudie wurde festgestellt, dass die Lehrenden methodisch Unterstützungsmaßnahmen zur Umsetzung des Active Learning Approach benötigen. Es besteht die Sorge der Akteure, dass mit der Beendigung des Projektes die von den Lehrenden eingeforderte Unterstützung dann nicht mehr sichergestellt werden kann (vgl. TBILE_UMU2016:3).

Mit den zwei identifizierten Phänomenen, dem Konzept der Prozessmanagementpraxis und der Projektmanagementpraxis, zeigen sich Prozesstypologien der Fallstudien, die Einfluss auf das Innovationspotential von Lernraumgestaltungsmaßnahmen haben. Bei der vergleichenden Analyse der Fallstudien konnten drei bestimmende Eigenschaften ermittelt werden, die im Zusammenhäng mit den identifizierten Phänomenen stehen (siehe Tabelle 10: Synopsis Fallstudienanalyse zu Strategien der Abgrenzung, Seite 245). Anhand dieser Erkenntnisse werden in den nächsten drei Abschnitten, mit der Darstellung dieser Eigenschaften als Kontext der Phänomene sowie der Zusammenführung der Erkenntnisebenen II und III Thesen abgeleitet und begründet.

11.2.1 Systematik der Abgrenzung

Bei der vergleichenden Fallstudienanalyse aus der Perspektive zur Systematik der Abgrenzung wird deutlich, dass die iterative Prozessmanagementpraxis eine grundlegende Voraussetzung für Lernraumgestaltungsmaßnahmen zur hochschulweiten Umsetzung des Active Learning Approach ist. Bezug nehmend auf das Konzept der Suffizienz im Erstellungsfeld kann folgende These aufgestellt werden.

> **These 39:** Eine prozessuale Einbindung von Lernraumgestaltungsmaßnahmen in die Hochschulorganisation ist eine grundlegende Voraussetzung für die Realisierung von hohen Innovationspotentialen.

Aufgrund der aktuellen und zukünftigen Herausforderungen an Hochschulen (vgl. 1.1 Thematische Einführung Lernraumgestaltung Hochschule) gilt es, die Zusammenhänge von Lernen und Raum zu hinterfragen und Veränderungen einzuleiten. Die Hochschulen SRH und MIN zeigen, dass damit auch an Grundfesten des ‚immer-schon-so-gewesen-Seins' gerührt werden muss, um Innovationen bei der Lernraumgestaltung auf hohem Innovationsniveau integrieren zu können. Bei den Maßnahmen der MIN wird sichtbar, dass erst mit dem Konzept der Suffizienz der Lebens- und Lernraum zusammengeführt und damit Lernprozesse, gemäß der Forderung des lebenslangen Lernens (vgl. 3.2.2 Eigenverantwortung), prozesshaft in den Alltag integriert werden können. Dies erfordert, so belegt die Fallstudie MIN, eine ganz andere Art von Lernumgebung, die erst mit der konsequenten konzeptionellen Kopplung der vier Lernraumebenen entwickelt werden kann.

Tabelle 10: Synopsis Fallstudienanalyse zu Strategien der Abgrenzung

Innovationspyramide der Lernraumgestaltung		Systematik der Abgrenzung			Strategie der Abgrenzung beim Modell der Lern-RaumOrganisation	Von der Partizipation zur Verantwortung			Diversität durch Exklusivität
		Lernraumstrategie	Aspekte der kulturellen Verortung	Aspekte der symbolischen Verortung		Kompetenzbereich der Lehrenden bei Lernraumgestaltungsmaßnahmen		Entscheidungsschemata der Lernraumgestaltung	Segregation als Qualitätskriterium
		kulturelle Verortung / symbolische Verortung	Lernerfolg / Projektbezogener Lernerfolg / Studierendenzufriedenheit	Suffizienz / Kontingenz					
		Bewusstseinsebene / Bedürfnisebene	Kohäsion / Differenzierung						
			Souveränität / Standardisierung						
MIN	Lebensraum als Lernraum				Lernraumgestaltung als iterative Prozessmanagementpraxis	Aktive Gestaltung von Prozessen der Lernraumgestaltung durch Lehrende in ihrem direkten Umfeld	Übernahmen von Verantwortungsbereichen durch Lehrende für die integrative Konzeption und Realisierung von Maßnahmen der Lernraumgestaltung auf allen Raumebenen	Lernraumgestaltung als iterativer Top-down-Bottom-up-Prozess	Konzeption der kulturellen Verortung als Instrument zur gezielten Auswahl von Studierenden und Lehrenden
SRH	Zusammenführung von formellen und informellen Lernräumen								
UMU	Verknüpfung von formellen und informellen Lernräumen				Lernraumgestaltung als Projektmanagementpraxis	Integration von ausgewählten Lehrenden in Projektentwicklung bzw. Beratungsgremium	Aufforderung der Hochschulleitung an Mitarbeiter aller Organisationseinheiten zur Initiierung von Lernraumprojekten der symbolischen Verortung	Lernraumgestaltung als iterativer Bottom-up-Top-down-Prozess	
WUW						Keine Integration von Lehrenden in Projektleitung und Projektteam	Zentrale Initiierung des Lernraumprojektes der symbolischen Verortung	Lernraumgestaltung als Top-down-Prozess	Repräsentation der symbolischen Verortung als Instrument zur Gewinnung von Studierenden und Lehrenden
GCU	Differenzierung formeller und informeller Lernräume								

Bei der Fallstudie UMU bestätigt sich, dass eine hochschulweite Umsetzung des Active Learning Approach und damit auch die Hinterfragung von materiellen und technischen Artefakten mit einem projektorientierten Ansatz nicht zu realisieren ist. Dazu ist die Tragweite der damit einhergehenden strategischen Entscheidungen in den Aktionsfeldern nach dem Modell der LernRaumOrganisation zu hoch. Obwohl bei der UMU die Entwicklung von Lernraumgestaltungsmaßnahmen nicht direktiv, sondern dezentral organisiert wird, fehlt hier eine übergreifende Masterplanung der Gestaltung der kulturellen Verortung (vgl. These 37).

Mit der strategischen Ausrichtung der Lehr- und Lernkultur einer Hochschule sind nicht nur didaktische Methoden bei Lehr- und Lernprozessen auf der sozial-interaktiven Raumebene, eine Festlegung von Veränderungsmaßnahmen für organisatorische Rahmenbedingungen auf der organisational-strukturellen Ebene sowie Maßnahmen der Lernraumgestaltung auf der physisch-materiellen oder technisch-virtuellen Raumebene erforderlich. Mit dem Aushandlungsprozess der Abgrenzung zeigt sich, dass diese Ebenen zusammengeführt werden müssen. Der Erfolg strategischer Maßnahmen der Lernraumgestaltung wird über die Einbettung der Prozesse zwischen den sozialen Systemen entschieden.

Zur Komplexität von integrativen Lernraumgestaltungsmaßnahmen könnte auf Basis der Fallstudienanalyse argumentiert werden, dass nur privatwirtschaftlich orientierte Hochschulen mit weniger hohen Studierendenzahlen, wie die Hochschulen SRH und MIN, das Potential für Maßnahmen der Lernraumgestaltung mit einem hohen Innovationspotential haben. Diese zeigen sich anpassungsschnell und wandlungsfähig als „kleine, wendige Schnellboote im Kielwasser der großen Tanker" (Wiarda 2016). Hier belegt aber die Fallstudie UMU, dass auch öffentliche Hochschulen mit hohen Studierendenzahlen (vgl. Tabelle 4, Seite 187) das Potential von integrativen Lernraumgestaltungsmaßnahmen erkennen und entsprechend handeln können.

> **These 40:** Lernraumgestaltungsmaßnahmen mit einem hohen Innovationspotential bedürfen der Maßstäblichkeit bei der Einbindung in organisationale Strukturen der Hochschule.

Bei den Hochschulen SRH und MIN begünstigen kleine organisatorische Einheiten die Veränderung der Lehr- und Lernkultur. Mit der Untersuchung der SRH konnten weitere Voraussetzungen spezifiziert werden. Bei der Einführung des Studienmodells CORE wurde deutlich, dass jede Fakultät Prozesse zur Veränderung der Lernkultur disziplinär unterschiedlich interpretiert und lebt. Dies bestätigt sich auch bei einer hochschulweiten Studie zum Lehrstil, der je nach Sozialisierung der Lehrenden variiert (vgl. These 26). So wird im Change-Management-Prozess an der SRH zwischen zentralen Top-down-Maßnahmen wie auch dezentralen Bottom-up-Maßnahmen agiert (siehe auch These 41). Das bedeutet, dass nicht nur die Hochschule als Ganzes, sondern auch in kleineren, disziplinären Einheiten gedacht werden muss, was ein Charakteristikum von Hochschulen ist (vgl. 5.2 Herausforderungen des Managements von Hochschulen). Dies impli-

ziert alternative Strategien zur Veränderung der kulturellen Verortung aus den dezentralen Strukturen heraus. So ist die SRH derzeit mit Vertretern einer österreichischen
Hochschule im Gespräch, die an der Umsetzung des CORE-Prinzips interessiert sind
(vgl. REK_SRH2016). Die Idee an dieser Hochschule ist, einen Studiengang organisatorisch in Blockstruktur umzustellen und damit ein Modell zu entwickeln, welches sukzessive auf die Bedürfnisse der Fakultät wie auch der gesamten Hochschule angepasst
werden kann.

Vor diesem Hintergrund können die aktuellen Entwicklungen der Hochschule UMU
unter einer ganz anderen Perspektive betrachtet werden. Wie bei der Analyse der Aushandlungsprozesse der Passung dargestellt haben sich bereits mit dem Konzept der
Kohäsion und Souveränität auf der Seite des Interaktionssystems Strukturen entwickelt,
die für eine Grundlage für Lernraumgestaltungsmaßnahmen mit hohem Innovationspotential stehen. Der Sprung zur hochschulweiten Umsetzung des Active Learning Approach ist mit der Umstellung der Organisation von Lernraumgestaltungsmaßnahmen
aus einer Projektmanagementstruktur in eine Prozessmanagementstruktur möglich.
Damit können die grundlegenden Voraussetzungen für Maßnahmen mit hoher Innovationskraft gesetzt werden (vgl. These 39). Das bedeutet, dass mit einem organischen
Wachstum von einem projektorientierten zu einem prozessorientierten Modell der methodischen und räumlichen Umsetzung des Active Learning Approach heraus die Implementierung des Konzeptes auf einer nächsthöhere Innovationsebene emergieren
kann.

11.2.2 Von der Partizipation zur Verantwortung

Bei der vergleichenden Analyse der Fallstudien konnte festgestellt werden, dass bei
Lernraumgestaltungsmaßnahmen auf der Bewusstseinsebene Lehrende aktive Gestalter
von Prozessen zur Veränderung der kulturellen Verortung sind.

> **These 41:** Für ein höheres Innovationspotential sind Lehrende durch die Übernahme
> von Verantwortungsbereichen bei Lernraumgestaltungsmaßnahmen in das Hoch-
> schulmanagement zu integrieren.

Mit der Entwicklung des Modells der LernRaumOrganisation wurde bereits die Bedeutung der Lehrenden, welche aus ihrem Handlungsradius im Interaktions- wie auch Organisationssystem resultiert, herausgearbeitet (vgl. 5.3.3 Zur Bedeutung der Lehrenden).
Bei der SRH wurde das Studienmodell CORE zur hochschulweiten Umsetzung des
Paradigmenwechsel von zwei Lehrenden am Küchentisch initiiert, die mit der Lehr- und
Lernkultur an der Hochschule unzufrieden waren. Mit einem Drittmittelantrag und der
damit einhergehenden Finanzierung konnte die Akademie für Hochschullehre ins Leben
gerufen werden. Diese wurde nach drei Jahren als Organisationseinheit in die reguläre
Hochschulstruktur eingebunden, um den Veränderungsprozess weiter begleiten und
unterstützen zu können. Die beiden Initiatorinnen verknüpfen in ihrer Doppelfunktion

als Leiterinnen der Akademie wie auch als Lehrende in ihren Fakultäten Theorie und Praxis des Active Learning Approach. Dabei konnten sie aus eigenen Erfahrungen heraus für das Studienmodell argumentieren und sind als integrativer Teil ihrer Fakultät über Herausforderungen informiert. Es zeigt sich, dass bei dieser prozessualen Praxis Rahmenbedingungen zur Sicherstellung des Qualitätsmanagements der Lehre sowie des Change-Management-Prozesses zur Umsetzung des Studienmodells CORE geschaffen werden und damit eine Offenheit für notwendige Maßnahmen gewährleistet wird.

Und auch bei der Hochschule MIN waren die Unzufriedenheit des Gründers Ben Nelson sowie des Gründungsdekans Stephen Kosslyn über die Qualität der Hochschulausbildung Motivator zur Gründung der Hochschule. Mit dem fachlichen und persönlichen Background als Psychologieprofessor an der Harvard University bringt Kosslyn das Know-how der Lehr-Lernforschung bei der Entwicklung des Minerva-Konzeptes wie auch bei der praktischen Umsetzung zur Lernraumgestaltung ein. Kosslyn ist dabei nicht nur Dekan an der Minerva Schools at KGI, sondern auch in das Minerva Project integriert, welches die Urheberrechte an dem Minerva-Konzept sowie der dabei entwickelten Technologie des ALF hält.

Bei der Vorgehensweise der Lernraumgestaltungsstrategie über die kulturelle Verortung ist eine gängige Kategorisierung als Bottom-up- oder Top-down-Prozess nicht mehr möglich und vor dem Hintergrund der These auch nicht notwendig. Maßnahmen einer integrativen Lernraumgestaltung, mit der Verknüpfung von physisch-materieller, technisch-virtueller, sozial-interaktiver und organisational-struktureller Ebene, kann nicht über partielle Partizipationsprozesse gesteuert werden. Bei Veränderungen auf dieser Innovationsebene gilt es, über die gesamte Hochschule, mit Lehrenden, Mitarbeitern sowie der Leitung von Fakultäten, admistrativen Abteilungen der Hochschule selbst, Verantwortung zu übernehmen. Die Komplexität dieser Prozesse kann nur mit der Einbindung von Lernraumgestaltungsmaßnahmen in die Hochschulstruktur gewährleistet werden.

11.2.3   Diversität durch Exklusivität

Aufgrund der mit den hohen Studierendenzahlen einhergehenden Heterogenität der Studierenden besteht für die Hochschulen eine Herausforderung zur Klärung eines Profils der Lehr- und Lernkultur: „Den Hochschulen ist es hingegen kaum möglich, die Nachfrageseite, die aus einzelnen, unorganisierten Personen besteht, systematisch zu beobachten" (Kloke/Krücken 2012: 312). Bei der vergleichenden Fallstudienanalyse konnte dabei die folgende Beobachtung zur strategischen Planung der Lernraumgestaltung auf der Bewusstseinsebene gemacht werden.

These 42: Mit der Exklusivität von Lerngemeinschaften über die Strategie der kulturelle Verortung werden Voraussetzungen zur Profilbildung der Hochschule und damit der systemübergreifenden Passung von Hochschulakteuren geschaffen.

Mit der gezielt strategischen Ausrichtung der Lehr- und Lernkultur können spezifische Gruppen von Studierenden, Lehrenden wie auch von Mitarbeitern angesprochen werden. So werden bei den Auswahlgesprächen an der SRH nicht nur fachliche Motivation und Fähigkeiten hinterfragt, sondern auch die an der SRH geltenden Lernbedingungen mit der Notwendigkeit eines starken Engagements seitens aller Hochschulakteure. Und auch an der MIN wird bei der Auswahl von Studierenden ein eigenes Aufnahmeverfahren angewendet, um die zur Hochschulkultur passenden Studierenden ansprechen und auswählen zu können. Das bedeutet, dass über die strategische Ausrichtung der kulturellen Verortung eine Vorauswahl potentieller Interessenten möglich ist. Die Hochschulen bedürfen bei steigendem Wettbewerb ein Alleinstellungsmerkmal als Differenzierungskriterium. MIN und SRH nehmen mit der konsequenten Umsetzung einer Lehr- und Lernkultur zur Unterstützung des Active Learning Approach in Kauf, dass nicht alle potentiellen Studierenden, Lehrenden und Mitarbeiter daran Interesse finden und sich ggf. bei einer anderen Hochschule bewerben. Der Prozess der selektiven Vorauswahl wird von den Hochschulen jedoch als Chance zur Profilbildung verstanden und auch gezielt kommuniziert (vgl. REK_SRH2016: 4).

11.3 Zusammenführung Erkenntnisebene IV

Auf der Erkenntnisebene IV wurden die der LernRaumOrganisation immanenten Aushandlungsprozesse, Passung und Abgrenzung, empirisch untersucht sowie mit der Einbindung der identifizierten Phänomene der Erkenntnisebenen I, II und III in einem größeren Zusammenhang betrachtet.

Bei der Beschreibung der identifizierten Phänomene sowie der Begründung zur Ableitung von Thesen hat sich gezeigt, dass die Aushandlungsprozesse Passung und Abgrenzung eng miteinander verwoben sind. Das unterstreicht die Komplexität von hochschulweiten Lernraumgestaltungsmaßnahmen, bei welchen verschiedene soziale Systeme eingebunden sind. Zum einen sucht jedes System für sich selbst eine passende Umwelt der symbolischen Verortung, die für seinen Habitus der kulturellen Verortung passend ist. Nach dem Konzept des relationalen Raums betrifft das aber nicht nur die Gestaltung materieller und technischer Artefakte, sondern auch, wie über das Aneignungsfeld charakterisiert, die Nutzungsmöglichkeiten von Lernumgebungen. Zum anderen liegt es in der Natur sozialer Systeme, sich über das eigene Profil sowie die materielle Umwelt, mit der Gestaltung von Artefakten wie auch über Nutzungsmöglichkeiten, von anderen sozialen Systemen abzugrenzen. Hier wird das Spannungsfeld deutlich, in welchem die Akteure agieren und die Hochschule strategische Entscheidungen zur Lernraumgestaltung treffen muss. In diesem Zusammenhang sind die bei den Aushandlungsprozessen identifizierten Handlungsstrategien der graduellen Entwicklung von Lernraumgestaltungsmaßnahmen, beim Prozess der Passung, sowie der Verteilung von Verantwortung bei Lernraumgestaltungsmaßnahmen, beim Prozess der Abgrenzung, entscheidend. Mit dieser Vorgehensweise kann die Komplexität von hochschulweiten

Maßnahmen, so zeigt es die vergleichende Fallstudienanalyse, beherrscht werden. Aufgabe des Hochschulmanagements mit seiner Rolle als dritter Pädagoge ist es hier, entsprechende Voraussetzungen und die Sicherstellung dieser zu gewährleisten.

Die mit diesen Handlungsstrategien einhergehenden Phänomene geben über die Analyse der Erkenntnisebenen einen Hinweis auf die Kernkategorie und formale Theorie der LernRaumOrganisation, welche im nächsten Kapitel dargelegt werden.

Epilog

12 Synthese theoretischer und empirischer Forschungserkenntnisse

„Intelligenz ist die Fähigkeit, sich dem Wandel anzupassen."
Stephen Hawking (*1942)

Mit dem Modell der LernRaumOrganisation wurde in dieser Forschungsarbeit ein Werkzeug entwickelt, das die Analyse von Lernraumgestaltungsmaßnahmen an Hochschulen auf differenzierten Ebenen zulässt. Die Entwicklung des Modells wie auch die Identifikation von Phänomenen bei den vergleichenden Fallstudienanalysen hat gezeigt, dass Veränderungen der baulichen Lernumgebung in einen größeren Kontext unter Berücksichtigung der vier Lernraumebenen, der physisch-materiellen, technisch-virtuellen, sozial-interaktiven und organisational-strukturellen Welt, zu stellen sind. Bei den empirischen Untersuchungen der ausgewählten Hochschulen mit innovativen, hochschulweiten Lernraumgestaltungsmaßnahmen konnte dabei die Bedeutung des Hochschulmanagements als dritter Pädagoge herausgearbeitet werden. Durch strategische Managemententscheidungen auf der organisational-strukturellen Raumebene können Veränderungen der kulturellen und symbolischen Verortung initiiert werden, welche die Integration von Innovationen von Lernraumgestaltungsmaßnahmen unterstützen bzw. behindern und damit direkt und indirekt Einfluss auf Lehr- und Lernprozesse und somit den Lernerfolg der Studierenden nehmen können.

In diesem Kapitel werden die theoretischen Erkenntnisse des Modells der LernRaum-Organisation mit den empirischen Erkenntnissen der vergleichenden Fallstudienanalysen zusammengeführt. Dabei wird im nächsten Abschnitt zunächst das zentrale Phänomen, die Kernkategorie, als Zusammenfassung der Erkenntnisebenen gefasst. Darauf aufbauend kann die formale Theorie der LernRaumOrganisation zusammenfassend dargelegt werden, um die erkenntnisleitende Fragestellung auf der Metaebene beantworten zu können.

12.1 Ableitung des zentralen Phänomens der LernRaumOrganisation

Ziel dieser Forschungsarbeit war es, Faktoren zu ermitteln, die die Integration von Innovationen bei Lernraumgestaltungsmaßnahmen beeinflussen (vgl. 1.2 Zielstellung der Forschungsarbeit). Voraussetzung zur Klärung dieser Fragestellung war zunächst die theoretische Analyse und Darstellung der Zusammenhänge von Lernen, Raum und Organisation. Mit dem Modell der LernRaumOrganisation wurde durch die Identifikation der Aktionsfelder – Bedeutungsfeld, Beziehungsfeld, Aneignungsfeld und Erstellungsfeld – eine theoretische Grundlage erarbeitet, um Lernraumgestaltungsmaßnahmen aus einer erweiterten Perspektive analysieren zu können (vgl. 6 Überblick zur Entwicklung des Modells der LernRaumOrganisation). Durch die Platzierung und das Zusammenspiel der Aktionsfelder konnten auf vier Erkenntnisebenen Innovationspotentiale, Lernraumgestaltungsstrategien, Entscheidungsstrategien sowie Prozesstypologien bei ausgewählten Fallstudien empirisch untersucht und damit Antworten auf die Fragestellung generiert werden.

Aus den Erkenntnissen zum Stand der Forschung und der Entwicklung des Modells der LernRaumOrganisation wurde im theoretischen Teil dieser Arbeit die Innovationspyramide der Lernraumgestaltung entwickelt. Hier galt es im Kontext der erkenntnisleitenden Fragestellung zunächst Innovationspotentiale bei Lernraumgestaltungsmaßnahmen auf der Bedürfnisebene und der Bewusstseinsebene zu differenzieren (vgl. 6.2 Innovationspyramide der Lernraumgestaltung). Im empirischen Teil der Arbeit wurde auf der Erkenntnisebene I mit der Analyse der Fallstudien die Innovationspyramide weiter ausdifferenziert (vgl. 8.6 Zusammenführung Erkenntnisebene I). Mit der Kategorisierung von Innovationspotentialen der Lernraumgestaltung wurde eine Grundlage zur Bewertung von Phänomenen der Lernraumgestaltung und den damit zugrunde liegenden Strategien und Prozessen bei den vergleichenden Fallstudienanalysen gegeben (vgl. 7.4 Verfahren zur Synopsis der Fallstudien).

Bei der vergleichenden Fallstudienanalyse von Lernraumgestaltungsstrategien auf der Erkenntnisebene II, von Entscheidungsstrategien in den Aktionsfeldern auf der Erkenntnisebene III sowie von Prozesstypologien auf der Erkenntnisebene IV wurden fallübergreifend Phänomene der Lernraumgestaltung an den untersuchten Hochschulen identifziert. Dabei hat sich gezeigt, dass auf der Ebene von Strategien und Prozessen jeweils zwischen Phänomenen der Bedürfnisebene, die für ein niedrigeres Innovationspotential steht, und der Bewusstseinsebene, die für ein höheres Innovationspotential steht, unterschieden werden kann (siehe Abbildung 25).

In der Zusammenführung der Phänomene auf den Erkenntnisebenen kann das zentrale Phänomen der LernRaumOrganisation als Differenzierungskriterium zwischen den Innovationsebenen mit niedrigerem und höherem Innovationspotential ermittelt werden: Lernraumgestaltungsmaßnahmen mit einem hohen Innovationspotential bedürfen für eine hochschulweite Umsetzung eines organischen Wachstums auf allen vier Raumebenen der physisch-materiellen, technisch-virtuellen, sozial-interaktiven und der organisational-strukturellen Welt. Organisches Wachstum bezieht sich dabei nicht auf den zeitlichen Aspekt einer schnellen oder langsamen Entwicklung. Vielmehr gilt es, Handlungsstrategien zu entwickeln, mit denen hochschulspezifische Anforderungen und allgemeine Herausforderungen der Lernraumgestaltung als iterativer Prozess berücksichtigt werden können (siehe 12.2 Zusammenfassung der Erkenntnisse zur zentralen Fragestellung).

Synopsis Fallstudienanalysen	Innovationen auf Bedürfnisebene	Innovationen auf Bewusstseinsebene
Lernraumstrategie	Symbolische Verortung	Kulturelle Verortung
Bedeutungsfeld	Studierendenzufriedenheit	Lernerfolg
Beziehungsfeld	Segregation	Kohäsion
Aneignungsfeld	Standardisierung	Souveränität
Erstellungsfeld	Kongruenz	Suffizienz
Passung	Identität	Identifikation
Abgrenzung	Projektmanagement	Prozessmanagement
Ableitung Kernkategorie	Organisches Wachstum von Lernraumgestaltungsmaßnahmen auf allen Raumebenen	

Abbildung 25: Zusammenführung der Erkenntnisebenen I bis IV

Bei den vergleichenden Fallstudienanalysen wurden auf Grundlage der in den Erkenntnisebenen ermittelten Phänomene Thesen abgeleitet, die aus den Daten heraus notwendige Maßnahmen zur Integration von Innovationen bei Lernraumgestaltungsprozessen anzeigen. Anhand der Thesen konnten Indikatoren für die Bedeutung eines organischen Wachstums der Lernraumgestaltung mit hohem Innovationspotential ermittelt werden (siehe Tabelle 11; Tabelle 12; Tabelle 13 mit den Darstellungen der empirischen Ergebnisse der Forschungsarbeit):

–   So wurde bei der Analyse der Lernraumgestaltungsstrategien die Notwendigkeit einer wandlungs- und anpassungsfähigen Organisation festgestellt, die mit umfassenden Veränderungsprozessen der Lehr- und Lernkultur über die kulturelle Verortung einhergeht (vgl. These 9).
–   Im Bedeutungsfeld steht im Kontext des Fokus auf den Lernerfolg von Studierenden die Notwendigkeit zu langfristig wirkenden Veränderungen von Organisationsstrukturen und -prozessen im Vordergrund (vgl. These 11).
–   Im Beziehungsfeld wird die Voraussetzung zur Bildung kohäsiver Lerngemeinschaften formuliert, damit durch die Interaktion und Kooperation von Lernenden und Lehrenden soziale Lernprozesse sukzessiv über gemeinsame Werte, Themen und Interessensgebiete unterstützt werden können (vgl. These 16).
–   Im Aneignungsfeld zeigt sich, dass die Anbindung räumlicher und organisatorischer Verantwortungsbereiche an Personen und Personengruppen notwendig ist, um Verantwortungsbereiche der Lernraumgestaltung zu dezentralisieren (vgl. These 22).
–   Im Erstellungsfeld wird die Notwendigkeit zur Eindeutigkeit von Lernraumgestaltungsmaßnahmen für eine langfristige Etablierung der Lehr- und Lernkultur und

damit den Erfolg des Paradigmenwechsels „Shift from Teaching to Learning" identifiziert (vgl. These 27).

– Beim Aushandlungsprozess der Passung wird die Bedeutung einer graduellen Lern-
   raumgestaltungsentwicklung herausgearbeitet, der im Kontext der Identifikation der
   Hochschulakteure mit innovativen Lernraumgestaltungsmaßnahmen steht (vgl.
   These 35).

– Beim Prozess der Abgrenzung wird die Relevanz der prozessualen Einbindung von
   Lernraumgestaltungsmaßnahmen in die Organisationsstrukturen der Hochschulen
   dargelegt, um hochschulweit die Akteure unterschiedlicher sozialer Systeme miteinander vernetzen zu können (vgl. These 39).

Der Gedanke des organischen Wachstums als Kernkategorie der LernRaumOrganisation
zeigt sich bereits auch an der Formulierung der erkenntnisleitenden Fragestellung. Hier
wird nach Faktoren zur *Integration* von Innovationen bei Lernraumgestaltungsmaßnahmen gefragt. Integration leitet sich aus dem lateinischen *integratio* ab und bedeutet
„Wiederherstellung eines Ganzen" (Duden). Es wird deutlich, dass Lernraumgestaltung
als integratives Konzept gedacht werden muss; die Einführung materieller oder technischer Artefakte ist vor diesem Hintergrund nicht losgelöst vom Kontext der Lehr- und
Lernkultur sowie der Strukturen der Hochschulorganisation zu betrachten. Dabei kann
dass Innovationsniveau der physisch-materiellen und der technisch-virtuellen Raumebenen immer nur so hoch sein wie das der sozial-interaktiven und organisational-
strukturellen Raumebenen. Hier bestätigt sich eindrücklich die Bedeutung des Hochschulmanagements als dritter Pädagoge und damit der Rolle als Initiator, Organisator,
Unterstützer und Enabler von innovativen Lernraumgestaltungsmaßnahmen. Bei der
Konzeption, Planung und Integration von Innovationen auf hohem Innovationsniveau
gilt es, beständig alle Ebenen im Blick zu haben und diese durch entsprechende Maßnahmen zu nivellieren.

Somit kann kein linearer Entwicklungsprozess zur optimalen Integration von Innovationen bei Lernraumgestaltungsmaßnahmen vorgezeichnet werden. Vielmehr gilt es, auf
den verschiedenen Raumebenen den Stand der Dinge abzufragen, zu analysieren und
Maßnahmen zu initiieren. Das kann zur Folge haben, dass ggf. ein Schritt zurück auf
einer Ebene hilfreich ist, um Lernraumgestaltungsmaßnahmen mit hohem Innovationspotential auf allen Ebenen vorantreiben zu können.

12.2   Zusammenfassung der Erkenntnisse zur zentralen Fragestellung

Bei einem Forschungsprozess nach der Grounded Theory steht ein praxisorientiertes
Erkenntnisinteresse im Vordergund (vgl. 7.1 Forschungsstil). Ziel dieser Forschungsarbeit ist es, anhand von Daten auf den Erkenntnisebenen Thesen abzuleiten, diese in eine
übergeordnete formale Theorie mit hohem Allgemeinheitsgrad zu überführen und daraus Handlungsempfehlungen der Lernraumgestaltungspraxis zu generieren. Der Prozess zur Bildung der Theorie ist ein kreativer Prozess des Forschers beim Prozess des

selektiven Kodierens nach der Grounded Theory. Hier wird nicht mehr mit einem systematisch angelegten, logischen Prozess verfahren. Vielmehr entspringt die Ableitung der übergeordneten Theorie dem Entscheidungsprozess der Forschenden, welcher Aspekt einer besonderen Bedeutung und Aufmerksamkeit bedarf und damit die anderen Erkenntnisse zusammenfassen kann (vgl. 7.1.1 Grounded Theory). In diesem Stadium des Forschungsprozesses können auf der dritten Stufe des Kodierprozesses Antworten auf die erkenntnisleitende Fragestellung gegeben werden, welche Faktoren die Integration von Innovationen bei Lernraumgestaltungsmaßnahmen an Hochschulen beeinflussen (vgl. 7.1.3 Prozess der Theorieentwicklung).

Wie beim Stand der Forschung ausführlich begründet, gibt es bisher keine Erkenntnisse zur Kausalität der gebauten Lernumgebung auf das Lehr- und Lernverhalten. Die theoretischen und empirischen Erkenntnisse dieser Arbeit zeigen auf, dass nicht nur die physisch-materielle und technisch-virtuelle, sondern auch die sozial-interaktive und organisational-strukturelle Raumebenen bei der Unterstützung von Lehr- und Lernprozessen zu berücksichtigen sind. So ist der „Shift from Teaching to Learning" nicht nur über die Veränderung didaktischer Methoden und einer passenden Lernumgebung, sondern insbesondere durch die Veränderung des Selbstverständnisses der Lernenden, der Lehrenden und der Hochschule selbst realisierbar. Daher kann die Frage zur Integration von Innovationen bei Lernraumgestaltungsmaßnahmen nicht allein auf einer Raumebene diskutiert werden.

Mit der theoretischen Entwicklung des Modells der LernRaumOrganisation, welches alle Raumebenen des Lernraums als soziotechnisches System berücksichtigt, sowie der darauf aufbauenden empirischen Fallstudienanalyse von fünf ausgewählten Hochschulen konnte die Bedeutung des Hochschulmanagements als dritter Pädagoge dargelegt werden. Dies steht vor dem Hintergrund, dass hochschulweite Lernraumgestaltungsmaßnahmen mit Veränderungen auf allen Raumenenen einhergehen. Dabei hat sich gezeigt, dass die Veränderungsprozesse nicht *ein* kritischer Aspekt der Lernraumgestaltung, sondern *der* zentrale Kern, nämlich Ursache und Wirkung bei der Integration von innovativen Lernraumgestaltungsmaßnahmen, sind.

Mit der Untersuchung von Handlungsstrategien bei den Fallstudien konnten auf den Erkenntnisebenen Thesen abgeleitet werden, welche Faktoren die Integration von Lernraumgestaltungsmaßnahmen mit einem hohen Innovationspotential unterstützen. Dabei werden zum einen anhand der Thesen Erwartungen an das Hochschulmanagement induziert. Zum anderen werden notwendige Regulierungs- und Unterstützungsleistungen des dritten Pädagogen formuliert (siehe Tabelle 11; Tabelle 12; Tabelle 13 mit den Darstellungen der empirischen Ergebnisse der Forschungsarbeit):

– Relevanz der Implementierung von Organisationsstrukturen zur Konstituierung einer lernenden Hochschulorganisation

Mit der Notwendigkeit einer wandlungs- und anpassungsfähigen Hochschulorganisation gilt es, organisationale Strukturen zu etablieren, die auf externe und interne Veränderungs- und Entwicklungsprozesse auf den vier Raumebenen der physisch-materiellen, technisch-virtuellen, sozial-interaktiven und organisational-strukturellen Welt reagieren können.

– Relevanz zur Ausbildung eines agilen Hochschulmanagements bei einer strategischen Ausrichtung auf den Lernerfolg der Studierenden

Die vergleichenden Fallstudienanalysen machen deutlich, dass die Entwicklung nachhaltiger Konzepte von Lernraumgestaltungsmaßnahmen eine eindeutige Positionierung zur Lehr- und Lernkultur erfordert. Mit dem strategischen Ziel der Umsetzung des „Shift from Teaching to Learning" ist eine Managementkultur zu etablieren, die sich offen für disziplin- und hierarchieübergreifende Prozesse und Interaktion zeigt. Damit werden Voraussetzungen geschaffen, Innovationsprozesse integrativ und entsprechend den Anforderungen der Hochschulakteure flexibel zu konzipieren und zu realisieren.

– Relevanz einer Handlungskompetenz des Hochschulmanagements mit Kenntnissen zu Anforderungen der Lernraumgestaltung für die Unterstützung von Lernprozessen

Mit dem Fokus auf den Lernerfolg der Studierenden rückt die Effizienz zur Organisation von Lehrprozessen in den Hintergrund. Vielmehr gilt es, die Qualität formeller und informeller Lernprozesse, mit der engen Kollaboration von Studierenden und Lehrenden, zu unterstützen. Dabei benötigt das Hochschulmanagement Kenntnisse und Kompetenzen zur Bewertung und Initiierung von Maßnahmen, die der Unterstützung von Lehr- und Lernprozessen förderlich sind.

– Relevanz zur Steuerung zentraler und dezentraler Lernraumentwicklungsmaßnahmen durch das Hochschulmanagement

Mit der Forderung einer integrativen Lernraumgestaltung gilt es, Organisationsstrukturen zu etablieren, bei welchen zum einen transdisziplinäre Experten von Lernraumgestaltungsaspekten auf allen vier Ebenen vernetzt werden können. Zum anderen sind diese Experten als thematische und organisatorische Ansprechpartner zu installieren, um die dezentrale, nutzersouveräne Konzeption und Umsetzung von Lernraumgestaltungsmaßnahmen gewährleisten zu können.

– Relevanz zum Bruch mit Konventionen durch das Hinterfragen von Lernraumgestaltungsmaßnahmen auf allen vier Raumebenen

Seitens des Hochschulmanagements ist Lernraumgestaltung als soziotechnisches System zu verstehen und zu entwickeln. Aus dieser Perspektive können mit der Verantwortung zur Umsetzung zukunftsfähiger Maßnahmen, Lernen und Raum neu kodiert werden. Mit dem Konzept der Suffizienz besteht die Chance, Lernraumgestaltungsmaßnahmen auf allen Raumebenen zu hinterfragen. Dabei können neue Ansätze, wie die Aktivierung des Lebensraums als Lernraum, generiert werden.

− Relevanz zur Bereitstellung zeitlicher, personeller und finanzieller Ressourcen

Integrative Lernraumgestaltungsmaßnahmen sind ein gradueller Veränderungsprozess. Das bedeutet, dass es Möglichkeiten zur Modifikation von Maßnahmen geben muss. Um einen iterativen Prozess der Überprüfung und Anpassung von Konzepten gewährleisten zu können, sind Ressourcen zur Bearbeitung von Themenbereichen auf allen vier Lernraumebenen sicherzustellen.

− Relevanz zur Moderation von Veränderungsprozessen der kulturellen und symbolischen Verortung

Lernraumgestaltungsmaßnahmen sind prozessual in die Hochschulorganisation einzubinden. Damit kann die Komplexität bei der zusammenhängenden Gestaltung von Lernen und Raum in beherrschbare Einheiten aufgebrochen werden. Ziel ist es dabei, Hochschulakteure differenzierter sozialer Systeme in das Hochschulmanagement zu integrieren, um eine ganzheitliche Entwicklung auf allen Raumebenen zu ermöglichen. Seitens des Hochschulmanagements als dritter Pädagoge ist die Durchgängigkeit von Kommunikationsprozessen sicherzustellen, um die Akzeptanz von Innovationen der Lernraumgestaltung bei Akteuren des Organisationssystems wie auch des Interaktionssystems der Hochschule zu gewährleisten.

Tabelle 11: Übersicht der Forschungsergebnisse 1/3

Erkenntnisebenen der Lern/Raum/Organisation	Erkenntnisebene I – Handlungsstrategien zur Generierung differenter Innovationspotenziale		Identifikation der Kernkategorie	Faktoren zur Integration von Innovationen der Lernraumgestaltung als Ergebnis der identifizierten Handlungsstrategien auf der Bewusstseinsebene für ein hohes Innovationspotenzial	
Strategien und Prozesse auf den Lern/Raum/Organisation	Bedürfnisebene der Innovationspyramide	Bewusstseinsebene der Innovationspyramide	Indikatoren für die Bedeutung eines organischen Wachstums der Lernraumgestaltung	Erwartungen an das Hochschulmanagement zur Integration von innovativen, hochschulweiten Lernraumgestaltungsmaßnahmen	Ableitung von Regulierungs- und Unterstützungsleistungen des Hochschulmanagements als dritter Pädagoge
Lernraumgestaltungsstrategien (Erkenntnisebene II)	Generierung von niedrigeren Innovationspotenzialen bei einer Lernraumgestaltungsstrategie über die symbolische Verortung (vgl. These 3)	Generierung von höheren Innovationspotenzialen bei einer Lernraumgestaltungsstrategie über die kulturelle Verortung (vgl. These 4)	Notwendigkeit der Wandlungsfähigkeit und Anpassungsfähigkeit der Hochschulorganisation zur Berücksichtigung hochschulinterner und -externer Veränderungen (vgl. These 9)	• Auseinandersetzung mit dem direkten und indirekten gesellschaftlichen Umfeld (vgl. Thesen 1, 2, 8) • Durchsetzung von Lernraumgestaltungsmaßnahmen über die kulturelle Verortung zur räumlichen Übersetzung des Paradigmenwechsels „Shift from Teaching to Learning" (vgl. These 5) • Bildung eines Wettbewerbsvorteils durch die Entwicklung eines Alleinstellungsmerkmals über die Lehr- und Lernkultur (vgl. Thesen 6, 7)	Organisationale Integration von Veränderungs- und Entwicklungsprozessen der Lernraumgestaltung auf den vier Raumebenen der physisch-materiellen, technisch-virtuellen, sozial-interaktiven und organisational-strukturellen Welt >>> Relevanz der Implementierung von Organisationsstrukturen zur Konstituierung einer lernenden Hochschulorganisation
Entscheidungsstrategien im Bedeutungsfeld (Erkenntnisebene III)	Differenzierung von formellen und informellen Lernprozessen und -räumen beim Fokus auf den Studierendenzufriedenheit (vgl. Abschnitt 10.1)	Zusammenführung von formellen und informellen Lernprozessen und -räumen beim Fokus auf den Lernerfolg der Studierenden (vgl. Abschnitt 10.1)	Notwendigkeit zur langfristigen Veränderung von Organisationsstrukturen und -prozessen zur Unterstützung des Lernerfolgs der Studierenden (vgl. These 11)	• Bereitschaft des Hochschulmanagements zu organisationalen Veränderungen (vgl. These 10) • Initiierung eines hochschulweiten Veränderungsprozesses bei einer integrativen Betrachtung von Lernprozessen und Lernräumen (vgl. These 12) • Auflösung von partizipativen Nutzerbeteiligungsverfahren durch die organisationale Integration von Lernraumgestaltungsprozessen (vgl. Thesen 13, 14, 15)	Positionierung einer Managementkultur mit Offenheit für disziplin- und hierarchieübergreifenden Prozessen als Voraussetzung integrativer Lernraumgestaltungskonzepte >>> Relevanz zur Ausbildung eines agilen Hochschulmanagements bei der strategischen Ausrichtung auf den Lernerfolg der Studierenden
Entscheidungsstrategien im Beziehungsfeld (Erkenntnisebene III)	Auflösung sozialer Lernprozesse von Lernenden und Lehrenden durch die Segregation von Lerngemeinschaften (vgl. Abschnitt 10.2)	Fokussierung sozialer Lernprozesse von Lernenden und Lehrenden durch die Kohäsion von Lerngemeinschaften (vgl. Abschnitt 10.2)	Notwendigkeit zur Unterstützung der Interaktion von Studierenden und Lehrenden in formellen und informellen Lernsettings zur Förderung sozialer Lernprozesse (vgl. These 16)	• Fokussierung von Lernprozessen als Quality Time (vgl. These 18) • Entwicklung eines Bewusstseins zur Bildung kohäsiver Lerngemeinschaften über Entscheidungen zur Lernkultur sowie symbolischen und kulturellen Verortung (vgl. Thesen 17, 20, 21) • Stärkung der Lerngemeinschaften durch eine enge Verknüpfung der sozial-interaktiven mit der organisational-strukturellen Raumebene (vgl. These 19)	Kursänderung von der effizienten zur qualitativen Gestaltung von Lernprozessen mit der Entfaltung von Innovationspotenzialen integrativer Lernraumgestaltungsmaßnahmen auf allen Raumebenen >>> Relevanz einer Handlungskompetenz des Hochschulmanagements mit Kenntnissen zu Anforderungen der Lernraumgestaltung für die Unterstützung von Lernprozessen

Tabelle 12: Übersicht der Forschungsergebnisse 2/3

Strategien und Prozesse auf den Erkenntnisebenen der LernRaumOrganisation	Erkenntnisebene I – Handlungsstrategien differenter Innovationspotenziale		Identifikation der Kernkategorie	Faktoren zur Integration von Innovationen der Lernraumgestaltung als Ergebnis der identifizierten Handlungsstrategien auf der Bewusstseinsebene für ein hohes Innovationspotenzial	
	Bedürfnisebene der Innovationspyramide	Bewusstseinsebene der Innovationspyramide	Indikatoren für die Bedeutung eines organischen Wachstums der Lernraumgestaltung	Erwartungen an das Hochschulmanagement zur Integration von innovativen, hochschulweiten Lernraumgestaltungsmaßnahmen	Ableitung von Regulierungs- und Unterstützungsleistungen des Hochschulmanagements als dritter Pädagoge
Entscheidungsstrategien im Aneignungsfeld	Entkopplung der Lernorte von Fachkulturen als Grundlage der Standardisierung von Lernraumgestaltungsmaßnahmen (vgl. Abschnitt 10.3)	Herausbildung der Souveränität von Hochschulakteuren zur Selbstbestimmung bei und Akzeptanz von Lernraumgestaltungsmaßnahmen (vgl. Abschnitt 10.3)	Notwendigkeit zur Andockung räumlicher und organisatorischer Verantwortungsbereiche an Personen und Personengruppen auf dezentraler Ebene zur Unterstützung der Souveränität bei Lernraumgestaltungsmaßnahmen (vgl. These 22)	• Bewusstsein zur Bedeutung der Verortung von Lehren und Lernen in den Fachkulturen (vgl. These 23) • Unterstützung der Aneignung innovativer Lernraumkonzepte durch die Möglichkeit zur Interpretation und Anpassung von Nutzungsszenarien (vgl. These 24) • Nutzung bestehender sozialer Werte und Normen sowie Aktivierung engagierter Akteure durch die Anbindung von Lernraumgestaltungsmaßnahmen an Personen bzw. Personengruppen (vgl. Thesen 25, 26)	Transdisziplinäre Zusammenführung und Koordination von Experten und Ansprechpartnern aller vier Lernraumebenen zur strategischen Steuerung von Lernraumgestaltungsmaßnahmen >>> Relevanz zur Steuerung zentraler und dezentraler Lernraumentwicklungsmaßnahmen durch das Hochschulmanagement
Entscheidungsstrategien im Erstellungsfeld	Ausbau bzw. Erweiterung von baulichen Infrastrukturen nach dem Konzept der Kongruenz bei Lernraumgestaltungsmaßnahmen (vgl. Abschnitt 10.4)	Reduzierung baulicher Infrastrukturen durch die Prüfung von Lernraumgestaltungsmaßnahmen im Kontext von Lernerfolg mit dem Konzept der Suffizienz (vgl. Abschnitt 10.4)	Notwendigkeit zur Eindeutigkeit der Gestaltung der symbolischen Verortung und Kommunikation der kulturellen Verortung zur Etablierung des Paradigmenwechsels (vgl. These 27)	• Priorisierung von Investitionsschwerpunkten entweder zugunsten der physisch-materiellen oder der technisch-virtuellen Raumebene (vgl. These 28) • Fokus auf Lernraumgestaltungsmaßnahmen im Bestand zur Beherrschung der Komplexität bei den Veränderungen des sozial-interaktiven und organisational-strukturellen Lernraums (vgl. Thesen 29, 30) • Aktivierung des Lebensraums als Lernraum sowie Konstituierung des universitären Handlungsraums durch symbolische Artefakte und Kommunikationsprozesse (vgl. Thesen 31, 32, 33)	Entwicklung und Umsetzung unkonventioneller Maßnahmen der Lernraumgestaltung zur Optimierung von Lernprozessen mit der Überarbeitung von Konzepten zur Verknüpfung der physisch-materiellen und technisch-virtuellen Raumebene sowie zur Aktivierung des Lebensraums als Lernraum >>> Relevanz zum Bruch mit Konventionen durch das Hinterfragen von Lernraumgestaltungsmaßnahmen auf allen vier Raumebenen

Erkenntnisebene III

Tabelle13: Übersicht der Forschungsergebnisse 3/3

Strategien und Prozesse auf den Erkenntnisebenen der LernRaumOrganisation	Erkenntnisebene I – Handlungsstrategien differenter Innovationspotenziale		Identifikation der Kernkategorie	Faktoren zur Integration von Innovationen der Lernraumgestaltung als Ergebnis der identifizierten Handlungsstrategien auf der Bewusstseinsebene für ein hohes Innovationspotenzial	
	Bedürfnisebene der Innovationspyramide	Bewusstseinsebene der Innovationspyramide	Indikatoren für die Bedeutung eines organischen Wachstums der Lernraumgestaltung	Erwartungen an das Hochschulmanagement zur Integration von innovativen, hochschulweiten Lernraumgestaltungsmaßnahmen	Ableitung von Regulierungs- und Unterstützungsleistungen des Hochschulmanagements als dritter Pädagoge
Aushandlungsprozess der Passung	Entwicklung einer Hochschulidentität über die Lernraumgestaltung zur Repräsentanz und Markenbildung (vgl. Abschnitt 11.1)	Lernraumgestaltung zur Unterstützung der Identifikation von Hochschulakteuren mit der Bildungseinrichtung (vgl. Abschnitt 11.1)	Notwendigkeit einer graduellen Lernraumgestaltungsentwicklung zur Sicherstellung der Identifikaton der Hochschulakteure mit innovativen Lernraumgestaltungsmaßnahmen (vgl. These 35)	• Schaffung von Voraussetzungen für die Konzepte der Kohäsion und Souveränität zur Umsetzung des Active Learning Approach (vgl. These 34) • Fähigkeit zur Bewertung und Einschätzung von Konflikte bei der Veränderung der symbolischen Verortung als Gradmesser für den Stand von Veränderungsprozessen der kulturellen Verortung (vgl. These 36) • zentrale Steuerung der strategischen Entwicklung der kulturellen Verortung bzw. dezentrale Steuerung personeller Verantwortungsbereiche der symbolischen Verortung (vgl. Thesen 37, 38)	Unterstützung eines graduellen Prozesses der Lernraumgestaltung mit einer Managementkultur zur Akzeptanz von flexiblen Anpassungsmaßnahmen bei veränderten Rahmenbedingungen sowie zur Möglichkeit des Ausprobierens und Scheiterns >>> Relevanz zur Bereitstellung zeitlicher, personeller und finanzieller Ressourcen
Aushandlungsprozess der Abgrenzung	Konzeption und Realisierung von Lernraumgestaltungsmaßnahmen über eine Projektmanagementpraxis (vgl. Abschnitt 11.2)	Konzeption und Realisierung von Lernraumgestaltungsmaßnahmen über eine Prozessmanagementpraxis (vgl. Abschnitt 11.2)	Notwendigkeit der prozessualen Einbindung von Lernraumgestaltungsmaßnahmen in die Hochschulorganisation zur Vernetzung unterschiedlicher sozialer Systeme (vgl. These 39)	• Bewusstsein für die Bedeutung der Maßstäblichkeit von Lernraumgestaltungsmaßnahmen bei der organisationalen Integration (vgl. These 40) • Einbindung von Lehrenden in das Hochschulmanagement zur Übernahme von Verantwortungsbereichen der Lernraumgestaltung (vgl. These 41) • Strategie zur Profilbildung und systemübergreifenden Passung von Hochschulakteuren über die Exklusivität von Lerngemeinschaften (vgl. These 42)	Aufbrechen großer Herausforderungen und Aufgabenpakete einer integrativen Lernraumgestaltung in überschaubare, beherrschbare Einheiten durch die Integration von Hochschulakteuren differenzierter sozialer Systeme in das Hochschulmanagement >>> Relevanz zur Moderation von Veränderungsprozessen der kulturellen und symbolischen Verortung

Erkenntnisebene IV

13 Ausblick

„What's the roadmap for scaling innovative learning spaces?"
Statement auf dem Kongress *Wandelbarer Campus der Zukunft*, Potsdam 2016

Mit diesem Zitat, welches das letzte Kapitel einleitet, wird zur Darstellung des Forschungsdesiderats in der thematischen Einführung zurückgeführt und damit an die Notwendigkeit zur Überführung der Erkenntnisse dieser Forschungsarbeit in die Praxis erinnert.

Bei den Ausführungen im vorherigen Kapitel zur Kernkategorie und der formalen Theorie der LernRaumOrganisation wurde dargelegt, dass aufgrund der Komplexität von Lernraumgestaltungsmaßnahmen keine linearen Entwicklungsprozesse darstellbar sind. Durch die Darstellung von Perspektiven zur Skalierbarkeit innovativer Lernumgebungen werden im folgenden Abschnitt strategische Entwicklungsmöglichkeiten aufgezeigt. Über die Beschreibung von Handlungsempfehlungen werden zentrale Erkenntnisse der Forschungsarbeit unter der Perspektive hochschulweiter Organisationsprozesse bei innovativen Lernraumgestaltungsmaßnahmen zusammengefasst sowie abschließend Grenzen der Arbeit und Forschungsperspektiven betrachtet.

13.1 Strategischer Perspektivwechsel der Lernraumgestaltung

Auf den verschiedenen Erkenntnisebenen dieser Arbeit wurde dargelegt, dass bei hochschulweiten Innovationsprozessen der Lernraumgestaltung differenzierte Raumebenen, neben der physisch-materiellen und technisch-virtuellen auch die sozial-interaktive und die organisational-strukturelle Raumebene, zu berücksichtigen sind. Das impliziert Veränderungen bei der Konzeption, Planung und Umsetzung von Lernraumgestaltungslösungen, die mit der Implementierung von räumlichen Veränderungen an der gesamten Hochschule einhergehen und damit über die prototypische Entwicklung von Lernraummodellen in räumlich bzw. organisatorisch begrenzten Bereichen hinausgehen (siehe Abbildung 26).

Um Innovationen der Lernraumgestaltung skalieren zu können, bedarf es eines grundlegenden Perspektivwechsels. Mit der Entwicklung und Anwendung des Modells der LernRaumOrganisation konnte über die vergleichenden Fallstudienanalysen im empirischen Teil der Arbeit dargelegt werden, dass differenzierte Strategien und Prozesse erforderlich sind, um die verschiedenen Raumebenen zu verknüpfen und eine großmaßstäbliche Durchdringung von gleichermaßen sozialen und technischen Innovationen bei Lernraumgestaltungsmaßnahmen durchzusetzen. Dieser strategische Wendepunkt kann mit der Erweiterung des „Pedagogy-Space-Technology (PST) Framework" (Radcliff 2009) beschrieben werden.

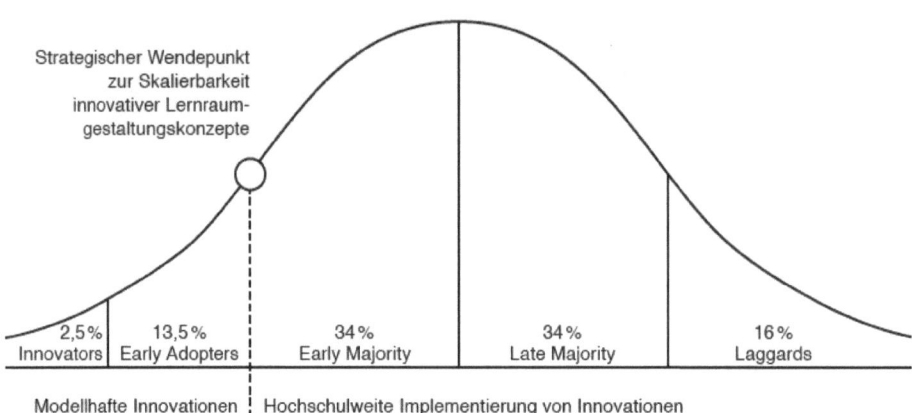

Strategischer Wendepunkt
zur Skalierbarkeit
innovativer Lernraum-
gestaltungskonzepte

| 2,5% | 13,5% | 34% | 34% | 16% |
| Innovators | Early Adopters | Early Majority | Late Majority | Laggards |

Modellhafte Innovationen ┊ Hochschulweite Implementierung von Innovationen

Abbildung 26: Durchdringung von Innovationen in Anlehnung an Rogers (2003)

Das PST-Schema wird als evidenzbasiertes Schema zur Entwicklung und Evaluierung von Lernraumgestaltungskonzepten eingesetzt (Cleveland/Fisher 2014; Ng 2015; Wilson/Randall 2012), indem drei relevante Aspekte bei Lernraumgestaltungsmaßnahmen in Beziehung zueinander gestellt werden (siehe Abbildung 27). Wie bereits von Oblinger (2005) diskutiert, führt die Konvergenz von Pädagogik, Raum und Technologie zu „exciting new models of campus interaction" (ebd.: 18).

Um die Durchdringung innovativer Lernraumgestaltungslösungen auf breiter Hochschulebene zu forcieren, gilt es, die Erkenntnisse dieser Forschungsarbeit zu berücksichtigen und das PST-Schema zu erweitern. Erforderlich ist dabei ein holistischer Blick auf die Entwicklung und Implementierung von Lernraumgestaltungsmaßnahmen, welcher mit dem CPP-Schema über die Integration der Aspekte Kultur, Verortung und Prozesse angezeigt wird (siehe Abbildung 27).

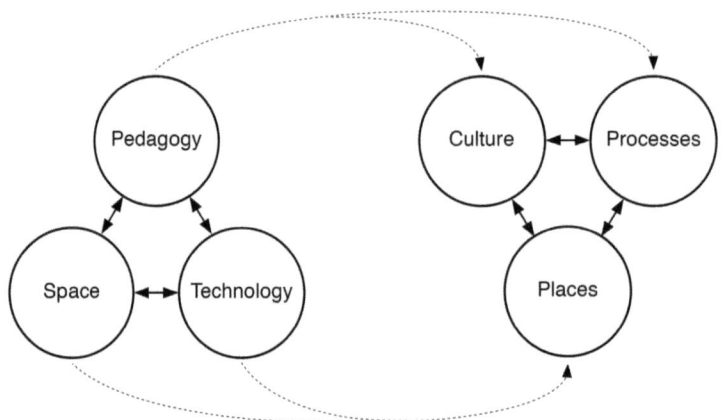

Abbildung 27: Erweiterung des PST-Schemas zum CPP-Schema

Wie auf dem hohen Innovationsniveau der Lernraumgestaltung bei der Fallstudienana-lyse ermittelt, erodieren Konzepte der Campus-Hochschulen und Online-Hochschulen durch die zunehmende Verknüpfung von physischen und virtuellen Lernräumen. Vor dem Hintergrund aktueller und zukünftiger Entwicklungen ist die Trennung von Space und Technology kontraproduktiv. Die Zusammenführung dieser zwei Aspekte unter ‚Places' impliziert, dass Lernen an jedem Ort zu jeder Zeit stattfinden kann und damit neue symbolische Orte zu mobilisieren sind. Die Bedeutung der symbolischen Veror-tung und damit der Platzierung von Lehr- und Lernprozessen in unterschiedlichsten räumlichen Kontexten wurde theoretisch mit dem Modell der LernRaumOrganisation wie auch empirisch über die Analyse der Fallstudien dargelegt.

Die Untersuchung der ausgewählten Hochschulen hat weiter gezeigt, dass innovative Lernraumgestaltungsmaßnahmen auf einem hohen Innovationsniveau mit einem grund-legenden Wandel der Lehr- und Lernkultur über die kulturelle Verortung sowie einer Veränderung von Aushandlungs- und Abgrenzungsprozessen zwischen den verschiede-nen sozialen Systemen an Hochschulen einhergehen. Um notwendigen Veränderungen durch gesellschaftliche und technologische Transformationsprozesse entsprechen zu können, ist der Fokus auf didaktische Aspekte allein nicht zielführend und bedarf der Erweiterung auf die kulturelle Verortung über den Aspekt ‚Culture' und die strategische Konzeption von Entwicklungsprozessen über den Aspekt ‚Processes'.

Mit ‚Culture' wird die im Modell der LernRaumOrganisation identifizierte Relevanz der kulturellen Verortung berücksichtigt, um das grundlegende Selbstverständnis der Hoch-schule über Erwartungen, Werte und Normen von Lehrenden, Studierenden, Mitarbei-tern sowie des Hochschulmanagements und der Verwaltung zusammenführen zu kön-nen. Insbesondere im Zusammenhang mit der Bedeutung informeller Lernprozesse und der Aktivierung des Lebensraums als Lernraum bedarf es einer Veränderung der Lehr- und Lernkultur an Hochschulen. So können mit dem Diskurs über die kulturelle Veror-tung einer Hochschule Rollen, Handlungsspielräume und die soziale Stellung differen-zierter Akteure in der Hochschulorganisation adressiert und damit die Identifikation, Konzeption und Stärkung symbolischer Orte katalysiert werden.

Über die Integration des Kriteriums ‚Processes' wird angezeigt, dass zur Integration von hochschulweiten Innovationen der Lernraumgestaltung Entwicklungsprozesse zur Kon-zeption wie auch Aneignungsprozesse nach der Realisierung zu berücksichtigen sind. Die vergleichenden Fallstudienanalysen haben gezeigt, dass Beteiligungsprozesse im Vorfeld zur Planung und Umsetzung von Lernraumgestaltungsmaßnahmen zu überden-ken sind. Des Weiteren wurde dargelegt, dass die Lernraumgestaltungsstrategie, mit dem Fokus auf die kulturellen oder die symbolischen Verortung, eine entscheidende Grundlage für die differenzierte Ausbildung von Innovationsniveaus ist. Mit der Bedeu-tung zur Nachsteuerung von Lernraumgestaltungsmaßnahmen und der Evaluierung von Nutzergewohnheiten in räumlichen Settings zeigt sich der notwendige Perspektivwech-sel vom Projektmanagement, mit definierten Meilensteinen zu Terminen, Kosten und Qualitäten, hin zu einer organisch-iterativen Prozessmanagementpraxis, welche sich für unterschiedliche und sich verändernde Nutzerbedürfnisse sowie strategische Anforderungen aus der Hochschulorganisation offen zeigt.

Durch die Erweiterung des PST-Schemas zum CPP-Schema wird wiederum die Bedeutung des Hochschulmanagements als dritter Pädagoge angezeigt. Wie theoretisch bei der Entwicklung des Modells der LernRaumOrganisation abgeleitet und mit den empirischen Erkenntnissen bei den Fallstudienanalysen bestätigt wurde, gestaltet das Hochschulmanagement über strategische und organisatorische Prozesse bei Lernraumgestaltungsmaßnahmen direkt und indirekt Lernprozesse. Anhand des CPP-Schemas sind die zentralen Sachverhalte zusammenfassend dargelegt, die bei einer hochschulweiten Integration von innovativen Lernraumgestaltungsmaßnahmen zu berücksichtigen sind.

13.2   Handlungsempfehlungen

Mit der Beschreibung des zentralen Phänomens sowie der formalen Theorie der LernRaumOrganisation wurden Erwartungen an das Hochschulmanagement als dritter Pädagoge sowie notwendige Regulierungs- und Unterstützungsleistungen durch das Hochschulmanagement formuliert (vgl. auch Tabelle 11; Tabelle 12; Tabelle 13 mit den Darstellungen der empirischen Ergebnisse der Forschungsarbeit). In diesem Zusammenhang stellt sich vor dem Anspruch der Praxisorientierung dieser Arbeit die Frage, wie der dritte Pädagoge die Forschungserkenntnisse in den Hochschulalltag integrieren kann.

Mit dem Blick auf die zentrale Forderung eines agilen Hochschulmanagements, dass Strukturen einer lernenden Organisation implementiert, bietet sich dafür aus der Organisationsentwicklung das Instrument der strategischen Initiativen an (vgl. Schmid/Müller-Stewens/Lechner 2009; Müller-Stewens 2002). Strategische Initiativen werden in großen Organisationen eingesetzt, um bei Krisen der Geschäftsfeldentwicklung bzw. kritischen Themenstellungen innerhalb der Organisation erfolgreich Impulse zu Veränderungen setzen zu können (vgl. Schmid/Müller-Stewens/Lechner 2009: 80): „Auf Gesamtunternehmensebene wird ihnen als ‚Corporate Initiatives' eine große Bedeutung zukommen, denn sie stellen das Vehikel dar, um über geschäftsfeldübergreifende Aktivitäten einen Mehrwert zu generieren" (Müller-Stewens 2002: 56).

Zwei grundlegende Merkmale der strategischen Initiativen zeigen Parallelen zu identifizierten Phänomenen der Aushandlungsprozesse bei Lernraumgestaltungsmaßnahmen mit hohem Innovationspotential. Zum einen wird die „Abkehr von etablierten Instrumenten" (Schmid/Müller-Stewens/Lechner 2009: 81) des Projektmanagements fokussiert. Dies geht mit den Erkenntnissen beim Aushandlungsprozess der Abgrenzung einher, bei welchem eine Prozessmanagementpraxis der Projektmanagementpraxis bei Lernraumgestaltungsmaßnahmen vorzuziehen ist (vgl. 11.2 Prozessmanagement als Aushandlungsprozess der Abgrenzung). Zum anderen gilt es, mit den strategischen Initiativen „die strategische Planung zur geführten Evolution" (Schmid/Müller-

Stewens/Lechner 2009: 81) zu transferieren. Hier werden Parallelen zum Aushandlungsprozess der Passung deutlich, bei welchem ein gradueller Prozess zur Identifikation der Hochschulakteure mit der Lernraumgestaltung gegenüber einer planmäßigen Entwicklung der Hochschulidentität über Lernraumgestaltungsmaßnahmen zu priorisieren ist (vgl. 11.1 Identifikation als Aushandlungsprozess der Passung). Anhand weiterer Merkmale bestätigen sich im konkreten Bezug zu den Thesen auf den Erkenntnisebenen II, III und IV die Möglichkeiten zur Anwendung strategischer Initiativen an Hochschulen.

Bei der vergleichenden Fallstudienanalyse zu den Lernraumgestaltungsstrategien kann zusammengefasst werden, dass die grundlegenden Voraussetzungen zur Initiierung von hochschulweiten Lernraumgestaltungsmaßnahmen mit hohem Innovationspotential in dem Bewusstsein sich verändernder Anforderungen an formelle und informelle Lernprozesse liegen. Die Notwendigkeit für diese Veränderungen beruht auf gesellschaftlichen, technologischen, sozio-ökonomischen und kulturellen Herausforderungen im Kontext der Hochschulen. Dies impliziert nicht nur die Gestaltung der physischen und virtuellen Lernumgebung, sondern auch der sozialen und organisationalen Strukturen zur Unterstützung des Lernerfolgs von Studierenden, was sich in den zentralen Thesen zur Lernraumgestaltungsstrategie widerspiegelt. Auf der Erkenntnisebene II wurden Impulse und Katalysatoren für innovative Lernraumgestaltungsmaßnahmen identifiziert, die mit der Darstellung der zentralen Thesen in der Tabelle 14 zusammengefasst werden. Anhand dieser zeigen sich die Voraussetzungen zur Anwendung strategischer Initiativen:

> „Erstens halten sich wichtige Initiativen nicht an einen Jahresrhythmus. Sie entstehen, wenn die Situation dafür bereit ist" (Müller-Stewens 2002: 56).

Einzelne Akteure oder modellhafte Lernraumprojekte können als Innovatoren nicht allein eingefahrene Strukturen tertiärer Bildungsorganisationen verändern. Die Fallstudienanalysen belegen, dass die Hochschulen selbst die Notwendigkeit für Veränderungsprozesse erkennen müssen, um im Wettbewerb bestehen zu können. Hochschulen, die sich dabei grundlegend mit den Herausforderungen im 21. Jahrhundert sowie mit den Erkenntnissen der Lehr- und Lernforschung auseinandersetzen, haben dabei das Potential für Maßnahmen mit einem hohen Innovationsniveau, da das grundlegende Selbstverständnis über die kulturelle Verortung konzipiert wird. Der Zeitpunkt für die Entwicklung des Bewusstseins zur Einleitung von Maßnahmen der Lernraumgestaltung ist an hochschulspezifische Voraussetzungen, Anforderungen und Bedingungen geknüpft und kann nicht zeitlich eingegrenzt oder planmäßig eingesteuert werden.

Tabelle 14: Zentrale Thesen der Lernraumgestaltungsstrategien

1	Hochschulen, die für sich direkt ein kompetitives Umfeld identifizieren, fokussieren innovative Maßnahmen der Lernraumgestaltung.
8	Durch die aktive Auseinandersetzung mit Herausforderungen des direkten und indirekten gesellschaftlichen Umfelds können Hochschulen ein höheres Innovationspotential bei Lernraumgestaltungsmaßnahmen entwickeln.
9	Wandlungsfähigkeit und Anpassungsfähigkeit der Hochschulorganisation sind grundlegende Voraussetzungen zur Umsetzung von hohen Innovationspotentialen der Lernraumgestaltung.

Über die Analyse der Lernraumgestaltungsstrategien konnte festgestellt werden, dass bei der Strategie über die kulturelle Verortung Lernraumgestaltungsmaßnahmen mit einem höheren Innovationspotential in einem kürzeren Zeitraum umgesetzt werden können. Mit der Bedeutung des Hochschulmanagements als dritter Pädagoge und damit als Gestalter von Lernprozessen kommt bei den Aktionsfeldern des Modells der Lern-RaumOrganisation dem Bedeutungsfeld eine besondere Bedeutung zu. Als erstes zu bearbeitendes Feld bei der Konzeptionierung von Lernraumgestaltungsmaßnahmen über die kulturelle Verortung wird hier mit dem Verständnis und Bekenntnis der Hochschule zur Bedeutung von Lernen und dem Lernerfolg von Studierenden der Grundstein für die Integration von Innovationen gelegt (siehe Tabelle 15). Damit einher geht die Notwendigkeit zur Veränderungsbereitschaft von Hochschulen, die in der Folge Maßnahmen bei den dem Bedeutungsfeld folgenden Beziehungsfeld, Aneignungsfeld und Erstellungsfeld initiieren können. Hier zeigen sich Parallelen zum zweiten Charakteristikum strategischer Initiativen:

> „Zweitens entstehen sie [strategische Initiativen – Anm. KN] nicht nur in einer bewusst geplanten Form. Sie emergieren oft aus Situationen heraus, andere werden davon angesteckt, und manchmal entsteht eine Art Bewegung" (Müller-Stewens 2002: 56).

An diesem Punkt bestätigt sich die Bedeutung des Hochschulmanagements als dritter Pädagoge. Hochschulen sollten nicht nur bedürfnisgetrieben, mit der Lösung von bestehenden Problemen, wie z. B. dem dringenden Bedarf an Gruppenarbeitsplätzen und informellen Lernarbeitsplätzen, Lernraumgestaltungsmaßnahmen durchführen. Die Untersuchungen der Hochschulen bestätigen, dass hier lediglich Maßnahmen auf einem niedrigen Innovationsniveau durchgeführt werden. Vielmehr gilt es, eine Sensibilität auf der Bewusstseinsebene zu entwickeln, indem Aktionen und Handlungen von Akteuren auf der Ebene des Interaktionssystems, mit den Lernenden und Lehrenden, wie auch auf der Ebene des Organisationssystems, mit der Hochschulleitung, den Fakultäten und administrativen Organisationseinheiten, beobachtet, analysiert und zusammengeführt werden. Bei den Fallstudien mit hohem Innovationspotential hat sich gezeigt, dass aus der Unterstützung des Lernerfolgs der Studierenden mit der Berücksichtigung von Erkenntnissen der Lehr- und Lernforschung heraus, von Lehrenden Initiativen ergriffen wurden, die zu einer hochschulweiten Veränderung der Lehr- und Lernkultur führten.

Die empirischen Erkenntnisse in dieser Forschungsarbeit belegen, dass bei der damit eingenommenen Bewusstseinsebene Raum und Lernen und damit in der Folge Investitionskonzepte an den Hochschulen neu kodiert werden können. So zeigen sich beispielhaft Möglichkeiten auf, mit der Aktivierung von privaten, städtischen und technologischen Infrastrukturen für Lernprozesse den Flächenbedarf für Infrastrukturangebote senken zu können.

Tabelle 15: Zentrale Thesen der Entscheidungsstrategien

11	Lernraumgestaltungsmaßnahmen mit hohem Innovationspotential bedürfen der Überprüfung und Anpassung von Organisationstrukturen und übergeordneten Organisationsprozessen.
13	Bei der Konzeption von Lernraumgestaltungsmaßnahmen mit hohem Innovationspotential sind durch die strategische Priorisierung der kulturellen Verortung gesonderte Nutzerbeteiligungsverfahren obsolet.
14	Mit der Beobachtung der Handlungen von Akteuren aus einer ganzheitlichen Perspektive der Lern-RaumOrganisation können Maßnahmen der Lernraumgestaltung mit einem hohen Innovationspotential abgeleitet werden.
16	Der Fokus auf die Bildung kohäsiver Lerngemeinschaften ist Voraussetzung für Maßnahmen der Lernraumgestaltung mit hohem Innovationspotential.
22	Bei Lernraumgestaltungsmaßnahmen mit hohem Innovationspotential sind räumliche Verantwortungsbereiche an Personen bzw. Personengruppen angebunden.
30	Eine hochschulweite Umsetzung des „Shift from Teaching to Learning" profitiert von bestehenden baulichen Infrastrukturen, die von den Hochschulakteuren interpretiert und bespielt werden können.

Beim Aushandlungsprozess der Passung wurde die Bedeutung eines graduellen Prozesses bei der Integration von Lernraumgestaltungsmaßnahmen beschrieben. Dieser zeichnet sich durch einen Wechsel von zentralen Prozessen zu einer Verankerung der Lehr- und Lernkultur und dezentralen Prozessen mit Lernraumgestaltungsmaßnahmen auf der symbolischen Verortung aus (siehe Tabelle 16). Hier werden Parallelen zu den strategischen Initiativen deutlich, die bottom-up wie auch top-down organisiert sein können:

> „Drittens ist der Ort der strategischen Planung nur ein möglicher Ort, aus dem heraus Initiativen entstehen können. Grundsätzlich können Initiativen aber überall in der Organisation entstehen" (Müller-Stewens 2002: 56).

Diese Vorgehensweise ist insbesondere aufgrund der zentralen Erkenntnis eines organischen Wachstumsprozesses von Lernraumgestaltungsmaßnahmen wichtig. Je nach Anforderungen, Aktivitätsgrad und organisationalen Zugehörigkeiten von Akteuren können Lernraumgestaltungsmaßnahmen über strategische Initiativen verortet werden. Dies fördert die Bildung kohäsiver Lerngemeinschaften sowie die Verortung dieser mit der personellen Anbindung an bzw. der Verantwortung für Lernraumgestaltungsmaßnahmen. Die empirischen Erkenntnisse bei den Fallstudienanalysen haben gezeigt, dass die Bildung von Lerngemeinschaften eine grundlegende Voraussetzung für die Entwicklung von Lernraumgestaltungsmaßnahmen mit einem höheren Innovationspotential ist. Damit einher geht auch die Souveränität zur Gestaltungsfreiheit wie auch die Verantwortung für Nutzungszuweisungen von Lernumgebungen. Hier ist es die zentrale Aufgabe der Hochschule, den organisch wachsenden Prozess durch Freiräume zur Initiierung zahlreicher Maßnahmen zu unterstützen und die Durchführung strategischer Initiativen zu begleiten. Der Anzahl von Initiativen, auch zu einem einzelnen Themengebiet, sind keine Grenzen gesetzt; im Gegenteil kann dies den internen Wettbewerb um finanzielle und personelle Ressourcen ermutigen und damit die Vielfalt von Ansätzen zur Integration von Innovationen unterstützen (vgl. Schmid/Müller-Stewens/Lechner 2009: 82).

Tabelle 16: Zentrale Thesen zu Aushandlungsprozessen der Passung

35	Zur Durchsetzung von Lernraumgestaltungsmaßnahmen mit hohem Innovationspotential ist ein gradueller Prozess der Lernraumgestaltung notwendig.
37	Für ein höheres Innovationspotential der Lernraumgestaltung sind Veränderungen der kulturellen Verortung durch einen zentralen Masterplan zu steuern.
38	Für ein höheres Innovationspotential der Lernraumgestaltung sind Veränderungen der symbolischen Verortung dezentral einzusteuern.

Bei der einleitenden Beschreibung der strategischen Initiativen wurde bereits die Bedeutung einer Prozessmanagementpraxis dargelegt, die bei den Fallstudienanalysen dieser Forschungsarbeit mit dem Aushandlungsprozess der Abgrenzung identifiziert wurde. Damit einher geht die Chance, über bestehende Grenzen von Organisationsstrukturen hinweg Lernraumgestaltungsmaßnahmen zu initiieren, um neue Lösungen und Konzepte entwickeln zu können (siehe Tabelle 17). Hier kann eine weitere Voraussetzung zur Anwendung strategischer Initiativen dargelegt werden:

> „Viertens bezieht sich die strategische Planung auf bereits definierten und abgegrenzten Steuerungseinheiten. Doch viele Herausforderungen unserer Zeit halten sich nicht an Grenzziehungen. Deshalb sieht man häufig Initiativen, die sich anderer Systemabgrenzungen bedienen" (Müller-Stewens 2002: 56)

Es gilt, das Konzept der kohäsiven Lerngemeinschaften zur Unterstützung von Lernprozessen auf die strategische Entwicklung von Lernraumgestaltungskonzepten zu übertragen. Erfordernis ist es dabei, über die Grenzen sozialer Systeme hinweg interessensgeleitete Allianzen zu bilden, um transdisziplinär neue Lösungen und Konzepte zu entwickeln. So haben die Erkenntnisse der empirischen Untersuchungen gezeigt, dass bei einem hohen Innovationsniveau der physisch-materielle mit dem technisch-virtuellen Raum für Lernprozesse konzeptionell verknüpft werden muss, um Raum und Lernen neu kodieren und damit ein hohes Innovationspotential der Lernraumgestaltung erreichen zu können.

Die zentrale Herausforderung der Hochschule ist es, Verantwortung bei der Konzeption, Planung und Realisierung von Lernraumgestaltungsmaßnahmen abzugeben und unterstützende Serviceangebote zu installieren. Dabei ist es die Aufgabe des Hochschulmanagements als dritter Pädagoge, Innovatoren unter den Hochschulakteuren zu identifizieren und für den organischen Prozess der Lernraumgestaltung zu aktivieren. So können mit der Bildung von strategischen Initiativen Maßnahmen der Lernraumgestaltung auch an großen Hochschulen, und nicht nur bei den kleinen, wendigen und privatwirtschaftlich organisierten Hochschulen, implementiert werden. Mit der übergreifenden Steuerung differenzierter Initiativen kann die Hochschule die grundlegenden Anforderungen der Lehr- und Lernkultur zusammenführen, die intrinsische Motivation von Hochschulakteuren nutzen und damit flexibel auf Anforderungen aus den sozialen Systemen heraus reagieren – ohne die Integration künstlicher und ressourcenintensiver Partizipationsprozesse.

Tabelle 17: Zentrale Thesen zu Aushandlungsprozessen der Abgrenzung

39	Eine prozessuale Einbindung von Lernraumgestaltungsmaßnahmen in die Hochschulorganisation ist eine grundlegende Voraussetzung für die Realisierung von hohen Innovationspotentialen.
40	Lernraumgestaltungsmaßnahmen mit einem hohen Innovationspotential bedürfen der Maßstäblichkeit bei der Einbindung in organisationale Strukturen der Hochschule.
41	Für ein höheres Innovationspotential sind Lehrende durch die Übernahme von Verantwortungsbereichen bei Lernraumgestaltungsmaßnahmen in das Hochschulmanagement zu integrieren.

Die Ausführungen an den vier charakteristischen Merkmalen machen deutlich, dass Lernraumgestaltungsmaßnahmen mit einem hohen Innovationspotential nicht durch einen Maßnahmenplan mit der Festlegung von definierten Meilensteinen organisiert werden können. Vielmehr ist es erforderlich, personelle, zeitliche und finanzielle Ressourcen für die Steuerung und Verknüpfung von strategischen Initiativen zu nutzen, um flexibel auf Veränderungen reagieren zu können.

Die Ergebnisse dieser Forschungsarbeit erweitern den Erkenntnisstand zu Empfehlungen bei Lernraumentwicklungsprozessen an Schulen, bei welchen die Anwendung der Leistungsphase Null gefordert wird: „Die Phase Null trägt dazu bei, für eine Schule ein inhaltlich und räumlich tragfähiges Konzept zu entwickeln, das die Effizienz, Bedarfsgerechtigkeit und Zukunftsfähigkeit des Bauvorhabens sicherstellt" (Montag Stiftung 2015: 3). Darüber sollen im Vorfeld von Planungs- und Realisierungsmaßnahmen der Lernraumgestaltung Anforderungen und Bedürfnisse über eine Bedarfsermittlung aufgenommen werden. Die Ausführungen der zentralen Thesen und Handlungsempfehlungen zu Strategien und Prozessen der LernRaumOrganisation belegen jedoch, dass zur Integration von Innovationen an Hochschulen über die Leistungsphase Null hinaus gedacht werden muss. Dies liegt darin begründet, dass ein organischer Wachstumsprozess, der alle vier Lernraumebenen zusammenführt, nicht unbedingt zu einem künstlich definierten Leistungszeitraum abrufbar oder initiierbar ist. Es kann anhand der Erkenntnisse der vergleichenden Fallstudienanalyse konstatiert werden, dass die Gestaltung von Prozess- und Organisationsstrukturen der Hochschule ein entscheidender Faktor für ganzheitliche und innovative Lernraumgestaltungsmaßnahmen ist. So ist die kulturelle Verortung mit der strategischen Bedeutung von Lern- und Lehrprozessen, dem Selbstverständnis der Hochschulakteure sowie den Erwartungen und Anforderungen der Hochschulorganisation eine relevante Grundlage für eine Bedarfsermittlung nach der Leistungsphase Null. Mit der Perspektive einer iterativen Prozessmanagementpraxis gilt es aber nicht nur die Phase vor, sondern auch nach den Entwurfs- und Realisierungsprozessen zu gestalten. Die Fallstudien mit innovativen Lernraumgestaltungsmaßnahmen haben gezeigt, dass aufgrund der Notwendigkeit zur Harmonisierung aller vier Raumebenen Nachsteuerungen, Anpassungen und Veränderungen ermöglicht werden müssen, um auf der einen Seite Aneignungsprozesse von Lernraumangeboten zu unterstützen. Auf der anderen Seite können über Beobachtungen und Erfahrungen neue Erkenntnisse für zukünftige Maßnahmen gewonnen werden.

Hier zeigt sich die Herausforderung für das Hochschulmanagement, die Relevanz von Lernraumgestaltungsmaßnahmen im Tagesgeschäft organisational zu verankern. Dies geht nur mit dem Bewusstsein der Hochschule einher, dass Lernprozesse nicht nur von Lernenden und Lehrenden, sondern auch vom Hochschulmanagement als dritter Pädagoge gestaltet werden.

13.3   Grenzen der Arbeit und Forschungsperspektiven

Abschließend werden an dieser Stelle Grenzen dieser Forschungsarbeit reflektiert und daraus Themenstellungen für Forschungsprojekte im Bereich der Lernraumgestaltung an Hochschulen abgeleitet. Dabei können zum einen anhand der Reflexion des Forschungsprozesses dieser Arbeit Voraussetzungen bei der Bearbeitung von Forschungsprojekten im Themengebiet Lernraumgestaltung ermittelt werden. Zum anderen werden potentielle Forschungsthemen identifiziert, die ein Forschungsdesiderat darstellen und diese Arbeit thematisch erweitern können.

Bei den Recherchen zum Stand der Forschung konnte festgestellt werden, dass es bereits umfangreiche empirische Ergebnisse und zusammenfassende Literature-Reviews zur Forschungsthematik Lernraum Schule und nur einige wenige zur Forschungsthematik Lernraum Hochschule gibt. Hier stellt sich die Frage, inwieweit Erkenntnisse des Primar- und Sekundarbereichs mit dem des tertiären Bildungsbereiches beim Thema Lernraumgestaltung zusammengeführt werden können.

Der Erkenntnisstand zur Untersuchung von Lernraumgestaltungsmaßnahmen aus einer disziplinären Umweltperspektive, mit der Berücksichtigung von Aspekten wie Licht, Luft, Temperatur oder Akustik, besagt, dass dabei lediglich eine isolierte Perspektive eines komplexen Systems dargestellt werden kann. Um in der Praxis anwendbare Erkenntnisse zur Unterstützung von Lernprozessen durch die gebaute Umwelt generieren zu können, ist ein transdisziplinärer Forschungsansatz notwendig, der alle Raumebenen berücksichtigt und zusammenführt. Sind Forschungsergebnisse zu messbaren Umweltkriterien der physisch-materiellen Raumebene noch zwischen Schulen und Hochschulen vergleichbar (vgl. 2.2 Lernraumgestaltung aus disziplinärer Umweltperspektive), so ist dies bei einer integrativen Perspektive auf den Kosmos Lernraumgestaltung nicht mehr vertretbar.

Auf der sozial-interaktiven Ebene gestaltet sich das Beziehungsfeld zwischen Lehrenden und Lernenden an Hochschulen gänzlich anders als an Schulen. Gründe dafür liegen in der größeren Diversität der Studierenden durch die Zusammenführung unterschiedlichster Bildungsbiografien und Abschlüsse, durch die übergreifende Altersstruktur von Studierenden vor dem Hintergrund lebenslangen und berufsbegleitenden Lernens oder auch durch die nicht verpflichtende Teilnahme an tertiären Bildungsprozessen. Auch die organisational-strukturelle Raumebene bildet an Hochschulen über die Einbindung der Lehrenden in Organisationsstrukturen, über die Selbstverwaltung wie auch über die starke Ausbildung von Fachkulturen und den entsprechenden Organisationseinheiten andere Voraussetzungen und Bedingungen zum Management von Bildungsprozessen. Des Weiteren sind Hochschulen, insbesondere in den letzten Jahrzehnten durch die explodierenden Studierendenzahlen, mit der Organisation von mehreren tausend Lernenden gefordert. Durch den zunehmenden Wettbewerb der Hochschulen sowie die wirtschaftliche Notwendigkeit zur Drittmittelakquise werden mit dem Ausbau von Forschungsaktivitäten andere Prioritäten bei der Gestaltung von Lehr- und Lernprozessen als an Schulen gesetzt. Auf Basis der Notwendigkeiten zur Gestaltung der kulturellen Verortung resultieren auch Unterschiede bei baulichen und technischen Infrastrukturen an Hochschulen. So gibt es aufgrund der hohen Studierendenzahlen, des Wettbewerbs um Studierende sowie bei der Bildung von Alleinstellungsmerkmalen andere Anforderungen bei der Lernraumgestaltung. Die zunehmende Globalisierung des Wettbewerbs von Hochschulen und die Konkurrenz dritter Bildungsanbieter, insbesondere auch aus dem Hightech-Umfeld, fordert die Erschließung von Möglichkeiten zur Nutzung des technisch-virtuellen Lernraums. Die genannten Aspekte wiederum haben Einfluss auf die Gestaltung und Organisation von Raumstrukturen der physisch-materiellen Lernraumebene. Das zeigt, dass auf dieser Ebene, neben den messbaren, physischen Umweltfaktoren, Gestaltungsaspekte aus einer Handlungsperspektive relevant sind.

An der Differenzierung der Raumebenen wird deutlich, dass ein direkter Vergleich von Schulen und Hochschulen und damit der Vergleich von Lernraumgestaltungsmaßnahmen anhand der klassischen Analyseebenen kritisch zu hinterfragen ist. Mit der Anwendung des Modells der LernRaumOrganisation können anhand der Aktionsfelder, mit dem Bedeutungsfeld, Beziehungsfeld, Aneignungsfeld und Erstellungsfeld, Entscheidungsstrategien sowie Prozesstypologien von Aushandlungsprozessen an Schulen und Hochschulen vergleichend untersucht und analysiert werden. Mit der Differenzierung der sozialen Systeme mit dem Interaktions- und dem Organisationssystems sowie der

Unterscheidung von kultureller und symbolischer Verortung können somit grundlegende Erkenntnisse zu Innovations- und Organisationsprozessen der Lernraumgestaltung
dargelegt und transferiert werden. Daher sind weitere Forschungsaktivitäten an Hochschulen und für Hochschulen sowie der Austausch von Erkenntnissen bei Entwicklungsprozessen und Evaluierungen von schulischen Lernräumen notwendig. Insbesondere vor den aktuellen Herausforderungen besteht die Möglichkeit, mit der hochschuleigenen Kernkompetenz Forschung Erkenntnisse zu generieren, die eine Perspektive für
zukünftige Gestaltungsaufgaben und -prozesse bietet.

Im Ergebnis der Reflexion zu Grenzen dieser Forschungsarbeit werden Perspektiven für
weitere Forschungsvorhaben skizziert, die einen Beitrag zur Erweiterung des Erkennt-
nisstands dieser Arbeit und damit für den Forschungsbereich der Lernraumgestaltung
leisten können.

–   Forschungsdesiderat zur vertiefenden Betrachtung der Lernraumebenen der symbo-
    lischen Verortung und damit der Erkenntniserweiterung zur Innovationspyramide
    der Lernraumgestaltung

Die aktuellen gesellschaftlichen und technologischen Entwicklungen wie auch die Ergebnisse der empirischen Fallstudienanalysen zeigen, dass die Grenzen zwischen der
physisch-materiellen und technisch-virtuellen Raumebene immer mehr verschwimmen
und dass bisher lediglich modellhaft innovative Lernraumgestaltungskonzepte zur Verknüpfung der zwei Ebenen vorliegen. Vor dem Hintergrund der erkenntnisleitenden
Fragestellung besteht ein Forschungsdesiderat zur vertiefenden Integration der technisch-virtuellen Lernraumebene. Aufgrund der thematischen Ausrichtung dieser Forschungsarbeit im Fachbereich Architektur steht die bauliche Lernraumumgebung im
Zentrum des Untersuchungsprozesses. Mit diesem Bezugspunkt wurde auf der ersten
Beobachtungsebene die Kategorisierung der Innovationspyramide anhand von Aspekten
des physisch-materiellen Lernraums entwickelt. Auf der zweiten Beobachtungsebene
wurden mit dem Modell der LernRaumOrganisation die vier Raumebenen, die physisch-materielle, technisch-virtuelle, sozial-interaktive und organisational-strukturelle,
berücksichtigt. So konnte sichergestellt werden, dass bei der vergleichenden Fallstudienanalyse der transdisziplinäre Forschungsansatz auch im Prozess der Datenanalyse und
Dateninterpretation gewährleistet ist. Um eine vertiefende Integration der virtuellen
Welt zu gewährleisten, ist es erforderlich, auf der ersten Beobachtungsebene die Innovationspyramide mit Innovationsstufen des technisch-virtuellen Lernraums zu entwickeln. Auf dieser Basis ist eine vergleichende Fallstudienanalyse auf der zweiten Beobachtungsebene mit einem vertiefenden Fokus möglich. Erkenntnisse aus diesen Untersuchungen könnten neue Aufschlüsse zur Reziprozität von Innovationen der physischen wie auch virtuellen Architekturen geben. Perspektivisch wären damit Erklärungen
über das Zusammenwirken der zwei Welten im Kontext von Lernen und Raum möglich
sowie eine erweiterte Perspektive mit hohem Innovationspotential zur Konzeptionierung, Entwicklung und Realisierung von Maßnahmen einer integrativen Lernraumge-

staltung gegeben. Dabei könnten weitere Erkenntnisse zur Anwendung des Konzepts der Suffizienz gewonnen werden.

Mit der Reflexion der Ergebnisse und Grenzen dieser Arbeit erweist sich in diesem Zusammenhang noch ein weiteres Forschungsdesiderat als relevant. Durch die erstmalige Einbindung der organisational-strukturellen Raumebene konnten aus der Perspektive des Hochschulmanagements als dritter Pädagoge grundlegende Faktoren zur Integration von Innovationen bei Lernraumgestaltungsmaßnahmen identifiziert werden. Wie die vergleichenden Fallstudienanalysen an fünf Hochschulen belegt haben, bedarf der Paradigmenwechsel vom Lehren zum Lernen Veränderungen der kulturellen wie auch der symbolischen Verortung. In diesem Zusammenhang sind bestehende Raumkonzepte der physisch-materiellen und technisch-virtuellen Lernraumebene hinsichtlich ihres Unterstützungscharakters für soziale Lernprozesse in Frage zu stellen und auf der organisational-strukturellen Raumebene neu zu denken. So bedarf es struktureller Voraussetzungen der Hochschulorganisation, um die Einführung von Lernraumgestaltungsmaßnahmen mit hohem Innovationspotential zu ermöglichen.

–   Forschungsdesiderat zur vertiefenden Betrachtung der Lernraumebenen der kulturellen Verortung und damit der Erkenntniserweiterung bei der Gestaltung von wandlungsfähigen Hochschulorganisationsstrukturen

Wie bei den empirischen Untersuchungen der Fallstudien ermittelt, können mit dem Konzept der Suffizienz bauliche und technische Infrastrukturen hinterfragt und damit einhergehend radikale Veränderungen der Lernumgebung initiiert werden. Bei der vergleichenden Fallstudienanalyse hat sich gezeigt, dass dieses Konzept bisher nicht in den bestehenden Hochschulorganisationen der Fallstudien umgesetzt worden ist. Lediglich bei der Neugründung der Hochschule MIN konnten Lernen und Raum neu kodiert werden, da hier nicht auf bestehende konzeptionelle und materielle Besitztümer Rücksicht genommen werden musste. Die Hoheit über bauliche Infrastrukturen an Hochschulen ist heute, wie auch in der Geschichte der Universitäten, immer noch ein Indiz der Bedeutung von Personen, Instituten, Fakultäten und auch der Hochschulen selbst. Die Entstehung der Universitäten im Mittelalter belegt aber auch, dass Lernen nicht nur an jedem Ort möglich ist, sondern dass auch ohne die Verfügbarkeit über eigene Gebäude und Infrastrukturen diese Gemeinschaft nach außen repräsentiert und gesellschaftlich wahrgenommen werden kann; und das zu einer Zeit ohne entsprechende Medien zur Verbreitung von Informationen. Ziel des Forschungsprozesses sollte es sein, Erkenntnisse darüber zu gewinnen, welche Organisationsstrukturen an Hochschulen notwendig sind, um das Konzept der Suffizienz und damit Lernraumgestaltungsmaßnahmen mit einem hohen Innovationsniveau umsetzen zu können. Dabei gilt es, auch den eingeschränkten Untersuchungsbereich von fünf Fallstudien zu erweitern. Anhand eines zu entwickelnden Rasters von Hochschulorganisationstypologien sollte eine größere Anzahl von Hochschulen aus dem internationalen Kontext untersucht werden. Im zunehmenden internationalen Wettbewerb der Hochschulen können mit dieser Vorgehensweise Strategien zur Gestaltung von Strukturen und Prozessen an Hochschulen entwickelt werden, welche auf die gesellschaftlichen Veränderungen und Herausforderungen Antworten generieren können.

Mit der Transformation zur Wissensgesellschaft stehen die Hochschulen vor der Frage des eigenen Selbstverständnisses und ihrer Positionierung in der Gesellschaft. Die Geschichte des Lernraums Hochschule zeigt, dass gesellschaftliche Veränderungen in den vergangenen 800 Jahren immer auch einen neuen Kontext der Lernraumgestaltung gefordert haben – von Kloster- über Schlossanlagen hin zu Verwaltungs- und Industriegebäuden. Um den Kreis zur einleitenden Fragestellung dieser Forschungsarbeit zu zukünftigen Gestaltungskonzepten von Hochschulen beantworten zu können, stellt sich hier zunächst die grundlegende Frage, in welcher Symbolik der Verortung sich die Hochschulen von morgen wiedererkennen. Aus der Perspektive des relationalen Raumkonzeptes gesprochen ist dabei die Verortung auf allen Raumebenen der physisch-materiellen, technisch-virtuellen, sozial-interaktiven und auch der organisational-strukturellen Welt zu prüfen. Nur mit der Berücksichtigung von integrativen Maßnahmen der Lernraumgestaltung können Entscheidungen getroffen werden, die sozial, ökonomisch, kulturell und gesellschaftlich begründet sind.

Tabellenverzeichnis

Abbildungsverzeichnis

Abkürzungsverzeichnis

ALC	Active Learning Classrooms
ALF	Active Learning Forum™
BYOD	Bring Your Own Device
DINI	Deutsche Initiative für Netzwerkinformation
GCU	Glasgow Caledonian University
HIS	HIS-Institut für Hochschulentwicklung e.V.
HPLS	High Performance Learning Spaces
HRK	Hochschulrektorenkonferenz
IKT	Informations- und Kommunikationstechnologien
ITSI	IT-Service Integration in Studium und Lehre
JISC	Joint Information Systems Committee
MIN	Minerva Schools at KGI
MOOC	Massive Open Online Course
NSSE	National Survey of Student Engagement
OECD	Organisation for Economic Co-operation and Development
POE	Post Occupancy Evaluation/Nutzerorientierte Evaluation
RAuL	Raumausstattung und Lernerfolg
SCALE	Student-Centered Activities for Large Enrollment Undergraduate Programs
SRH	SRH Hochschule Heidelberg
TILE	Transform, Interact, Learn, Engage
TEAL	Technology Enabled Active Learning
UMU	Umeå University
UNA	User Needs Analysis/Nutzer-Bedürfnisanalyse
UPL	Centre for Educational Development Umeå University
WUW	Wirtschaftsuniversität Wien

Quellenverzeichnis

Quellen Fallstudie SRH

Gespräche Fallstudie SRH, SRH Hochschule Heidelberg			
Abkürzung	Datum	Gesprächspartner	Dokumentation
REK_SRH2016	11.10.2016	Rektor	Gedächtnisprotokoll
ELB_SRH2016	15.06.2016	Externer Lehrbeauftragter	Gedächtnisprotokoll
PR_SRH2016	15.06.2016	Prorektorin	Transkript Audiodatei
SD_SRH2016	19.04.2016	Studiendekanin	Transkript Audiodatei
FAK_SRH2016	19.04.2016	Fakultätsvertretung Projekt „Lernraum Campus"	Transkript Audiodatei
AKFHL_SRH2016	05.04.2016	Leitung Akademie für Hochschullehre	Transkript Audiodatei

Dokumente & Internetquellen Fallstudie SRH, SRH Hochschule Heidelberg			
Abkürzung	Datum	Titel	Quelle
SRH2016_GB	2016	Geschäftsbericht 2015, Projekt „Lernraum Campus"	SRH Hochschule Heidelberg
SRH2016_WIR	2016	Wir – Das Magazin der SRH Hochschule Heidelberg, Ausgabe 1/2016 „CORE verändert unsere Räume"	SRH Hochschule Heidelberg
SRH2016_SBA	2016	Selbstbeschreibung Akademie für Hochschullehre	SRH Hochschule Heidelberg
SRH2016_LT	2016	Lehrtraining für Lehrende	SRH Hochschule Heidelberg
SRH2016_FSH	2016	Fact Sheet	SRH Hochschule Heidelberg
https://cdn-hochschule-heidelberg.azureedge.net/fileadmin/user_upload/Downloads/Factsheet.pdf (zuletzt geprüft am 03.09.2016)			
SRH2016_STA	28.07.2016	Stellenausschreibung	SRH Hochschule Heidelberg
https://www.srh-karriere.de/unsere-stellenangebote/stellenangebot/professor-wm-evidenzbasierte-methoden-arbeit-und-gesundheit/03139ac69b05178ba12b6c7ccdcbc93a/ (zuletzt geprüft am 02.09.2016)			
SRH2016_WIL	15.06.2016	Willkommen an der SRH - Broschüre für neue Mitarbeiter	SRH Hochschule Heidelberg
SRH2016_CP	01/2016	Das CORE-Prinzip	SRH Hochschule Heidelberg
SRH2015_CM	17.06.2015	Campusmap im Programm zum Infotag	SRH Hochschule Heidelberg
SRH2015_CMIT	17.06.2015	Ankündigung Infotag mit Programm	Netzwerk zukunftsfähige Bildung
http://www.nzbildung.de/veranstaltungen/event/7-infotag (zuletzt geprüft am 02.09.2016)			
SRH2009_PM	24.04.2009	Pressemitteilung	SRH Holding
http://www.srh.de/de/newsroom/news/detail/nd/2009/04/24/die-aelteste-und-bundesweit-groesste-private-hochschule-sitzt-in-heidelberg/ (zuletzt geprüft am 18.09.2016)			
SRH_COC	keine Angabe	Code of Conduct	SRH Hochschule Heidelberg
https://cdn-hochschule-heidelberg.azureedge.net/fileadmin/user_upload/Downloads/Code_of_Conduct.pdf (zuletzt geprüft am 12.09.2016)			

Videomaterial Fallstudie SRH, SRH Hochschule Heidelberg			
Abkürzung	Datum	Titel	Quelle
SRH2012_CORE	30.10.2012	Das CORE-Prinzip	SRH Hochschule Heidelberg
https://www.youtube.com/watch?v=dLZe8oYJbpw (zuletzt geprüft am 23.02.2017)			

Bildmaterial Fallstudie SRH, SRH Hochschule Heidelberg		
Abkürzung	Datum	Quelle
SRH_FD_SOEA	04/2017–02/2017	Katja Ninnemann
SRH_FD_LGS6	04/2017–02/2017	Katja Ninnemann

Quellen Fallstudie UMU

Gespräche Fallstudie UMU, Umeå University			
Abkürzung	Datum	Gesprächspartner	Dokumentation
TBILE_UMU2016	28.04.2016	Teambesprechung Projekt „Rum för lärande"	Gesprächsprotokoll
TMILE_UMU2016	28.04.2016	Teammitglied Projekt „Rum för lärande"	Gesprächsprotokoll
FOILE_UMU2016	27.04.2016	Forscher-Projekt „Rum för lärande"	Gesprächsprotokoll
PLIFE_UMU2016	26.04.2016	Projektleitung Interactiv Focus Environments	Transkript Audiodatei
PLILE_UMU2015	25.06.2015	Projektleitung „Rum för lärande"	Transkript Audiodatei

Dokumente & Internetquellen Fallstudie UMU, Umeå University			
Abkürzung	Datum	Titel	Quelle
UMU2016_AC	09.09.2016	Academic Calendar	Umeå University
http://www.umu.se/english/about-umu/facts/academic-calendar#Academic_Terms (zuletzt geprüft am 09.09.2016)			
UMU2016_THE	10.03.2016	Best universities in Europe 2016	Times Higher Education
https://www.timeshighereducation.com/student/best-universities/best-universities-europe-2016 (zuletzt geprüft am 09.09.2016)			
UMU2016_UPL	2016	Center for Educational Development	Umeå University
http://www.upl.umu.se/digitalAssets/171/171734_upl-programme-2016.pdf (zuletzt geprüft am 07.09.2016)			
UMU2015_ISB	2015	International Student Barometer	Umeå University
https://www.umu.se/en/education/satisfied-students (zuletzt geprüft am 11.01.2017)			
UMU2015_FI	2015	Umeå University in Figures	Umeå University
http://www.umu.se/english/about-umu/facts/figures (zuletzt geprüft am 09.09.2016)			
UMU2015_IFE	18.12.2015	New investment interactive focus environments	Umeå University
http://www.umu.se/english/about-umu/news-events/news/newsdetailpage/new-investment-in-interactive-focus-environments.cid261107 (zuletzt geprüft am 07.09.2016)			

Abkürzung	Datum	Titel	Quelle
UMU2014_MIT	17.12.2014	Interactive environment coming to MIT Building	Umeå University
http://www.umu.se/english/about-umu/news-events/news/newsdetailpage/new-interactive-environment-coming-to-mit-building.cid245707 (zuletzt geprüft am 07.09.2016)			
UMU2014_NC	14.07.2014	Education's challenges	Umeå University
http://www.umu.se/english/about-umu/news-events/news/newsdetailpage/educations-new-challenges.cid237667 (zuletzt geprüft am 07.09.2016)			
UMU2013_SFL	23.04.2013	Space for future learning	Umeå University
http://www.umu.se/english/about-umu/news-events/news/newsdetailpage/space-for-future-learning.cid214121 (zuletzt geprüft am 07.09.2016)			
UMU2012_HB	29.10.2012	Humanities Building to get major facelift	Umeå University
http://www.humfak.umu.se/english/about/news/newsdetailpage/humanities-building-to-get-major-facelift.cid200973 (zuletzt geprüft am 07.09.2016)			
UMU2012_IIFE	19.09.2012	Umeå University invests in interactive environments	Umeå University
http://www.umu.se/english/about-umu/news-events/news/newsdetailpage/umea-university-invests-in-interactive-environments.cid197985# (zuletzt geprüft am 05.09.2016)			
UMU2012_VAO	08.06.2012	Umeå University 2020 Vision and Objectives	Umeå University
http://www.umu.se/digitalAssets/107/107295_umu_visionsprogram_eng.pdf (zuletzt geprüft am 05.09.2016)			
UMU2011_FSE	27.06.2011	Flexible Study Environments Library	Umeå University
http://www.ub.umu.se/en/about/news/flexible-study-environment-university-library (zuletzt geprüft am 05.09.2016)			
UMU_CM	Keine Angaben	Campusplan	Umeå University
http://www.umu.se/english/about-umu/campus-maps/campus-map-large (zuletzt geprüft am 07.09.2016)			
UMU_HIS	Keine Angaben	History Umeå University	Umeå University
http://www.umu.se/english/about-umu/facts/history (zuletzt geprüft am 09.09.2016)			

Bildmaterial Fallstudie UMU, Umeå University		
Abkürzung	Datum	Quelle
UMU2016_FD (1)-(249)	25.04.2016–01.05.2016	Katja Ninnemann
UMU2015_FD (1)-(212)	20.04.2015–25.04.2015	Katja Ninnemann

Quellen Fallstudie WUW

Gespräche Fallstudie WUW, Wirtschaftsuniversität Wien			
Abkürzung	Datum	Gesprächspartner	Dokumentation
PROF2_WUW2016	21.03.2016	Professor	Transkript Audiodatei
PROF1_WUW2016	19.03.2016	Professor	Gesprächsprotokoll
VR_WUW2016	03.03.2016	Vizerektorat für Lehre und Studierende	Transkript Audiodatei

Dokumente & Internetquellen Fallstudie WUW, Wirtschaftsuniversität Wien			
Abkürzung	**Datum**	**Titel**	**Quelle**
WUW2016_ET	08.09.2016	Schulungen eTeaching	Wirtschaftsuniversität Wien
https://learn.wu.ac.at/eteaching_WU/schulungen (zuletzt geprüft am 08.09.2016)			
WUW2016_BR	06.09.2016	Buchbare Räume	Wirtschaftsuniversität Wien
https://bach.wu.ac.at/d/rr/spatial/ (zuletzt geprüft am 06.09.2016)			
WUW2016_SZ	02.06.2016	Entwicklung der Studieren-denzahlen	Wirtschaftsuniversität Wien
https://www.wu.ac.at/fileadmin/wu/h/academicstaff/data/zulassungen_SS_16_DS_02-06-2016_pdf.pdf (zuletzt geprüft am 07.09.2016)			
WUW2016_WB	05/2016	Wissensbilanz und Leis-tungsbericht	Wirtschaftsuniversität Wien
https://www.wu.ac.at/fileadmin/wu/h/structure/servicecenters/hr/Mitteilungsblatt/Mai_2016/Wissensbilanz_und_Leistungsbericht_2015.pdf (zuletzt geprüft am 07.09.2016)			
WUW2016_QSR	22.03.2016	QS-Ranking: Österreichische Unis in den Top 50	derStandard.at
http://derstandard.at/2000033318624/QS-Ranking-Fuenf-oesterreichische-Unis-in-den-Top-50 (zuletzt geprüft am 05.09.2016)			
WUW2016_L4.0	03.03.2016	Learn@WU-Update Learn 4.0	Blog WU Wien
http://blog.wu.ac.at/2016/03/die-hoehen-und-tiefen-beim-learnwu-update-learn-4-0/ (zuletzt geprüft am 25.11.2016)			
WUW2014_WB	05/2015	Wissensbilanz und Leis-tungsbericht	Wirtschaftsuniversität Wien
https://www.wu.ac.at/fileadmin/wu/h/structure/about/publications/Wissensbilanz/Wissensbilanz_und_Leistungsbericht_2014_WU.pdf (zuletzt geprüft am 05.09.2016)			
WUW2014_EPL	15.12.2014	Entwicklungsplan der Wirt-schaftsuniversität Wien	Wirtschaftsuniversität Wien
https://www.wu.ac.at/fileadmin/wu/h/strategy/targets/Entwicklungsplan_Stand_15122014.pdf (zuletzt geprüft am 05.09.2016)			
WUW2014_LCM	11/2014	Leben auf dem Campus	Wirtschaftsuniversität Wien
https://executiveacademy.at/fileadmin_synced_assets/documents/brochures/Campus/brochure-Campus-WU-DE.pdf (zuletzt geprüft am 05.09.2016)			
WUW2013_IBN	04.10.2013	Campuseröffnung: WU auch inhaltlich neu	Wien.ORF.at
http://wien.orf.at/news/stories/2607231/ (zuletzt geprüft am 05.09.2016)			
WUW2010_RSP	12/2010	Der neue Campus WU Hörsaal und Raumsponsoring	Wirtschaftsuniversität Wien
https://www.wu.ac.at/fileadmin/wu/h/cooperations/fundraisingbrochure.pdf (zuletzt geprüft am 05.09.2016)			
WUW_SPM	Keine Anga-ben	Student Panel Monitoring	Wirtschaftsuniversität Wien
https://www.wu.ac.at/mitarbeitende/infos-fuer-lehrende/data-reports/panelmonitoring/ (zuletzt geprüft am 11.01.2017)			
WUW_BRR	Keine Anga-ben	Buchungsregelungen via ROOMS	Wirtschaftsuniversität Wien
https://www.wu.ac.at/mitarbeitende/infos-fuer-lehrende/lehrorganisation-lehrinfrastruktur/room-booking/ (zuletzt geprüft am 18.12.2016)			

Abkürzung	Datum	Titel	Quelle
WUW_SBV	Keine Angaben	Selbstverständnis WU	Wirtschaftsuniversität Wien
https://www.wu.ac.at/universitaet/ueber-die-wu/ (zuletzt geprüft am 14.12.2016)			
WUW_SAC	Keine Angaben	Studieren am Campus	Wirtschaftsuniversität Wien
https://www.wu.ac.at/studierende/campus/studieren-am-campus/ (zuletzt geprüft am 05.09.2016)			
WUW_CPL	Keine Angaben	Campusleben	Wirtschaftsuniversität Wien
https://www.wu.ac.at/studierende/campus/campusleben/ (zuletzt geprüft am 05.09.2016)			
WUW_BURE	Keine Angaben	Projektraum oder Carrel buchen	Wirtschaftsuniversität Wien
https://www.wu.ac.at/studierende/tools-services/projektraumcarrel-buchen/ (zuletzt geprüft am 05.09.2016)			
WUW_GES	Keine Angaben	Geschichte	Wirtschaftsuniversität Wien
https://www.wu.ac.at/universitaet/ueber-die-wu/geschichte/ (zuletzt geprüft am 05.09.2016)			
WUW_WWU	Keine Angaben	Warum WU?	Wirtschaftsuniversität Wien
https://www.wu.ac.at/studium/warum-wu/ (zuletzt geprüft am 05.09.2016)			
WUW_CMP	Keine Angaben	Übersicht Campusplan	Wirtschaftsuniversität Wien
https://www.wu.ac.at/fileadmin/wu/d/i/ars/Veranstaltungen/Anfahrtsplan_WUCampus.pdf (zuletzt geprüft am 05.09.2016)			
WUW_AUS	Keine Angaben	Hörsäle und Ausstattung	Wirtschaftsuniversität Wien
https://www.wu.ac.at/mitarbeitende/infos-fuer-lehrende/lehrorganisation-lehrinfrastruktur/classrooms-equip/ (zuletzt geprüft am 05.09.2016)			
WUW_LLS	Keine Angaben	Programmmanagement Lehr-Lern-Support	Wirtschaftsuniversität Wien
https://www.wu.ac.at/universitaet/organisation/dienstleistungseinrichtungen/programmmanagement-und-lehr-lernsupport/teaching-learning-services/ (zuletzt geprüft am 08.09.2016)			
WUW_QML	Keine Angaben	Evaluierung und Qualitätsmanagement in der Lehre	Wirtschaftsuniversität Wien
https://www.wu.ac.at/fileadmin/wu/h/academicstaff/qual/qmkonzept.pdf (zuletzt geprüft am 087.09.2016)			

Videomaterial Fallstudie WUW, Wirtschaftsuniversität Wien			
Abkürzung	Datum	Titel	Quelle
WUW2014_LSP	23.04.2014	Studieren im Wunderland	Wirtschaftsuniversität Wien
https://www.youtube.com/watch?v=nTl5bwTNmrg (zuletzt geprüft am 10.02.2017)			

Bildmaterial Fallstudie WUW, Wirtschaftsuniversität Wien		
Abkürzung	Datum	Quelle
WUW2016_FD (1)-(211)	17.03.2016–21.03.2016	Katja Ninnemann
WUW2014-08_FD (1)-(91)	18.08.2014	Katja Ninnemann
WUW2014-04_FD (1)-(60)	28.04.2014	Katja Ninnemann

Quellen Fallstudie GCU

Dokumente & Internetquellen Fallstudie GCU, Glasgow Caledonian University			
Abkürzung	**Datum**	**Titel**	**Quelle**
GCU2016_CTG	06/2016	Campus Tour Guide	Glasgow Caledonian University
http://www.gcu.ac.uk/media/gcalwebv2/study/undergraduate/Campus_Tour_Guide290716.pdf (zuletzt geprüft am 17.12.2016)			
GCU2016_UP	2016	Undergraduate prospectus	Glasgow Caledonian University
http://www.gcu.ac.uk/media/gcalwebv2/study/prospectus/UNDERGRADUATE_PROSPECTUS_2016_online.pdf (zuletzt geprüft am 17.12.2016)			
GCU2016_CF	2016	Homepage „Campus Future"	Glasgow Caledonian University
http://www.gcu.ac.uk/campusfutures/ (zuletzt geprüft am 01.09.2016)			
GCU2016_CFB	2016	Blog „Campus Future", Year in Review	Glasgow Caledonian University
http://www.caledonianblogs.net/campusfutures/ (zuletzt geprüft am 09.01.2017)			
GCU2016_THE	13.05.2016	Best universities in the UK 2016	Times Higher Education
https://www.timeshighereducation.com/student/best-universities-in-the-united-kingdom (zuletzt geprüft am 01.09.2016)			
GCU2016_RBG	01/2016	Room Booker Guide	Glasgow Caledonian University
http://www.gcu.ac.uk/media/gcalwebv2/timetabling/CelcatRoomBookerGuide.pdf (zuletzt geprüft am 18.12.2016)			
GCU2016_ACC	Keine Angaben	GCU LEAD Accelerate Initiative	Glasgow Caledonian University
http://www.gcu.ac.uk/lead/themes/accelerate/ (zuletzt geprüft am 08.09.2016)			
GCU2015_CHS	Keine Angaben	Accelerate CPD Learning and Teaching Change Strategy 2015–2020	Glasgow Caledonian University
http://www.gcu.ac.uk/media/gcalwebv2/gculead/content/accelerate/AccelerateStrategy2015-2020.pdf (zuletzt geprüft am 08.09.2016)			
GCU2015_SFL	2015	Strategy for Learning 2015–2020	Glasgow Caledonian University
https://www.gcu.ac.uk/gaq/strategyforlearning2015-2020/ (zuletzt geprüft am 04.09.2016)			
GCU2014_TL	2014	Time Line „Heart of the Campus	Glasgow Caledonian University
https://www.gcu.ac.uk/media/gcalwebv2/campusfutures/PHASING_TIMELINE.pdf (zuletzt geprüft am 01.09.2016)			
GCU2014_CM	2014	Campus Map	Glasgow Caledonian University
https://www.gcu.ac.uk/media/gcalwebv2/theuniversity/howtofindus/A4_Campus_Map_Nov_2014.pdf (zuletzt geprüft am 02.09.2016)			
GCU2014_KF	2014	Key Facts Glasgow Caledonian University	Glasgow Caledonian University
http://www.gcu.ac.uk/media/gcalwebv2/theuniversity/centresprojects/chairofcourt/Key-Facts-2014.pdf (zuletzt geprüft am 11.01.2017)			

Abkürzung	Datum	Titel	Quelle
GCU2013_SEF	2013	Student Experience Framework	Glasgow Caledonian University
http://www.gcu.ac.uk/segaq/studentexperienceframework/ (zuletzt geprüft am 11.01.2017)			
GCU2013_PLS	2013	Part 04 Polls	Glasgow Caledonian University
https://www.gcu.ac.uk/media/gcalwebv2/campusfutures/content/Polls.pdf (zuletzt geprüft am 01.09.2016)			
GCU2012_FI	2012	Part 01 Formal Interviews	Glasgow Caledonian University
https://www.gcu.ac.uk/media/gcalwebv2/campusfutures/content/Staff%20interview%20results.pdf (zuletzt geprüft am 01.09.2016)			
GCU2010_MP	06/2010	Campus Masterplan, Executive Summary	Glasgow Caledonian University
https://www.gcu.ac.uk/media/gcalwebv2/campusfutures/content/EXEC%20SUMMARY%20100616%20FINAL.pdf (zuletzt geprüft am 01.09.2016)			
GCU2006_JISC	2006	Case Study „Glasgow Caledonian University – Saltire Centre Open Plan"	Joint Information Systems Committee (JISC)
https://jiscinfonetcasestudies.pbworks.com/w/page/45407218/Glasgow%20Caledonian%20University%20-%20Saltire%20Centre (zuletzt geprüft am 01.09.2016)			
GCU_SHM	Keine Angaben	Stakeholder Map	Glasgow Caledonian University
https://www.gcu.ac.uk/media/gcalwebv2/campusfutures/content/Stakeholder%20map.pdf (zuletzt geprüft am 01.09.2016)			
GCU_PS	Keine Angaben	Heart of Campus Project Structure	Glasgow Caledonian University
https://www.gcu.ac.uk/media/gcalwebv2/campusfutures/content/Visual%20-%20%20Heart%20of%20Campus%20project%20structure.pdf (zuletzt geprüft am 01.09.2016)			
GCU_KPF	Keine Angaben	Interviews with Key Project Figures	Glasgow Caledonian University
http://www.caledonianblogs.net/campusfutures/interviews-with-key-project-figures/#.V8lGfa0cR8V (zuletzt geprüft am 02.09.2016)			
GCU_ATHU	Keine Angaben	About the University	Glasgow Caledonian University
http://www.gcu.ac.uk/study/postgraduate/whystudyhere/theuniversity/ (zuletzt geprüft am 04.09.2016)			
GCU_CMPL	Keine Angaben	Campus Life Undergraduates	Glasgow Caledonian University
https://www.gcu.ac.uk/study/undergraduate/studentlife/campuslife/ (zuletzt geprüft am 04.09.2016)			

Videomaterial Fallstudie GCU, Glasgow Caledonian University			
Abkürzung	Datum	Titel	Quelle
GCU2016_FTH2	08.03.2016	Heart of the Campus Phase Two Flythrough	Glasgow Caledonian University
https://www.youtube.com/watch?v=WWrOgzGX7r8 (zuletzt geprüft am 02.09.2016)			
GCU2015_FTH1	22.01.2015	Heart of the Campus Phase One Flythrough	Glasgow Caledonian University
https://www.youtube.com/watch?v=TZ9kpx5p0pA (zuletzt geprüft am 02.09.2016)			

Bildmaterial Fallstudie GCU, Glasgow Caledonian University		
Abkürzung	**Datum**	**Quelle**
GCU2015_FD (1)-(209)	27.11.2015 -02.12.2015	Katja Ninnemann

Quellen Fallstudie MIN

Gespräche Fallstudie MIN, Minverva Schools at KGI			
Abkürzung	**Datum**	**Gesprächspartner**	**Dokumentation**
JRN_MIN2016	19.03.2016	Journalist, ZEIT	Gesprächsprotokoll

Dokumente & Internetquellen Fallstudie MIN, Minverva Schools at KGI			
Abkürzung	**Datum**	**Titel**	**Quelle**
MIN2016_SBN	13.09.2016	Session mit Ben Nelson	Ben Nelson @Quora
https://www.quora.com/session/Ben-Nelson/1 (zuletzt geprüft am 14.09.2016)			
MIN2016_TF	13.09.2016	Tuition and Fees	Minerva Schools at KGI
https://www.minerva.kgi.edu/tuition-aid/tuition-fees/ (zuletzt geprüft am 13.09.2016)			
MIN2016_YDS	13.09.2016	An Education Built For You	Minerva Schools at KGI
https://www.minerva.kgi.edu/partners/GCY/ (zuletzt geprüft am 13.09.2016)			
MIN2016_PFD	14.09.2016	Portrait Founding Dean	Minerva Schools at KGI
https://www.minerva.kgi.edu/people/stephen-kosslyn/ (zuletzt geprüft am 14.09.2016)			
MIN2016_PMS	13.09.2016	People Minerva Schools	Minerva Schools at KGI
https://www.minerva.kgi.edu/people/ (zuletzt geprüft am 13.09.2016)			
MIN2016_AMA	09.09.2016	I'm Head of Admissions at Minerva	Reddit – Ask Me Anything
https://www.reddit.com/r/IAmA/comments/51sgh0/im_head_of_admissions_at_minerva_the_university/ (zuletzt geprüft am 12.09.2016)			
MIN2016_CTE	18.01.2016	Minerva-Studenten kommen zu Catalyst-Worskhops in Europa zusammen	Minerva Schools at KGI
http://www.prnewswire.com/news-releases/minerva-studenten-kommen-zu-catalyst-workshops-in-ganz-europa-zusammen-um-die-herausforderung-bei-der-ausbildung-von-fluchtlingen-zu-diskutieren-565614081.html (zuletzt geprüft am 13.09.2016)			
MIIN2015_MP	10.12.2015	Minerva Schools at KGI Introduce a Master's in Applied Arts and Sciences Program	Minerva Schools at KGI
https://s3.amazonaws.com/s3.minervaproject.com/press-releases/Minerva-Schools-at-KGI-Introduce-Masters-Applied-Arts-Sciences.pdf (zuletzt geprüft am 13.09.2016)			
MIN2015	13.05.2015	Is this the future of college?	Aljazeera America
http://america.aljazeera.com/watch/shows/america-tonight/2015/5/is-this-the-future-of-college.html (zuletzt geprüft am 12.09.2016)			
MIN2015_CAT		Konzept Catalyst Initiative	Minerva Schools at KGI
https://www.minerva.kgi.edu/catalyst/ (zuletzt geprüft am 14.09.2016)			

Abkürzung	Datum	Titel	Quelle
MIN2014_HFC	08.09.2014	Historic Founding Class Begins First Year at the Minerva Schools at KGI	Minerva Schools at KGI
https://s3.amazonaws.com/s3.minervaproject.com/press-releases/Minerva_Commences_Classes.pdf (zuletzt geprüft am 13.09.2016)			
MIN2013_AT	17.09.2013	Minerva Schools at KGI announce $10,000 annual tuition	Minerva Schools at KGI
http://s3.minervaproject.com/press-releases/Minerva_Schools_Announces_Tuition.pdf (zuletzt geprüft am 13.09.2016)			
MIN2013_KGI	24.07.2013	Minerva Project and KGI Partner to Launch the Minerva Schools at KGI	Minerva Schools at KGI
http://s3.minervaproject.com/press-releases/Minerva_Project_and_KGI_Partner_for_Minerva_Schools_at_KGI.pdf (zuletzt geprüft am 13.09.2016)			
MIN2012_BMC	04.04.2012	Minerva Project Redefines Elite Higher Education For Students Worldwide	Minerva Project
http://s3.minervaproject.com/press-releases/Minerva_Projects_Secures_25_Million_Release.pdf (zuletzt geprüft am 14.09.2016)			
MIN_FYC	Keine Angaben	Academic Program – Four Year Curriculum	Minerva Schools at KGI
https://www.minerva.kgi.edu/academics/four-year-curriculum/ (zuletzt geprüft am 12.09.2016)			
MIN_ACP	Keine Angaben	Academic Program – Small Seminars	Minerva Schools at KGI
https://www.minerva.kgi.edu/academics/small-seminars/ (zuletzt geprüft am 12.09.2016)			
MIN_PP	Keine Angaben	Academic Program – Philosophy & Pedagogy	Minerva Schools at KGI
https://www.minerva.kgi.edu/academics/philosophy-pedagogy/ (zuletzt geprüft am 12.09.2016)			
MIN_EL	Keine Angaben	Global Experience – Experimental Learning	Minerva Schools at KGI
https://www.minerva.kgi.edu/global-experience/experiential-learning/ (zuletzt geprüft am 12.09.2016)			
MIN_RL	Keine Angaben	Global Experience – Residential Living	Minerva Schools at KGI
https://www.minerva.kgi.edu/global-experience/residential-living/ (zuletzt geprüft am 12.09.2016)			
MIN_IRS	Keine Angaben	Institute for Research and Scholarship	Minerva Schools at KGI
https://www.minerva.kgi.edu/institute/ (zuletzt geprüft am 15.09.2016)			
MIN_ABN	Keine Angaben	Blogbeitrag Minerva Active Learning Forum™	Principal Learning Architect at Minerva Project
https://www.minerva.kgi.edu/institute/ (zuletzt geprüft am 15.09.2016)			

Videomaterial Fallstudie MIN, Minverva Schools at KGI			
Abkürzung	Datum	Titel	Quelle
MIN2016_VF	24.02.2016	Minerva Institute: Visionary Futures	Minerva Schools at KGI
https://www.youtube.com/watch?v=Znd0hIfk_QI (zuletzt geprüft am 08.02.2017)			

Abkürzung	Datum	Titel	Quelle
MIN2015_FF	01.12.2015	Minerva Faculty Focus, Student Centric Learning	Minerva Schools at KGI
https://www.youtube.com/watch?v=I3eRtygoNH8 (zuletzt geprüft am 10.02.2017)			
MIN2015_ALF	17.09.2015	Active Learning Forum™: A New Way to Learn	Minerva Schools at KGI
https://www.youtube.com/watch?v=Gk5iiXqh7Tg (zuletzt geprüft am 12.09.2016)			
MIN2014_GAB	17.09.2015	Gabriella: Dream School	Minerva Schools at KGI
https://www.youtube.com/watch?v=j73I-Y32ics (zuletzt geprüft am 12.09.2016)			
MIN2014_KAY	04.12.2014	Kayla – Freedom of Thought	Minerva Schools at KGI
https://www.youtube.com/watch?v=OaxEg_Efjro (zuletzt geprüft am 12.09.2016)			
MIN2014_FC	19.11.2014	Minerva: The Founding Class	Minerva Schools at KGI
https://www.youtube.com/watch?v=PcCNyBv2l7U (zuletzt geprüft am 12.09.2016)			
MIN2013_ALF	Keine Angaben	Minerva Active Learning Forum™	Minerva Schools at KGI
https://vimeo.com/92548366 (zuletzt geprüft am 16.09.2016)			

Bildmaterial Fallstudie MIN	
Abkürzung	Quelle
MIN2016_VF_Screenshot1-3 (siehe Videomaterial Fallstudie MIN)	Minerva Schools at KGI
MIN2015_ALF_Screenshot1-6 (siehe Videomaterial Fallstudie MIN)	Minerva Schools at KGI
MIN2013_ALF_Screenshot1-6 (siehe Videomaterial Fallstudie MIN)	Minerva Schools at KGI
MIN_Facebook_1-10	Minerva Schools at KGI

Quellen Feldnotizen

Forschungstagebuch	Zeitraum	Quelle
FTB1_KN	01/2014–05/2015	Katja Ninnemann
FTB2_KN	06/2015–01/2016	
FTB3_KN	01/2016–03/2016	
FTB4_KN	03/2016–07/2016	
FTB5_KN	07/2016–02/2017	

Reflexionsverzeichnis

Zentrale Fragestellungen der Fallstudienanalyse

Themenbereiche des Modells der Lern-RaumOrganisation	Zentrale Fragestellungen zur Datenaufnahme und -analyse bei der teilnehmenden Beobachtung, Artefaktenanalyse und den ergänzenden Gesprächen mit Hochschulakteuren
Bedeutungsfeld	– Welche Bedeutung hat Lehren und Lernen an der Hochschule? – Welche Maßnahmen gibt es an der Hochschule zur Etablierung einer Lehr- und Lernkultur nach dem Active Learning Approach? – Durch welche Unterstützungsmaßnahmen wird die Umsetzung und Verbreitung innovativer Lehrkonzepte an der Hochschule vorangetrieben?
Beziehungsfeld	– Welche Lernraumgestaltungsmaßnahmen unterstützen die Interaktion zwischen Studierenden sowie Studierenden und Lehrenden an der Hochschule? – Gibt es Besonderheiten bei der Interaktion zwischen Studierenden und administrativen Abteilungen an der Hochschule? – Welche Maßnahmen werden zur Einbindung der Studierenden in Aktivitäten der Fakultäten und Hochschule getätigt?
Aneignungsfeld	– Welche Lernorte, materielle oder technische Artefakte sind an der Hochschule relevant, um Lernprozesse unterstützen zu können? – Welche Besonderheiten und Erkenntnisse gibt es bei den Lernraumgestaltungsmaßnahmen bei diesen Orten und Artefakten zu den Themenbereichen Verfügbarkeit, Auswahlmöglichkeiten, Zugangsmöglichkeiten und Nutzungsmöglichkeiten? – Welche Verantwortungsbereiche gelten für informelle und formelle Lernräume an der Hochschule?
Erstellungsfeld	– Welche Bedeutung haben Lernräume der physisch-materiellen und der technisch-virtuellen Ebene? – Gibt es Prioritäten oder Zusammenhänge bei der Gestaltung materieller und technischer Artefakte? – Welche Bedeutung hat die Symbolik der gebauten Umwelt zur Repräsentanz und Wertschätzung mit der Differenzierung und Priorisierung über relevante Gebäude-Layer der Hochschule?
Prozess der Passung	– Welche organisationalen Voraussetzungen und Rahmenbedingungen waren bei der Initiierung und Umsetzung der Lernraumgestaltungsmaßnahmen von Bedeutung? – Welche Herausforderungen und Konflikte sind im Zusammenhang mit den Lernraumgestaltungsmaßnahmen aufgetreten? – Welche Veränderungen und Besonderheiten können bei der Aneignung und Nutzung der baulichen Umgebung nach der Fertigstellung festgestellt werden?

Themenbereiche des Modells der Lern-RaumOrganisation	Zentrale Fragestellungen zur Datenaufnahme und -analyse bei der teilnehmenden Beobachtung, Artefaktenanalyse und den ergänzenden Gesprächen mit Hochschulakteuren
Prozess der Abgrenzung	– Was waren wichtige Meilensteine und Abstimmungsprozesse bei der Planung und Umsetzung der Lernraumgestaltungsmaßnahmen? – Wurden Nutzerbeteiligungsverfahren beim Prozess der Lernraumgestaltungsmaßnahmen implementiert? – Welche Hochschulakteure haben eine besondere Stellung oder fanden eine besondere Berücksichtigung beim Entwicklungs- und Realisierungsprozess der Lernraumgestaltungsmaßnamen? – Ist der Lernraumgestaltungsprozess auf bestimmte Maßnahmen begrenzt oder gibt es geplante Folgemaßnahmen? Wenn ja, warum?

Reflexion von Lernen und Neue Medien

Institution	Art	Titel/Thema
MITx, Massachusetts Institute of Technology	Teilnahme MOOC 10–11/2014	Design and Development of Educational Technology
IMOOX, Karl-Franzens-Universität Graz	Teilnahme MOOC 10–12/2014	Lernen im Netz: Vom Möglichen und Machbaren

Reflexion von Lernen im historischen Kontext

Institution	Art	Titel/Thema
Universität Rostock	Veröffentlichung	Krüger, Anja; Ninnemann, Katja; Häcker, Thomas (2016): Containerraum der Lehre? Raum(be)deutungen im universitären Kontext. In: Berndt, Constanze; Kalisch, Claudia; Krüger, Anja (Hrsg.): Räume bilden. Pädagogische Perspektiven auf den Raum. Bad Heilbrunn: Klinkhardt, S. 129–146.
SRH Hochschule Heidelberg	Vortrag (02.06.2014)	„Auf Wiedersehen Vorlesungsraum. Was wir heute von gestern für morgen lernen können". Symposium „Intelligence Space. Eine Revision der Architektur des Lernraums"

Reflexion von Lernen im universitären Raum

Institution	Art	Titel/Thema
Staatliche Akademie der Bildenden Künste Stuttgart	Vortrag (08.11.2016)	„LernRaumInnovationen. Zur Dekonstruktion von Lernraumkonzepten", Vortrag im Rahmen des Projektes Forschungslabor FLAG – Forschungs-Labor-Akademie-Gymnasien
Fachhochschule St. Pölten, Österreich	Veröffentlichung	Ninnemann, Katja (2016). Lernraum Campus. Erkenntnisse zur räumlichen Übersetzung des „Shift from Teaching to Learning". In: Johann Haag et al. (Hrsg.): Kompetenzorientiert Lehren und Prüfen. Beiträge zum 5. Tag der Lehre an der FH St. Pölten am 20. Oktober 2016
Fachhochschule St. Pölten, Österreich	Workshopmoderation (20.10.2016)	„Lernräume und Kompetenzorientierung", Vortrag und Workshop mit Michaela Moser, Markus Wintersberger und Christian Freisleben-Teutscher zum 5. Tag der Lehre an der FH St. Pölten am 20. Oktober 2016
SRH Hochschule Heidelberg	Durchführung Seminar 10–11/2015	Studierendenprojekt „Lernraum am Neckar", Modul Architekturfundamente II
Johann Wolfgang Goethe-Universität Frankfurt am Main	Konzeption und Durchführung Seminar im WS 2015/16	„Architekturen der Bildung", Seminar im Dialog von Architektur und Pädagogik, FB Erziehungswissenschaft, Schwerpunkt Neue Medien in Lehr-Lernkontexten, Prof. Dr. Stefan Iske
Österreichische Gesellschaft für Forschung und Entwicklung im Bildungswesen (ÖFEB), Alpen-Adria-Universität Klagenfurt	1. Platz beim Waxmann Posterpreis (01.09.2015) und Veröffentlichung	Ninnemann, Katja (2015). Von der Notwendigkeit, den ,dritten Pädagogen' neu zu denken. In: Alpen-Adria-Universität Klagenfurt (Hrsg.) Lernräume gestalten. Kongress der Österreichischen Gesellschaft für Forschung und Entwicklung im Bildungswesen. Alpen-Adria-Universität Klagenfurt. S. 253
Österreichischen Gesellschaft für Forschung und Entwicklung im Bildungswesen (ÖFEB), Alpen-Adria-Universität Klagenfurt	Vortrag (01.09.2015) und Veröffentlichung	Ninnemann, Katja, Iske, Stefan (2015). Die virtuelle Universität des Mittelalters. Eine Analyse zur Definition von Lernräumen der Informationsgesellschaft. In: Alpen-Adria-Universität Klagenfurt (Hrsg.) Lernräume gestalten. Kongress der Österreichischen Gesellschaft für Forschung und Entwicklung im Bildungswesen. Alpen-Adria-Universität Klagenfurt. S. 209.
SRH Hochschule Heidelberg	Veröffentlichung	Kirschbaum, Marc; Ninnemann, Katja (2015): Der Raum ist der dritte Pädagoge. Die Bedeutung von Lernräumen für eine zeitgemäße Hochschullehre. In: Forschung & Lehre 22 (9), S. 738–739.
Hochschule Esslingen	Vortrag (10.07.2015)	„Lernraum als Erfahrungsraum", Promotionszirkel Mathilde-Planck-Programm
Umeå University	Vortrag (21.04.2015)	„Socio-Technical Learning Spaces. Perspectives for the Organization of Learning Spaces in Higher Education", Department Applied Educational Sciences

Institution	Art	Titel/Thema
Technische Universität Kaiserslautern	Posterpreis für die beste Gesamtkonzeption (25.02.2015)	„Flexibilität als Konzept für Lernorte? Annäherung an ein diffuses Phänomen", Fachtagung „Selbstgesteuert, kompetenzorientiert und offen?!", Technische Universität Kaiserslautern, mit Marc Kirschbaum
Technische Universität Kaiserslautern	Vortrag (24.02.2015) und Veröffentlichung	Kirschbaum, Marc & Ninnemann, Katja (2016): Spezifische Orte für selbstgesteuertes Lernen. Eine architekturtheoretische und empirische Perspektive. In: Arnold, Rolf; Lermen, Markus; Günther, Dorit (Hrsg.): Lernarchitekturen und (Online-)Lernräume. Fachtagung selbstgesteuert, kompetenzorientiert und offen?!, Band 2. Baltmannsweiler: Schneider, S. 187–216.
SRH Hochschule Heidelberg	Vortrag und Workshopmoderation (04.12.2014) sowie Veröffentlichung	Kirschbaum, Marc; Ninnemann, Katja (2014): On the interdependency of didactics and space. In: Conference Paper 1st Conference on Innovation in Higher Education. SRH Hochschule Heidelberg. Heidelberger Hochschulverlag. S. 74.
SRH Hochschule Heidelberg	Workshopmoderation (03.06.2014)	„Vom Raum zum Lernen", Symposium „Intelligence Space. Eine Revision der Architektur des Lernraums"
SRH Hochschule Heidelberg	Vortrag und Workshopmoderation (30.04.2014)	„Raum zum Lernen – Gestaltung von Lernräumen", Tag des forschenden Lernens, Vortrag und Workshop mit Marc Kirschbaum
IBA Heidelberg	Vortrag (08.04.2014)	„Colearning Spaces – Vernetzung von Wissen und Orten", IBA Heidelberg „Wissen schafft Stadt – Stadt schafft Wissen", Vortrag mit Marc Kirschbaum

Teilnahme an Kongressen und Fachtagungen

Institution	Datum	Titel/Thema
Fachhochschule St. Pölten, Österreich	20.10.2016, St. Pölten	5. Tag der Lehre „Kompetenzorientiert lehren und prüfen", Service- und Kompetenzzentrum für Innovatives Lehren und Lernen
Steelcase Education	28.-29.09.2016, Potsdam	3. Kongress „Wandelbarer Campus der Zukunft" an der Design Thinking School des Hasso-Plattner-Instituts
ÖFEB, Alpen-Adria-Universität Klagenfurt	30.08–01.09.2015, Klagenfurt	Kongress der Österreichischen Gesellschaft für Forschung und Entwicklung im Bildungswesen (ÖFEB) „Lernräume gestalten"
IBA Heidelberg	08.10.2015, Heidelberg	IBA_LAB N°3 „Räume für die Wissenschaften – Bauen für Lehre, Forschung und Entwicklung"
TU Kaiserslautern	24.–25.02.2015, Kaiserslautern	Fachtagung „Selbstgesteuert, kompetenzorientiert und offen ?!"
SRH Hochschule Heidelberg	04.–05.12.2014, Heidelberg	Fachtagung „1st Conference on Innovation in Higher Education"

Institution	Datum	Titel/Thema
Steelcase Education	12.–13.11.2014, Berlin	1. Kongress „Wandelbarer Campus der Zukunft"
Universität Koblenz-Landau	14.07.2014, Koblenz	2. Symposium „Schulen der Zukunft/Schools for the Future"
SRH Hochschule Heidelberg	02.–03.06.2014, Heidelberg	Symposium „Intelligence Space. Eine Revision der Architektur des Lernraums"
SRH Hochschule Heidelberg	30.04.2014, Heidelberg	Tag des forschenden Lernens 2014
Fraunhofer Institut für Bauphysik IBP	12.–13.11.2013, Stuttgart	3. Kongress „Zukunftsraum Schule, Schulgebäude nachhaltig gestalten"
IBA Heidelberg	10/2013, Heidelberg	Ausstellungen „Univercity – Stadt und Universität" und „Lebens- und Lernraum Schule. Pädagogische Architektur"
Deutsche Initiative für Netzwerkinformation	08.–09.10.2013, Stuttgart	Jahrestagung Deutsche Initiative für Netzwerkinformation, Thema „Zukunft der Lehre"

Literatur

Ackoff, Russel L.; Greenberg, Daniel (2008): Turning Learning Right Side Up: Putting Education Back on Track. New Jersey: Prentice Hall.

Adams Becker, Samantha; Cummins, Michele; Davis, A.; Freemann, A.; Hall Giesinger, C.; Ananthanarayanan, V. (2017): NMC Horizon Report. 2017 Higher Education Edition. Austin, Texas.

Adomßent, Maik; Michelsen, Gerd; Rieckmann, Marco; Stoltenberg, Ute (2007): Die „Sustainable University" als informeller Lernkontext. Zeitschrift für internationale Bildungsforschung und Entwicklungspädagogik, 30. Jg. (4), S. 9–12.

Alexander, Deb; Cohen, Bradley A.; Fitzgerald, Steve; Honsey, Paul; Jorn, Linda; Knowles, John; Oberg, Peter; Todd, Jeremy; Walker, J. D.; Whiteside, Aimee (2008): Active Learning Classrooms Pilot Evaluation: Fall 2007 Findings and Recommendations. Minneapolis.

Alheit, Peter (1999): Grounded Theory. Ein alternativer methodologischer Rahmen für qualitative Forschungsprozesse. Göttingen.

Altvater, Peter (2007): Organisationsberatung im Hochschulbereich – Einige Überlegungen zum Beratungsverständnis und zu Handlungsproblemen in Veränderungsprozessen. In: Altvater, Peter; Bauer, Yvonne; Gilch, Harald (Hrsg.): Organisationsentwicklung in Hochschulen. Dokumentation. HIS: Forum Hochschule, Bd. 14. Hannover, S. 11–23.

Asimov, Nanette (2015): San Francisco's Minerva: ‚perfect university' or student gamble? San Francisco Chronicle, 25. August. Zugriff: http://www.sfchronicle.com/education/article/San-Francisco-s-Minerva-Perfect-6465502.php [abgerufen am 08.02.2017].

Attard, Angele; Di Iorio, Emma; Geven, Koen; Santa, Robert (2014): Student-Centered Learning Toolkit. Time for a new Paradigma in Education. Zugriff: https://www.esu-online.org/wp-content/uploads/2016/07/100814-SCL.pdf [abgerufen am 18.10.2016].

Bachmann, Gudrun (2014): Passt der traditionelle Campus zum Studieren von morgen? In: Škerlak, Tina; Kaufmann, Helen; Bachmann, Gudrun (Hrsg.): Lernumgebungen an der Hochschule. Auf dem Weg zum Campus von morgen. Medien in der Wissenschaft, Bd. 66. Münster: Waxmann, S. 93–121.

Bachmann, Gudrun; Brandt, Sabina; Kaufmann, Helen; Röder, Heidi, Schwander, Ursula; Škerlak, Tina (2014): Moderne Lernumgebung für den Campus von morgen. Das Projekt ITSI. In: Škerlak, Tina; Kaufmann, Helen; Bachmann, Gudrun (Hrsg.): Lernumgebungen an der Hochschule. Auf dem Weg zum Campus von morgen. Medien in der Wissenschaft, Bd. 66. Münster: Waxmann, S. 17–58.

Badelt, Christoph (2014): Gebaute Ideale. Ein Universitätscampus des 21. Jahrhunderts. In: Boeckl, Matthias (Hrsg.): Der Campus der Wirtschaftsuniversität Wien. Stadt – Architektur – Nutzer. Wien: Ambra | V, S. 6–7.

Badelt, Christoph (2015): Die Gunst der Stunde – der Neubau der WU. IBA_LAB N°3, 07. Oktober. Zugriff: http://www.iba.heidelberg.de/files/160413_iba_lab3_v1_badelt.pdf [abgerufen am 06.09.2016].

Baepler, Paul Michel; Brooks, D. Christopher; Walker, J. D. (Hrsg.) (2014): Active Learning Spaces. New directions for teaching and learning, Bd. 137. San Francisco: Jossey-Bass.

Barker, Roger G. (1978): Habitats, Environments, and Human Behavior. Studies in ecological psychology and eco-behavorial science from the Midwest Psychological Field Station, 1947–1972. The Jossey-Bass Social and Behavioral Science Series. San Francisco: Jossey-Bass.

Barr, Robert B.; Tagg, John (1995): From Teaching to Learning. A New Paradigm for Undergraduate Education. Change, 27. Jg. (6), S. 13–25.

Baur, Nina; Blasius, Jörg (Hrsg.) (2014): Handbuch Methoden der empirischen Sozialforschung. Handbuch. Wiesbaden: Springer VS.

Beichner, Robert J. (2008): The SCALE-UP Project: A Student-Centered Active Learning Environment for Undergraduate Programs. A commissioned paper for the National Research Council's Evidence on Promising Practices in Undergraduate Science, Technology, Engineering and Mathematics, 12. Oktober. Zugriff: http://sites.nationalacademies.org/cs/groups/dbassesite/documents/webpage/dbasse_072628.pdf [abgerufen am 07.02.2017].

Beichner, Robert J. (2014): History and Evaluation of Active Learning Spaces. In: Baepler, Paul Michel; Brooks, D. Christopher; Walker, J. D. (Hrsg.): Active Learning Spaces. New directions for teaching and learning, Bd. 137. San Francisco: Jossey-Bass, S. 9–16.

Beichner, Robert J.; Saul, Jeffery M. (o.A.): Introduction to the SCALE-UP Project. Raleigh, NC. Zugriff: https://www.ncsu.edu/per/Articles/Varenna_SCALEUP_Paper.pdf [abgerufen am 07.02.2017].

Beichner, Robert J.; Saul, Jeffery M.; Abbott, David S.; Morse, Jeanne J.; Deardorff, Duane L.; Allain, Rhett J.; Bonham, Scott W.; Dancy, Melissa H.; Risley, John S. (2007): Student-Centered Activities for Large Enrollment Undergraduate Programs (SCALE-UP) project. In: Redish, Edward F.; Cooney P. J. (Hrsg.): Research-Based Reform of University Physics. College Park.

Beltzung Horvath, Louise; Nedeljkovic, Kristina (2013): Algorithmen gegen die Raumnot der Hochschule. derStandard.at, 04. Dezember. Zugriff: http://derstandard.at/1385169815710/Algorithmen-gegen-die-Raumnot-der-Hochschule [abgerufen am 05.09.2016].

Berg, Charles; Milmeister, Marianne (2011): Im Dialog mit den Daten das eigene Erzählen der Geschichte finden. Über die Kodierverfahren der Grounded-Theory-Methodologie. In: Mey, Günter; Mruck, Katja (Hrsg.): Grounded Theory Reader. 2. Auflage. Wiesbaden: VS Verlag für Sozialwissenschaften, S. 303–332.

Berger, Doris (2010): Wissenschaftliches Arbeiten in den Wirtschafts- und Sozialwissenschaften. Hilfreiche Tipps und praktische Beispiele. Lehrbuch. Wiesbaden: Gabler.

Bertholdt, Christian; Leichsenring, Hannah (2012): Diversity Report. Der Gesamtbericht (A1–D3).

Biggs, John; Tang, Catherine (2011): Teaching for Quality Learning at University. What the Student Does. 4. Auflage. Berkshire: Open University Press.

Bisoux, Tricia (2016): Global and Campus Free. BizEd Magazine, 24. Oktober. Zugriff: http://www.bizedmagazine.com/archives/2016/6/features/global-and-campus-free?platform=hootsuite [abgerufen am 27.11.2016].

Blackmore, Jill; Bateman, Debra; Loughlin, Jill; O'Mara, Joanne; Aranda, Georg (2011): Research into the connection between built learning spaces and student outcomes. Literature review. Paper No. 22. Melbourne.

Blane, Douglas (2006): It's a university, but not as we know it. The Guardian, 19. September. Zugriff: https://www.theguardian.com/education/2006/sep/19/elearning.news [abgerufen am 01.09.2016].

Blümel, Albrecht; Kloke, Katharina; Krücken, Georg (2011): Professionalisierungsprozesse im Hochschulmanagement in Deutschland. In: Langer, Andreas; Schröer, Andreas (Hrsg.): Professionalisierung im Nonprofit Management. Soziale Investitionen. Wiesbaden: VS Verlag für Sozialwissenschaften, S. 105–127.

BOA Büro für offensive Aleatorik (Hrsg.) (2013): Eine holistische Geschichte. Für die Ökonomen dieser Erde. Wien.

Bockxmeer, Josta van (2014): Die mobile Uni. Minerva-Universität aus den USA. Der Tagesspiegel, 15. August. Zugriff: http://www.tagesspiegel.de/wissen/minerva-universitaet-aus-den-usa-die-mobile-uni/10334338.html [abgerufen am 20.08.2016].

Boeckl, Matthias (2014a): Ein neues Lebensgefühl. Das Library and Learning Center von Zaha Hadid Architects. In: Boeckl, Matthias (Hrsg.): Der Campus der Wirtschaftsuniversität Wien. Stadt – Architektur – Nutzer. Wien: Ambra | V, S. 43–55.

Boeckl, Matthias (Hrsg.) (2014b): Der Campus der Wirtschaftsuniversität Wien. Stadt – Architektur – Nutzer. Wien: Ambra | V.

Böhme, Jeanette; Herrmann, Ina (2009): Schulraum und Schulkultur. In: Böhme, Jeanette (Hrsg.): Schularchitektur im interdisziplinären Diskurs. Territorialisierungskrise und Gestaltungsperspektiven des schulischen Bildungsraums. Wiesbaden: VS Verlag für Sozialwissenschaften, S. 204–220.

Bonwell, Charles C.; Eison, James A. (1991): Active Learning. Creating Excitement in the Classroom. ASHE-ERIC higher education reports, Bd. 1991, 1. Washington: George Washington University.

Bortz, Jürgen; Döring, Nicola (2006): Forschungsmethoden und Evaluation für Human- und Sozialwissenschaftler. 4. Auflage. Berlin, Heidelberg, New York: Springer Verlag.

Bourdieu, Pierre (1983): Ökonomisches Kapital, kulturelles Kapital, soziales Kapital. In: Kreckel, Reinhard (Hrsg.): Soziale Ungleichheiten. Soziale Welt: Sonderband, Bd. 2. Göttingen: Schwartz, S. 183–198.

Bourdieu, Pierre (1985): Sozialer Raum und „Klassen"/Leçon sur la leçon. Zwei Vorlesungen. Frankfurt a.M.: Suhrkamp.

Bourdieu, Pierre (1991): Physischer, sozialer und angeeigneter physischer Raum. In: Wentz, Martin (Hrsg.): Stadt-Räume. Die Zukunft des Städtischen, Bd. 2. Frankfurt [u.a.]: Campus, S. 25–34.

Bourdieu, Pierre (1997): Der Tote packt den Lebenden. Schriften zu Politik & Kultur, Bd. 2. Hamburg: VSA-Verlag.

Brand, Stewart (1994): How Buildings Learn. What happens after they're built. New York: Penguin Books.

Brandt, Sabina (2014a): Kultur (er)leben. Zur Funktion universitärer Zwischenräuem. In: Škerlak, Tina; Kaufmann, Helen; Bachmann, Gudrun (Hrsg.): Lernumgebungen an der Hochschule. Auf dem Weg zum Campus von morgen. Medien in der Wissenschaft, Bd. 66. Münster: Waxmann, S. 192–216.

Brandt, Sabina (2014b): Räume für Vielfalt. Diversity auf dem Campus von Morgen. In: Škerlak, Tina; Kaufmann, Helen; Bachmann, Gudrun (Hrsg.): Lernumgebungen an der Hochschule. Auf dem Weg zum Campus von morgen. Medien in der Wissenschaft, Bd. 66. Münster: Waxmann, S. 59–68.

Breuer, Franz (2010): Reflexive Grounded Theory. Eine Einführung für die Forschungspraxis. 2. Auflage. Lehrbuch. Wiesbaden: VS Verlag für Sozialwissenschaften.

Brooks, D. Christopher (2011): Space matters. The impact of formal learning environments on student learning. British Journal of Educational Technology, 42. Jg. (5), S. 719–726.

Brooks, D. Christopher (2012): Space and Consequences. The Impact of Different Formal Learning Spaces on Instructor and Student Behavior. Journal of Learning Spaces, 1. Jg. (2). Zugriff: http://libjournal.uncg.edu/jls/article/view/285/282 [abgerufen am 12.02.2018].

Brosenbauer, Barbara (2012): Universität trifft Stadt :: Stadt trifft Universität?!? Die TU Wien als innerstädtisches Bildungsatom Chancen und Herausforderungen eines universitären Stadtbausteins. Diplomarbeit, Technische Universtität Wien.

Brown, Malcom; Long, Philip (2006): Trends in Learning Spaces Design. In: Oblinger, Diana G. (Hrsg.): Learning Spaces. Boulder: EDUCAUSE, S. 9.1–9.11.

Bruijnzeels, Rob (2015): Die Bibliothek: aussterben, überleben oder erneuern? BIBLIOTHEK Forschung und Praxis, 39. Jg. (2), S. 225–234.

Bulpitt, Graham (Hrsg.) (2012): Leading the student experience. Super-convergence of organisation, structure and business process. Research and Development Series. London.

Bundesministerium für Wissenschaft, Forschung und Wirtschaft (2011): Universitätsbericht. Wien.

Bundesministerium für Wissenschaft, Forschung und Wirtschaft (2014): Universitätsbericht. Wien.

Bundeszentrale für politische Bildung (2014): Wachsender Studentenberg – Entwicklung der Studierendenzahlen in Deutschland | bpb, 21. August. Zugriff: http://www.bpb.de/gesell schaft/kultur/zukunft-bildung/190350/wachsender-studentenberg-entwicklung-der-studierend enzahlen-in-deutschland [abgerufen am 11.09.2016].

Carrier, Maurice (2009): Educational Conditions and Practices that Foster Student Engagement and Success in Studies. Framework inspired by the DEEP research project directed by Dr George D. Kuh, professor at Indiana University. Québec.

Cava, Marco della (2015): U. Penn grad gives college experience a massive makeover. USA Today, 27. Januar. Zugriff: http://college.usatoday.com/2015/01/27/u-penn-grad-gives-col lege-experience-a-massive-makeover/ [abgerufen am 12.09.2016].

Chism, Nancy Van Note (2006): Challenging Traditional Assumptions and Rethinking Learning Spaces. In: Oblinger, Diana G. (Hrsg.): Learning Spaces. Boulder: EDUCAUSE, S. 2.

Choi, SeonMi; Guerin, Denise A.; Kim, Hye-Young; Kulman Brigham, Jonee; Bauer Theresa (2013): Indoor Environmental Quality of Classrooms and Student Outcomes. A Path Analysis Approach. Journal of Learning Spaces, 2. Jg. (2). Zugriff: http://libjournal.uncg.edu/jls/ article/view/506 [abgerufen am 12.02.2018].

Cleveland, Benjamin; Fisher, Kenn (2014): The evaluation of physical learning environments. A critical review of the literature. Learning Environments Research, 17. Jg. (1), S. 1–28.

Corbin, Juliet M. (2011): Eine analytische Reise unternehmen. In: Mey, Günter; Mruck, Katja (Hrsg.): Grounded Theory Reader. 2. Auflage. Wiesbaden: VS Verlag für Sozialwissenschaften, S. 163–180.

Council on Higher Education (2010): South African Survey of Student Engagement. Focusing the Student Experience on Success through Student Engagement. Zugriff: http://www.che. ac.za/sites/default/files/publications/SASSE_2010.pdf [abgerufen am 03.01.2017].

Cox, Andrew M. (2011): Students' Experience of University Space: An Exploratory Study. International Journal of Teaching and Learning in Higher Education, 23. Jg. (2), S. 197–207.

Cress, Ulrike (2013): Lernumgebung, konstruktivistische. In: Wirtz, Markus Antonius (Hrsg.): Lexikon der Psychologie. Dorsch. 16. Auflage. Bern: Verlag Hans Huber, S. 957.

Dauss, Markus; Rehberg, Karl-Siegbert (2009): Gebaute Raumsymbolik. Die „Architektur der Gesellschaft" aus Sicht der Institutionenanalyse. In: Fischer, Joachim (Hrsg.): Die Architektur der Gesellschaft. Theorien für die Architektursoziologie. Sozialtheorie. Bielefeld: transcript Verlag, S. 109–136.

Deffner, Veronika; Haferburg, Christoph (2014): Pierre Bourdieu: Habitus und Habitat als Verhältnis von Subjekt, Sozialem und Macht. In: Oßenbrügge, Jürgen; Vogelpohl, Anne (Hrsg.): Theorien in der Raum- und Stadtforschung. Einführungen. Münster, Westfalen: Westfälisches Dampfboot, S. 328–347.

Delitz, Heike (2009): Architektursoziologie Heike Delitz. Einsichten – Themen der Soziologie. Bielefeld: transcript.

den Heijer, Alexandra (2011): Managing the university campus. Information to support real estate decisions. Dissertation. Delft: Eburon Academic Publishers.

derStandard.at (2008): Der WU-Rektor fordert „Plätze, wo man sich hinsetzen kann". derStandard.at, 22. April. Zugriff: http://derstandard.at/3312069/Der-WU-Rektor-fordert-Plaetze-wo-man-sich-hinsetzen-kann [abgerufen am 26.11.2016].

Detrick, Glenn (2002): Russell L. Ackoff. Academy of Management Learning & Education, 1. Jg. (1), S. 56–63.

Dielacher, Katrin (2011): Konzeption eines schnittflexiblen Lernraums. über ein vierstufiges Wachstumsszenario in Sybystemen. Diplomarbeit, Technische Universität Wien.

DINI (2013): Die Hochschule zum Lernraum entwickeln. Empfehlungen der DINI-Arbeitsgruppe Lernräume [Elektronische Ressource] Deutsche Initiative für Netzwerkinformation DINI e.V. Kassel.

Dippelhofer-Stiem, Barbara (1996): Lernumwelt: Universität. In: Kruse, Lenelis; Graumann, Carl-Friedrich; Lantermann, Ernst-Dietrich (Hrsg.): Ökologische Psychologie. Ein Handbuch in Schlüsselbegriffen. Umweltpsychologie, Umweltverhalten, Umweltbewußtsein. Weinheim: Beltz, S. 389–394.

Dohmen, Günther (2001): Das informelle Lernen. BMBF PUBLIK. Bonn.

Dori, Yehudit Judy; Belcher, John (2005): How Does Technology-Enabled Active Learning Affect Undergraduate Students' Understanding of Electromagnetism Concepts? The Journal of the Learning Sciences, 14. Jg. (2), S. 243–279.

Dori, Yehudit Judy; Belcher, John; Bessette, Mark; Danziger, Michael; McKinney, Andrew; Hult, Erin (2003): Technology for active learning. Materials Today, (6), S. 44–49.

Döring, Jörg (Hrsg.) (2008): Spatial Turn. Das Raumparadigma in den Kultur- und Sozialwissenschaften. Sozialtheorie. Bielefeld: transcript.

Drösser, Christoph (2014): Akademische Nomaden. ZEIT Online, 18. September. Zugriff: http://pdf.zeit.de/2014/37/online-studium-minerva-fernstudium.pdf [abgerufen am 19.02.2016].

Drösser, Christoph; Heuser, Uwe Jean (2013): Moocs: Harvard für alle Welt. ZEIT Online, 14. März. Zugriff: http://www.zeit.de/2013/12/MOOC-Onlinekurse-Universitaeten/komplettansicht [abgerufen am 19.02.2016].

Dudek, Mark (2013): How can architecture foster teaching and learning in classroom? In: Kahlert, Joachim; Nitsche, Kai; Zierer, Klaus (Hrsg.): Räume zum Lernen und Lehren. Perspektiven einer zeitgemäßen Schulraumgestaltung. Bad Heilbrunn: Klinkhardt, S. 90–103.

Duden (o.A.): „Integration" auf Duden online. Zugriff: http://www.duden.de/rechtschreibung/Integration [abgerufen am 11.02.2017].

Duffy, Francis (1990): Measuring building performance. Facilities, 8. Jg. (5), S. 17–20.

Dünne, Jörg; Günzel, Stephan (Hrsg.) (2015): Raumtheorie. Grundlagentexte aus Philosophie und Kulturwissenschaften. 8. Auflage. Suhrkamp Taschenbuch Wissenschaft, Bd. 1800. Frankfurt am Main: Suhrkamp.

Eberle, Dietmar (2014): Starke Identitäten polarisieren. In: Boeckl, Matthias (Hrsg.): Der Campus der Wirtschaftsuniversität Wien. Stadt – Architektur – Nutzer. Wien: Ambra | V, S. 22–24.

Fang, Serene; May, Adam (2015): Hacking higher ed: Will Minerva upend the college model? Aljazeera America, 15. Mai. Zugriff: http://america.aljazeera.com/watch/shows/america-to night/articles/2015/5/15/minerva-future-college-education.html [abgerufen am 08.02.2017].

Faulstich, Peter (2013): Orte intentionalen Lernens. In: Hessischer Volkshochschulverband (Hrsg.): Lernräume und Lernorte. Hessische Blätter für Volksbildung. Frankfurt am Main, S. 203–211.

Fichte, Johann Gottlieb (2010): Deduzierter Plan einer zu Berlin zu errichtenden höhern Lehranstalt, die in gehöriger Verbindung mit einer Akademie der Wissenschaften stehe. In: Markschies, Christoph (Hrsg.): Gründungstexte. Festgabe zum 200-jährigen Jubiläum der Humboldt-Universität zu Berlin. HU 200 – Das moderne Original. Berlin: Humboldt-Universität, S. 9–121.

Fisher, Kenn; Newton, Clare (2014): Transforming the twenty-first-century campus to enhance the net-generation student learning experience. Using evidence-based design to determine what works and why in virtual/physical teaching spaces. Higher Education Research & Development, 33. Jg. (5), S. 903–920.

Flade, Antje (2008): Architektur – psychologisch betrachtet. Psychologie Sachbuch. Bern: Verlag Hans Huber.

Franke, Kathrin; Haude, Bertram; Noennig, Jörg Rainer (2012): Rückzug und Dialog: die Aktivierung universitärer Zwischenräume. Zeitschrift für Hochschulentwicklung, 7. Jg. (1), S. 77–86.

Fraser, Kym (2013): Learning Environments and New Spaces Literature Review, Royal Melbourne Institute of Technology.

Friese, Heidrun; Wagner, Peter (1993): Der Raum des Gelehrten. Eine Topographie akademischer Praxis. Berlin.

Froschauer, Ulrike (2009): Artefaktenanalyse. In: Kühl, Stefan; Strodtholz, Petra; Taffertshofer, Andreas (Hrsg.): Handbuch Methoden der Organisationsforschung. Quantitative und qualitative Methoden. Wiesbaden: VS Verlag für Sozialwissenschaften, S. 326–347.

Froschauer, Ulrike (2012): Organisationen in Bewegung. Beiträge zur interpretativen Organisationsanalyse. Mit einem Beitrag von Manfred Lueger. Wien: Facultas.

Glaser, Barney G. (2004): Remodeling Grounded Theory. Forum Qualitative Sozialforschung, 5. Jg. (4).

Glaser, Barney G. (2011): Der Umbau der Grounded-Theory-Methodologie. In: Mey, Günter; Mruck, Katja (Hrsg.): Grounded Theory Reader. 2. Auflage. Wiesbaden: VS Verlag für Sozialwissenschaften, S. 137–162.

Glaser, Barney G.; Strauss, Anselm L. (2010): Grounded Theory. Strategien qualitativer Forschung. 3. Auflage. Bern: Huber.

Goffmann, Erving (1996): Über Feldforschung. In: Knoblauch, Hubert (Hrsg.): Kommunikative Lebenswelten. Zur Ethnographie einer geschwätzigen Gesellschaft. UVK Soziologie. Konstanz: Universitätsverlag Konstanz, S. 261–269.

Gothe, Kerstin; Pfadenhauer, Michaela (2010): My Campus – Räume für die „Wissensgesellschaft"? Raumnutzungsmuster von Studierenden. Wiesbaden: VS Verlag für Sozialwissenschaften.

Granito, Vincent J.; Santana, Mary E. (2016): Psychology of Learning Spaces. Impact on Teaching and Learning. Journal of Learning Spaces, 5. Jg. (1). Zugriff: http://libjournal.uncg.edu/jls/article/view/882 [abgerufen am 12.02.2018].

Gröbblinghoff, Florian (2013): Studierendenzentrierung in Studium und Lehre. In: Kröpke, Hei-ke; Ladwig, Annette (Hrsg.): Tutorienarbeit im Diskurs. Qualifizierung für die Zukunft. Bil-dung – Hochschule – Innovation, Bd. 12. Münster: LIT Verlag, S. 131–142.

Grossinger, Paul (2016): The Next Leap Forward in Education Technology. Inc., 20. Mai. Zu-griff: http://www.inc.com/paul-grossinger/the-next-big-thing-in-education-technology.html [abgerufen am 31.10.2016].

Gruber, Georg (2016): Lecturize erhält fünfstellige Investition von startup300. futurezone, 07. März. Zugriff: https://futurezone.at/thema/start-ups/lecturize-erhaelt-fuenfstellige-investition -von-startup300/185.442.436 [abgerufen am 31.10.2016].

Grün, Gunnar; Urlaub, Susanne (2015): Impact of the indoor environment on learning in schools in Europe. Study Report. Holzkirchen, Stuttgart.

Hagström, Stig (2004): Blurring Boundaries: A Description and Assessment of the High Perfor-mance Learning Spaces in Wallenberg Hall, Stanford University.

Hansson, Mikael (2016): Focus environments are built to break down barriers. Aktum, 2016. Zugriff: http://aktum.umu.se/aktum-en/focus-environments-are-built-to-break-down-barriers/ [abgerufen am 12.09.2016].

Harvey, Eugene J.; Kenyon, Melaine C. (2013): Classroom Seating Considerations for 21st Cen-tury Students and Faculty. Journal of Learning Spaces, 2. Jg. (1). Zugriff: http://libjournal. uncg.edu/jls/article/view/578 [abgerufen am 12.02.2018].

Hattie, John; Beywl, Wolfgang; Zierer, Klaus (2013): Lernen sichtbar machen. Überarbeitete deutschsprachige Ausgabe von „Visible Learning" John Hattie. Besorgt von Wolfgang Beywl und Klaus Zierer. Baltmannsweiler: Schneider Hohengehren.

Heathcote, Edwin (2014): Campus creativity. In: Financial Times (Hrsg.): The Future of the University, S. 24–28.

Henschel, Alexander (2001): Communities of practice. Plattform für organisationales Lernen und den Wissenstransfer. Gabler Edition Wissenschaft. Wiesbaden: Deutscher Universitätsverlag.

Higgins, Steve; Hall, Elaine; Wall, Kate; Woolner, Pamela; McCaughey, Caroline (2005): The Impact of School Environments: A literature review. Design Council. London.

Higher Education Authority (2016): The Irish Survey of Student Engagement. Results from 2016. Zugriff: http://studentsurvey.ie/wp-content/uploads/2016/11/ISSE-Report-2016-final.pdf [ab-gerufen am 03.01.2017].

HIS (2010): Bauen für Bologna: „Hochschulbau muss nicht neu erfunden werden". Tagungsrück-blick 2. HIS Forum Hochschulbau 2010. HIS-Pressemitteilung, 16. Juni. Zugriff: https://www.pressebox.de/pressemitteilung/his-hochschul-informations-system-gmbh/Bauen-fuer-Bologna-Hochschulbau-muss-nicht-neu-erfunden-werden/boxid/353100 [abgerufen am 07.02.2017]..

Hitzler, Ronald (2010): Unsichtbare Bildungsprogramme? Zur Entwicklung und Aneignung praxisrelevanter Kompetenzen in Jugendszenen. Expertise zum 8. Kinder- und Jugendbericht der Landesregierung NRW.

Hörlin, Johannes (2010): Erfahrungsbericht Umeå University. Wintersemester 2009/2010. Uni-versität Würzburg. Zugriff: http://www.wiwi.uni-wuerzburg.de/uploads/media/Johannes_ Hoerlin.pdf [abgerufen am 09.09.2016].

Horne, Sam Van; Murniati, Cecilia; Gaffney, Jon D. H.; Jesse, Maggie (2012): Promoting Active Learning in Technology-Infused TILE Classrooms at the University of Iowa. Journal of Learning Spaces, 1. Jg. (2). Zugriff: http://libjournal.uncg.edu/jls/article/view/344 [abgerufen am 12.02.2018].

Howorka, Sebastian; Joos, Michael; Kaltner, Christina (2013): Funktionalität, Repräsentation und Planungseffizienz. Die Spannungsfelder eines architektonischen Planungsprozesses am Beispiel des Neubaus der WU Wien. Wirtschaft und Kultur, 11. WU Wien.

HRK (2008): Für eine Reform in der Lehre in den Hochschulen. 3. Mitgliederversammlung der HRK am 22.04.2008. Bonn.

Hubeli, Ernst et al (Hrsg.) (2012): Schulen planen und bauen. Grundlagen und Prozesse. 2. Auflage. Berlin: Jovis.

Hunley, Sawyer; Schaller, Molly (2006): Assessing Learning Spaces. In: Oblinger, Diana G. (Hrsg.): Learning Spaces. Boulder: EDUCAUSE, 13.1–13.11.

Hunter, Jonathan; Cox, Andrew M. (2014): Learning over tea! Studying in informal learning spaces. New Library World, 115. Jg. (1–2), S. 34–50.

Hutcheon, Paul (2016): University behind NY campus with no degree students gives fashion expert over £200,000 in consultancy fees. Herald Scotland, 26. Juni. Zugriff: http://www.heraldscotland.com/news/14580544.Scots_campus_with_no_students_pays_fashion_guru_over___200_000/ [abgerufen am 01.09.2016].

Illeris, Knud (2006): Das Lerndreieck. Rahmenkonzept für ein übergreifendes Verständnis vom menschlichen Lernen. DIE spezial, S. 29–42.

Illeris, Knud (2008): Lernen umfassend verstehen. Learning Lab Dänemark, 12. August. Kopenhagen. Zugriff: http://www.ciea.ch/documents/s08_ref_illeris_d.pdf. [abgerufen am 08.02.2017].

Illeris, Knud (2009): A comprehensive understanding of human learning. In: Illeris, Knud (Hrsg.): Contemporary theories of learning. Learning theorists … in their own words. London, New York: Routledge, S. 7–20.

Illeris, Knud (2010): Lernen verstehen. Bedingungen erfolgreichen Lernens. Bad Heilbrunn: Klinkhardt.

Jackson, Abby (2016): This college startup has a 1.9% acceptance rate, making it tougher to get into than Harvard. Business Insider, 05. April. Zugriff: http://www.businessinsider.de/for-profit-college-minerva-is-harder-to-get-into-than-harvard-2016-4?r=US&IR=T [abgerufen am 08.02.2017].

Jahnke, Isa (2012): Technology-Embraced Informal-in-Formal Learning. In: Ravenscroft, Andrew; Lindstaedt, Stefanie; Kloos, Carlos Delgado; Hernández-Leo, Davinia (Hrsg.): 21st Century Learning for 21st Century Skills. 7th European Conference on Technology Enhanced Learning. Proceedings. Lecture notes in computer science, Bd. 7563. Berlin: Springer, S. 395–400.

Jahnke, Isa (2016): Digital didactical designs. Teaching and learning in CrossActionSpaces. New York, London: Routledge.

Jamieson, Peter (2009): The Serious Matter of Informal Learning. Planning for Higher Education, 37. Jg. (2), S. 18–25.

Jelich, Franz-Josef; Kemnitz, Heidemarie (2003): Die pädagogische Gestaltung des Raums. Geschichte und Modernität. Dokumentation der Jahrestagung 2001 der Sektion Historische Bildungsforschung in der Deutschen Gesellschaft für Erziehungswissenschaft. Bad Heilbrunn: Klinkhardt.

Jenert, Tobias (2014): Verändern Medien die Lernkultur? Mögliche Rollen von Technologie zwischen virtuellen und physischen Lernräumen. In: Škerlak, Tina; Kaufmann, Helen; Bachmann, Gudrun (Hrsg.): Lernumgebungen an der Hochschule. Auf dem Weg zum Campus von morgen. Medien in der Wissenschaft, Bd. 66. Münster: Waxmann, S. 159–175.

JISC (2006): Designing Spaces for Effective Learning. A guide to 21st century learning space design. Bristol.

Johnson, Larry; Adams Becker, Samantha; Cummins, Michele; Estrada, V.; Freemann, A.; Hall, C. (2016): NMC Horizon Report. 2016 Higher Education Edition. Austin, Texas.

Johnson, Larry; Adams Becker, Samantha; Estrada, V.; Freemann, A. (2014): NMC Horizon Report. 2014 Higher Education Edition. Austin, Texas.

Johnson, Larry; Adams Becker, Samantha; Estrada, V.; Freemann, A. (2015): NMC Horizon Report. 2015 Higher Education Edition. Austin, Texas.

Kahl, Reinhard (2009): Der dritte Pädagoge. Die Entdeckung von Raum und Zeit in Schulen. In: Bartels, Olaf (Hrsg.): Bilden = Education. Metropole, Bd. 3. Berlin: Jovis, S. 206–216.

Kath, Gerhard (1960): Das soziale Bild der Studentenschaft in Westdeutschland und Berlin. Bonn. Zugriff: http://www.sozialerhebung.de/archiv/download/04/soz04_1959_gesamt.pdf [abgerufen am 18.10.2016].

Kehm, Barbara M. (2012): Hochschulen als besondere und unvollständige Organisationen? – Neue Theorien zur ‚Organisation Hochschule‘. In: Wilkesmann, Uwe; Schmid, Christian J. (Hrsg.): Hochschule als Organisation. Organisationssoziologie. Wiesbaden: Springer VS, S. 17–25.

Kember, David (1997): A reconceptualisation of the research into university academics‘ conceptions of teaching. Learning and Instruction, 7. Jg. (3), S. 255–275.

Kember, David (2009): Promoting student-centred forms of learning across an entire university. Higher Education, 58. Jg. (1), S. 1–13.

Keskinen, Sanna (2014): Campus as a city. Master thesis, Tampere University of Technology.

Khan, Salman (2011): Let's use video to reinvent education.

King, Alison (1993): From Sage on the Stage to Guide on the Side. College Teaching, 41. Jg. (1), S. 30–35.

Kirkeby, Inge Mette (2005): Schulbau in Skandinavien. Veränderungsprozesse und Erfahrungen aus Dänemark. PH-Akzente Zürich, (1), S. 14–19.

Kirschbaum, Marc; Ninnemann, Katja (2016): Spezifische Orte für selbstgesteuertes Lernen. Eine architekturtheoretische und empirische Perspektive. In: Arnold, Rolf; Lermen, Markus; Günther, Dorit (Hrsg.): Lernarchitekturen und (Online-)Lernräume. Fachtagung selbstgesteuert, kompetenzorientiert und offen?!, Band 2. Baltmannsweiler: Schneider, S. 187–216.

Klesmann, Martin (2016): Weltenbummler-Universität Minerva droht in Berlin zu scheitern. Berliner Zeitung, 23. März. Zugriff: http://www.berliner-zeitung.de/berlin/weltenbummler-universitaet-minerva-droht-in-berlin-zu-scheitern-23771242 [abgerufen am 13.09.2016].

Klesmann, Martin (2017): Der Hörsaal hat bald ausgedient. Berliner Zeitung, 02. Januar.

Kloke, Katharina; Krücken, Georg (2012): ‚Der Ball muss dezentral gefangen werden.‘ – Organisationssoziologische Überlegungen zu den Möglichkeiten und Grenzen hochschulinterner Steuerungsprozesse am Beispiel der Qualitätssicherung in der Lehre. In: Wilkesmann, Uwe; Schmid, Christian J. (Hrsg.): Hochschule als Organisation. Organisationssoziologie. Wiesbaden: Springer VS, S. 311–324.

Komus, Ayelt; Kuber, Moritz (2015): Status Quo Agile. Studie zu Verbreitung und Nutzen agiler Methoden, 2015. Zugriff: https://www.gpm-ipma.de/fileadmin/user_upload/Know-How/studien/Studie_Agiles-PM_web.pdf [abgerufen am 18.02.2017].

Kosmützky, Anna (2010): Von der organisierten Institution zur institutionalisierten Organisation? Eine Untersuchung der (Hochschul-)Leitbilder von Universitäten. Dissertation, Universität Bielefeld.

Kosslyn, Stephen M. (2015): Higher Ed Has Failed Students. Here's How We Plan to Fix It. SingularityHUB, 24. November. Zugriff: http://singularityhub.com/2015/11/24/higher-ed-has-failed-students-heres-how-we-plan-to-fix-it/ [abgerufen am 08.02.2017].

Kristan, Markus (2014): Fülle und Hülle. Zur Institutions- und Baugeschichte der Wirtschaftsuniversität Wien 1873–1982. In: Boeckl, Matthias (Hrsg.): Der Campus der Wirtschaftsuniversität Wien. Stadt – Architektur – Nutzer. Wien: Ambra | V, S. 9–13.

Krücken, Georg; Blümel, Albrecht; Kloke, Katharina (2010): Hochschulmanagement – Auf dem Weg zu einer neuen Profession. WSI Mitteilungen, (5), 243–241.

Krueger, Alyson (2016): Readin' Writin' Revolution. The Pennsylvania Gazette, 114. Jg. (4), S. 60–66. Zugriff: http://thepenngazette.com/pdfs/PennGaz0316_feature5.pdf [abgerufen am 10.05.2016].

Krüger, Anja; Ninnemann, Katja; Häcker, Thomas (2016): Containerraum der Lehre? Raum(be)deutungen im universitären Kontext. In: Berndt, Constanze; Kalisch, Claudia; Krüger, Anja (Hrsg.): Räume bilden. Pädagogische Perspektiven auf den Raum. Bad Heilbrunn: Klinkhardt, S. 129–146.

Kruschwitz, Claudia (2011): Universität und Stadt. Bauliche Genese von Universitätstypen und deren Bedeutung im Stadtraum. Dissertation, Rheinisch-Westfälische Technische Hochschule Aachen.

Krzywinski, Nora (2013): Universitätskultur in Prozessen strategischen Handelns. Eine explorative Untersuchung zur Übertragung und Anwendung eines kohäsionsorientierten Organisationsstrukturmodells. Baden-Baden: Deutscher Wissenschafts-Verlag.

Kuckartz, Udo; Dresing, Thorsten; Rädiker, Stefan; Stefer, Claus (2008): Qualitative Evaluation. Der Einstieg in die Praxis. 2. Auflage. Wiesbaden: VS Verlag für Sozialwissenschaften.

Kühn, Christian (2009): Rationalisierung und Flexibilität. Schulbaudiskurs der 1960er und -70er Jahre. In: Böhme, Jeanette (Hrsg.): Schularchitektur im interdisziplinären Diskurs. Territorialisierungskrise und Gestaltungsperspektiven des schulischen Bildungsraums. Wiesbaden: VS Verlag für Sozialwissenschaften, S. 283–298.

Kühn, Christian (2013): Karneval der Alphatiere. Die Presse, 14. September. Zugriff: http://diepresse.com/home/spectrum/architekturunddesign/1452672/Karneval-der-Alphatiere?_vl_backlink=/home/spectrum/architekturunddesign/index.do [abgerufen am 12.12.2016].

Kultusministerkonferenz (2016): Solide Bauten für leistungsfähige Hochschulen. Wege zum Abbau des Sanierungs- und Modernisierungsstaus im Hochschulbereich, 11. Februar. Zugriff: https://www.kmk.org/fileadmin/Dateien/veroeffentlichungen_beschluesse/2016/2016_02_11-Abbau-Sanierungsstau.pdf [abgerufen am 31.10.2016].

Kumar, Krishan (1997): The Need for Place. In: Smith, Anthony; Webster, Frank (Hrsg.): The Postmodern University? Contested Visions of Higher Education in Society. Buckingham: Open University Press, S. 27–35.

Kumar, Revathy; O'Malley, Patrick M.; Johnston, Lloyd D. (2008): Association Between Physical Environment of Secondary Schools and Student Problem Behavior. Environment and Behavior, 40. Jg. (4), S. 455–486.

Lambert, Craig (2012): Twilight of the Lecture. Harvard Magazin, 114. Jg. (4), S. 23–27. Zugriff: http://harvardmag.com/pdf/2012/03-pdfs/0312-HarvardMag.pdf [abgerufen am 12.09.2016].

Lamnek, Siegfried (2010): Qualitative Sozialforschung. Lehrbuch. 5. Auflage. Weinheim: Beltz.

Läpple, Dieter (1991): Gesellschaftszentriertes Raumkonzept. In: Wentz, Martin (Hrsg.): Stadt-Räume. Die Zukunft des Städtischen, Bd. 2. Frankfurt [u.a.]: Campus, S. 35–46.

Le Corbusier (1964): Feststellungen zu Architektur und Städtebau. Bauwelt Fundamente, Bd. 12. Berlin: Ullstein Verlag.

Lederer, Arno (2015): Über die Architektur von Lernräumen – der Lernraum als Teil der öffentlichen Baukultur. In: Wittwer, Wolfgang (Hrsg.): Lernräume. Gestaltung von Lernumgebungen für Weiterbildung. Wiesbaden: Springer VS, S. 75–80.

Leeb, Franziska (2014): Wettbewerbe für einen Campus. In: Boeckl, Matthias (Hrsg.): Der Campus der Wirtschaftsuniversität Wien. Stadt – Architektur – Nutzer. Wien: Ambra | V, S. 14–21.

Legewie, Heiner (2004): Qualitative Forschung und der Ansatz der Grounded Theory. 11. Vorlesung. TU Berlin.

Leitner, Michael (2016): WU Wien streitet mit Start-up Studify um Urheberrechte. futurezone, 28. Januar. Zugriff: https://futurezone.at/digital-life/wu-wien-streitet-mit-start-up-studify-um-urheberrechte/177.509.804 [abgerufen am 22.10.2016].

Linde, Horst (Hrsg.) (1969): Hochschulplanung. Beiträge zur Struktur- und Bauplanung. Band 1. Düsseldorf: Werner.

Lingg, Eva (2016): Hochschulbauten im Spannungsfeld von Bildungspolitik und Stadtentwicklung. Sozialraumforschung und Sozialraumarbeit, Band 17. Wiesbaden: Springer VS.

Linneweber, Volker (1996): Lernumwelt: Schule. In: Kruse, Lenelis; Graumann, Carl-Friedrich; Lantermann, Ernst-Dietrich (Hrsg.): Ökologische Psychologie. Ein Handbuch in Schlüsselbegriffen. Umweltpsychologie, Umweltverhalten, Umweltbewußtsein. Weinheim: Beltz, S. 383–388.

Lobo, Sascha (2015): Menschenfreund und Ideologe. SPIEGEL Online, 02. Dezember. Zugriff: http://www.spiegel.de/netzwelt/web/mark-zuckerberg-will-fast-gesamtes-vermoegen-spenden-a-1065666.html [abgerufen am 10.11.2016].

Lomas, Cyprien; Oblinger, Diana G. (2006): Student Practices and Their Impact on Learning Spaces. In: Oblinger, Diana G. (Hrsg.): Learning Spaces. Boulder: EDUCAUSE, 5.1–5.11.

Long, Phillip D.; Ehrmann, Stephen C. (2005): Future of the Learning Space. Breaking Out of the Box. EDUCAUSE review, 40. Jg. (4), S. 42–58.

Löw, Martina (2001): Raumsoziologie. Suhrkamp-Taschenbuch Wissenschaft, Bd. 1506. Frankfurt am Main: Suhrkamp.

Löw, Martina (2006): Einführung in die Soziologie der Bildung und Erziehung, utb 8243. Opladen: Budrich.

Lübben, Sonja; Müskens, Wolfgang; Zawacki-Richter, Olaf (2015): Nicht-traditionelle Studierende an deutschen Hochschulen. Implikationen unterschiedlicher Definitions- und Einteilungsansätze. In: Hanft, Anke; Zawacki-Richter, Olaf; Gierke, Willi B. (Hrsg.): Herausforderung Heterogenität beim Übergang in die Hochschule. Münster: Waxmann, S. 29–51.

Lueger, Manfred (2000): Grundlagen qualitativer Feldforschung. Methodologie, Organisierung, Materialanalyse. Uni-Taschenbücher, Bd. 2148. Wien: WUV-Universitätsverlag.

Luhmann, Niklas (1984): Soziale Systeme. Grundriss einer allgemeinen Theorie. Frankfurt am Main: Suhrkamp.

Marboe, Isabella (2014): Integral und diffusionsoffen. Der Masterplan von BUSarchitektur. In: Boeckl, Matthias (Hrsg.): Der Campus der Wirtschaftsuniversität Wien. Stadt – Architektur – Nutzer. Wien: Ambra | V, S. 28–37.

Mautner, Gerlinde (2014): Raum und Kommunikation: Reflexionen zur Campus-Philosophie. In: Boeckl, Matthias (Hrsg.): Der Campus der Wirtschaftsuniversität Wien. Stadt – Architektur – Nutzer. Wien: Ambra | V, S. 38–41.

Mayring, Philipp (2002): Einführung in die qualitative Sozialforschung. Eine Anleitung zu qualitativem Denken. Beltz-Studium. Weinheim [u.a.]: Beltz.

McArthur, John A. (2015): Matching Instructors and Spaces of Learning: The impact of space on behavioral, affective and cognitive learning. Journal of Learning Spaces, 4. Jg. (1). Zugriff: http://libjournal.uncg.edu/jls/article/view/766 [abgerufen am 12.02.2018].

McClenney, Kay M.; Marti, C. Nathan; Adkins, Courtney (2007): Student Engagement and Student Outcomes. Key Findings from CCSSE Validation Research. Zugriff: https://www.ccsse.org/aboutsurvey/docs/CCSSE%20Validation%20Summary.pdf [abgerufen am 07.12.2016].

Mey, Günter; Mruck, Katja (2007): Grounded Theory Methodologie – Bemerkungen zu einem prominenten Forschungsstil. Historical Social Research, 19. Jg., S. 11–39.

Mey, Günter; Mruck, Katja (2011): Grounded-Theory-Methodologie. Entwicklung, Stand, Perspektiven. In: Mey, Günter; Mruck, Katja (Hrsg.): Grounded Theory Reader. 2. Auflage. Wiesbaden: VS Verlag für Sozialwissenschaften, S. 11–48.

Meyer, Thomas D. (2013): Delayed gratification – zum Umzug ins Toni-Areal. Zett, 2013, S. 46–47.

Miller, Rudolf (1986): Einführung in die Ökologische Psychologie. Opladen: Leske und Budrich.

Montag Stiftung (2015): Fünfmal Phase Null. Dokumentation der Pilotprojekte „Schulen planen und bauen", 2015. Zugriff: http://schulen-planen-und-bauen.de/wp-content/uploads/2015/11/151105_5xPhaseNull_72ppi_Einzelseiten.pdf [abgerufen am 10.02.2017].

Moser, Michaela; Freisleben-Teutscher, Christian F. (2016): Partizipation bei Erweiterung und Gestaltung von Lernräumen. In: Wachtler, Josef; Ebner, Martin; Gröblinger, Ortrun; Kopp, Michael; Bratengeyer, Erwin; Steinbacher, Hans-Peter; Freisleben-Teutscher, Christian F.; Kapper, Christine (Hrsg.): Digitale Medien: Zusammenarbeit in der Bildung. Medien in der Wissenschaft. Münster: Waxmann, S. 282–287.

Müller-Stewens, Günter (2002): Mehr Fokus auf strategische Initiativen. New Management, 71. Jg. (11), S. 56. Zugriff: https://www.alexandria.unisg.ch/9802/1/02_Mehr%20Fokus%20auf%20strategische%20Initiativen%20%28New%20Man%29.pdf [abgerufen am 15.1.2017].

National Public Radio (2014): In An Online World, Are Brick And Mortar Colleges Obsolete? Intelligence Squared Debates U.S., 09. April. Zugriff: http://www.npr.org/2014/04/09/299178029/debate-in-an-online-world-are-brick-and-mortar-colleges-obsolete [abgerufen am 13.09.2016].

Neill, Stern; Etheridge, Rebecca (2008): Flexible Learning Spaces: The Integration of Pedagogy, Physical Design, and Instructional Technology. Marketing Education Review, 18. Jg. (1), S. 47–53.

Neves, Jonathan (2016): Student Engagement and Skills Development. The UK Engagement Survey. Zugriff: https://www.heacademy.ac.uk/system/files/downloads/ukes_2016_report_final_nov16.pdf [abgerufen am 04.01.2017].

Ng, Jenny (2015): Innovating with Pedagogy-Space-Technology (PST) Framework. The Online Moot Court. Learning Communities: International Journal of Learning in Social Contexts, 18. Jg., S. 52–65.

Ninnemann, Katja (2016): Lernraum Campus. Erkenntnisse zur räumlichen Umsetzung des „Shift from Teaching to Learning". In: Haag, Johann; Weißenböck, Josef; Gruber, Wolfgang; Freisleben-Teutscher, Christian F. (Hrsg.): Kompetenzorientiert Lehren und Prüfen. Basics – Modelle – Best Practices. Tagungsband zum 5. Tag der Lehre an der Fachhochschule St. Pölten am 20.10.2016, S. 153–163.

Nisen, Max (2016): Online Startup Plans To Create ‚Ivy Calibre' Education For Half The Price. Business Insider, 14. Januar. Zugriff: http://www.businessinsider.com.au/the-pitch-for-the-minerva-project-2013-1 [abgerufen am 08.02.2017].

NSSE (2000): National Benchmarks of Effective Educational Practice. The NSSE 2000 Report, 2000. Zugriff: http://nsse.indiana.edu/pdf/NSSE%202000%20National%20Report.pdf [abgerufen am 07.09.2016].

NSSE (2015): Engagement Insights. Survey Findings on the Quality of Undergraduate Education. Annual Results 2015. Bloomington. Zugriff: http://nsse.indiana.edu/NSSE_2015_Results/pdf/NSSE_2015_Annual_Results.pdf [abgerufen am 17.02.2017].

Nuissl, Ekkehard (2006): Der Omnibus muss Spur halten. Zur Aufgabe von Lernorten im lebenslangen Lernen. DIE Zeitschrift für Erwachsenenbildung, (4), S. 29–31.

Oblinger, Diana G. (2005): Leading the Transition from Classrooms to Learning Spaces. EDUCAUSE Quarterly, (1), S. 14–18.

Oblinger, Diana G. (2006a): Space as a Change Agent. In: Oblinger, Diana G. (Hrsg.): Learning Spaces. Boulder: EDUCAUSE, S. 1–4.

Oblinger, Diana G. (Hrsg.) (2006b): Learning Spaces. Boulder: EDUCAUSE.

O'Brien, Miles (2014): Minerva Schools offers online alternative to college. PBS Newshour, 24. Dezember. Zugriff: http://www.pbs.org/newshour/bb/virtual-seminars-lower-tuition-minerva-schools-offers-online-alternative-college/ [abgerufen am 08.02.2017].

O'Connell, Ainsley (2016): Can Startup College Minerva Reinvent The Ivy League Model For The Digital Age? Fast Company, 31. August. Zugriff: https://www.fastcompany.com/3063142/startup-report/can-startup-college-minerva-reinvent-the-ivy-league-model-for-the-digital-age [abgerufen am 08.02.2017].

OECD (1973): Recurrent Education: A Strategy for Lifelong Learning. Paris: OECD Publications Center.

OECD (2012): Lifelong Learning and Adults. The OECD Perspective, OECD Publishing.

ÖH WU (2015): Study. Tipps & Tricks für Dein Studium. 10. Auflage. Wien.

Paetz, Nadja-Verena; Ceylan, Firat; Fiehn, Janina; Schworm, Silke; Harteis, Christian (2011): Kompetenz in der Hochschuldidaktik. Ergebnisse einer Delphi-Studie über die Zukunft der Hochschullehre. Wiesbaden: VS Verlag für Sozialwissenschaften.

Parr, Chris (2013): Minerva reimagines the world of wisdom. Times Higher Education, 18. Juli. Zugriff: https://www.timeshighereducation.com/news/minerva-reimagines-the-world-of-wisdom/2005757.article [abgerufen am 16.09.2016].

Pool, Phil; Wheal, Adrian (2011): Learning, Spaces and Technology. Exploring the Concept.

Prensky, Marc (2001): Digital Natives, Digital Immigrants. On the Horizon – MCB University Press, 9. Jg. (5), S. 1–6.

Price, If; Matzdorf, Fides; Smith, Louise; Agahi, Helen (2003): The impact of facilities on student choice of university. Facilities, 21. Jg. (10), S. 212–222.

Prince, Michael (2004): Does Active Learning Work? A Review of the Research. Journal of Engineering Education, 93. Jg. (3), S. 223–231.

Pump-Uhlmann (1997): Vom Bildungspalast zum Forschungslaboratorium. Hochschulbauten und -planung als Spiegel wissenschaftlichen und gesellschaftlichen Wandels – dargelegt am Beispiel der Technischen Universität Braunschweig 1745–1995. Dissertation. Delft, Technische Universität Delft.

Radcliffe, David (2009): A Pedagogy-Space-Technology (PST) Framework for Designing and Evaluating Learning Places. In: Radcliffe, David; Wilson, Hamilton; Powell, Derek; Tibbetts, Belinda (Hrsg.): Learning Spaces in Higher Education. Positive Outcomes by Design. St. Lucia: University of Queensland, S. 10–16.

Radloff, Ali (2011): Student engagement at New Zealand Private Training Establishments, 2011. Zugriff: https://www.acer.edu.au/files/AUSSE_PTE_Report_2011_web.pdf [abgerufen am 03.01.2017].

Radloff, Ali; Coates, Hamish (2009): Doing more for learning: Enhancing engagement and outcomes. Australasian Survey of Student Engagement. Zugriff: https://www.acer.edu.au/files/AUSSE_Australasian-Student-Engagement-Report-ASER-2009.pdf [abgerufen am 03.01.2017].

Rau, Cordula (2014): Was ist ein Learning Center? Wie funktioniert es? In: Boeckl, Matthias (Hrsg.): Der Campus der Wirtschaftsuniversität Wien. Stadt – Architektur – Nutzer. Wien: Ambra | V, S. 56–61.

Rau, Susanne (2013): Räume. Konzepte, Wahrnehmungen, Nutzungen. Historische Einführungen, Bd. 14. Frankfurt/New York: Campus.

Redepenning, Marc; Wilhelm, Jan Lorenz (2014): Raumforschung mit luhmannscher Systemtheorie. In: Oßenbrügge, Jürgen; Vogelpohl, Anne (Hrsg.): Theorien in der Raum- und Stadtforschung. Einführungen. Münster, Westfalen: Westfälisches Dampfboot, S. 310–327.

Reinmann, Gabi (2013): Didaktisches Handeln. Die Beziehung zwischen Lerntheorien und Didaktischem Design. In: Ebner, Martin; Schön, Sandra (Hrsg.): L3T. Lehrbuch für Lernen und Lehren mit Technologien. Graz: epubli GmbH.

Richter, Peter G. (Hrsg.) (2009): Architekturpsychologie. Eine Einführung. Lengerich: Pabst Science Publishers.

Rieger-Ladich, Markus; Ricken, Norbert (2009): Macht und Raum: Eine programmatische Skizze zur Erforschung von Schularchitekturen. In: Böhme, Jeanette (Hrsg.): Schularchitektur im interdisziplinären Diskurs. Territorialisierungskrise und Gestaltungsperspektiven des schulischen Bildungsraums. Wiesbaden: VS Verlag für Sozialwissenschaften, S. 186–203.

Robinson, Julia (2013): Estates Matter! Report on Survey of Students' views of their universities' estates 2013. London School of Economics.

Rogers, Everett M. (2003): Diffusion of Innovations. 5. Auflage. New York: Free Press.

Rohs, Matthias (2010): Zur Neudimensionierung des Lernortes. REPORT Zeitschrift für Weiterbildungsforschung, 33. Jg. (2), S. 34–45.

Roth, Gerhard (2003): Warum sind Lehren und Lernen so schwierig? In: Siebert, Horst (Hrsg.): Gehirn und Lernen. REPORT – Literatur- und Forschungsreport Weiterbildung. Hannover, S. 20–28.

Roush, Wade (2014): Minerva's Plan to Disrupt Universities: A Talk with CEO Ben Nelson. Xconomy, 18. April. Zugriff: http://www.xconomy.com/national/2014/04/18/minervas-plan-to-disrupt-universities-a-talk-with-ceo-ben-nelson/?single_page=true [abgerufen am 08.02.2017].

Royal Academy of Engineering (2015): Built for living. Understanding behaviour and the built environment through engineering and design. London.

Rózsa, Julia (2012): Aktivierende Methoden für den Hochschulalltag. Lernen und Lehren nach dem CORE-Prinzip. Heidelberg: Hochschulverlag.

Rückbrod, Konrad (1977): Universität und Kollegium. Baugeschichte und Bautyp. Darmstadt: Wiss. Buchgesellschaft.

Rüegg, Walter (Hrsg.) (1993): Geschichte der Universität in Europa. Mittelalter, Bd. 1. München: C.H. Beck.

Rüegg, Walter (Hrsg.) (1996): Geschichte der Universität in Europa. Von der Reformation bis zur französischen Revolution (1500–1800), Bd. 2. München: C.H. Beck.

Rüegg, Walter (Hrsg.) (2010): Geschichte der Universität in Europa. Vom Zweiten Weltkrieg bis zum Ende des 20. Jahrhundert, Bd. 4. München: C.H. Beck.

Sawers, Kimberly M.; Wicks, David; Mvududu, Nyaradzo; Seeley, Lane; Copeland, Raedene (2016): What Drives Student Engagement: Is it Learning Space, Instructor Behavior, or Teaching Philosophy? Journal of Learning Spaces, 5. Jg. (2), S. 26–38. Zugriff: http://libjournal.uncg.edu/jls/article/view/1247 [abgerufen am 12.02.2018].

Schäfer, Gerd E.; Schäfer, Lena (2009): Der Raum als dritter Erzieher. In: Böhme, Jeanette (Hrsg.): Schularchitektur im interdisziplinären Diskurs. Territorialisierungskrise und Gestaltungsperspektiven des schulischen Bildungsraums. Wiesbaden: VS Verlag für Sozialwissenschaften, S. 235–248.

Schäfers, Bernhard (2006): Architektursoziologie. Grundlagen – Epochen – Themen. 2. Auflage. Soziologie der Architektur und der Stadt, Bd. 1. Wiesbaden: Verlag für Sozialwissenschaften.

Schäfers, Bernhard (2010): Die Universität als Lehrgemeinschaft. Soziologische Anmerkungen über ihren Wandel und ihre Architektur. In: Beuckers, Klaus Gereon (Hrsg.): Architektur für Forschung und Lehre. Universität als Bauaufgabe ; Beiträge zur Tagung des Kunsthistorischen Instituts der Christian-Albrechts-Universität zu Kiel am 5. bis 7. Juni 2009. Kieler kunsthistorische Schriften, N.F. Bd. 11. Kiel: Ludwig, S. 41–56.

Schmid, Torsten; Müller-Stewens, Günter; Lechner, Christoph (2009): Strategische Initiativen als Instrument des Corporate Managements. Zeitschrift für Führung + Organisation, 78. Jg. (2), S. 80–87. Zugriff: https://www.alexandria.unisg.ch/53223/1/09_Strategische%20Initiativen_zfo.pdf [abgerufen am 15.01.2017].

Schneider, Mark (2002): Do School Facilities Affect Academic Outcomes? NCEF National Clearinghouse for Educational Facilities, 2002. Washington, D.C. Zugriff: http://www.ncef.org/pubs/outcomes.pdf [abgerufen am 18.01.2017].

Schroer, Markus (2006): Räume, Orte, Grenzen. Auf dem Weg zu einer Soziologie des Raums. Suhrkamp Taschenbuch Wissenschaft, Bd. 1761. Frankfurt am Main: Suhrkamp.

Schroer, Markus (2008): „Bringing space back in" – Zur Relevanz des Raums als soziologische Kategorie. In: Döring, Jörg (Hrsg.): Spatial Turn. Das Raumparadigma in den Kultur- und Sozialwissenschaften. Sozialtheorie. Bielefeld: transcript, S. 125–148.

Schulmeister, Rolf; Metzger, Christiane (2011): Die Workload im Bachelor: Ein empirisches Forschungsprojekt. In: Schulmeister, Rolf; Metzger, Christiane (Hrsg.): Die Workload im Bachelor: Zeitbudget und Studierverhalten. Eine empirische Studie. Münster: Waxmann, S. 13–128.

Schultz, Tanjev (2015): Blick in die Glaskugel. Universität der Zukunft. Süddeutsche Zeitung, 25. Oktober. Zugriff: http://www.sueddeutsche.de/bildung/universitaet-der-zukunft-blick-in-die-glaskugel-1.2701731 [abgerufen am 31.10.2016].

Schulze, Berit (2009): Der Behavior Setting-Ansatz. Roger B. Barker. In: Richter, Peter G. (Hrsg.): Architekturpsychologie. Eine Einführung. Lengerich: Pabst Science Publishers, S. 41–52.

Schwander, Ursula; Miluška, Jan; Bachmann, Gudrun (2011): Projekt IT-Service Integration in Studium und Lehre (ITSI). Abschlussbericht. LearnTechNet. Zugriff: https://itsi.ltn.uni bas.ch/wp-content/uploads/2012/11/ITSI_Abschlussbericht.pdf [abgerufen am 11.03.2016].

Sesink, Werner (2007): Raum und Lernen. Education Permanente, (1), S. 16–18.

Sesink, Werner (2014): Überlegungen zur Pädagogik als einer einräumenden Praxis. In: Rummler, Klaus (Hrsg.): Lernräume gestalten – Bildungskontexte vielfältig denken. Medien in der Wissenschaft, Bd. 67. Münster: Waxmann, S. 29–43.

Seydel, Otto (2004): Die gute Schule der Zukunft. In: Wüstenrot Stiftung (Hrsg.): Schulen in Deutschland. Neubau und Revitalisierung. Stuttgart: Karl Krämer Verlag, S. 122–139.

Seydel, Otto (2011): Der dritte Pädagoge ist der Raum. Pädagogische Überlegungen zum Thema Schulbau. In: Lederer, Arno; Pampe, Barbara (Hrsg.): Raumpilot. Lernen. 2. Auflage. Stuttgart [u.a.]: Krämer, S. 19–30.

Stang, Richard (2013): Lernwelten gestalten. Forschung zur Relevanz des Raumes bei der Gestaltung von Lernlandschaften. Information – Wissenschaft & Praxis, 64. Jg. (5), S. 268–275.

Statistik Austria (2016): Ordentliche Studierende an öffentlichen Universitäten 1955–2015. Zugriff: http://www.statistik.at/web_de/statistiken/menschen_und_gesellschaft/bildung_und_kultur/ formales_bildungswesen/universitaeten_studium/021631.html [abgerufen am 04.01.2017].

Statistisches Bundesamt (2015): Anzahl Studierende 1975–2015 in Deutschland. Zugriff: https://www.destatis.de/DE/ZahlenFakten/Indikatoren/LangeReihen/Bildung/lrbil01.html [abgerufen am 04.01.2017].

Stifterverband für die Deutsche Wissenschaft (2016): Hochschulbildung für die Arbeitswelt 4.0. Jahresbericht 2016. Essen, Hochschul-Bildungs-Report 2020.

Strauss, Anselm L. (2011): „Forschung ist harte Arbeit, es ist immer ein Sück Leiden damit verbunden. Deshalb muss es auf der anderen Seite Spaß machen.". Im Gespräch mit Heiner Legewie und Barbara Schervier-Legewie. In: Mey, Günter; Mruck, Katja (Hrsg.): Grounded Theory Reader. 2. Auflage. Wiesbaden: VS Verlag für Sozialwissenschaften, S. 69–78.

Strauss, Anselm L.; Corbin, Juliet M. (1996): Grounded Theory. Grundlagen qualitativer Sozialforschung. Weinheim: Beltz.

Strübing, Jörg (2011): Zwei Varianten von Grounded Theory? Zu den methodologischen und methodischen Differenzen zwischen Barney Glaser und Anselm Strauss. In: Mey, Günter; Mruck, Katja (Hrsg.): Grounded Theory Reader. 2. Auflage. Wiesbaden: VS Verlag für Sozialwissenschaften, S. 261–277.

Strübing, Jörg (2014): Grounded Theory und Theoretical Sampling. In: Baur, Nina; Blasius, Jörg (Hrsg.): Handbuch Methoden der empirischen Sozialforschung. Handbuch. Wiesbaden: Springer VS, S. 457–472.

Stuflesser, Wolfgang (2015): „Vorlesungen sind schrecklich". Die Online-Eliteuni Minerva College. Deutschlandradio Kultur, 27. August. Zugriff: http://www.deutschlandradiokultur.de/ die-online-eliteuni-minerva-college-vorlesungen-sind.979.de.html?dram:article_id=329461 [abgerufen am 20.08.2016].

Temel, Robert (2014): Statements. Man kann hier leben, nicht nur lernen. Studieren am WU Campus. In: Boeckl, Matthias (Hrsg.): Der Campus der Wirtschaftsuniversität Wien. Stadt – Architektur – Nutzer. Wien: Ambra | V, S. 92–97.

Temple, Paul (2007): Learning spaces for the 21st century. A review of the literature. University of London.

The PIE News (2016): Zoey Haar, founding class, Minerva Schools at KGI. International Education News. The PIE News, 27. Mai. Zugriff: http://thepienews.com/pie-chat/zoey-haar-founding-class-minerva-schools-at-kgi/ [abgerufen am 08.02.2017].

Thierbach, Cornelia; Petschick, Grit (2014): Beobachtung. In: Baur, Nina; Blasius, Jörg (Hrsg.): Handbuch Methoden der empirischen Sozialforschung. Handbuch. Wiesbaden: Springer VS, S. 855–866.

Tragatschnig, Ulrich (2014): Statements. Der neue Campus aus Sicht der Lehrenden. In: Boeckl, Matthias (Hrsg.): Der Campus der Wirtschaftsuniversität Wien. Stadt – Architektur – Nutzer. Wien: Ambra | V, S. 128–133.

Truschkat, Inga; Kaiser-Belz, Manuela; Volkmann, Vera (2011): Theoretisches Sampling in Qualifikationsarbeiten. Die Grounded-Theory-Methodologie zwischen Programmatik und Forschungspraxis. In: Mey, Günter; Mruck, Katja (Hrsg.): Grounded Theory Reader. 2. Auflage. Wiesbaden: VS Verlag für Sozialwissenschaften, S. 353–379.

Ulrich, Hans; Probst, Gilbert J. B. (1991): Anleitung zum ganzheitlichen Denken und Handeln. Ein Brevier für Führungskräfte. Bern [u.a.]: Verlag Paul Haupt.

Vettorie, Oliver; Ledermüller, Karl; Zeeh, Julia (2014): Evaluierung der Lehr- und Lerninfrastruktur am WU Campus, WU Wien.

Vogel, Bernd; Woisch, Andreas (2013): Orte des Selbststudiums. Eine empirische Studie zur zeitlichen und räumlichen Organisation des Lernens von Studierenden. HIS: Forum Hochschule, 7/2013. Hannover.

Volkmann, Stefan; Stang, Richard (2015): Global Trends in Physical Learning Space Research. BIBLIOTHEK Forschung und Praxis, 39. Jg. (2), S. 235–239.

Walden, Rotraut (2008): Architekturpsychologie. Schule, Hochschule und Bürogebäude der Zukunft. Lengerich [u.a.]: Pabst Science Publishers.

Walker, Andy (2016): New £1bn masterplan to transform University of Glasgow. Infrastructure Intelligence, 04. Februar. Zugriff: http://www.infrastructure-intelligence.com/article/feb-2016/new-%C2%A31bn-masterplan-transform-university-glasgow [abgerufen am 21.11.2016].

Watson, Les; Anderson, Hugh; Strachan, Katherine (2006): Glasgow Caledonian University – Saltire Centre Open Plan. Case studies. Zugriff: https://jiscinfonetcasestudies.pbworks.com/w/page/45256719/Glasgow%20Caledonian%20University%20-%20Saltire%20Centre%20Open%20Plan [abgerufen am 02. 09. 2016].

Wegner, Elisabeth; Nückles, Matthias (2013): Kompetenzerwerb oder Enkulturation? Lehrende und ihre Metaphern des Lernens. Zeitschrift für Hochschulentwicklung, 8. Jg. (1), S. 15–29.

Weingartner, Maximilian (2015): Die Uni der Zukunft. Hochschule 4.0. Frankfurter Allgemeine Zeitung, 10. Dezember. Zugriff: http://www.faz.net/-gyl-8axtc [abgerufen am 09. 02. 2016].

Wenger, Etienne (1998): Communities of practice. Learning, meaning, and identity. Learning in doing. Cambridge, U.K., New York, N.Y.: Cambridge University Press.

Westervelt, Eric (2016): This educator says it's time to ditch the college lecture. Minnesota Public Radio, 14. April. Zugriff: http://www.mprnews.org/story/2016/04/15/npr-college-lectures-outdated [abgerufen am 02.06.2016].

Weyer, Johannes (2000): Soziale Netzwerke als Mikro-Makro-Scharnier. Fragen an die soziologische Theorie. In: Weyer, Johannes (Hrsg.): Soziale Netzwerke. Konzepte und Methoden der sozialwissenschaftlichen Netzwerkforschung. Lehr- und Handbücher der Soziologie. München: R. Oldenbourg, S. 237–254.

Wiarda, Jan-Martin (2016): Sind private Hochschulen die offeneren Unis? ZEIT Campus, 02. November. Zugriff: http://www.zeit.de/2016/44/studium-private-hochschulen-wachstum-zielgruppe-nichtakademikerhaushalt/komplettansicht [abgerufen am 17.11.2016].

Wiedemann, Peter (1995): Gegenstandsnahe Theoriebildung. In: Flick, Uwe; Kardorff, Ernst von; Keupp, Heiner; Rosenstiel, Lutz von; Wolff, Stephan (Hrsg.): Handbuch Qualitative Sozialforschung. Grundlagen, Konzepte, Methoden und Anwendungen. 2. Auflage. Grundlagen Psychologie. Weinheim: Beltz, S. 440–445.

Wiegand, Dietmar (2012): Jahresbericht 2011–2012. Professur für Projektentwicklung und Projektmanagement. TU Wien Real Estate Development.

Wildt, Johannes (2004): „The Shift from Teaching to Learning". Thesen zum Wandel der Lernkultur in modularisierten Studienstrukturen. In: Ehlert, Holger; Welbers, Ulrich (Hrsg.): Qualitätssicherung und Studienreform. Strategie- und Programmentwicklung für Fachbereiche und Hochschulen im Rahmen von Zielvereinbarungen am Beispiel der Heinrich-Heine-Universität Düsseldorf. Düsseldorf: Grupello, S. 168–178.

Wilhelmson, Markus (2016): Better study results in new learning environments. Aktum. Zugriff: http://aktum.umu.se/aktum-en/improved-study-results-in-new-learning-environments/ [abgerufen am 12.09.2016].

Wilkesmann, Uwe (2012): Wovon hängt der Lehrstil deutscher Professor/innen ab? Ergebnisse zweier deutschlandweiter Befragungen. 41. Jahrestagung der dghd. Mainz.

Wilkesmann, Uwe (2013): Effects of Transactional and Transformational Governance on Academic Teaching. Empirical evidence from two types of higher education institutions. Tertiary Education and Management, 19. Jg. (4), S. 281–300.

Wilkesmann, Uwe; Schmid, Christian J. (2010): Wirksamer Anreiz? Einfluss von Leistungszulagen und Zielvereinbarungen auf die Lehre. Forschung & Lehre, (7), S. 504–507.

Wilkesmann, Uwe; Schmid, Christian J. (2011): Lehren lohnt sich (nicht)? Soziale Welt, 62. Jg. (3), S. 251–278.

Wilson, Gail; Randall, Marcus (2012): The Implementation and Evaluation of a new Learning Space: A Pilot Study. Research in Learning Technology, 20. Jg., S. 1–17.

Wood, Graeme (2014): The Future of College? The Antlantic, (9). Zugriff: http://www.theatlantic.com/magazine/archive/2014/09/the-future-of-college/375071/ [abgerufen am 19.02.2016].

Woolner, Pamela (2010): The Design of Learning Spaces. Future Schools. London, New York: Continuum International Publishing.

Woolner, Pamela; Hall, Elaine; Higgins, Steve; McCaughey, Caroline; Wall, Kate (2007): A sound foundation? What we know about the impact of environments on learning and the implications for Building Schools for the Future. Oxford Review of Education, 33. Jg. (1), S. 47–70.

Woolner, Pamela; Hall, Elaine; Wall, Kate; Higgins, Steve; Blake, Anthony; McCaughey, Caroline (2005): School building programmes: motivations, consequences and implications. Newcastle.

Zeeh, Julia; Ledermüller, Karl (2013a): Studienbeginn der Bachelorstudierenden an der WU. Zugriff: https://www.wu.ac.at/fileadmin/wu/h/academicstaff/data/WU_Student_Panel_Monitoring/panel_bachelor_beginner_2013.pdf [abgerufen am 22.10.2016].

Zeeh, Julia; Ledermüller, Karl (2013b): Studienzufriedenheit der WU Bachelorstudierenden zur Studienmitte. Zugriff: https://www.wu.ac.at/fileadmin/wu/h/academicstaff/data/WU_Student_Panel_Monitoring/panel_bachelor_mitte_2013_kurzversion.pdf [abgerufen am 22.10.2016].

Zeeh, Julia; Ledermüller, Karl (2014): Studienzufriedenheit der WU Bachelorstudierenden zur Studienmitte. Zugriff: https://www.wu.ac.at/fileadmin/wu/h/academicstaff/data/WU_Student_Panel_Monitoring/studienmitte2014.pdf [abgerufen am 22.10.2016].

Zeeh, Julia; Ledermüller, Karl (2015a): Studienbeginn der Bachelorstudierenden an der WU. Zugriff: https://www.wu.ac.at/fileadmin/wu/h/academicstaff/data/WU_Student_Panel_Monitoring/bachbeginner2015.pdf [abgerufen am 22.10.2016].

Zeeh, Julia; Ledermüller, Karl (2015b): Studienzufriedenheit der WU Bachelorstudierenden zur Studienmitte. Zugriff: https://www.wu.ac.at/fileadmin/wu/h/academicstaff/data/WU_Student _Panel_Monitoring/studienmitte2015.pdf [abgerufen am 22.10.2016].

Zentrale Evaluations- und Akkreditierungsagentur (2012): SRH Hochschule Heidelberg. Gutachten im Rahmen der Modellevaluation der Studienstrukturreform, 18. Januar. Zugriff: http://www.zeva.org/fileadmin/Downloads/1261_SRH_Gutachten_18.01.2012.pdf [abgerufen am 19.11.2016].

Zuckerberg, Marc (2015): A letter to our daughter, 01. Dezember. Zugriff: https://www.face book.com/notes/mark-zuckerberg/a-letter-to-our-daughter/10153375081581634/ [abgerufen am 05.11.2016].

Zusammenfassung

Mit dieser Forschungsarbeit wird ein bisher nicht berücksichtigtes Forschungsdesiderat im wissenschaftlichen und praktischen Lernraumdiskurs bearbeitet. Im Mittelpunkt steht die erkenntnisleitende Fragestellung, welche Faktoren die Integration von Innovationen bei der Lernraumgestaltung an Hochschulen beeinflussen.

Ausgangspunkt dafür ist die bisher zurückhaltende, hochschulweite Umsetzung innovativer Lernraumkonzepte an Hochschulen im internationalen Kontext. Betrachtet man Lernraumgestaltung als ein relevantes Kriterium zur Unterstützung von Lernprozessen, so gilt es, die bestehenden Erkenntnisse der Lehr- und Lernforschung mit der Gestaltung der Lernumgebung zu verknüpfen. Mit einer transdisziplinären Handlungsperspektive der Lernraumgestaltung wird in dieser Forschungsarbeit das Hochschulmanagement als relevanter, weil gestaltender, dritter Pädagoge identifiziert. Im Fokus des theoretischen wie auch des empirischen Erkenntnisprozesses steht dabei die Analyse von Entscheidungsstrategien und -prozessen als Grundlage von Maßnahmen der Lernraumgestaltung.

Mit der Perspektive der Lernraumgestaltung als integrativer Prozess wird in der Forschungsarbeit ein Modell der LernRaumOrganisation, theoretisch und empirisch abgesichert, entwickelt. Hintergrund hierfür ist die Notwendigkeit zur Überwindung bestehender Differenzierungskriterien des Lernraums in physisch-materielle, technisch-virtuelle, sozial-interaktive und organisational-strukturelle Raumebenen. Ziel der Forschungsarbeit ist es, mit dem Modell der LernRaumOrganisation eine multidisziplinäre Perspektive der Lernraumgestaltung zuzulassen. Mit der Auflösung der klassischen Analyseebenen und deren Zusammenführung in den Aktionsfeldern des Modells können bestehende Erklärungs- und Denkmuster aufgebrochen und damit neue Perspektiven für die Gestaltung des Lernraums Hochschule gewonnen werden.

Zur Entwicklung des Modells, wie auch zur Abgrenzung der Forschungsstrategie dieser Arbeit, wird der Stand der Forschung aus verschiedenen Perspektiven dargestellt und in der konzeptionellen Verknüpfung der verschiedenen Fachdisziplinen erstmals in dieser Form geordnet und zusammengeführt. Neben den empirischen Erkenntnissen baut das Modell der LernRaumOrganisation auf bestehende Theorien und Konzepte zu den Aspekten Lernen, Raum und Organisation auf, welches mit der Schreibweise des Modells angezeigt wird.

Auf Basis der bei der Modellentwicklung identifizierten und platzierten Aktionsfelder können im empirischen Teil der Forschungsarbeit anhand von Fallstudien Zusammenhänge und Merkmale der Lernraumgestaltung, wie Lernraumgestaltungsstrategien, Entscheidungsstrategien und Prozesstypologien, analysiert werden. Mit der Untersuchung von fünf Hochschulen aus Österreich, Deutschland, Schweden, Großbritannien und den USA werden am Modell der LernRaumOrganisation Performance-Kriterien zur Integration von Innovationen bei Lernraumgestaltungsmaßnahmen empirisch abgeleitet. Da die ausgewählten Hochschulen eine hochschulweite Umsetzung innovativer Maßnahmen der Lernraumgestaltung auszeichnet, können bei der vergleichenden Fallstudienanalyse auf vier Erkenntnisebenen Phänomene identifiziert und Thesen zur Integration von Innovationen bei Lernraumgestaltungsmaßnahmen an Hochschulen abgeleitet werden.

Mit der Zusammenführung der theoretischen und empirischen Erkenntnisse wird eine formale Theorie der LernRaumOrganisation entwickelt, über welche, durch die Anwendung der Methodologie der Grounded Theory, ein Praxisbezug hergestellt werden kann. Anhand dieser können Handlungsempfehlungen für Hochschulen zur Integration von Innovationen bei Lernraumgestaltungsmaßnahmen zusammengefasst sowie abschließend Forschungsperspektiven abgeleitet werden.

Abstract

This work focuses on research that has not yet been considered in the academic and applied discourse of learning spaces design. The leading question is to figure out which factors influence the integration of innovative learning spaces at universities.

The starting point of this research is the lagging implementation of innovative learning environment concepts at universities in the international context. If learning space design is considered as a relevant criterion for the support of learning processes, it is necessary to link the existing findings of teaching and learning research with the design of the learning environments. With a transdisciplinary perspective on learning space design, the university management itself is regarded as a relevant actor and, therefore, a third educator. The analysis of decision strategies and processes is the focus of the theoretical as well as the empirical research.

With the perspective of learning space design as a holistic process, in this work a model of the LearningSpaceOrganisation were developed which is based on theoretical and empirical research. With this approach it is possible to overcome existing differentiation criteria of learning spaces into physical-material, technical-virtual, social-interactive and organizational-structural spatial layers. The aim of the research is to allow for a multi-disciplinary perspective on the learning space design through the use of the Learning-SpaceOrganisation model. With the dissolution of the layers of classical analysis in combination with the action fields of the model, existing explanatory and thought patterns are broken up and new perspectives are gained.

To develop the model, as well as to delineate the research strategy, the state of knowledge is presented from different perspectives and brought together for the first time conceptually linking the different academic disciplines. In addition to the empirical findings, the model is based on existing theories and concepts related to the aspects of learning, space and organization.

In the empirical part of the research relationships and characteristics of learning space design, such as learning space strategies, decision strategies and types of processes, can be analyzed on the basis of the action fields which are identified and placed in the model. With the study of five universities in Austria, Germany, Sweden, the UK and the USA, performance criteria for the integration of innovations in learning space design are empirically derived from the model of the LearningSpaceOrganization. Since the selected universities are characterized by innovative learning space design, the comparison of the five case studies can be used to identify phenomena on four levels of knowledge, and to derive theses for the integration of innovations in learning space design.

By combining the theoretical and empirical findings, a formal theory of the Learning-SpaceOrganization is developed through which a practical reference can be established based on the application of the Grounded Theory methodology. These results will be used to summarize recommendations for the integration of innovations in the area of learning space design at universities, as well as to develop concluding research perspectives.